2007

CHINA POPULATION AND EMPLOYMENT STATISTICS YEARBOOK

中国人口和就业统计年鉴

蒋正華题

国家统计局人口和就业统计司　编

COMPILED BY
Department of Population and Employment Statistics
National Bureau of Statistics of China

（京）新登字 041 号

图书在版编目（CIP）数据

中国人口和就业统计年鉴. 2007/ 国家统计局人口和就业统计司编.
—北京：中国统计出版社，2007.10

ISBN 978-7-5037-5269-8

Ⅰ. 中…
Ⅱ. 国…
Ⅲ. ①人口调查 - 统计资料 - 中国 -2007- 年鉴
②就业 - 统计资料 - 中国 -2007- 年鉴
Ⅳ. C924.25-54 D669.2-54

中国版本图书馆 CIP 数据核字（2007）第 144342 号

中国人口和就业统计年鉴—2007

作　　者 / 国家统计局人口和就业统计司
责任编辑 / 徐 涛　肖 宁
封面设计 / 艺编广告
出版发行 / 中国统计出版社
通信地址 / 北京市西城区月坛南街 57 号
邮政编码 /100826
办公地址 / 北京市丰台区西三环南路甲 6 号
网　　址 /www.stats.gov.cn/tjshujia
电　　话 / 邮购（010）63376907　书店（010）68783172
印　　刷 / 河北天普润印刷厂
经　　销 / 新华书店
开　　本 /890 × 1240 毫米　1/16
字　　数 /345 千字
印　　张 /18
印　　数 /1-1500 册
版　　别 /2007 年 10 月第 1 版
版　　次 /2007 年 10 月第 1 次印刷
书　　号 /ISBN 978-7-5037-5269-8/F・2561
定　　价 /150.00 元

《中国人口和就业统计年鉴—2007》编委会和编辑工作人员

编 委 会

顾　　问　谢伏瞻

主　　任　张为民

副 主 任　冯乃林　赵云城　李希如　孟庆普

编　　委（以姓氏笔画为序）

于弘文　张志斌　李金德　孟灿文

武　洁　崔红艳

编辑工作人员

编　　辑（以姓氏笔画为序）

严伏林　吴　珊　李桂芝　李慧民

徐　岚　梁尔卫

责任编辑　徐　涛　肖　宁

CHINA POPULATION AND EMPLOYMENT STATISTICS YEARBOOK-2007 EDITORIAL BOARD AND STAFF

编辑说明

一、《中国人口和就业统计年鉴—— 2007》是一部以全面反映我国人口和就业状况为主的资料性年刊，收集了全国和各省、自治区、直辖市人口就业统计的主要数据，同时附录了世界部分国家和地区的相关数据。

二、本年鉴由国家统计局人口和就业统计司负责编辑整理，并得到公安部治安管理局、国家人口和计划生育委员会发展规划司等单位的大力支持和协助。

三、本年鉴内容分为七部分：（一）综合数据；（二）2006年全国人口变动情况抽样调查数据；（三）2006年劳动力抽样调查主要数据；（四）2006年全国户籍统计人口数据；（五）2006年全国计划生育统计人口数据；（六）世界部分国家及地区人口和就业统计数据；（七）2006年人口变动和劳动力调查制度说明及主要统计指标解释。

四、2006年全国人口变动和劳动力调查的调查时点为2006年11月1日零时。调查以全国为总体，各省、自治区、直辖市为次总体，采用分层、多阶段、整群概率比例抽样方法，在全国31个省、自治区、直辖市抽取了1895个县(市、区)、3469个乡(镇、街道)、11837个调查小区中的119万人。经加权后汇总，2006年全国人口出生率为12.09‰，死亡率为6.81‰，自然增长率为5.28‰。按此推算，2006年末全国总人口为131448万人，出生人口为1584万人，死亡人口为892万人，净增人口为692万人。本年鉴第二部分各表中的绝对数为样本数（表2-1、表2-2除外），全国抽样比为0.907‰。

五、本年鉴中收集的2006年全国人口变动情况抽样调查数据（第二部分）和2006年全国户籍统计人口数据（第四部分），由于统计方法和口径的不同，可能不完全一致，请用户在使用时加以注意。

六、本年鉴涉及的全国性统计数据，均未包括香港、澳门特别行政区和台湾省数据。

七、符号使用说明：

年鉴各表中的“空格”表示该项统计指标数据不足本表最小单位数、数据不详或无该项数据。

八、本年鉴首次对人口和就业统计资料进行集中编印，在资料的整理和编排方面难免存在不足和疏误，敬请用户指正。

PREFACE

I. *China Population and Employment Statistics Yearbook 2007* is an annual statistical publication, which contains data on basic condition of population and employment in 2006 as well as for the previous years for the whole nation and 31 provinces, autonomous regions and municipalities directly under the Central Government. It also includes the relevant data of some other countries and territories in the world.

II. The yearbook is compiled by the Department of Population and Employment Statistics of the National Bureau of Statistics of China, and assisted by the Public Order Bureau of the Ministry of Public Security and the Department of Development and Planning of the National Population and Family Planning Commission of China.

III. The yearbook contains the following seven chapters: 1.General Survey; 2.Data from 2006 National Sample Survey on Population Changes; 3.Main Data from 2006 Labor Force Survey; 4.Data from Household Registration in 2006; 5.Data from Family Planning Statistics in 2006; 6.Population and Employment Data of Selected Countries and Territories of the World; 7.Explanatory Notes on Main Statistical Indicators.

IV. The reference time of 2006 National Sample Survey on Population Changes and Labor Force was at zero hour on November 1 in 2006. The sample survey adopted multi-stage systematic PPES cluster sampling scheme, taking the whole nation as the population and each province, autonomous region or municipality as sub-population. A total of 1.19 million people were selected from 11837 survey districts in 3469 townships (towns or street committees) in 1895 counties (cities or districts) of the 31 provinces, autonomous regions and municipalities. The weighted estimation procedure suggested that the birth rate was 12.09 per thousand, the death rate was 6.81 per thousand and the natural growth rate was 5.28 per thousand for China in 2006. Based on these rates, it was further estimated that China had a total population of 1314.48 million at the end of 2006, with 15.84 million births, 8.92 million deaths and a net increase of 6.92 million people during the year. The most of tabulations in Chapter Two were sample data (except table 2-1 and table 2-2). The sampling fraction for the nation was 0.907 per thousand.

V. The population data of Chapter Two in the yearbook are from 2006 National Sample Survey on Population Changes, and those of Chapter Four are from the household registration, which use different definitions and data collection methods. Users should notice that the data under the same or similar heading in these two chapters may be different.

VI. The national data in the yearbook do not include that of Hong Kong Special Administrative Region, Macao Special Administrative Region and Taiwan Province.

VII. Notations used in the yearbook:

(blank space) indicates that the figure is not large enough to be measured with the smallest unit in the table,or data are unknown or are not available.

VIII. This is the first time to compile the data of population and employment in the same yearbook. We welcome comments and suggestions from users with regard to deficiencies and mistakes in data editing and compilation.

目 录
CONTENTS

第一部分 综合数据
Chapter One: General Survey

第二部分 2006年全国人口变动情况抽样调查数据
Chapter Two: Data from 2006 National Sample Survey on Population Changes

第三部分 2006年劳动力抽样调查主要数据
Chapter Three: Main Data from 2006 Labor Force Survey

第四部分　2006年全国户籍统计人口数据
Chapter Four: Data from Household Registration in 2006

第五部分　2006年全国计划生育统计人口数据
Chapter Five: Data from Family Planning Statistics in 2006

第六部分 世界部分国家及地区人口和就业统计数据
Chapter Six: Population and Employment Data of Selected Countries and Territories of the World

一、世界部分国家人口和就业统计数据
I. Population and Employment Data of Selected Countries of the World

二、香港特别行政区人口和就业统计数据
II. Population and Employment Data of Hong Kong Special Administrative Region of China

第一部分
Chapter One

综合数据
General Survey

1-1 各地区
Total Population

单位：万人

地 区	Region	1990	1991	1992	1993	1994	1995	1996
全 国	**National Total**	**114333**	**115823**	**117171**	**118517**	**119850**	**121121**	**122389**
北 京	Beijing	1086	1094	1102	1112	1125	1251	1259
天 津	Tianjin	884	909	920	928	935	942	948
河 北	Hebei	6159	6220	6275	6334	6388	6437	6484
山 西	Shanxi	2899	2942	2979	3012	3045	3077	3109
内蒙古	Inner Mongolia	2163	2184	2207	2232	2260	2284	2307
辽 宁	Liaoning	3967	3990	4016	4042	4067	4092	4116
吉 林	Jilin	2483	2509	2532	2555	2574	2592	2610
黑龙江	Heilongjiang	3543	3575	3608	3640	3672	3701	3728
上 海	Shanghai	1337	1340	1345	1349	1356	1415	1419
江 苏	Jiangsu	6767	6844	6911	6967	7021	7066	7110
浙 江	Zhejiang	4168	4202	4236	4266	4294	4319	4343
安 徽	Anhui	5675	5761	5834	5897	5955	6013	6070
福 建	Fujian	3037	3079	3116	3150	3183	3237	3261
江 西	Jiangxi	3810	3865	3913	3966	4015	4063	4105
山 东	Shandong	8493	8570	8610	8642	8671	8705	8738
河 南	Henan	8649	8763	8861	8949	9027	9100	9172
湖 北	Hubei	5439	5512	5580	5653	5719	5772	5825
湖 南	Hunan	6128	6209	6267	6311	6355	6392	6428
广 东	Guangdong	6346	6439	6525	6607	6689	6868	6961
广 西	Guangxi	4261	4324	4380	4438	4493	4543	4589
海 南	Hainan	663	674	686	701	711	724	734
重 庆	Chongqing							
四 川	Sichuan	10804	10897	10998	11104	11214	11325	11430
贵 州	Guizhou	3268	3315	3361	3409	3458	3508	3555
云 南	Yunnan	3731	3782	3832	3885	3939	3990	4042
西 藏	Tibet	222	226	228	232	236	240	244
陕 西	Shaanxi	3316	3363	3405	3443	3481	3514	3543
甘 肃	Gansu	2255	2285	2314	2345	2378	2438	2467
青 海	Qinghai	448	454	461	467	474	481	488
宁 夏	Ningxia	470	480	487	495	504	513	521
新 疆	Xinjiang	1529	1555	1581	1605	1632	1661	1689

注：1.本表数据均为年末人口数。
2.全国人口数中未包括香港、澳门特别行政区和台湾省的人口。
3.全国人口数中包括中国人民解放军现役军人，分地区人口数中未包括。

Note: a)Data in this table are the year-end population.
b)The national total population does not include the population of Hong kong SAR, Macao SAR and Taiwan Province.
c)The millitary personnel of Chinese People's Liberation Army are included in the national total population, but are not included in the population by region.

人口数
by Region

(10000 persons)

1997	1998	1999	2000	2001	2002	2003	2004	2005	2006
123626	**124761**	**125786**	**126743**	**127627**	**128453**	**129227**	**129988**	**130756**	**131448**
1240	1246	1257	1357	1383	1423	1456	1493	1538	1581
953	957	959	1001	1004	1007	1011	1024	1043	1075
6525	6569	6614	6674	6699	6735	6769	6809	6851	6898
3141	3172	3204	3248	3272	3294	3314	3335	3355	3375
2326	2345	2362	2372	2377	2379	2380	2384	2386	2397
4138	4157	4171	4184	4194	4203	4210	4217	4221	4271
2628	2644	2658	2682	2691	2699	2704	2709	2716	2723
3751	3773	3792	3807	3811	3813	3815	3817	3820	3823
1457	1464	1474	1641	1614	1625	1711	1742	1778	1815
7148	7182	7213	7327	7355	7381	7406	7433	7475	7550
4435	4456	4475	4596	4613	4647	4680	4720	4898	4980
6127	6184	6237	6286	6328	6338	6410	6461	6120	6110
3282	3299	3316	3410	3440	3466	3488	3511	3535	3558
4150	4191	4231	4149	4186	4222	4254	4284	4311	4339
8785	8838	8883	8998	9041	9082	9125	9180	9248	9309
9243	9315	9387	9488	9555	9613	9667	9717	9380	9392
5873	5907	5938	5960	5975	5988	6002	6016	5710	5693
6465	6502	6532	6562	6596	6629	6663	6698	6326	6342
7051	7143	7270	7707	7783	7859	7954	8304	9194	9304
4633	4675	4713	4750	4788	4822	4857	4889	4660	4719
743	753	762	789	796	803	811	818	828	836
3042	3060	3075	3092	3097	3107	3130	3122	2798	2808
8430	8493	8550	8602	8640	8673	8700	8725	8212	8169
3606	3658	3710	3756	3799	3837	3870	3904	3730	3757
4094	4144	4192	4241	4287	4333	4376	4415	4450	4483
248	252	256	258	263	267	270	274	277	281
3570	3596	3618	3644	3659	3674	3690	3705	3720	3735
2494	2519	2543	2557	2575	2593	2603	2619	2594	2606
496	503	510	517	523	529	534	539	543	548
530	538	543	554	563	572	580	588	596	604
1718	1747	1774	1849	1876	1905	1934	1963	2010	2050

1-2 按性别分人口数
Population by Sex

单位: 万人 (10000 persons)

年 份 Year	总人口(年末) Total Population (year-end)	男 Male		女 Female	
		人口数 Population	比重(%) Proportion	人口数 Population	比重(%) Proportion
1952	57482	29833	51.90	27649	48.10
1957	64653	33469	51.77	31184	48.23
1962	67295	34517	51.29	32778	48.71
1965	72538	37128	51.18	35410	48.82
1970	82992	42686	51.43	40306	48.57
1971	85229	43819	51.41	41410	48.59
1972	87177	44813	51.40	42364	48.60
1973	89211	45876	51.42	43335	48.58
1974	90859	46727	51.43	44132	48.57
1975	92420	47564	51.47	44856	48.53
1976	93717	48257	51.49	45460	48.51
1977	94974	48908	51.50	46066	48.50
1978	96259	49567	51.49	46692	48.51
1979	97542	50192	51.46	47350	48.54
1980	98705	50785	51.45	47920	48.55
1981	100072	51519	51.48	48553	48.52
1982	101654	52352	51.50	49302	48.50
1983	103008	53152	51.60	49856	48.40
1984	104357	53848	51.60	50509	48.40
1985	105851	54725	51.70	51126	48.30
1986	107507	55581	51.70	51926	48.30
1987	109300	56290	51.50	53010	48.50
1988	111026	57201	51.52	53825	48.48
1989	112704	58099	51.55	54605	48.45
1990	114333	58904	51.52	55429	48.48
1991	115823	59466	51.34	56357	48.66
1992	117171	59811	51.05	57360	48.95
1993	118517	60472	51.02	58045	48.98
1994	119850	61246	51.10	58604	48.90
1995	121121	61808	51.03	59313	48.97
1996	122389	62200	50.82	60189	49.18
1997	123626	63131	51.07	60495	48.93
1998	124761	63940	51.25	60821	48.75
1999	125786	64692	51.43	61094	48.57
2000	126743	65437	51.63	61306	48.37
2001	127627	65672	51.46	61955	48.54
2002	128453	66115	51.47	62338	48.53
2003	129227	66556	51.50	62671	48.50
2004	129988	66976	51.52	63012	48.48
2005	130756	67375	51.53	63381	48.47
2006	131448	67728	51.52	63720	48.48

注：1.本表各年人口数中包括中国人民解放军现役军人，但未包括香港、澳门特别行政区和台湾省的人口。

2.1982年以前的数据为户籍统计数,其余年份的数据为当年人口抽样调查或人口普查结果的推算数。1982—1989年数据根据1990年人口普查结果有所调整,1990-2000年数据根据2000年人口普查结果有所调整(下表同)。

Note:a) Data in this table include the military personnel of Chinese People's Liberation Army, but do not include the population of Hong Kong SAR, Macao SAR and Taiwan Province.

b) Data before 1982 were taken from the statistics of household Registration, others were estimated on the annual national sample surveys on population or the national population censuses. Data in 1982-1989 were adjusted on the basis of the 1990 National Population Census. Data in 1990-2000 are adjusted on the basis of the 2000 National Population Censuses. The same applies to the table following.

1-3 按城乡分人口数

Population by Urban and Rural Residence

单位: 万人 (10000 persons)

年 份 Year	总人口(年末) Total Population (year-end)	城 镇 Urban		乡 村 Rural	
		人口数 Population	比重(%) Proportion	人口数 Population	比重(%) Proportion
1952	57482	7163	12.46	50319	87.54
1957	64653	9949	15.39	54704	84.61
1962	67295	11659	17.33	55636	82.67
1965	72538	13045	17.98	59493	82.02
1970	82992	14424	17.38	68568	82.62
1971	85229	14711	17.26	70518	82.74
1972	87177	14935	17.13	72242	82.87
1973	89211	15345	17.20	73866	82.80
1974	90859	15595	17.16	75264	82.84
1975	92420	16030	17.34	76390	82.66
1976	93717	16341	17.44	77376	82.56
1977	94974	16669	17.55	78305	82.45
1978	96259	17245	17.92	79014	82.08
1979	97542	18495	18.96	79047	81.04
1980	98705	19140	19.39	79565	80.61
1981	100072	20171	20.16	79901	79.84
1982	101654	21480	21.13	80174	78.87
1983	103008	22274	21.62	80734	78.38
1984	104357	24017	23.01	80340	76.99
1985	105851	25094	23.71	80757	76.29
1986	107507	26366	24.52	81141	75.48
1987	109300	27674	25.32	81626	74.68
1988	111026	28661	25.81	82365	74.19
1989	112704	29540	26.21	83164	73.79
1990	114333	30195	26.41	84138	73.59
1991	115823	31203	26.94	84620	73.06
1992	117171	32175	27.46	84996	72.54
1993	118517	33173	27.99	85344	72.01
1994	119850	34169	28.51	85681	71.49
1995	121121	35174	29.04	85947	70.96
1996	122389	37304	30.48	85085	69.52
1997	123626	39449	31.91	84177	68.09
1998	124761	41608	33.35	83153	66.65
1999	125786	43748	34.78	82038	65.22
2000	126743	45906	36.22	80837	63.78
2001	127627	48064	37.66	79563	62.34
2002	128453	50212	39.09	78241	60.91
2003	129227	52376	40.53	76851	59.47
2004	129988	54283	41.76	75705	58.24
2005	130756	56212	42.99	74544	57.01
2006	131448	57706	43.90	73742	56.10

注：按城乡分人口数中现役军人全部计入城镇人口。

Note: The military personnel of Chinese People's Liberation Army are classified as urban population in the item of population by residence.

1-4 人口出生率、死亡率和自然增长率

Birth Rate, Death Rate and Natural Growth Rate of Population

单位：‰ (‰)

年 份 Year	出生率 Birth Rate	死亡率 Death Rate	自然增长率 Natural Growth Rate
1978	18.25	6.25	12.00
1979	17.82	6.21	11.61
1980	18.21	6.34	11.87
1981	20.91	6.36	14.55
1982	22.28	6.60	15.68
1983	20.19	6.90	13.29
1984	19.90	6.82	13.08
1985	21.04	6.78	14.26
1986	22.43	6.86	15.57
1987	23.33	6.72	16.61
1988	22.37	6.64	15.73
1989	21.58	6.54	15.04
1990	21.06	6.67	14.39
1991	19.68	6.70	12.98
1992	18.24	6.64	11.60
1993	18.09	6.64	11.45
1994	17.70	6.49	11.21
1995	17.12	6.57	10.55
1996	16.98	6.56	10.42
1997	16.57	6.51	10.06
1998	15.64	6.50	9.14
1999	14.64	6.46	8.18
2000	14.03	6.45	7.58
2001	13.38	6.43	6.95
2002	12.86	6.41	6.45
2003	12.41	6.40	6.01
2004	12.29	6.42	5.87
2005	12.40	6.51	5.89
2006	12.09	6.81	5.28

1-5 各地区人口出生率、死亡率和自然增长率

Birth Rate, Death Rate and Natural Growth Rate of Population by Region

单位：‰ (‰)

地 区	Region	1990			1991			1992		
		出生率 Birth Rate	死亡率 Death Rate	自然增长率 Natural Growth Rate	出生率 Birth Rate	死亡率 Death Rate	自然增长率 Natural Growth Rate	出生率 Birth Rate	死亡率 Death Rate	自然增长率 Natural Growth Rate
全 国	**National Total**	**21.06**	**6.67**	**14.39**	**19.68**	**6.70**	**12.98**	**18.24**	**6.64**	**11.60**
北 京	Beijing	13.01	5.81	7.20	8.03	5.82	2.21	9.22	6.11	3.11
天 津	Tianjin	15.61	5.78	9.83	11.94	5.78	6.16	12.50	6.00	6.50
河 北	Hebei	20.46	6.82	13.64	16.59	6.75	9.84	15.33	6.43	8.90
山 西	Shanxi	22.54	6.56	15.98	21.56	6.87	14.69	19.59	6.94	12.65
内蒙古	Inner Mongolia	21.19	7.21	13.98	16.77	6.97	9.80	17.07	6.73	10.34
辽 宁	Liaoning	16.30	6.59	9.71	12.10	6.64	5.46	12.57	6.11	6.46
吉 林	Jilin	19.49	6.56	12.93	17.09	6.84	10.25	15.74	6.57	9.17
黑龙江	Heilongjiang	18.11	6.35	11.76	15.89	5.70	10.19	16.25	6.12	10.13
上 海	Shanghai	10.31	6.64	3.67	7.68	7.01	0.67	7.28	6.74	0.54
江 苏	Jiangsu	20.54	6.53	14.01	17.05	6.50	10.55	15.71	6.76	8.95
浙 江	Zhejiang	15.33	6.31	9.02	14.48	6.39	8.09	14.72	6.57	8.15
安 徽	Anhui	24.47	6.25	18.22	21.19	6.06	15.13	18.76	6.14	12.62
福 建	Fujian	24.44	6.71	17.73	20.03	6.26	13.77	18.18	6.02	12.16
江 西	Jiangxi	24.59	7.54	17.05	21.20	7.13	14.07	19.53	7.07	12.46
山 东	Shandong	18.21	6.96	11.25	15.40	6.54	8.86	11.43	6.88	4.55
河 南	Henan	24.92	6.52	18.40	19.78	6.63	13.15	18.13	6.99	11.14
湖 北	Hubei	21.60	7.30	14.30	20.70	7.36	13.34	19.05	6.87	12.17
湖 南	Hunan	23.93	7.23	16.70	20.50	7.30	13.20	16.70	7.30	9.40
广 东	Guangdong	22.26	5.76	16.50	20.54	5.95	14.59	19.31	6.17	13.14
广 西	Guangxi	20.20	6.60	13.60	21.89	7.24	14.65	20.19	7.28	12.91
海 南	Hainan	24.86	6.26	18.60	22.97	5.97	17.00	21.31	6.07	15.24
重 庆	Chongqing									
四 川	Sichuan	19.11	7.66	11.45	15.82	7.29	8.53	16.27	7.03	9.24
贵 州	Guizhou	23.09	7.90	15.19	22.42	8.11	14.31	22.40	8.52	13.88
云 南	Yunnan	23.60	7.92	15.68	21.80	8.10	13.70	21.00	8.00	13.00
西 藏	Tibet	23.98	7.55	16.43	23.53	7.40	16.13	23.63	8.09	15.54
陕 西	Shaanxi	23.48	6.52	16.96	19.82	6.51	13.31	18.85	6.57	12.28
甘 肃	Gansu	20.68	6.20	14.48	19.38	6.05	13.33	19.37	6.64	12.73
青 海	Qinghai	24.34	7.47	16.87	23.37	8.35	15.02	22.54	8.14	14.40
宁 夏	Ningxia	24.34	5.52	18.82	21.96	5.13	16.83	20.11	5.36	14.75
新 疆	Xinjiang	26.44	7.82	18.62	24.45	7.86	16.59	22.80	7.84	14.96

1-5 续表 1 continued

单位：‰ (‰)

地 区	Region	1993 出生率 Birth Rate	1993 死亡率 Death Rate	1993 自然增长率 Natural Growth Rate	1994 出生率 Birth Rate	1994 死亡率 Death Rate	1994 自然增长率 Natural Growth Rate	1995 出生率 Birth Rate	1995 死亡率 Death Rate	1995 自然增长率 Natural Growth Rate
全 国	**National Total**	**18.09**	**6.64**	**11.45**	**17.70**	**6.49**	**11.21**	**17.12**	**6.57**	**10.55**
北 京	Beijing	9.35	6.16	3.19	8.96	5.76	3.20	7.92	5.12	2.80
天 津	Tianjin	10.71	6.20	4.51	10.98	6.19	4.79	10.23	6.23	4.00
河 北	Hebei	15.43	6.11	9.32	14.93	6.50	8.43	13.93	6.32	7.61
山 西	Shanxi	17.48	6.36	11.12	17.46	6.70	10.76	16.60	6.12	10.48
内蒙古	Inner Mongolia	18.48	6.83	11.65	18.98	6.50	12.48	17.23	6.70	10.53
辽 宁	Liaoning	12.43	6.11	6.32	12.26	6.03	6.23	12.17	6.15	6.02
吉 林	Jilin	15.28	6.31	8.97	14.11	6.35	7.76	12.90	6.09	6.81
黑龙江	Heilongjiang	15.90	5.52	10.38	15.15	5.47	9.68	13.23	5.33	7.90
上 海	Shanghai	6.50	7.30	-0.80	5.80	7.00	-1.20	5.75	7.05	-1.30
江 苏	Jiangsu	13.97	6.61	7.36	13.78	6.86	6.92	12.32	6.56	5.76
浙 江	Zhejiang	13.61	6.58	7.03	13.24	6.60	6.64	12.66	6.75	5.91
安 徽	Anhui	17.18	6.51	10.67	16.70	6.86	9.84	16.07	6.41	9.66
福 建	Fujian	16.72	5.62	11.10	16.24	5.95	10.29	15.20	5.90	9.30
江 西	Jiangxi	20.33	6.89	13.44	19.38	7.00	12.38	18.94	7.28	11.66
山 东	Shandong	10.47	6.76	3.71	9.69	6.67	3.02	9.82	6.47	3.35
河 南	Henan	15.87	6.11	9.76	15.36	6.34	9.02	14.41	6.28	8.13
湖 北	Hubei	20.04	6.93	13.11	18.17	6.68	11.49	16.18	6.91	9.27
湖 南	Hunan	14.08	7.13	6.95	13.88	7.03	6.85	13.02	7.15	5.87
广 东	Guangdong	18.34	5.84	12.50	18.20	5.78	12.42	18.10	5.70	12.40
广 西	Guangxi	19.58	6.35	13.23	18.84	6.60	12.24	17.54	6.53	11.01
海 南	Hainan	20.81	5.26	15.55	20.77	6.29	14.48	20.12	5.61	14.51
重 庆	Chongqing									
四 川	Sichuan	16.77	7.21	9.56	16.93	6.99	9.94	17.08	7.21	9.87
贵 州	Guizhou	22.60	8.50	14.10	22.92	8.14	14.78	21.86	7.60	14.26
云 南	Yunnan	22.00	8.10	13.90	21.80	8.00	13.80	20.75	8.03	12.72
西 藏	Tibet	26.68	7.60	19.08	25.64	8.71	16.93	24.90	8.80	16.10
陕 西	Shaanxi	17.63	6.55	11.08	17.59	6.60	10.99	15.93	6.57	9.36
甘 肃	Gansu	20.16	6.84	13.32	20.82	6.84	13.98	20.65	6.49	14.16
青 海	Qinghai	20.50	8.26	12.24	22.06	6.82	15.24	22.01	6.89	15.12
宁 夏	Ningxia	19.43	5.36	14.07	19.67	6.02	13.65	19.28	5.49	13.79
新 疆	Xinjiang	21.53	7.68	13.85	20.82	7.43	13.39	18.90	6.45	12.45

1-5 续表 2 continued

单位：‰ (‰)

地区	Region	1996 出生率 Birth Rate	1996 死亡率 Death Rate	1996 自然增长率 Natural Growth Rate	1997 出生率 Birth Rate	1997 死亡率 Death Rate	1997 自然增长率 Natural Growth Rate	1998 出生率 Birth Rate	1998 死亡率 Death Rate	1998 自然增长率 Natural Growth Rate
全　国	**National Total**	**16.98**	**6.56**	**10.42**	**16.57**	**6.51**	**10.06**	**15.64**	**6.50**	**9.14**
北　京	Beijing	8.02	5.34	2.68	7.91	6.02	1.89	6.00	5.30	0.70
天　津	Tianjin	10.09	6.53	3.56	9.98	6.95	3.03	9.89	6.49	3.40
河　北	Hebei	13.85	6.55	7.30	13.11	6.82	6.29	13.01	6.18	6.83
山　西	Shanxi	16.59	6.25	10.34	16.18	6.06	10.12	16.09	6.17	9.92
内蒙古	Inner Mongolia	16.09	6.43	9.66	15.21	6.96	8.25	14.40	6.17	8.23
辽　宁	Liaoning	12.15	6.19	5.96	11.78	6.38	5.40	11.39	6.81	4.58
吉　林	Jilin	12.53	5.60	6.93	12.22	5.42	6.80	11.81	5.76	6.05
黑龙江	Heilongjiang	12.40	5.05	7.35	12.02	5.17	6.85	11.68	5.32	6.36
上　海	Shanghai	5.60	7.00	-1.40	5.50	6.80	-1.30	5.20	7.00	-1.80
江　苏	Jiangsu	12.11	6.58	5.53	11.43	6.84	4.59	10.97	6.84	4.13
浙　江	Zhejiang	12.09	6.58	5.51	11.41	6.48	4.93	11.15	6.33	4.82
安　徽	Anhui	16.00	6.50	9.50	15.80	6.50	9.30	15.74	6.54	9.20
福　建	Fujian	13.22	5.94	7.28	12.41	6.09	6.32	11.53	6.20	5.33
江　西	Jiangxi	17.53	7.02	10.51	17.43	6.56	10.87	16.85	7.05	9.80
山　东	Shandong	10.60	6.76	3.84	11.28	6.65	4.63	11.58	6.12	5.46
河　南	Henan	14.28	6.44	7.84	13.97	6.30	7.67	14.17	6.37	7.80
湖　北	Hubei	16.08	6.93	9.15	14.81	6.69	8.12	12.58	6.70	5.88
湖　南	Hunan	12.81	7.20	5.61	12.59	6.99	5.60	12.31	7.10	5.21
广　东	Guangdong	18.05	6.09	11.96	16.90	5.40	11.50	16.51	5.61	10.90
广　西	Guangxi	16.83	6.82	10.01	15.93	6.40	9.53	15.87	6.86	9.01
海　南	Hainan	20.08	5.88	14.20	19.18	5.62	13.56	18.48	5.56	12.92
重　庆	Chongqing				13.60	7.36	6.24	13.19	7.68	5.51
四　川	Sichuan	16.68	7.35	9.33	15.75	7.00	8.75	14.62	7.14	7.48
贵　州	Guizhou	22.05	7.69	14.36	22.15	7.67	14.48	22.02	7.76	14.26
云　南	Yunnan	20.87	7.94	12.93	20.82	7.91	12.91	20.01	7.91	12.10
西　藏	Tibet	24.70	8.50	16.20	23.90	7.90	16.00	23.70	7.80	15.90
陕　西	Shaanxi	14.99	6.51	8.48	13.91	6.29	7.62	13.56	6.43	7.13
甘　肃	Gansu	18.43	6.64	11.79	17.22	6.20	11.02	16.45	6.41	10.04
青　海	Qinghai	21.89	7.20	14.69	21.80	6.95	14.85	21.26	6.78	14.48
宁　夏	Ningxia	19.03	5.25	13.78	18.90	5.43	13.47	18.19	5.11	13.08
新　疆	Xinjiang	19.45	6.60	12.85	19.66	6.55	13.11	19.74	6.93	12.81

1-5 续表 3 continued

单位：‰ (‰)

地区	Region	1999 出生率 Birth Rate	1999 死亡率 Death Rate	1999 自然增长率 Natural Growth Rate	2001 出生率 Birth Rate	2001 死亡率 Death Rate	2001 自然增长率 Natural Growth Rate	2002 出生率 Birth Rate	2002 死亡率 Death Rate	2002 自然增长率 Natural Growth Rate
全 国	**National Total**	**14.64**	**6.46**	**8.18**	**13.38**	**6.43**	**6.95**	**12.86**	**6.41**	**6.45**
北 京	Beijing	6.50	5.60	0.90	6.10	5.30	0.80	6.60	5.70	0.90
天 津	Tianjin	9.68	6.73	2.95	7.58	5.94	1.64	7.49	6.04	1.45
河 北	Hebei	12.99	6.26	6.73	11.16	6.18	4.98	11.53	6.25	5.28
山 西	Shanxi	15.93	6.07	9.86	13.06	5.90	7.16	12.86	6.14	6.72
内蒙古	Inner Mongolia	13.32	6.08	7.24	10.77	5.79	4.98	9.60	5.92	3.68
辽 宁	Liaoning	10.38	7.05	3.33	7.74	6.10	1.64	7.38	6.04	1.34
吉 林	Jilin	10.68	5.45	5.23	8.76	5.38	3.38	8.30	5.11	3.19
黑龙江	Heilongjiang	10.55	5.49	5.06	8.48	5.49	2.99	7.98	5.44	2.54
上 海	Shanghai	5.40	6.50	-1.10	5.02	5.97	-0.95	5.41	5.95	-0.54
江 苏	Jiangsu	10.50	6.94	3.56	9.03	6.62	2.41	9.17	6.99	2.18
浙 江	Zhejiang	10.64	6.35	4.29	10.02	6.25	3.77	9.98	6.19	3.79
安 徽	Anhui	15.10	6.50	8.60	12.46	5.85	6.61	11.20	5.17	6.03
福 建	Fujian	11.06	5.85	5.21	11.56	5.52	6.04	11.35	5.57	5.78
江 西	Jiangxi	16.51	7.02	9.49	15.44	6.06	9.38	14.74	6.02	8.72
山 东	Shandong	11.08	6.27	4.81	11.12	6.24	4.88	11.17	6.62	4.55
河 南	Henan	14.07	6.35	7.72	13.20	6.26	6.94	12.41	6.38	6.03
湖 北	Hubei	11.57	6.37	5.20	8.51	6.07	2.44	8.38	6.17	2.21
湖 南	Hunan	11.72	7.12	4.60	11.80	6.72	5.08	11.56	6.70	4.86
广 东	Guangdong	15.32	5.40	9.92	13.95	5.12	8.83	13.29	5.08	8.21
广 西	Guangxi	14.96	6.93	8.03	13.80	6.07	7.73	13.30	6.30	7.00
海 南	Hainan	17.26	5.23	12.03	15.23	5.76	9.47	15.20	5.72	9.48
重 庆	Chongqing	11.90	6.94	4.96	9.70	6.90	2.80	9.36	6.08	3.28
四 川	Sichuan	13.80	7.02	6.78	11.16	6.79	4.37	10.44	6.55	3.89
贵 州	Guizhou	21.92	7.68	14.24	18.56	7.23	11.33	17.96	7.21	10.75
云 南	Yunnan	19.48	7.82	11.66	18.51	7.57	10.94	17.90	7.30	10.60
西 藏	Tibet	23.20	7.40	15.80	18.60	6.50	12.10	18.83	6.07	12.76
陕 西	Shaanxi	12.51	6.38	6.13	10.50	6.34	4.16	10.48	6.36	4.12
甘 肃	Gansu	15.61	6.44	9.17	13.58	6.43	7.15	13.16	6.45	6.71
青 海	Qinghai	20.68	6.78	13.90	19.06	6.44	12.62	18.05	6.35	11.70
宁 夏	Ningxia	17.97	5.65	12.32	16.55	4.84	11.71	16.42	4.86	11.56
新 疆	Xinjiang	18.76	6.96	11.80	16.82	5.69	11.13	16.30	5.43	10.87

1-5 续表 4 continued

单位：‰ (‰)

地 区	Region	2003			2004			2005			2006		
		出生率 Birth Rate	死亡率 Death Rate	自然增长率 Natural Growth Rate	出生率 Birth Rate	死亡率 Death Rate	自然增长率 Natural Growth Rate	出生率 Birth Rate	死亡率 Death Rate	自然增长率 Natural Growth Rate	出生率 Birth Rate	死亡率 Death Rate	自然增长率 Natural Growth Rate
全 国	**National Total**	**12.41**	**6.40**	**6.01**	**12.29**	**6.42**	**5.87**	**12.40**	**6.51**	**5.89**	**12.09**	**6.81**	**5.28**
北 京	Beijing	5.10	5.20	-0.10	6.10	5.40	0.70	6.29	5.20	1.09	6.26	4.97	1.29
天 津	Tianjin	7.14	6.04	1.10	7.31	5.97	1.34	7.44	6.01	1.43	7.67	6.07	1.60
河 北	Hebei	11.43	6.27	5.16	11.98	6.19	5.79	12.84	6.75	6.09	12.82	6.59	6.23
山 西	Shanxi	12.26	6.04	6.22	12.36	6.11	6.25	12.02	6.00	6.02	11.48	5.73	5.75
内蒙古	Inner Mongolia	9.24	6.17	3.07	9.53	5.98	3.55	10.08	5.46	4.62	9.87	5.91	3.96
辽 宁	Liaoning	6.90	5.83	1.07	6.51	5.60	0.91	7.01	6.04	0.97	6.40	5.30	1.10
吉 林	Jilin	7.25	5.64	1.61	7.39	5.63	1.76	7.89	5.32	2.57	7.67	5.00	2.67
黑龙江	Heilongjiang	7.48	5.45	2.03	7.27	5.45	1.82	7.87	5.20	2.67	7.57	5.18	2.39
上 海	Shanghai	4.85	6.20	-1.35	6.00	6.00	0.00	7.04	6.08	0.96	7.47	5.89	1.58
江 苏	Jiangsu	9.04	7.03	2.01	9.45	7.20	2.25	9.24	7.03	2.21	9.36	7.08	2.28
浙 江	Zhejiang	9.66	6.38	3.28	10.71	5.76	4.95	11.10	6.08	5.02	10.29	5.42	4.87
安 徽	Anhui	11.15	5.20	5.95	11.62	5.50	6.12	12.43	6.23	6.20	12.60	6.30	6.30
福 建	Fujian	11.43	5.58	5.85	11.58	5.62	5.96	11.60	5.62	5.98	12.00	5.75	6.25
江 西	Jiangxi	14.07	5.98	8.09	13.61	5.99	7.62	13.79	5.96	7.83	13.80	6.01	7.79
山 东	Shandong	11.42	6.64	4.78	12.50	6.49	6.01	12.14	6.31	5.83	11.60	6.10	5.50
河 南	Henan	12.10	6.46	5.64	11.67	6.47	5.20	11.55	6.30	5.25	11.59	6.27	5.32
湖 北	Hubei	8.26	5.94	2.32	8.43	6.03	2.40	8.74	5.69	3.05	9.08	5.95	3.13
湖 南	Hunan	11.82	6.87	4.95	11.89	6.80	5.09	11.90	6.75	5.15	11.92	6.73	5.19
广 东	Guangdong	13.66	5.31	8.35	13.13	5.12	8.01	11.70	4.68	7.02	11.78	4.49	7.29
广 西	Guangxi	13.86	6.57	7.29	13.32	6.12	7.20	14.26	6.09	8.16	14.44	6.10	8.34
海 南	Hainan	14.68	5.52	9.16	14.77	5.79	8.98	14.65	5.72	8.93	14.59	5.73	8.86
重 庆	Chongqing	9.89	7.20	2.69	9.45	6.60	2.85	9.40	6.40	3.00	9.90	6.50	3.40
四 川	Sichuan	9.18	6.06	3.12	9.05	6.27	2.78	9.70	6.80	2.90	9.14	6.28	2.86
贵 州	Guizhou	15.91	6.87	9.04	15.08	6.35	8.73	14.59	7.21	7.38	13.97	6.71	7.26
云 南	Yunnan	17.00	7.20	9.80	15.60	6.60	9.00	14.72	6.75	7.97	13.20	6.30	6.90
西 藏	Tibet	17.40	6.30	11.10	17.40	6.20	11.20	17.94	7.15	10.79	17.40	5.70	11.70
陕 西	Shaanxi	10.67	6.38	4.29	10.59	6.33	4.26	10.02	6.01	4.01	10.19	6.15	4.04
甘 肃	Gansu	12.58	6.46	6.12	12.43	6.52	5.91	12.59	6.57	6.02	12.86	6.62	6.24
青 海	Qinghai	16.94	6.09	10.85	16.32	6.45	9.87	15.70	6.21	9.49	15.24	6.27	8.97
宁 夏	Ningxia	15.68	4.73	10.95	15.97	4.79	11.18	15.93	4.95	10.98	15.53	4.84	10.69
新 疆	Xinjiang	16.01	5.23	10.78	16.00	5.09	10.91	16.42	5.04	11.38	15.79	5.03	10.76

1-6 五次全国人口普查人口基本情况

Basic Statistics on National Population Census in 1953, 1964, 1982, 1990 and 2000

指　　标	Item	1953	1964	1982	1990	2000
总人口（万人）	**Total Population (10000 persons)**	**59435**	**69458**	**100818**	**113368**	**126583**
男	Male	30799	35652	51944	58495	65355
女	Female	28636	33806	48874	54873	61228
性别比（以女性为100）	Sex Ratio (female=100)	107.56	105.46	106.30	106.60	106.74
家庭户规模（人/户）	**Average Family Household Size (person/household)**	**4.33**	**4.43**	**4.41**	**3.96**	**3.44**
各年龄组人口（%）	**Population by Age Group (%)**					
0-14岁	0-14	36.28	40.69	33.59	27.69	22.89
15-64岁	15-64	59.31	55.75	61.50	66.74	70.15
65岁及以上	65 and Over	4.41	3.56	4.91	5.57	6.96
民族人口	**Population by Ethnicity**					
汉族（万人）	Han (10000 persons)	54728	65456	94088	104248	115940
占总人口比重（%）	Percentage to Total Population (%)	93.94	94.24	93.32	91.96	91.59
少数民族（万人）	Ethnic Minorities (10000 persons)	3532	4002	6730	9120	10643
占总人口比重（%）	Percentage to Total Population (%)	6.06	5.76	6.68	8.04	8.41
每十万人拥有的各种受教育程度人口（人）	**Population with Various Education Attainments Per 100 000 Persons (person)**					
大专及以上	Junior College and Above		416	615	1422	3611
高中和中专	Senior Secondary School and Technical Secondary School		1319	6779	8039	11146
初中	Junior Secondary School		4680	17892	23344	33961
小学	Primary School		28330	35237	37057	35701
文盲人口及文盲率	**Illiterate Population and Illiterate Rate**					
文盲人口（万人）	Illiterate Population (10000 persons)		23327	22996	18003	8507
文盲率（%）	Illiterate Rate (%)		33.58	22.81	15.88	6.72
城乡人口（万人）	**Population by Residence (10000 persons)**					
城镇人口	Urban Population	7726	12710	21082	29971	45844
乡村人口	Rural Population	50534	56748	79736	83397	80739
平均预期寿命（岁）	**Life Expectancy (year old)**			**66.77***	**68.55**	**71.40**
男	Male			66.28*	66.84	69.63
女	Female			69.27*	70.47	73.33

注：1.本表未包括香港、澳门特别行政区及台湾省数据。
2.历次普查总人口数据包括中国人民解放军现役军人。在城乡人口中，中国人民解放军现役军人列为城镇人口统计。
3.1953年总人口数据中包括了间接调查人口，而民族人口、城乡人口中未包括。
4.1964年文盲人口为13岁及以上不识字人口，1982、1990、2000年文盲人口为15岁及以上不识字或识字很少的人。
5. 表中“*”号表示为1981年数据。

Note:a) Data in this table do not include the population of Hong Kong SAR, Macao SAR and Taiwan Province.
b) Total population from the five national population censuses includes the military personnel. Military personnel is listed as urban population in population by residence.
c) Total population of 1953 National Population Census includes the population from indirect survey, but this is not included in the ethnic minority population and the urban/rural population.
d) Illiterate population of 1964 National Population Census referred to the population aged 13 and over who are unable to read. Illiterate population of 1982, 1990 and 2000 Population Censuses referred to the population aged 15 and over who are unable or have difficulty to read.
e) Data with '*' in this table are of 1981.

1-7 各地区人口平均预期寿命

Life Expectancy of Population by Region

单位：岁 (year old)

地区	Region	1990年预期寿命 Life Expectancy in 1990	男 Male	女 Female	2000年预期寿命 Life Expectancy in 2000	男 Male	女 Female
全 国	**National Total**	**68.55**	**66.84**	**70.47**	**71.40**	**69.63**	**73.33**
北 京	Beijing	72.86	71.07	74.93	76.10	74.33	78.01
天 津	Tianjin	72.32	71.03	73.73	74.91	73.31	76.63
河 北	Hebei	70.35	68.47	72.53	72.54	70.68	74.57
山 西	Shanxi	68.97	67.33	70.93	71.65	69.96	73.57
内蒙古	Inner Mongolia	65.68	64.47	67.22	69.87	68.29	71.79
辽 宁	Liaoning	70.22	68.72	71.94	73.34	71.51	75.36
吉 林	Jilin	67.95	66.65	69.49	73.10	71.38	75.04
黑龙江	Heilongjiang	66.97	65.50	68.73	72.37	70.39	74.66
上 海	Shanghai	74.90	72.77	77.02	78.14	76.22	80.04
江 苏	Jiangsu	71.37	69.26	73.57	73.91	71.69	76.23
浙 江	Zhejiang	71.78	69.66	74.24	74.70	72.50	77.21
安 徽	Anhui	69.48	67.75	71.36	71.85	70.18	73.59
福 建	Fujian	68.57	66.49	70.93	72.55	70.30	75.07
江 西	Jiangxi	66.11	64.87	67.49	68.95	68.37	69.32
山 东	Shandong	70.57	68.64	72.67	73.92	71.70	76.26
河 南	Henan	70.15	67.96	72.55	71.54	69.67	73.41
湖 北	Hubei	67.25	65.51	69.23	71.08	69.31	73.02
湖 南	Hunan	66.93	65.41	68.70	70.66	69.05	72.47
广 东	Guangdong	72.52	69.71	75.43	73.27	70.79	75.93
广 西	Guangxi	68.72	67.17	70.34	71.29	69.07	73.75
海 南	Hainan	70.01	66.93	73.28	72.92	70.66	75.26
重 庆	Chongqing				71.73	69.84	73.89
四 川	Sichuan	66.33	65.06	67.70	71.20	69.25	73.39
贵 州	Guizhou	64.29	63.04	65.63	65.96	64.54	67.57
云 南	Yunnan	63.49	62.08	64.98	65.49	64.24	66.89
西 藏	Tibet	59.64	57.64	61.57	64.37	62.52	66.15
陕 西	Shaanxi	67.40	66.23	68.79	70.07	68.92	71.30
甘 肃	Gansu	67.24	66.35	68.25	67.47	66.77	68.26
青 海	Qinghai	60.57	59.29	61.96	66.03	64.55	67.70
宁 夏	Ningxia	66.94	65.95	68.05	70.17	68.71	71.84
新 疆	Xinjiang	62.59	61.95	63.26	67.41	65.98	69.14

注：2000年各省人口平均预期寿命是根据各省1990年以来人口变动调查公布的死亡率对2000年人口普查死亡数据修正后计算的。

Note: Life expectancy in 2000 by region is calculated form the death data of 2000 National Popualation Census, further adjusted by the mortality rates from the annual national sample surveys on population changes since 1990.

1-8 全国历年人口密度

Population Density

单位：万人 (10000 persons)

年 份 Year	总人口 Population	人口密度(人/平方公里) Population Density (person/sq.km)	年 份 Year	总人口 Population	人口密度(人/平方公里) Population Density (person/sq.km)
1949	54167	56	1979	97542	102
1950	55196	57	1980	98705	103
1951	56300	59	1981	100072	104
1952	57482	60	1982	101654	106
1953	58796	61	1983	103008	107
1954	60266	63	1984	104357	109
1955	61465	64	1985	105851	110
1956	62828	65	1986	107507	112
1957	64653	67	1987	109300	114
1958	65994	69	1988	111026	116
1959	67207	70	1989	112704	117
1960	66207	69	1990	114333	119
1961	65859	69	1991	115823	121
1962	67295	70	1992	117171	122
1963	69172	72	1993	118517	123
1964	70499	73	1994	119850	125
1965	72538	76	1995	121121	126
1966	74542	78	1996	122389	127
1967	76368	80	1997	123626	129
1968	78534	82	1998	124761	130
1969	80671	84	1999	125786	131
1970	82992	86	2000	126743	132
1971	85229	89	2001	127627	133
1972	87177	91	2002	128453	134
1973	89211	93	2003	129227	135
1974	90859	95	2004	129988	135
1975	92420	96	2005	130756	136
1976	93717	98	2006	131448	137
1977	94974	99			
1978	96259	100			

1-9 全国劳动统计主要指标
Main Indicators of Labor Statistics

指　　标	Item	2005	2006	2006年比上年增长% Increase Rate (2005=100)
总人口(万人)	**Total Population (10000 persons)**	**130756**	**131448**	**0.5**
16岁以上人口数(万人)	**Population of Over 16 (10000 persons)**	**102534**	**103506**	**0.9**
经济活动人口(万人)	**Economically Active Population (10000 persons)**	**77877**	**78244**	**0.5**
全国就业人员年末人数(万人)	**Total Number of Employed Persons (10000 persons)**	**75825**	**76400**	**0.8**
城镇就业人员(万人)	**Urban Employed Persons (10000 persons)**	**27331**	**28310**	**3.6**
单位就业人员(万人)	**Unit Employed Persons (10000 persons)**	**11404.0**	**11713.2**	**2.7**
国有单位	State-owned Units	6488.2	6430.5	-0.9
集体单位	Collective-owned Units	809.9	763.6	-5.7
其他单位	Units of Other Types of Ownership	4105.9	4519.1	10.1
在岗职工(万人)	**Number of Staff and Workers (10000 persons)**	**10850.3**	**11160.6**	**2.9**
国有单位	State-owned Units	6232.0	6170.5	-1.0
集体单位	Collective-owned Units	769.2	726.0	-5.6
其他单位	Units of Other Types of Ownership	3849.2	4264.1	10.8
城镇私营和个体就业人员(万人)	**Employed Persons in Urban Private Enterprises and Self-employed Individuals (10000 persons)**	**6236.1**	**6967.0**	**11.7**
乡村就业人员(万人)	**Rural Employed persons (10000 persons)**	**48494**	**48090**	**-0.8**
城镇单位就业人员劳动报酬(亿元)	**Earning of Employed Persons in Urban Units (100 million yuan)**	**20627.1**	**24262.3**	**17.6**
国有单位	State-owned Units	12291.7	13920.6	13.3
集体单位	Collective-owned Units	906.4	983.8	8.5
其他单位	Units of Other Types of Ownership	7429.0	9357.9	26.0
职工工资总额(亿元)	**Total Wage Bill of Staff and Workers (100 million yuan)**	**19789.9**	**23265.9**	**17.6**
国有单位	State-owned Units	12009.2	13600.1	13.2
集体单位	Collective-owned Units	867.8	944.9	8.9
其他单位	Units of Other Types of Ownership	6912.8	8720.8	26.2
城镇单位就业人员平均劳动报酬(元)	**Average Earning of Employed Persons in Urban Units (yuan)**	**18200**	**20856**	**14.6**
国有单位	State-owned Units	18978	21706	14.4
集体单位	Collective-owned Units	11176	12866	15.1
其他单位	Units of Other Types of Ownership	18362	21004	14.4
职工平均工资(元)	**Average Wage of Staff and Workers (yuan)**	**18364**	**21001**	**14.4**
国有单位	State-owned Units	19313	22112	14.5
集体单位	Collective-owned Units	11283	13014	15.3
其他单位	Units of Other Types of Ownership	18244	20755	13.8
城镇登记失业人员年末人数(万人)	**Number of Registered Unemployed Persons in Urban Areas (10000 persons)**	**839**	**847**	**1.0**
非经济活动人口(万人)	**Noneconomically Active Population (10000 persons)**	**24657**	**25262**	**2.5**
全部离、退休年末人数(万人)	**Number of Retired Persons (10000 persons)**	**5088**		

注:职工及职工工资总额为在岗职工相关资料(以下各表同)。
Note: Staff and workers and their total wages are on-post staff and workers figures. The same applies to the tables following.

1-10 按城乡分就业人员数(年底数)
Employed Persons by Urban and Rural Areas (year-end)

单位: 万人 (10000 persons)

年 份 Year	就业人员 Total Number of Employed Persons	城镇 Urban		乡村 Rural	
		就业人员 Employed Persons	比重 (%) Proportion	就业人员 Employed Persons	比重 (%) Proportion
1952	20729	2486	12.0	18243	88.0
1953	21364	2754	12.9	18610	87.1
1954	21832	2744	12.6	19088	87.4
1955	22328	2802	12.5	19526	87.5
1956	23018	2993	13.0	20025	87.0
1957	23771	3205	13.5	20566	86.5
1958	26600	5300	19.9	21300	80.1
1959	26173	5389	20.6	20784	79.4
1960	25880	6119	23.6	19761	76.4
1961	25590	5336	20.9	20254	79.1
1962	25910	4537	17.5	21373	82.5
1963	26640	4603	17.3	22037	82.7
1964	27736	4828	17.4	22908	82.6
1965	28670	5136	17.9	23534	82.1
1966	29805	5354	18.0	24451	82.0
1967	30814	5446	17.7	25368	82.3
1968	31915	5630	17.6	26285	82.4
1969	33225	5825	17.5	27400	82.5
1970	34432	6312	18.3	28120	81.7
1971	35620	6868	19.3	28752	80.7
1972	35854	7200	20.1	28654	79.9
1973	36652	7388	20.2	29264	79.8
1974	37369	7687	20.6	29682	79.4
1975	38168	8222	21.5	29946	78.5
1976	38834	8692	22.4	30142	77.6
1977	39377	9127	23.2	30250	76.8
1978	40152	9514	23.7	30638	76.3
1979	41024	9999	24.4	31025	75.6
1980	42361	10525	24.8	31836	75.2
1981	43725	11053	25.3	32672	74.7
1982	45295	11428	25.2	33867	74.8
1983	46436	11746	25.3	34690	74.7
1984	48197	12229	25.4	35968	74.6
1985	49873	12808	25.7	37065	74.3
1986	51282	13292	25.9	37990	74.1
1987	52783	13783	26.1	39000	73.9
1988	54334	14267	26.3	40067	73.7
1989	55329	14390	26.0	40939	74.0
1990	64749	17041	26.3	47708	73.7
1991	65491	17465	26.7	48026	73.3
1992	66152	17861	27.0	48291	73.0
1993	66808	18262	27.3	48546	72.7
1994	67455	18653	27.7	48802	72.3
1995	68065	19040	28.0	49025	72.0
1996	68950	19922	28.9	49028	71.1
1997	69820	20781	29.8	49039	70.2
1998	70637	21616	30.6	49021	69.4
1999	71394	22412	31.4	48982	68.6
2000	72085	23151	32.1	48934	67.9
2001	73025	23940	32.8	49085	67.2
2002	73740	24780	33.6	48960	66.4
2003	74432	25639	34.4	48793	65.6
2004	75200	26476	35.2	48724	64.8
2005	75825	27331	36.0	48494	64.0
2006	76400	28310	37.1	48090	62.9

注: 1990年至2000年,就业人员总计、城镇和乡村就业人员小计资料根据第五次全国人口普查资料重新调整,2001年及以后资料根据人口变动抽样调查资料推算(下表同)。

Note: From 1990 to 2000, the total employed persons and the sub-total of employed persons in urban and rural areas have been adjusted in accordance with the data obtained from 2000 Population Census. Figures after 2001 are calculated according to the National Sample Survey on Population Changes. The same applies to the table following.

1-11 按产业分就业人员数(年底数)
Employed Persons by Three Industries (year-end)

单位: 万人 (10000 persons)

年 份 Year	就业人员合计 Total Number of Employed Persons	第一产业 Primary Industry		第二产业 Secondary Industry		第三产业 Tertiary Industry	
		就业人员 Employed Persons	比重 (%) Proportion	就业人员 Employed Persons	比重 (%) Proportion	就业人员 Employed Persons	比重 (%) Proportion
1952	20729	17317	83.5	1531	7.4	1881	9.1
1953	21364	17747	83.1	1715	8.0	1902	8.9
1954	21832	18151	83.1	1882	8.6	1799	8.3
1955	22328	18592	83.3	1913	8.6	1823	8.1
1956	23018	18544	80.6	2468	10.7	2006	8.7
1957	23771	19309	81.2	2142	9.0	2320	9.8
1958	26600	15490	58.2	7076	26.6	4034	15.2
1959	26173	16271	62.2	5402	20.6	4500	17.2
1960	25880	17016	65.7	4112	15.9	4752	18.4
1961	25590	19747	77.2	2856	11.2	2987	11.6
1962	25910	21276	82.1	2059	8.0	2575	9.9
1963	26640	21966	82.5	2038	7.6	2636	9.9
1964	27736	22801	82.2	2183	7.9	2752	9.9
1965	28670	23396	81.6	2408	8.4	2866	10.0
1966	29805	24297	81.5	2600	8.7	2908	9.8
1967	30814	25165	81.7	2661	8.6	2988	9.7
1968	31915	26063	81.7	2743	8.6	3109	9.7
1969	33225	27117	81.6	3030	9.1	3078	9.3
1970	34432	27811	80.8	3518	10.2	3103	9.0
1971	35620	28397	79.7	3990	11.2	3233	9.1
1972	35854	28283	78.9	4276	11.9	3295	9.2
1973	36652	28857	78.7	4492	12.3	3303	9.0
1974	37369	29218	78.2	4712	12.6	3439	9.2
1975	38168	29456	77.2	5152	13.5	3560	9.3
1976	38834	29443	75.8	5611	14.5	3780	9.7
1977	39377	29340	74.5	5831	14.8	4206	10.7
1978	40152	28318	70.5	6945	17.3	4890	12.2
1979	41024	28634	69.8	7214	17.6	5177	12.6
1980	42361	29122	68.7	7707	18.2	5532	13.1
1981	43725	29777	68.1	8003	18.3	5945	13.6
1982	45295	30859	68.1	8346	18.4	6090	13.5
1983	46436	31151	67.1	8679	18.7	6606	14.2
1984	48197	30868	64.0	9590	19.9	7739	16.1
1985	49873	31130	62.4	10384	20.8	8359	16.8
1986	51282	31254	60.9	11216	21.9	8811	17.2
1987	52783	31663	60.0	11726	22.2	9395	17.8
1988	54334	32249	59.3	12152	22.4	9933	18.3
1989	55329	33225	60.1	11976	21.6	10129	18.3
1990	64749	38914	60.1	13856	21.4	11979	18.5
1991	65491	39098	59.7	14015	21.4	12378	18.9
1992	66152	38699	58.5	14355	21.7	13098	19.8
1993	66808	37680	56.4	14965	22.4	14163	21.2
1994	67455	36628	54.3	15312	22.7	15515	23.0
1995	68065	35530	52.2	15655	23.0	16880	24.8
1996	68950	34820	50.5	16203	23.5	17927	26.0
1997	69820	34840	49.9	16547	23.7	18432	26.4
1998	70637	35177	49.8	16600	23.5	18860	26.7
1999	71394	35768	50.1	16421	23.0	19205	26.9
2000	72085	36043	50.0	16219	22.5	19823	27.5
2001	73025	36513	50.0	16284	22.3	20228	27.7
2002	73740	36870	50.0	15780	21.4	21090	28.6
2003	74432	36546	49.1	16077	21.6	21809	29.3
2004	75200	35269	46.9	16920	22.5	23011	30.6
2005	75825	33970	44.8	18084	23.8	23771	31.4
2006	76400	32561	42.6	19225	25.2	24614	32.2

1-12 城镇登记失业人数及失业率(年末登记数)

Registered Unemployed Persons and Registered Unemployment Rate in Urban Areas(year-end)

年 份 Year	城镇登记失业人数 (万人) Registered Unemployed Persons in Urban Areas (10000 persons)	比上年增长 (%) Increase over Preceeding year (%)	城镇登记失业率 (%) Registered Unemployment Rate in Urban Areas (%)
1978	530.0		5.3
1979	567.6	7.1	5.4
1980	541.5	-4.6	4.9
1981	439.5	-18.8	3.8
1982	379.4	-13.7	3.2
1983	271.4	-28.5	2.3
1984	235.7	-13.2	1.9
1985	238.5	1.2	1.8
1986	264.4	10.9	2.0
1987	276.6	4.6	2.0
1988	296.2	7.1	2.0
1989	377.9	27.6	2.6
1990	383.2	1.4	2.5
1991	352.2	-8.1	2.3
1992	363.9	3.3	2.3
1993	420.1	15.4	2.6
1994	476.4	13.4	2.8
1995	519.6	9.1	2.9
1996	552.8	6.3	3.0
1997	576.8	4.3	3.1
1998	571.0	-1.0	3.1
1999	575.0	0.7	3.1
2000	595.0	3.5	3.1
2001	681.0	14.4	3.6
2002	770.0	13.1	4.0
2003	800.0	3.9	4.3
2004	827.0	3.4	4.2
2005	839.0	1.5	4.2
2006	847.0	1.0	4.1

1-13 分地区城镇登记失业人员数(年末登记数)

Registered Unemployed Persons in Urban Areas by Region (year-end)

单位：万人　　(10000 persons)

地 区	Region	2000	2001	2002	2003	2004	2005	2006
北 京	Beijing	3.3	5.2	6.0	7.0	6.5	10.6	10.4
天 津	Tianjin	10.5	11.4	12.9	12.0	11.8	11.7	11.7
河 北	Hebei	17.4	19.5	22.2	25.7	28.0	27.8	28.7
山 西	Shanxi	9.7	12.2	14.5	13.1	13.7	14.3	15.6
内蒙古	Inner Mongolia	12.6	14.5	16.3	17.6	18.5	17.7	18.0
辽 宁	Liaoning	41.2	55.5	75.6	72.0	70.1	60.4	54.1
吉 林	Jilin	23.0	20.2	23.8	28.4	28.2	27.6	26.3
黑龙江	Heilongjiang	25.3	35.5	41.6	35.0	32.9	31.3	31.2
上 海	Shanghai	20.1	25.7	28.8	30.1	27.4	27.5	27.8
江 苏	Jiangsu	30.4	36.1	42.2	41.8	42.9	41.6	40.4
浙 江	Zhejiang	21.8	24.0	27.7	28.3	30.1	29.0	29.1
安 徽	Anhui	16.5	19.9	22.6	25.1	26.1	27.8	28.2
福 建	Fujian	9.1	13.2	15.0	14.6	14.5	14.9	15.1
江 西	Jiangxi	16.7	17.3	17.8	21.6	22.4	22.8	25.3
山 东	Shandong	37.5	35.4	39.7	41.3	42.3	42.9	43.7
河 南	Henan	21.4	23.1	25.4	26.3	31.2	33.0	35.4
湖 北	Hubei	36.6	42.2	44.7	49.3	49.4	52.6	52.6
湖 南	Hunan	27.6	30.3	30.4	37.1	43.0	41.9	43.3
广 东	Guangdong	30.2	34.5	36.5	35.5	35.9	34.5	36.2
广 西	Guangxi	11.3	14.2	14.7	14.9	17.8	18.5	20.0
海 南	Hainan	3.7	3.8	4.0	3.6	4.7	5.1	5.2
重 庆	Chongqing	10.1	13.7	16.2	16.2	16.8	16.9	15.4
四 川	Sichuan	30.8	31.9	33.8	33.1	33.3	34.3	36.1
贵 州	Guizhou	10.2	11.1	11.1	11.2	11.6	12.1	12.1
云 南	Yunnan	6.8	8.0	9.8	12.1	11.9	13.0	13.8
西 藏	Tibet	1.0		1.3		1.2		
陕 西	Shaanxi	11.4	14.0	13.5	13.9	18.5	21.5	21.5
甘 肃	Gansu	7.4	7.4	8.7	9.3	9.5	9.3	9.7
青 海	Qinghai	1.8	2.4	2.9	3.1	3.5	3.6	3.7
宁 夏	Ningxia	3.8	3.7	3.5	3.8	4.1	4.4	4.2
新 疆	Xinjiang	11.0	9.7	9.9	9.9	13.3	11.1	11.6

1-14 分地区城镇登记失业率(年末登记数)
Registered Unemployment Rate in Urban Areas by Region (year-end)

单位：% (%)

地 区	Region	2000	2001	2002	2003	2004	2005	2006
北 京	Beijing	0.8	1.2	1.4	1.4	1.3	2.1	2.0
天 津	Tianjin	3.2	3.6	3.9	3.8	3.8	3.7	3.6
河 北	Hebei	2.8	3.2	3.6	3.9	4.0	3.9	3.8
山 西	Shanxi	2.2	2.6	3.4	3.0	3.1	3.0	3.2
内蒙古	Inner Mongolia	3.3	3.7	4.1	4.5	4.6	4.3	4.1
辽 宁	Liaoning	3.7	3.2	6.5	6.5	6.5	5.6	5.1
吉 林	Jilin	3.7	3.1	3.6	4.3	4.2	4.2	4.2
黑龙江	Heilongjiang	3.3	4.7	4.9	4.2	4.5	4.4	4.3
上 海	Shanghai	3.5		4.8	4.9	4.5		4.4
江 苏	Jiangsu	3.2	3.6	4.2	4.1	3.8	3.6	3.4
浙 江	Zhejiang	3.5	3.7	4.2	4.2	4.1	3.7	3.5
安 徽	Anhui	3.3	3.7	4.0	4.1	4.2	4.4	4.2
福 建	Fujian	2.6	3.8	4.2	4.1	4.0	4.0	3.9
江 西	Jiangxi	2.9	3.3	3.4	3.6	3.6	3.5	3.6
山 东	Shandong	3.2	3.3	3.6	3.6	3.4	3.3	3.3
河 南	Henan	2.6	2.8	2.9	3.1	3.4	3.5	3.5
湖 北	Hubei	3.5	4.0	4.3	4.3	4.2	4.3	4.2
湖 南	Hunan	3.7	4.0	4.0	4.5	4.4	4.3	4.3
广 东	Guangdong	2.5	2.9	3.1	2.9	2.7	2.6	2.6
广 西	Guangxi	3.2	3.5	3.7	3.6	4.1	4.2	4.1
海 南	Hainan	3.2	3.4	3.1	3.4	3.4	3.6	3.6
重 庆	Chongqing	3.5	3.9	4.1	4.1	4.1	4.1	4.0
四 川	Sichuan	4.0	4.3	4.5	4.4	4.4	4.6	4.5
贵 州	Guizhou	3.8	4.0	4.1	4.0	4.1	4.2	4.1
云 南	Yunnan	2.6	3.3	4.0	4.1	4.3	4.2	4.3
西 藏	Tibet	4.1		4.9		4.0		
陕 西	Shaanxi	2.7	3.2	3.3	3.5	3.8	4.2	4.0
甘 肃	Gansu	2.7	2.8	3.2	3.4	3.4	3.3	3.6
青 海	Qinghai	2.4	3.5	3.6	3.8	3.9	3.9	3.9
宁 夏	Ningxia	4.6	4.4	4.4	4.4	4.5	4.5	4.3
新 疆	Xinjiang	3.8	3.7	3.7	3.5	3.5	3.9	3.9

1-15 分登记注册类型职工平均工资及指数

Average Wage and Related Indices of Staff and Workers by Status of Registration

年 份 Year	平均工资(元) Average Wage (yuan)	国有单位 State-owned Units	城镇集体单位 Urban Collective-owned Units	其他单位 Units of Other Types of Ownership	指数(以上年为100) Index (preceding year=100)	国有单位 State-owned Units	城镇集体单位 Urban Collective-owned Units	其他单位 Units of Other Types of Ownership
1952	445	446	348					
1957	624	637	571		103.8	104.4	104.4	
1962	551	592	405		108.0	110.2	106.6	
1965	590	652	398		100.7	98.6	111.2	
1970	561	609	405		97.6	98.5	92.3	
1971	560	597	429		99.8	98.0	105.9	
1972	588	622	465		105.0	104.2	108.4	
1973	587	614	489		99.8	98.7	105.2	
1974	584	622	441		99.5	101.3	90.2	
1975	580	613	453		99.3	98.6	102.7	
1976	575	605	464		99.1	98.7	102.4	
1977	576	602	478		100.2	99.5	103.0	
1978	615	644	506		106.8	107.0	105.9	
1979	668	705	542		108.6	109.5	107.1	
1980	762	803	623		114.1	113.9	114.9	
1981	772	812	642		101.3	101.1	103.0	
1982	798	836	671		103.4	103.0	104.5	
1983	826	865	698		103.5	103.5	104.0	
1984	974	1034	811	1048	117.9	119.5	116.2	
1985	1148	1213	967	1436	117.9	117.3	119.2	137.0
1986	1329	1414	1092	1629	115.8	116.6	112.9	113.4
1987	1459	1546	1207	1879	109.8	109.3	110.5	115.3
1988	1747	1853	1426	2382	119.7	119.9	118.1	126.8
1989	1935	2055	1557	2707	110.8	110.9	109.2	113.6
1990	2140	2284	1681	2987	110.6	111.1	108.0	110.3
1991	2340	2477	1866	3468	109.3	108.5	111.0	116.1
1992	2711	2878	2109	3966	115.9	116.2	113.0	114.4
1993	3371	3532	2592	4966	124.3	122.7	122.9	125.2
1994	4538	4797	3245	6302	134.6	135.8	125.2	126.9
1995	5500	5625	3931	7463	121.2	117.3	121.1	118.4
1996	6210	6280	4302	8261	112.9	111.6	109.4	110.7
1997	6470	6747	4512	8789	104.2	107.4	104.9	106.4
1998	7479	7668	5331	8972	106.6	106.1	102.5	97.7
1999	8346	8543	5774	9829	111.6	111.4	108.3	109.6
2000	9371	9552	6262	10984	112.3	111.8	108.5	111.8
2001	10870	11178	6867	12140	116.0	117.0	109.7	110.5
2002	12422	12869	7667	13212	114.3	115.1	111.6	108.8
2003	14040	14577	8678	14574	113.0	113.3	113.2	110.3
2004	16024	16729	9814	16259	114.1	114.8	113.1	111.6
2005	18364	19313	11283	18244	114.6	115.4	115.0	112.2
2006	21001	22112	13014	20755	114.4	114.5	115.3	113.8

1-16 分登记注册类型职工平均实际工资指数

Average Real Wage Indices of Staff and Workers by Status of Registration

年 份 Year	平均实际工资指数(1978年=100) Average Real Wage Indices (year of 1978=100)	国有单位 State-owned Units	城镇集体单位 Urban Collective-owned Units	其他单位 Units of Other Types of Ownership	平均实际工资指数(上年=100) Average Real Wage Indices (preceding year=100)	国有单位 State-owned Units	城镇集体单位 Urban Collective-owned Units	其他单位 Units of Other Types of Ownership
1978	100.0	100.0	100.0		106.0	106.2	105.1	
1979	106.6	107.5	105.1		106.6	107.4	105.1	
1980	113.2	113.9	112.4		106.1	106.0	106.9	
1981	111.9	112.4	113.1		98.8	98.7	100.5	
1982	113.4	113.5	115.9		101.3	100.9	102.5	
1983	115.1	115.1	118.2		101.5	101.4	102.0	
1984	132.1	133.9	133.7	100.0	114.8	116.4	113.1	
1985	139.0	140.4	142.4	122.5	105.3	104.8	106.6	122.5
1986	150.4	152.9	150.3	129.8	108.2	108.9	105.5	106.0
1987	151.9	153.7	152.7	137.6	100.9	100.5	101.6	106.0
1988	150.7	152.6	149.5	144.6	99.2	99.3	97.9	105.0
1989	143.5	145.6	140.4	141.3	95.2	95.4	93.9	97.7
1990	156.7	159.8	149.6	153.9	109.2	109.7	106.6	108.9
1991	162.9	164.6	157.9	170.0	104.0	103.2	105.6	110.5
1992	173.8	176.2	164.3	179.0	106.7	107.0	104.1	105.3
1993	186.1	186.2	173.9	193.0	107.1	105.7	105.9	107.9
1994	200.4	202.3	174.3	196.0	107.7	108.7	100.2	101.5
1995	208.0	203.1	180.8	198.7	103.8	100.4	103.7	101.4
1996	215.9	208.4	181.8	202.1	103.8	102.6	100.6	101.7
1997	218.3	217.1	185.0	208.6	101.1	104.2	101.7	103.2
1998	234.0	231.6	190.7	205.1	107.2	106.7	103.1	98.3
1999	264.6	261.4	209.2	227.8	113.1	112.9	109.7	111.0
2000	294.7	289.9	225.2	252.6	111.4	110.9	107.6	110.9
2001	339.5	336.8	245.3	277.2	115.2	116.2	108.9	109.7
2002	391.9	391.6	276.6	304.6	115.5	116.3	112.7	109.9
2003	438.9	439.7	310.3	333.0	112.0	112.3	112.2	109.3
2004	484.8	488.7	339.7	359.8	110.5	111.1	109.5	108.0
2005	546.9	555.3	384.4	397.3	112.8	113.6	113.2	110.4
2006	616.2	626.4	436.8	445.3	112.7	112.8	113.6	112.1

1-17 分行业职工平均工资
Average Wage of Staff and Workers by Sector

单位:元 (yuan)

行 业	Sector	2003	2004	2005	2006
合 计	**National Total**	**14040**	**16024**	**18364**	**21001**
农、林、牧、渔业	Agriculture, Forestry, Animal Husbandry and Fishing	6969	7611	8309	9430
采矿业	Mining	13682	16874	20626	24335
制造业	Manufacturing	12496	14033	15757	17966
电力、燃气及水的生产和供应业	Production and Distribution of Electricity, Gas and Water	18752	21805	25073	28765
建筑业	Construction	11478	12770	14338	16406
交通运输、仓储和邮政业	Transport, Storage and Post	15973	18381	21352	24623
信息传输、计算机服务和软件业	Information Transmission, Computer Service and Software	32244	34988	40558	44763
批发和零售业	Wholesale and Retail Trades	10939	12923	15241	17736
住宿和餐饮业	Hotel and Restaurants	11083	12535	13857	15206
金融业	Financial Intermediation	22457	26982	32228	39280
房地产业	Real Estate	17182	18712	20581	22578
租赁和商务服务业	Leasing and Business Services	16501	18131	20992	23648
科学研究、技术服务和地质勘查业	Scientific Research, Technical Service and Geologic Prospecting	20636	23593	27434	31909
水利、环境和公共设施管理业	Management of Water Conservancy, Environment and Public Facilities	12095	13336	14753	16140
居民服务和其他服务业	Services to Households and Other Services	12900	14152	16642	18935
教 育	Education	14399	16277	18470	21134
卫生、社会保障和社会福利业	Health, Social Securities and Social Welfare	16352	18617	21048	23898
文化、体育和娱乐业	Culture, Sports and Entertainment	17268	20730	22885	26126
公共管理和社会组织	Public Management and Social Organization	15533	17609	20505	22883

1-18 分地区职工平均工资
Average Wage of Staff and Workers by Region

地 区	Region	2000	2001	2002	2003	2004	2005	2006
全 国	**National Total**	**9371**	**10870**	**12422**	**14040**	**16024**	**18364**	**21101**
北 京	Beijing	16350	19155	21852	25312	29674	34191	40117
天 津	Tianjin	12480	14308	16258	18648	21754	25271	28682
河 北	Hebei	7781	8730	10032	11189	12925	14707	16590
山 西	Shanxi	6918	8122	9357	10729	12943	15645	18300
内蒙古	Inner Mongolia	6974	8250	9683	11279	13324	15985	18469
辽 宁	Liaoning	8811	10145	11659	13008	14921	17331	19624
吉 林	Jilin	7924	8771	9990	11081	12431	14409	16583
黑龙江	Heilongjiang	7835	8910	9926	11038	12557	14458	16505
上 海	Shanghai	18531	21781	23959	27304	30085	34345	41188
江 苏	Jiangsu	10299	11842	13509	15712	18202	20957	23782
浙 江	Zhejiang	13076	16385	18785	21367	23506	25896	27820
安 徽	Anhui	6989	7908	9296	10581	12928	15334	17949
福 建	Fujian	10584	12013	13306	14310	15603	17146	19318
江 西	Jiangxi	7014	8026	9262	10521	11860	13688	15590
山 东	Shandong	8772	10008	11374	12567	14332	16614	19228
河 南	Henan	6930	7916	9174	10749	12114	14282	16981
湖 北	Hubei	7565	8619	9611	10692	11855	14419	16048
湖 南	Hunan	8128	9623	10967	12221	13928	15659	17850
广 东	Guangdong	13823	15682	17814	19986	22116	23959	26186
广 西	Guangxi	7651	9075	10774	11953	13579	15461	18064
海 南	Hainan	7408	8321	9480	10397	12652	14417	15890
重 庆	Chongqing	8020	9523	10960	12425	14357	16630	19215
四 川	Sichuan	8323	9934	11183	12441	14063	15826	17852
贵 州	Guizhou	7468	8991	9810	11037	12431	14344	16815
云 南	Yunnan	9231	10537	11987	12870	14581	16140	18711
西 藏	Tibet	14976	19144	24766	26931	30873	28950	31518
陕 西	Shaanxi	7804	9120	10351	11461	13024	14796	16918
甘 肃	Gansu	8560	9949	11147	12307	13623	14939	17246
青 海	Qinghai	10050	12906	14472	15356	17229	19084	22679
宁 夏	Ningxia	8590	10442	11640	12981	14620	17211	21239
新 疆	Xinjiang	8717	10278	11605	13255	14484	15558	17819

1-19　国内生产总值及构成

Gross Domestic Product and Composition

单位：亿元　　(100 million yuan)

年 份 Year	国内生产总值 Gross Domestic Product	第一产业 Primary Industry		第二产业 Secondary Industry		第三产业 Tertiary Industry		人均国内生产总值（元/人） Per Capita GDP (yuan/person)
		绝对数 Value	比重（%） Proportion	绝对数 Value	比重（%） Proportion	绝对数 Value	比重（%） Proportion	
1978	3645.2	1027.5	28.2	1745.2	47.9	872.5	23.9	381
1979	4062.6	1270.2	31.3	1913.5	47.1	878.9	21.6	419
1980	4545.6	1371.6	30.2	2192.0	48.2	982.0	21.6	463
1981	4891.6	1559.5	31.9	2255.5	46.1	1076.6	22.0	492
1982	5323.4	1777.4	33.4	2383.0	44.8	1163.0	21.8	528
1983	5962.7	1978.4	33.2	2646.2	44.4	1338.1	22.4	583
1984	7208.1	2316.1	32.1	3105.7	43.1	1786.3	24.8	695
1985	9016.0	2564.4	28.4	3866.6	42.9	2585.0	28.7	858
1986	10275.2	2788.7	27.2	4492.7	43.7	2993.8	29.1	963
1987	12058.6	3233.0	26.8	5251.6	43.6	3574.0	29.6	1112
1988	15042.8	3865.4	25.7	6587.2	43.8	4590.3	30.5	1366
1989	16992.3	4265.9	25.1	7278.0	42.8	5448.4	32.1	1519
1990	18667.8	5062.0	27.1	7717.4	41.3	5888.4	31.6	1644
1991	21781.5	5342.2	24.5	9102.2	41.8	7337.1	33.7	1893
1992	26923.5	5866.6	21.8	11699.5	43.4	9357.4	34.8	2311
1993	35333.9	6963.8	19.7	16454.4	46.6	11915.7	33.7	2998
1994	48197.9	9572.7	19.8	22445.4	46.6	16179.8	33.6	4044
1995	60793.7	12135.8	19.9	28679.5	47.2	19978.5	32.9	5046
1996	71176.6	14015.4	19.7	33835.0	47.5	23326.2	32.8	5846
1997	78973.0	14441.9	18.3	37543.0	47.5	26988.1	34.2	6420
1998	84402.3	14817.6	17.6	39004.2	46.2	30580.5	36.2	6796
1999	89677.1	14770.0	16.5	41033.6	45.8	33873.4	37.7	7159
2000	99214.6	14944.7	15.1	45555.9	45.9	38714.0	39.0	7858
2001	109655.2	15781.3	14.4	49512.3	45.1	44361.6	40.5	8622
2002	120332.7	16537.0	13.7	53896.8	44.8	49898.9	41.5	9398
2003	135822.8	17381.7	12.8	62436.3	46.0	56004.7	41.2	10542
2004	159878.3	21412.7	13.4	73904.3	46.2	64561.3	40.4	12336
2005	183867.9	23070.4	12.5	87364.6	47.5	73432.9	40.0	14103
2006	210871.0	24737.0	11.7	103162.0	48.9	82972.0	39.4	16084

注：本表按当年价格计算。

Note: Data in this table are calculated at current prices.

1-20 国内生产总值指数

Indices of Gross Domestic Product

(上年=100)

(Preceding Year=100)

年 份 Year	国内生产总 值 Gross Domestic Product	第一产业 Primary Industry	第二产业 Secondary Industry	第三产业 Tertiary Industry	人均国内生产总值(元/人) Per Capita GDP (yuan/person)
1978	111.7	104.1	115.0	113.8	110.2
1979	107.6	106.1	108.2	107.9	106.1
1980	107.8	98.5	113.6	106.0	106.5
1981	105.2	107.0	101.9	110.4	103.9
1982	109.1	111.5	105.6	113.0	107.5
1983	110.9	108.3	110.4	115.2	109.3
1984	115.2	112.9	114.5	119.3	113.7
1985	113.5	101.8	118.6	118.2	111.9
1986	108.8	103.3	110.2	112.0	107.2
1987	111.6	104.7	113.7	114.4	109.8
1988	111.3	102.5	114.5	113.2	109.5
1989	104.1	103.1	103.8	105.4	102.5
1990	103.8	107.3	103.2	102.3	102.3
1991	109.2	102.4	113.9	108.9	107.7
1992	114.2	104.7	121.2	112.4	112.8
1993	114.0	104.7	119.9	112.2	112.7
1994	113.1	104.0	118.4	111.1	111.8
1995	110.9	105.0	113.9	109.8	109.7
1996	110.0	105.1	112.1	109.4	108.9
1997	109.3	103.5	110.5	110.7	108.2
1998	107.8	103.5	108.9	108.4	106.8
1999	107.6	102.8	108.1	109.3	106.7
2000	108.4	102.4	109.4	109.7	107.6
2001	108.3	102.8	108.4	110.3	107.5
2002	109.1	102.9	109.8	110.4	108.4
2003	110.0	102.5	112.7	109.5	109.3
2004	110.1	106.3	111.1	110.1	109.4
2005	110.4	105.2	111.7	110.5	109.8
2006	111.1	105.0	113.0	110.8	110.5

注：本表按可比价格计算。

Note: Data in this table are calculated at constant prices.

第二部分
Chapter Two

2006年全国人口变动情况抽样调查数据

Data from 2006 National Sample Survey on Population Changes

2-1 各地区人口数及人口自然变动情况

Total Population and Natural Changes by Region

地 区	Region	出生率 Birth Rate (‰)	死亡率 Death Rate (‰)	自然增长率 Natural Growth Rate (‰)	总人口(年末) (万人) Total Population (year-end) (10000 persons)
全 国	**National Total**	**12.09**	**6.81**	**5.28**	**131448**
北 京	Beijing	6.26	4.97	1.29	1581
天 津	Tianjin	7.67	6.07	1.60	1075
河 北	Hebei	12.82	6.59	6.23	6898
山 西	Shanxi	11.48	5.73	5.75	3375
内蒙古	Inner Mongolia	9.87	5.91	3.96	2397
辽 宁	Liaoning	6.40	5.30	1.10	4271
吉 林	Jilin	7.67	5.00	2.67	2723
黑龙江	Heilongjiang	7.57	5.18	2.39	3823
上 海	Shanghai	7.47	5.89	1.58	1815
江 苏	Jiangsu	9.36	7.08	2.28	7550
浙 江	Zhejiang	10.29	5.42	4.87	4980
安 徽	Anhui	12.60	6.30	6.30	6110
福 建	Fujian	12.00	5.75	6.25	3558
江 西	Jiangxi	13.80	6.01	7.79	4339
山 东	Shandong	11.60	6.10	5.50	9309
河 南	Henan	11.59	6.27	5.32	9392
湖 北	Hubei	9.08	5.95	3.13	5693
湖 南	Hunan	11.92	6.73	5.19	6342
广 东	Guangdong	11.78	4.49	7.29	9304
广 西	Guangxi	14.44	6.10	8.34	4719
海 南	Hainan	14.59	5.73	8.86	836
重 庆	Chongqing	9.90	6.50	3.40	2808
四 川	Sichuan	9.14	6.28	2.86	8169
贵 州	Guizhou	13.97	6.71	7.26	3757
云 南	Yunnan	13.20	6.30	6.90	4483
西 藏	Tibet	17.40	5.70	11.70	281
陕 西	Shaanxi	10.19	6.15	4.04	3735
甘 肃	Gansu	12.86	6.62	6.24	2606
青 海	Qinghai	15.24	6.27	8.97	548
宁 夏	Ningxia	15.53	4.84	10.69	604
新 疆	Xinjiang	15.79	5.03	10.76	2050

注：1.本表数据根据2006年人口变动情况抽样调查数据推算。
2.全国总人口包括现役军人数，分地区数字中未包括；全国总人口未包括香港、澳门特别行政区和台湾省的人口数据。
3.全国总人口根据2006年人口变动情况抽样误差和调查误差进行了修正，分地区人口未做修正。

Note:a) Data in this table are estimates from the 2006 National Sample Survey on Population Changes.
b) The military personnel were included in the national total population, but were not included in the population by region. The national total population does not include the population of Hong Kong SAR, Macao SAR and Taiwan Province.
c) The national total population were adjusted on the basis of sampling errors and survey errors from the 2006 National Sample Survey on Population Changes. Similar adjustments were not made to regional figures.

2-2 各地区人口的城乡构成

Population by Urban and Rural Residence and Region

单位：万人 (10000 persons)

地区	Region	总人口(年末) Total Population (year-end)	城镇人口 Urban Population		乡村人口 Rural Population	
			人口数 Population	比重(%) Proportion	人口数 Population	比重(%) Proportion
全国	**National Total**	**131448**	**57706**	**43.90**	**73742**	**56.10**
北京	Beijing	1581	1333	84.33	248	15.67
天津	Tianjin	1075	814	75.73	261	24.27
河北	Hebei	6898	2652	38.44	4246	61.56
山西	Shanxi	3375	1452	43.01	1923	56.99
内蒙古	Inner Mongolia	2397	1166	48.64	1231	51.36
辽宁	Liaoning	4271	2519	58.99	1752	41.01
吉林	Jilin	2723	1442	52.97	1281	47.03
黑龙江	Heilongjiang	3823	2045	53.50	1778	46.50
上海	Shanghai	1815	1610	88.70	205	11.30
江苏	Jiangsu	7550	3918	51.90	3632	48.10
浙江	Zhejiang	4980	2814	56.50	2166	43.50
安徽	Anhui	6110	2267	37.10	3843	62.90
福建	Fujian	3558	1708	48.00	1850	52.00
江西	Jiangxi	4339	1678	38.68	2661	61.32
山东	Shandong	9309	4291	46.10	5018	53.90
河南	Henan	9392	3050	32.47	6342	67.53
湖北	Hubei	5693	2494	43.80	3199	56.20
湖南	Hunan	6342	2455	38.71	3887	61.29
广东	Guangdong	9304	5862	63.00	3442	37.00
广西	Guangxi	4719	1635	34.64	3084	65.36
海南	Hainan	836	385	46.10	451	53.90
重庆	Chongqing	2808	1311	46.70	1497	53.30
四川	Sichuan	8169	2802	34.30	5367	65.70
贵州	Guizhou	3757	1032	27.46	2725	72.54
云南	Yunnan	4483	1367	30.50	3116	69.50
西藏	Tibet	281	79	28.21	202	71.79
陕西	Shaanxi	3735	1461	39.12	2274	60.88
甘肃	Gansu	2606	810	31.09	1796	68.91
青海	Qinghai	548	215	39.26	333	60.74
宁夏	Ningxia	604	260	43.00	344	57.00
新疆	Xinjiang	2050	778	37.94	1272	62.06

注：本表数据根据2006年人口变动情况抽样调查数据推算。

a) Data in the table are estimates from the 2006 National Sample Survey on Population Changes.

2-3 全国分年龄、性别的人口数

Population by Age and Sex

单位：人、% (person,%)

年 龄 Age	人口数 Population			占总人口比重 Percentage to Total Population			性别比 (女=100) Sex Ratio (Famale=100)
	合计 Total	男 Male	女 Female	合计 Total	男 Male	女 Female	
总计 Total	**1192666**	**604303**	**588363**	**100.00**	**50.67**	**49.33**	**102.71**
0-4	**60556**	**33121**	**27436**	**5.08**	**2.78**	**2.30**	**120.72**
0	12347	6724	5624	1.04	0.56	0.47	119.56
1	11614	6419	5195	0.97	0.54	0.44	123.55
2	12459	6809	5650	1.04	0.57	0.47	120.51
3	11827	6457	5370	0.99	0.54	0.45	120.23
4	12309	6712	5596	1.03	0.56	0.47	119.94
5-9	**70588**	**38942**	**31646**	**5.92**	**3.27**	**2.65**	**123.05**
5	13089	7333	5756	1.10	0.61	0.48	127.39
6	13850	7629	6221	1.16	0.64	0.52	122.63
7	13315	7338	5977	1.12	0.62	0.50	122.77
8	15134	8312	6822	1.27	0.70	0.57	121.85
9	15200	8330	6871	1.27	0.70	0.58	121.23
10-14	**89136**	**48057**	**41079**	**7.47**	**4.03**	**3.44**	**116.99**
10	16172	8741	7432	1.36	0.73	0.62	117.61
11	17380	9459	7920	1.46	0.79	0.66	119.43
12	17141	9272	7870	1.44	0.78	0.66	117.81
13	18700	10039	8661	1.57	0.84	0.73	115.92
14	19742	10546	9196	1.66	0.88	0.77	114.68
15-19	**105023**	**55481**	**49542**	**8.81**	**4.65**	**4.15**	**111.99**
15	19936	10632	9304	1.67	0.89	0.78	114.27
16	24525	13055	11470	2.06	1.09	0.96	113.82
17	21787	11555	10232	1.83	0.97	0.86	112.93
18	19765	10330	9436	1.66	0.87	0.79	109.47
19	19010	9910	9100	1.59	0.83	0.76	108.90
20-24	**76160**	**37271**	**38889**	**6.39**	**3.13**	**3.26**	**95.84**
20	16585	8394	8191	1.39	0.70	0.69	102.49
21	14137	7095	7041	1.19	0.59	0.59	100.77
22	14287	6833	7454	1.20	0.57	0.62	91.68
23	14452	6917	7535	1.21	0.58	0.63	91.80
24	16699	8031	8669	1.40	0.67	0.73	92.64
25-29	**74110**	**35868**	**38242**	**6.21**	**3.01**	**3.21**	**93.79**
25	14691	6985	7706	1.23	0.59	0.65	90.64
26	14369	6979	7390	1.20	0.59	0.62	94.44
27	15379	7469	7910	1.29	0.63	0.66	94.43
28	15341	7427	7914	1.29	0.62	0.66	93.84
29	14329	7008	7321	1.20	0.59	0.61	95.72

注：由于各地区数据采用加权汇总的方法，全国人口变动情况抽样调查样本数据合计与各分项相加略有误差(以下表同)。

Note: Because data by region are calculated by the method of weighted sum, total data of the national sample survey on population changes is not equal to the sum of each item. The same applies to the tables following.

2-3 续表 1 continued

单位：人、% (person,%)

年 龄 Age	人口数 Population			占总人口比重 Percentage to Total Population			性别比 (女=100) Sex Ratio (Famale=100)
	合计 Total	男 Male	女 Female	合计 Total	男 Male	女 Female	
30–34	**93398**	**45819**	**47580**	**7.83**	**3.84**	**3.99**	**96.30**
30	16892	8278	8614	1.42	0.69	0.72	96.10
31	16756	8150	8606	1.40	0.68	0.72	94.69
32	18815	9158	9657	1.58	0.77	0.81	94.84
33	20046	9756	10290	1.68	0.82	0.86	94.82
34	20890	10476	10413	1.75	0.88	0.87	100.60
35–39	**113952**	**56033**	**57920**	**9.55**	**4.70**	**4.86**	**96.74**
35	22309	11017	11292	1.87	0.92	0.95	97.56
36	24365	11937	12428	2.04	1.00	1.04	96.05
37	22642	11109	11533	1.90	0.93	0.97	96.32
38	24756	12141	12615	2.08	1.02	1.06	96.24
39	19880	9829	10051	1.67	0.82	0.84	97.79
40–44	**115781**	**57276**	**58505**	**9.71**	**4.80**	**4.91**	**97.90**
40	23400	11575	11825	1.96	0.97	0.99	97.89
41	22941	11337	11605	1.92	0.95	0.97	97.69
42	22840	11367	11473	1.92	0.95	0.96	99.08
43	26636	13277	13359	2.23	1.11	1.12	99.39
44	19964	9720	10244	1.67	0.81	0.86	94.88
45–49	**76496**	**38248**	**38247**	**6.41**	**3.21**	**3.21**	**100.00**
45	11540	5641	5899	0.97	0.47	0.49	95.63
46	14466	7364	7102	1.21	0.62	0.60	103.70
47	17441	8817	8625	1.46	0.74	0.72	102.23
48	13325	6550	6775	1.12	0.55	0.57	96.68
49	19723	9876	9847	1.65	0.83	0.83	100.29
50–54	**90607**	**45643**	**44964**	**7.60**	**3.83**	**3.77**	**101.51**
50	18166	9142	9024	1.52	0.77	0.76	101.31
51	18702	9334	9369	1.57	0.78	0.79	99.63
52	18942	9544	9398	1.59	0.80	0.79	101.56
53	17301	8783	8518	1.45	0.74	0.71	103.11
54	17496	8840	8656	1.47	0.74	0.73	102.12
55–59	**68277**	**34539**	**33737**	**5.72**	**2.90**	**2.83**	**102.38**
55	14777	7278	7499	1.24	0.61	0.63	97.05
56	14636	7518	7117	1.23	0.63	0.60	105.64
57	14285	7286	6999	1.20	0.61	0.59	104.10
58	12322	6170	6152	1.03	0.52	0.52	100.30
59	12257	6287	5970	1.03	0.53	0.50	105.30
60–64	**48886**	**24947**	**23939**	**4.10**	**2.09**	**2.01**	**104.21**
60	11412	5789	5623	0.96	0.49	0.47	102.96
61	9884	5039	4845	0.83	0.42	0.41	104.00
62	9793	5086	4707	0.82	0.43	0.39	108.05
63	8997	4584	4413	0.75	0.38	0.37	103.87
64	8800	4449	4351	0.74	0.37	0.36	102.25

2-3 续表 2 continued

单位：人、%　　(person,%)

年龄 Age	人口数 Population 合计 Total	男 Male	女 Female	占总人口比重 Percentage to Total Population 合计 Total	男 Male	女 Female	性别比 (女=100) Sex Ratio (Famale=100)
65-69	**39996**	**20460**	**19536**	**3.35**	**1.72**	**1.64**	**104.73**
65	8813	4538	4275	0.74	0.38	0.36	106.17
66	8527	4386	4141	0.71	0.37	0.35	105.91
67	7077	3586	3490	0.59	0.30	0.29	102.76
68	7976	4080	3896	0.67	0.34	0.33	104.73
69	7604	3870	3734	0.64	0.32	0.31	103.63
70-74	**32692**	**16142**	**16550**	**2.74**	**1.35**	**1.39**	**97.54**
70	7505	3740	3764	0.63	0.31	0.32	99.36
71	6770	3440	3330	0.57	0.29	0.28	103.31
72	6432	3048	3383	0.54	0.26	0.28	90.11
73	6522	3264	3258	0.55	0.27	0.27	100.19
74	5464	2649	2815	0.46	0.22	0.24	94.11
75-79	**20632**	**9850**	**10781**	**1.73**	**0.83**	**0.90**	**91.37**
75	4857	2394	2462	0.41	0.20	0.21	97.24
76	5073	2410	2664	0.43	0.20	0.22	90.48
77	3672	1760	1912	0.31	0.15	0.16	92.02
78	3810	1794	2016	0.32	0.15	0.17	88.96
79	3219	1493	1727	0.27	0.13	0.14	86.46
80-84	**10825**	**4604**	**6221**	**0.91**	**0.39**	**0.52**	**74.00**
80	2884	1254	1629	0.24	0.11	0.14	76.97
81	2427	1034	1393	0.20	0.09	0.12	74.21
82	2199	946	1253	0.18	0.08	0.11	75.49
83	1802	723	1078	0.15	0.06	0.09	67.07
84	1514	647	867	0.13	0.05	0.07	74.57
85-89	**4142**	**1561**	**2581**	**0.35**	**0.13**	**0.22**	**60.48**
85	1333	535	798	0.11	0.04	0.07	67.01
86	1020	376	645	0.09	0.03	0.05	58.24
87	788	307	481	0.07	0.03	0.04	63.97
88	584	213	371	0.05	0.02	0.03	57.36
89	417	130	286	0.03	0.01	0.02	45.53
90-94	**1130**	**366**	**764**	**0.09**	**0.03**	**0.06**	**47.86**
90	362	129	233	0.03	0.01	0.02	55.45
91	245	76	170	0.02	0.01	0.01	44.44
92	226	62	164	0.02	0.01	0.01	37.51
93	168	55	113	0.01	0.00	0.01	49.18
94	128	44	84	0.01	0.00	0.01	52.16
95+	**279**	**75**	**204**	**0.02**	**0.01**	**0.02**	**36.89**

2-4 全国城市分年龄、性别的人口数

City Population by Age and Sex

单位：人、%　　(person,%)

年龄 Age	人口数 Population 合计 Total	男 Male	女 Female	占总人口比重 Percentage to Total Population 合计 Total	男 Male	女 Female	性别比 (女=100) Sex Ratio (Famale=100)
总计 Total	**290147**	**144296**	**145851**	**100.00**	**49.73**	**50.27**	**98.93**
0-4	**11143**	**5860**	**5282**	**3.84**	**2.02**	**1.82**	**110.95**
0	2307	1208	1099	0.80	0.42	0.38	109.87
1	2159	1122	1037	0.74	0.39	0.36	108.14
2	2292	1231	1061	0.79	0.42	0.37	116.11
3	2041	1076	964	0.70	0.37	0.33	111.62
4	2343	1223	1120	0.81	0.42	0.39	109.14
5-9	**12830**	**6889**	**5941**	**4.42**	**2.37**	**2.05**	**115.97**
5	2422	1345	1077	0.83	0.46	0.37	124.82
6	2538	1361	1177	0.87	0.47	0.41	115.65
7	2480	1325	1155	0.85	0.46	0.40	114.68
8	2689	1448	1241	0.93	0.50	0.43	116.69
9	2702	1411	1291	0.93	0.49	0.44	109.34
10-14	**15071**	**8032**	**7039**	**5.19**	**2.77**	**2.43**	**114.1**
10	2887	1557	1330	1.00	0.54	0.46	117.08
11	2976	1599	1377	1.03	0.55	0.47	116.09
12	2991	1607	1383	1.03	0.55	0.48	116.19
13	3080	1630	1450	1.06	0.56	0.50	112.4
14	3137	1638	1499	1.08	0.56	0.52	109.31
15-19	**22861**	**11533**	**11328**	**7.88**	**3.97**	**3.90**	**101.81**
15	3377	1787	1590	1.16	0.62	0.55	112.39
16	4333	2196	2138	1.49	0.76	0.74	102.7
17	4595	2353	2242	1.58	0.81	0.77	104.96
18	5052	2481	2571	1.74	0.86	0.89	96.51
19	5503	2716	2787	1.90	0.94	0.96	97.44
20-24	**23948**	**11432**	**12517**	**8.25**	**3.94**	**4.31**	**91.33**
20	5228	2641	2587	1.80	0.91	0.89	102.06
21	4364	2140	2224	1.50	0.74	0.77	96.22
22	4384	2038	2346	1.51	0.70	0.81	86.87
23	4611	2096	2515	1.59	0.72	0.87	83.36
24	5361	2517	2845	1.85	0.87	0.98	88.47
25-29	**23080**	**10953**	**12127**	**7.95**	**3.77**	**4.18**	**90.32**
25	4559	2111	2448	1.57	0.73	0.84	86.22
26	4548	2159	2389	1.57	0.74	0.82	90.36
27	4800	2265	2535	1.65	0.78	0.87	89.32
28	4785	2269	2516	1.65	0.78	0.87	90.17
29	4389	2150	2239	1.51	0.74	0.77	96.04

2-4 续表 1 continued

单位：人、% (person,%)

年 龄 Age	人口数 Population			占总人口比重 Percentage to Total Population			性别比 (女=100) Sex Ratio (Famale=100)
	合计 Total	男 Male	女 Female	合计 Total	男 Male	女 Female	
30-34	**27250**	**13449**	**13801**	**9.39**	**4.64**	**4.76**	**97.45**
30	5139	2463	2675	1.77	0.85	0.92	92.07
31	5015	2419	2596	1.73	0.83	0.89	93.2
32	5395	2667	2729	1.86	0.92	0.94	97.73
33	5792	2863	2929	2.00	0.99	1.01	97.72
34	5908	3037	2872	2.04	1.05	0.99	105.76
35-39	**29409**	**14586**	**14823**	**10.14**	**5.03**	**5.11**	**98.4**
35	6183	2984	3199	2.13	1.03	1.10	93.3
36	6524	3228	3296	2.25	1.11	1.14	97.94
37	5911	2975	2936	2.04	1.03	1.01	101.34
38	6234	3127	3107	2.15	1.08	1.07	100.66
39	4557	2271	2286	1.57	0.78	0.79	99.33
40-44	**29295**	**14867**	**14427**	**10.10**	**5.12**	**4.97**	**103.05**
40	5412	2685	2727	1.87	0.93	0.94	98.44
41	5757	2838	2919	1.98	0.98	1.01	97.24
42	5951	3126	2825	2.05	1.08	0.97	110.65
43	7152	3729	3422	2.46	1.29	1.18	108.98
44	5024	2489	2534	1.73	0.86	0.87	98.22
45-49	**20869**	**10460**	**10409**	**7.19**	**3.61**	**3.59**	**100.49**
45	3181	1589	1592	1.10	0.55	0.55	99.78
46	4169	2153	2016	1.44	0.74	0.69	106.78
47	4654	2347	2307	1.60	0.81	0.80	101.71
48	3764	1851	1913	1.30	0.64	0.66	96.74
49	5101	2521	2581	1.76	0.87	0.89	97.68
50-54	**21577**	**10710**	**10867**	**7.44**	**3.69**	**3.75**	**98.56**
50	4542	2317	2225	1.57	0.80	0.77	104.17
51	4575	2210	2365	1.58	0.76	0.82	93.48
52	4538	2260	2278	1.56	0.78	0.79	99.25
53	4014	2012	2002	1.38	0.69	0.69	100.5
54	3908	1910	1998	1.35	0.66	0.69	95.58
55-59	**15613**	**7639**	**7974**	**5.38**	**2.63**	**2.75**	**95.81**
55	3493	1652	1841	1.20	0.57	0.63	89.76
56	3373	1712	1661	1.16	0.59	0.57	103.08
57	3333	1633	1700	1.15	0.56	0.59	96.09
58	2690	1288	1402	0.93	0.44	0.48	91.9
59	2724	1354	1371	0.94	0.47	0.47	98.75
60-64	**10859**	**5253**	**5606**	**3.74**	**1.81**	**1.93**	**93.69**
60	2590	1311	1279	0.89	0.45	0.44	102.56
61	2140	1014	1127	0.74	0.35	0.39	89.97
62	2135	1000	1134	0.74	0.34	0.39	88.17
63	1903	928	976	0.66	0.32	0.34	95.09
64	2090	1000	1091	0.72	0.34	0.38	91.64

2-4 续表 2 continued

单位：人、%　　(person,%)

年 龄 Age	人口数 Population			占总人口比重 Percentage to Total Population			性别比 (女=100)
	合计 Total	男 Male	女 Female	合计 Total	男 Male	女 Female	Sex Ratio (Famale=100)
65-69	**9736**	**4739**	**4997**	**3.36**	**1.63**	**1.72**	**94.84**
65	2035	1024	1011	0.70	0.35	0.35	101.34
66	1984	966	1017	0.68	0.33	0.35	94.97
67	1834	879	955	0.63	0.30	0.33	91.97
68	1999	973	1026	0.69	0.34	0.35	94.82
69	1884	897	987	0.65	0.31	0.34	90.83
70-74	**8027**	**3849**	**4178**	**2.77**	**1.33**	**1.44**	**92.13**
70	1783	868	915	0.61	0.30	0.32	94.89
71	1715	810	905	0.59	0.28	0.31	89.54
72	1646	749	898	0.57	0.26	0.31	83.37
73	1557	768	789	0.54	0.26	0.27	97.31
74	1326	654	671	0.46	0.23	0.23	97.51
75-79	**4959**	**2440**	**2520**	**1.71**	**0.84**	**0.87**	**96.82**
75	1254	625	629	0.43	0.22	0.22	99.4
76	1217	637	580	0.42	0.22	0.20	109.77
77	867	413	454	0.30	0.14	0.16	91.07
78	861	415	446	0.30	0.14	0.15	93.01
79	760	350	411	0.26	0.12	0.14	85.07
80-84	**2452**	**1131**	**1321**	**0.85**	**0.39**	**0.46**	**85.57**
80	673	317	355	0.23	0.11	0.12	89.22
81	546	258	288	0.19	0.09	0.10	89.62
82	488	214	274	0.17	0.07	0.09	77.94
83	422	202	220	0.15	0.07	0.08	91.58
84	323	140	183	0.11	0.05	0.06	76.28
85-89	**884**	**372**	**512**	**0.30**	**0.13**	**0.18**	**72.65**
85	283	139	144	0.10	0.05	0.05	96.36
86	209	88	120	0.07	0.03	0.04	73.58
87	185	75	110	0.06	0.03	0.04	67.78
88	120	45	75	0.04	0.02	0.03	60.57
89	87	25	63	0.03	0.01	0.02	39.28
90-94	**234**	**93**	**141**	**0.08**	**0.03**	**0.05**	**66.26**
90	75	35	40	0.03	0.01	0.01	86.58
91	50	20	31	0.02	0.01	0.01	64.42
92	44	16	28	0.02	0.01	0.01	56.06
93	41	13	28	0.01	0.00	0.01	48.15
94	23	9	14	0.01	0.00	0.00	68.26
95+	**51**	**10**	**41**	**0.02**	**0.00**	**0.01**	**24.21**

2-5 全国镇分年龄、性别的人口数

Town Population by Age and Sex

单位：人、%　　　　(person,%)

年 龄 Age	人口数 Population			占总人口比重 Percentage to Total Population			性别比 (女=100) Sex Ratio (Famale=100)
	合计 Total	男 Male	女 Female	合计 Total	男 Male	女 Female	
总计 Total	**227920**	**115864**	**112056**	**100.00**	**50.84**	**49.16**	**103.40**
0-4	**11327**	**6296**	**5031**	**4.97**	**2.76**	**2.21**	**125.15**
0	2214	1234	980	0.97	0.54	0.43	125.95
1	2245	1251	994	0.99	0.55	0.44	125.89
2	2358	1336	1021	1.03	0.59	0.45	130.83
3	2268	1245	1022	0.99	0.55	0.45	121.86
4	2242	1229	1013	0.98	0.54	0.44	121.24
5-9	**13521**	**7518**	**6004**	**5.93**	**3.30**	**2.63**	**125.22**
5	2529	1395	1134	1.11	0.61	0.50	123.02
6	2618	1449	1169	1.15	0.64	0.51	123.98
7	2502	1379	1123	1.10	0.61	0.49	122.76
8	2955	1648	1306	1.30	0.72	0.57	126.20
9	2918	1646	1271	1.28	0.72	0.56	129.52
10-14	**17163**	**9287**	**7875**	**7.53**	**4.07**	**3.46**	**117.93**
10	3080	1669	1411	1.35	0.73	0.62	118.30
11	3442	1879	1564	1.51	0.82	0.69	120.15
12	3242	1753	1489	1.42	0.77	0.65	117.74
13	3584	1968	1616	1.57	0.86	0.71	121.74
14	3814	2018	1795	1.67	0.89	0.79	112.43
15-19	**20737**	**11379**	**9358**	**9.10**	**4.99**	**4.11**	**121.60**
15	3882	2060	1822	1.70	0.90	0.80	113.07
16	4838	2727	2112	2.12	1.20	0.93	129.11
17	4483	2430	2052	1.97	1.07	0.90	118.41
18	3921	2168	1753	1.72	0.95	0.77	123.68
19	3614	1994	1619	1.59	0.87	0.71	123.18
20-24	**13875**	**6871**	**7004**	**6.09**	**3.01**	**3.07**	**98.11**
20	2920	1497	1422	1.28	0.66	0.62	105.26
21	2523	1273	1249	1.11	0.56	0.55	101.91
22	2602	1265	1337	1.14	0.56	0.59	94.65
23	2620	1274	1346	1.15	0.56	0.59	94.60
24	3211	1562	1649	1.41	0.69	0.72	94.72
25-29	**14776**	**7081**	**7695**	**6.48**	**3.11**	**3.38**	**92.02**
25	2834	1326	1508	1.24	0.58	0.66	87.91
26	2795	1341	1454	1.23	0.59	0.64	92.27
27	3217	1570	1647	1.41	0.69	0.72	95.31
28	3007	1439	1568	1.32	0.63	0.69	91.77
29	2923	1405	1518	1.28	0.62	0.67	92.59

2-5 续表 1 continued

单位：人、% (person,%)

年 龄 Age	人口数 Population 合计 Total	男 Male	女 Female	占总人口比重 Percentage to Total Population 合计 Total	男 Male	女 Female	性别比 (女=100) Sex Ratio (Famale=100)
30-34	**19151**	**9371**	**9779**	**8.40**	**4.11**	**4.29**	**95.83**
30	3395	1658	1737	1.49	0.73	0.76	95.47
31	3520	1700	1820	1.54	0.75	0.80	93.41
32	3818	1923	1894	1.68	0.84	0.83	101.53
33	4094	1947	2147	1.80	0.85	0.94	90.68
34	4324	2143	2181	1.90	0.94	0.96	98.24
35-39	**23248**	**11593**	**11655**	**10.20**	**5.09**	**5.11**	**99.46**
35	4548	2286	2262	2.00	1.00	0.99	101.03
36	4980	2521	2459	2.18	1.11	1.08	102.53
37	4714	2312	2401	2.07	1.01	1.05	96.29
38	4954	2425	2529	2.17	1.06	1.11	95.91
39	4052	2048	2004	1.78	0.90	0.88	102.21
40-44	**23210**	**11397**	**11813**	**10.18**	**5.00**	**5.18**	**96.48**
40	4684	2305	2379	2.06	1.01	1.04	96.89
41	4568	2265	2303	2.00	0.99	1.01	98.33
42	4681	2282	2400	2.05	1.00	1.05	95.08
43	5373	2633	2740	2.36	1.16	1.20	96.07
44	3904	1913	1990	1.71	0.84	0.87	96.13
45-49	**14285**	**7129**	**7157**	**6.27**	**3.13**	**3.14**	**99.61**
45	2117	1066	1051	0.93	0.47	0.46	101.50
46	2807	1438	1369	1.23	0.63	0.60	105.08
47	3325	1635	1690	1.46	0.72	0.74	96.78
48	2407	1180	1226	1.06	0.52	0.54	96.28
49	3630	1808	1821	1.59	0.79	0.80	99.28
50-54	**16650**	**8351**	**8299**	**7.31**	**3.66**	**3.64**	**100.63**
50	3314	1717	1598	1.45	0.75	0.70	107.44
51	3431	1696	1735	1.51	0.74	0.76	97.77
52	3513	1748	1765	1.54	0.77	0.77	99.04
53	3209	1604	1604	1.41	0.70	0.70	100.00
54	3183	1586	1597	1.40	0.70	0.70	99.31
55-59	**12156**	**6136**	**6020**	**5.33**	**2.69**	**2.64**	**101.92**
55	2648	1282	1366	1.16	0.56	0.60	93.83
56	2630	1346	1283	1.15	0.59	0.56	104.94
57	2514	1270	1243	1.10	0.56	0.55	102.17
58	2171	1082	1089	0.95	0.47	0.48	99.31
59	2194	1155	1038	0.96	0.51	0.46	111.28
60-64	**8790**	**4432**	**4359**	**3.86**	**1.94**	**1.91**	**101.67**
60	2035	1022	1013	0.89	0.45	0.44	100.91
61	1804	883	921	0.79	0.39	0.40	95.85
62	1763	924	839	0.77	0.41	0.37	110.18
63	1640	813	827	0.72	0.36	0.36	98.24
64	1549	790	759	0.68	0.35	0.33	104.08

2-5 续表 2 continued

单位：人、% (person,%)

年 龄 Age	人口数 Population			占总人口比重 Percentage to Total Population			性别比 (女=100)
	合计 Total	男 Male	女 Female	合计 Total	男 Male	女 Female	Sex Ratio (Famale=100)
65-69	**6975**	**3451**	**3524**	**3.06**	**1.51**	**1.55**	**97.93**
65	1553	769	784	0.68	0.34	0.34	98.12
66	1516	745	771	0.67	0.33	0.34	96.65
67	1200	609	591	0.53	0.27	0.26	102.99
68	1388	693	695	0.61	0.30	0.30	99.71
69	1318	635	683	0.58	0.28	0.30	92.97
70-74	**5637**	**2759**	**2878**	**2.47**	**1.21**	**1.26**	**95.89**
70	1382	689	693	0.61	0.30	0.30	99.52
71	1147	593	554	0.50	0.26	0.24	106.89
72	1117	528	589	0.49	0.23	0.26	89.69
73	1061	518	543	0.47	0.23	0.24	95.31
74	931	432	499	0.41	0.19	0.22	86.56
75-79	**3529**	**1670**	**1859**	**1.55**	**0.73**	**0.82**	**89.83**
75	815	404	411	0.36	0.18	0.18	98.32
76	844	407	437	0.37	0.18	0.19	93.26
77	641	283	358	0.28	0.12	0.16	79.14
78	669	309	360	0.29	0.14	0.16	85.99
79	561	266	294	0.25	0.12	0.13	90.59
80-84	**1905**	**814**	**1091**	**0.84**	**0.36**	**0.48**	**74.59**
80	536	243	293	0.24	0.11	0.13	83.12
81	418	176	242	0.18	0.08	0.11	72.56
82	368	148	220	0.16	0.06	0.10	67.36
83	312	124	188	0.14	0.05	0.08	66.00
84	272	123	149	0.12	0.05	0.07	82.63
85-89	**723**	**250**	**473**	**0.32**	**0.11**	**0.21**	**52.87**
85	214	79	135	0.09	0.03	0.06	58.44
86	185	61	124	0.08	0.03	0.05	48.83
87	124	33	91	0.05	0.01	0.04	36.19
88	115	46	68	0.05	0.02	0.03	67.66
89	84	31	54	0.04	0.01	0.02	57.79
90-94	**210**	**69**	**140**	**0.09**	**0.03**	**0.06**	**49.57**
90	80	23	57	0.03	0.01	0.03	39.94
91	44	19	26	0.02	0.01	0.01	71.93
92	29	8	21	0.01	0.00	0.01	39.23
93	28	11	18	0.01	0.00	0.01	60.25
94	28	9	19	0.01	0.00	0.01	49.33
95+	**52**	**9**	**42**	**0.02**	**0.00**	**0.02**	**21.47**

2-6 全国乡村分年龄、性别的人口数

Rural Population by Age and Sex

单位：人、% (person,%)

年 龄 Age	人口数 Population			占总人口比重 Percentage to Total Population			性别比 (女=100) Sex Ratio (Famale=100)
	合计 Total	男 Male	女 Female	合计 Total	男 Male	女 Female	
总计 Total	**674599**	**344143**	**330457**	**100.00**	**51.01**	**48.99**	**104.14**
0-4	**38087**	**20964**	**17123**	**5.65**	**3.11**	**2.54**	**122.43**
0	7826	4281	3544	1.16	0.63	0.53	120.80
1	7210	4046	3164	1.07	0.60	0.47	127.86
2	7809	4241	3568	1.16	0.63	0.53	118.87
3	7519	4135	3384	1.11	0.61	0.50	122.19
4	7723	4261	3463	1.14	0.63	0.51	123.05
5-9	**44237**	**24535**	**19702**	**6.56**	**3.64**	**2.92**	**124.53**
5	8139	4593	3545	1.21	0.68	0.53	129.57
6	8695	4819	3875	1.29	0.71	0.57	124.35
7	8333	4635	3699	1.24	0.69	0.55	125.30
8	9490	5216	4274	1.41	0.77	0.63	122.02
9	9581	5272	4309	1.42	0.78	0.64	122.35
10-14	**56902**	**30738**	**26164**	**8.44**	**4.56**	**3.88**	**117.48**
10	10205	5514	4691	1.51	0.82	0.70	117.55
11	10962	5982	4980	1.62	0.89	0.74	120.13
12	10908	5911	4997	1.62	0.88	0.74	118.28
13	12036	6442	5594	1.78	0.95	0.83	115.15
14	12792	6889	5902	1.90	1.02	0.87	116.73
15-19	**61426**	**32569**	**28856**	**9.11**	**4.83**	**4.28**	**112.87**
15	12678	6785	5893	1.88	1.01	0.87	115.15
16	15353	8133	7220	2.28	1.21	1.07	112.64
17	12709	6771	5938	1.88	1.00	0.88	114.04
18	10793	5681	5112	1.60	0.84	0.76	111.12
19	9893	5199	4694	1.47	0.77	0.70	110.77
20-24	**38337**	**18969**	**19369**	**5.68**	**2.81**	**2.87**	**97.93**
20	8438	4257	4181	1.25	0.63	0.62	101.81
21	7250	3682	3568	1.07	0.55	0.53	103.20
22	7302	3530	3771	1.08	0.52	0.56	93.61
23	7221	3547	3674	1.07	0.53	0.54	96.55
24	8127	3952	4175	1.20	0.59	0.62	94.67
25-29	**36253**	**17834**	**18419**	**5.37**	**2.64**	**2.73**	**96.82**
25	7299	3549	3750	1.08	0.53	0.56	94.62
26	7027	3479	3547	1.04	0.52	0.53	98.09
27	7362	3635	3727	1.09	0.54	0.55	97.52
28	7549	3719	3830	1.12	0.55	0.57	97.10
29	7017	3452	3565	1.04	0.51	0.53	96.84

2-6 续表 1 continued

单位：人、%　　(person,%)

年龄 Age	人口数 Population			占总人口比重 Percentage to Total Population			性别比 (女=100) Sex Ratio (Famale=100)
	合计 Total	男 Male	女 Female	合计 Total	男 Male	女 Female	
30-34	**46998**	**22999**	**24000**	**6.97**	**3.41**	**3.56**	**95.83**
30	8359	4157	4202	1.24	0.62	0.62	98.93
31	8220	4030	4190	1.22	0.60	0.62	96.18
32	9602	4568	5034	1.42	0.68	0.75	90.75
33	10160	4947	5213	1.51	0.73	0.77	94.89
34	10657	5296	5360	1.58	0.79	0.79	98.81
35-39	**61295**	**29854**	**31441**	**9.09**	**4.43**	**4.66**	**94.95**
35	11578	5747	5831	1.72	0.85	0.86	98.56
36	12861	6188	6673	1.91	0.92	0.99	92.72
37	12018	5822	6196	1.78	0.86	0.92	93.96
38	13568	6588	6980	2.01	0.98	1.03	94.39
39	11270	5510	5761	1.67	0.82	0.85	95.65
40-44	**63276**	**31011**	**32265**	**9.38**	**4.60**	**4.78**	**96.11**
40	13304	6585	6719	1.97	0.98	1.00	98.01
41	12616	6234	6383	1.87	0.92	0.95	97.67
42	12207	5959	6248	1.81	0.88	0.93	95.38
43	14111	6915	7196	2.09	1.03	1.07	96.09
44	11037	5317	5719	1.64	0.79	0.85	92.97
45-49	**41341**	**20659**	**20681**	**6.13**	**3.06**	**3.07**	**99.89**
45	6242	2986	3256	0.93	0.44	0.48	91.70
46	7490	3773	3717	1.11	0.56	0.55	101.51
47	9463	4835	4628	1.40	0.72	0.69	104.47
48	7155	3519	3636	1.06	0.52	0.54	96.79
49	10992	5547	5445	1.63	0.82	0.81	101.87
50-54	**52380**	**26582**	**25798**	**7.76**	**3.94**	**3.82**	**103.04**
50	10310	5108	5202	1.53	0.76	0.77	98.20
51	10697	5427	5269	1.59	0.80	0.78	103.00
52	10891	5536	5355	1.61	0.82	0.79	103.38
53	10077	5166	4911	1.49	0.77	0.73	105.19
54	10405	5344	5061	1.54	0.79	0.75	105.59
55-59	**40508**	**20764**	**19744**	**6.00**	**3.08**	**2.93**	**105.17**
55	8636	4344	4293	1.28	0.64	0.64	101.20
56	8633	4460	4173	1.28	0.66	0.62	106.87
57	8438	4382	4056	1.25	0.65	0.60	108.05
58	7461	3800	3661	1.11	0.56	0.54	103.80
59	7339	3778	3561	1.09	0.56	0.53	106.08
60-64	**29237**	**15263**	**13974**	**4.33**	**2.26**	**2.07**	**109.22**
60	6787	3455	3331	1.01	0.51	0.49	103.73
61	5940	3142	2798	0.88	0.47	0.41	112.33
62	5896	3162	2734	0.87	0.47	0.41	115.65
63	5454	2844	2610	0.81	0.42	0.39	108.94
64	5160	2659	2501	0.76	0.39	0.37	106.32

2-6 续表 2 continued

单位：人、% (person,%)

年 龄 Age	人口数 Population			占总人口比重 Percentage to Total Population			性别比 (女=100) Sex Ratio (Famale=100)
	合计 Total	男 Male	女 Female	合计 Total	男 Male	女 Female	
65-69	**23285**	**12270**	**11015**	**3.45**	**1.82**	**1.63**	**111.40**
65	5225	2745	2480	0.77	0.41	0.37	110.68
66	5027	2674	2353	0.75	0.40	0.35	113.67
67	4042	2099	1943	0.60	0.31	0.29	107.98
68	4589	2414	2175	0.68	0.36	0.32	111.01
69	4402	2338	2064	0.65	0.35	0.31	113.28
70-74	**19028**	**9534**	**9494**	**2.82**	**1.41**	**1.41**	**100.41**
70	4340	2183	2157	0.64	0.32	0.32	101.21
71	3908	2037	1871	0.58	0.30	0.28	108.91
72	3669	1772	1897	0.54	0.26	0.28	93.43
73	3904	1978	1926	0.58	0.29	0.29	102.75
74	3208	1563	1645	0.48	0.23	0.24	95.02
75-79	**12143**	**5741**	**6402**	**1.80**	**0.85**	**0.95**	**89.67**
75	2788	1366	1423	0.41	0.20	0.21	95.97
76	3013	1366	1647	0.45	0.20	0.24	82.94
77	2163	1063	1100	0.32	0.16	0.16	96.61
78	2281	1070	1211	0.34	0.16	0.18	88.35
79	1898	877	1021	0.28	0.13	0.15	85.82
80-84	**6468**	**2659**	**3809**	**0.96**	**0.39**	**0.56**	**69.82**
80	1675	694	981	0.25	0.10	0.15	70.70
81	1462	600	863	0.22	0.09	0.13	69.52
82	1343	584	759	0.20	0.09	0.11	76.96
83	1068	398	670	0.16	0.06	0.10	59.32
84	919	384	535	0.14	0.06	0.08	71.74
85-89	**2535**	**939**	**1596**	**0.38**	**0.14**	**0.24**	**58.83**
85	836	317	519	0.12	0.05	0.08	61.08
86	627	226	400	0.09	0.03	0.06	56.57
87	479	200	279	0.07	0.03	0.04	71.55
88	349	121	228	0.05	0.02	0.03	53.21
89	245	75	170	0.04	0.01	0.03	43.97
90-94	**686**	**203**	**483**	**0.10**	**0.03**	**0.07**	**42.00**
90	208	72	136	0.03	0.01	0.02	52.72
91	150	37	113	0.02	0.01	0.02	32.75
92	153	38	116	0.02	0.01	0.02	32.66
93	99	31	67	0.01	0.00	0.01	46.72
94	76	25	51	0.01	0.00	0.01	48.84
95+	**176**	**56**	**120**	**0.03**	**0.01**	**0.02**	**46.73**

2-7 各地区人口年龄构成和抚养比

Age Composition and Dependency Ratio of Population by Region

地 区	Region	人口数（人） Population (person)	0-14岁 Aged 0-14	15-64岁 Aged 15-64	65岁及以上 Aged 65 and Over	总抚养比（%） Gross Dependency Ratio (%)	少儿抚养比 Children Dependency Ratio	老年抚养比 Old Dependency Ratio
全 国	**National Total**	**1192666**	**220281**	**862690**	**109695**	**38.25**	**25.53**	**12.72**
北 京	Beijing	14294	1426	11263	1605	26.91	12.66	14.25
天 津	Tianjin	9694	1171	7500	1023	29.25	15.62	13.63
河 北	Hebei	63675	10583	47687	5405	33.53	22.19	11.33
山 西	Shanxi	31182	6264	22741	2178	37.12	27.54	9.58
内蒙古	Inner Mongolia	22180	3598	16853	1728	31.61	21.35	10.26
辽 宁	Liaoning	39231	4915	30162	4155	30.07	16.29	13.77
吉 林	Jilin	25243	3312	19846	2084	27.19	16.69	10.50
黑龙江	Heilongjiang	35504	4972	27667	2864	28.32	17.97	10.35
上 海	Shanghai	16525	1338	12805	2382	29.05	10.45	18.60
江 苏	Jiangsu	69474	10400	51392	7683	35.19	20.24	14.95
浙 江	Zhejiang	45523	6826	34128	4569	33.39	20.00	13.39
安 徽	Anhui	56880	12135	38938	5807	46.08	31.16	14.91
福 建	Fujian	32855	5896	23886	3073	37.55	24.68	12.87
江 西	Jiangxi	40069	9826	26841	3403	49.29	36.61	12.68
山 东	Shandong	85953	13132	64611	8211	33.03	20.32	12.71
河 南	Henan	87180	18224	61929	7027	40.77	29.43	11.35
湖 北	Hubei	53070	9011	38862	5197	36.56	23.19	13.37
湖 南	Hunan	58795	10588	42001	6206	39.98	25.21	14.78
广 东	Guangdong	85451	17285	62093	6073	37.62	27.84	9.78
广 西	Guangxi	43311	9629	29789	3892	45.39	32.32	13.07
海 南	Hainan	7696	1709	5321	666	44.62	32.11	12.51
重 庆	Chongqing	26005	5059	17969	2977	44.72	28.16	16.57
四 川	Sichuan	76324	15181	52518	8625	45.33	28.91	16.42
贵 州	Guizhou	34666	9459	22413	2794	54.67	42.20	12.47
云 南	Yunnan	41359	9387	28860	3112	43.31	32.53	10.78
西 藏	Tibet	2574	631	1779	165	44.69	35.45	9.25
陕 西	Shaanxi	34574	6392	25097	3086	37.76	25.47	12.30
甘 肃	Gansu	24109	5251	17076	1782	41.18	30.75	10.44
青 海	Qinghai	5049	1140	3556	352	41.96	32.07	9.89
宁 夏	Ningxia	5539	1336	3874	330	42.99	34.49	8.51
新 疆	Xinjiang	18681	4206	13233	1242	41.17	31.79	9.39

2-8 各地区城市人口年龄构成和抚养比

Age Composition and Dependency Ratio of City Population by Region

地 区	Region	人口数 (人) Population (person)	0-14岁 Aged 0-14	15-64岁 Aged 15-64	65岁及以上 Aged 65 and Over	总抚养比 (%) Gross Dependency Ratio (%)	少儿抚养比 Children Dependency Ratio	老年抚养比 Old Dependency Ratio
全 国	**National Total**	**290147**	**39043**	**224760**	**26343**	**29.09**	**17.37**	**11.72**
北 京	Beijing	11277	1070	8927	1281	26.33	11.99	14.35
天 津	Tianjin	6192	584	4878	730	26.93	11.96	14.97
河 北	Hebei	11600	1725	8705	1170	33.26	19.82	13.44
山 西	Shanxi	7255	1189	5581	485	29.98	21.30	8.68
内蒙古	Inner Mongolia	5847	859	4496	492	30.06	19.11	10.95
辽 宁	Liaoning	17604	1844	13640	2121	29.07	13.52	15.55
吉 林	Jilin	9507	1048	7524	935	26.35	13.92	12.42
黑龙江	Heilongjiang	13119	1584	10293	1243	27.46	15.39	12.08
上 海	Shanghai	13334	1025	10376	1933	28.50	9.87	18.63
江 苏	Jiangsu	22377	2947	17399	2030	28.61	16.94	11.67
浙 江	Zhejiang	11844	1489	9266	1090	27.83	16.07	11.76
安 徽	Anhui	8037	1085	6180	772	30.05	17.55	12.50
福 建	Fujian	7204	991	5609	604	28.44	17.67	10.77
江 西	Jiangxi	5939	975	4490	475	32.29	21.72	10.57
山 东	Shandong	17172	2427	13502	1243	27.18	17.98	9.21
河 南	Henan	13787	2331	10367	1090	32.99	22.48	10.51
湖 北	Hubei	13142	1774	10013	1355	31.25	17.71	13.53
湖 南	Hunan	10189	1553	7699	936	32.33	20.17	12.16
广 东	Guangdong	33647	4908	27074	1665	24.28	18.13	6.15
广 西	Guangxi	5764	934	4456	373	29.34	20.96	8.38
海 南	Hainan	1503	272	1122	109	33.94	24.27	9.67
重 庆	Chongqing	4913	614	3779	520	30.00	16.25	13.75
四 川	Sichuan	11058	1442	8479	1138	30.42	17.00	13.42
贵 州	Guizhou	3501	624	2612	266	34.05	23.88	10.17
云 南	Yunnan	6492	990	4955	547	31.02	19.99	11.03
西 藏	Tibet	339	68	251	20	34.95	26.95	8.00
陕 西	Shaanxi	5803	760	4417	626	31.39	17.21	14.18
甘 肃	Gansu	3990	590	3023	377	32.00	19.53	12.48
青 海	Qinghai	1309	199	964	146	35.77	20.61	15.16
宁 夏	Ningxia	1344	235	1008	101	33.29	23.26	10.02
新 疆	Xinjiang	5057	909	3675	473	37.60	24.75	12.86

2-9 各地区镇人口年龄构成和抚养比

Age Composition and Dependency Ratio of Town Population by Region

地 区	Region	人口数(人) Population (person)	0-14岁 Aged 0-14	15-64岁 Aged 15-64	65岁及以上 Aged 65 and Over	总抚养比(%) Gross Dependency Ratio (%)	少儿抚养比 Children Dependency Ratio	老年抚养比 Old Dependency Ratio
全 国	**National Total**	**227920**	**42011**	**166879**	**19030**	**36.58**	**25.17**	**11.40**
北 京	Beijing	672	85	522	64	28.66	16.31	12.35
天 津	Tianjin	1089	180	826	83	31.87	21.84	10.02
河 北	Hebei	12398	2069	9401	929	31.89	22.01	9.88
山 西	Shanxi	5876	1209	4275	393	37.46	28.27	9.19
内蒙古	Inner Mongolia	4621	799	3523	299	31.16	22.67	8.48
辽 宁	Liaoning	5423	679	4228	516	28.26	16.06	12.20
吉 林	Jilin	3752	474	2955	323	26.97	16.05	10.92
黑龙江	Heilongjiang	5733	833	4370	530	31.20	19.07	12.13
上 海	Shanghai	1388	140	1073	176	29.40	13.03	16.37
江 苏	Jiangsu	12435	1950	9244	1240	34.51	21.10	13.42
浙 江	Zhejiang	13661	2119	10370	1173	31.74	20.43	11.31
安 徽	Anhui	12152	2550	8512	1089	42.75	29.96	12.80
福 建	Fujian	8340	1605	6007	727	38.83	26.72	12.11
江 西	Jiangxi	8886	2160	6017	708	47.68	35.90	11.77
山 东	Shandong	21510	3330	16214	1966	32.66	20.54	12.13
河 南	Henan	12931	2536	9334	1061	38.54	27.17	11.36
湖 北	Hubei	9784	1826	7135	823	37.12	25.59	11.53
湖 南	Hunan	11562	2039	8489	1034	36.20	24.02	12.19
广 东	Guangdong	18201	3877	13201	1122	37.87	29.37	8.50
广 西	Guangxi	8797	1755	6335	707	38.86	27.70	11.15
海 南	Hainan	1975	420	1381	174	43.06	30.42	12.64
重 庆	Chongqing	6853	1339	4811	704	42.45	27.82	14.63
四 川	Sichuan	14132	2522	10264	1346	37.68	24.57	13.11
贵 州	Guizhou	5814	1440	3972	403	46.39	36.25	10.14
云 南	Yunnan	5709	1220	4084	405	39.78	29.86	9.92
西 藏	Tibet	351	85	245	22	43.54	34.69	8.85
陕 西	Shaanxi	7067	1267	5215	586	35.53	24.29	11.24
甘 肃	Gansu	3247	690	2344	213	38.51	29.45	9.07
青 海	Qinghai	672	144	490	38	37.11	29.35	7.76
宁 夏	Ningxia	1002	247	709	46	41.28	34.84	6.44
新 疆	Xinjiang	1883	422	1331	130	41.54	31.73	9.80

2-10 各地区乡村人口年龄构成和抚养比

Age Composition and Dependency Ratio of Rural Population by Region

地 区	Region	人口数（人）Population (person)	0-14岁 Aged 0-14	15-64岁 Aged 15-64	65岁及以上 Aged 65 and Over	总抚养比（%）Gross Dependency Ratio (%)	少儿抚养比 Children Dependency Ratio	老年抚养比 Old Dependency Ratio
全 国	**National Total**	**674599**	**139226**	**471052**	**64322**	**43.21**	**29.56**	**13.65**
北 京	Beijing	2345	271	1814	260	29.28	14.95	14.33
天 津	Tianjin	2413	407	1795	210	34.38	22.70	11.68
河 北	Hebei	39676	6789	29581	3306	34.13	22.95	11.18
山 西	Shanxi	18051	3866	12885	1300	40.10	30.01	10.09
内蒙古	Inner Mongolia	11711	1940	8834	937	32.57	21.97	10.61
辽 宁	Liaoning	16204	2392	12294	1518	31.80	19.45	12.35
吉 林	Jilin	11985	1791	9367	827	27.94	19.11	8.83
黑龙江	Heilongjiang	16651	2555	13005	1091	28.04	19.65	8.39
上 海	Shanghai	1803	174	1356	274	33.00	12.82	20.18
江 苏	Jiangsu	34663	5503	24748	4412	40.06	22.23	17.83
浙 江	Zhejiang	20017	3219	14492	2306	38.12	22.21	15.91
安 徽	Anhui	36692	8500	24246	3946	51.33	35.06	16.27
福 建	Fujian	17311	3299	12270	1742	41.09	26.89	14.20
江 西	Jiangxi	25244	6691	16334	2219	54.55	40.96	13.59
山 东	Shandong	47270	7374	34894	5002	35.47	21.13	14.33
河 南	Henan	60461	13357	42228	4876	43.18	31.63	11.55
湖 北	Hubei	30144	5411	21714	3019	38.82	24.92	13.90
湖 南	Hunan	37045	6996	25813	4236	43.51	27.10	16.41
广 东	Guangdong	33604	8500	21818	3286	54.02	38.96	15.06
广 西	Guangxi	28750	6940	18997	2812	51.34	36.53	14.80
海 南	Hainan	4217	1016	2818	383	49.64	36.06	13.58
重 庆	Chongqing	14239	3107	9379	1754	51.82	33.12	18.70
四 川	Sichuan	51134	11217	33775	6142	51.40	33.21	18.18
贵 州	Guizhou	25350	7395	15829	2126	60.15	46.72	13.43
云 南	Yunnan	29158	7177	19821	2161	47.11	36.21	10.90
西 藏	Tibet	1884	478	1283	123	46.82	37.26	9.57
陕 西	Shaanxi	21704	4365	15466	1873	40.34	28.22	12.11
甘 肃	Gansu	16872	3970	11709	1192	44.09	33.90	10.18
青 海	Qinghai	3067	798	2102	168	45.93	37.96	7.97
宁 夏	Ningxia	3193	854	2156	183	48.10	39.62	8.48
新 疆	Xinjiang	11741	2875	8227	639	42.71	34.94	7.77

2-11 各地区户数、人口数、
Households, Population, Sex Ratio

地 区	Region	户 数 (户) Number of Households (households)	家庭户 Family Household	集体户 Collective Household	人口数 (人) Population (person)	男 Male	女 Female	性别比 (女=100) Sex Ratio (female=100)
全 国	**National Total**	**374053**	**368180**	**5873**	**1192666**	**604303**	**588363**	**102.71**
北 京	Beijing	5309	4981	328	14294	7046	7248	97.21
天 津	Tianjin	3264	3228	36	9694	4768	4926	96.81
河 北	Hebei	19296	19248	48	63675	32179	31495	102.17
山 西	Shanxi	9142	9080	62	31182	15766	15416	102.27
内蒙古	Inner Mongolia	7349	7285	64	22180	11310	10870	104.05
辽 宁	Liaoning	13261	13165	96	39231	19811	19420	102.02
吉 林	Jilin	8204	8168	36	25243	12772	12471	102.42
黑龙江	Heilongjiang	11855	11797	58	35504	18034	17470	103.23
上 海	Shanghai	6193	5982	211	16525	8209	8316	98.71
江 苏	Jiangsu	23070	22826	244	69474	33832	35642	94.92
浙 江	Zhejiang	15929	15511	418	45523	22972	22551	101.87
安 徽	Anhui	18302	18114	188	56880	28953	27928	103.67
福 建	Fujian	10384	10019	365	32855	16593	16262	102.03
江 西	Jiangxi	11885	11865	20	40069	20535	19534	105.13
山 东	Shandong	28997	28663	334	85953	43164	42789	100.88
河 南	Henan	25781	25760	21	87180	44191	42989	102.80
湖 北	Hubei	17021	16841	180	53070	26858	26211	102.47
湖 南	Hunan	18906	18852	54	58795	29953	28842	103.85
广 东	Guangdong	24645	22172	2473	85451	43780	41671	105.06
广 西	Guangxi	12240	12173	67	43311	22606	20705	109.18
海 南	Hainan	1955	1931	24	7696	4030	3666	109.93
重 庆	Chongqing	8712	8626	86	26005	13167	12838	102.56
四 川	Sichuan	25558	25404	154	76324	38769	37555	103.23
贵 州	Guizhou	9717	9671	46	34666	17919	16747	106.99
云 南	Yunnan	11366	11248	118	41359	21394	19965	107.15
西 藏	Tibet	530	526	4	2574	1259	1315	95.76
陕 西	Shaanxi	10625	10533	92	34574	17389	17185	101.19
甘 肃	Gansu	6489	6476	13	24109	12205	11904	102.53
青 海	Qinghai	1377	1364	13	5049	2563	2485	103.15
宁 夏	Ningxia	1509	1501	8	5539	2822	2718	103.84
新 疆	Xinjiang	5180	5169	11	18681	9452	9229	102.41

性别比和平均家庭户规模
and Household Size by Region

家庭户人口数(人) Family Household Population (person)	男 Male	女 Female	性别比(女=100) Sex Ratio (female=100)	集体户人口数(人) Collective Household Population (person)	男 Male	女 Female	性别比(女=100) Sex Ratio (female=100)	平均家庭户规模(人/户) Average Family Size (person/household)
1168454	**590787**	**577667**	**102.27**	**24212**	**13516**	**10696**	**126.36**	**3.17**
13150	6456	6694	96.46	1144	590	555	106.31	2.64
9544	4729	4815	98.22	150	39	111	35.34	2.96
63514	32088	31425	102.11	161	91	70	130.53	3.30
30851	15674	15177	103.27	331	93	239	38.79	3.40
21905	11206	10699	104.73	274	104	170	61.08	3.01
38748	19527	19221	101.59	483	285	198	143.46	2.94
25010	12679	12332	102.82	233	93	139	66.86	3.06
35266	17895	17372	103.01	237	140	98	142.87	2.99
15847	7836	8011	97.82	678	373	305	122.09	2.65
68439	33254	35185	94.51	1035	579	457	126.67	3.00
44092	22298	21793	102.32	1431	674	758	88.88	2.84
56004	28357	27647	102.57	877	596	281	212.00	3.09
31383	15780	15603	101.13	1472	813	660	123.25	3.13
39994	20482	19512	104.97	76	54	22	244.98	3.37
84250	41899	42352	98.93	1703	1265	438	289.07	2.94
87139	44173	42966	102.81	40	17	23	77.24	3.38
52084	26328	25756	102.22	986	530	456	116.32	3.09
58644	29882	28762	103.89	151	71	80	88.18	3.11
75590	38521	37068	103.92	9862	5259	4603	114.27	3.41
42798	22281	20517	108.60	512	325	187	173.52	3.52
7593	3978	3615	110.05	102	51	51	101.00	3.93
25672	13055	12616	103.48	334	112	222	50.45	2.98
75575	38073	37502	101.52	749	696	53	1318.87	2.97
34549	17851	16698	106.91	117	67	50	135.75	3.57
40938	21165	19773	107.04	421	229	192	118.94	3.64
2552	1246	1306	95.44	23	13	10	139.70	4.85
34111	17150	16961	101.12	464	239	224	106.62	3.24
24069	12182	11888	102.47	40	23	16	143.60	3.72
5002	2530	2472	102.34	46	33	13	256.28	3.67
5493	2784	2709	102.75	46	38	8	460.55	3.66
18648	9427	9220	102.25	34	25	9	266.54	3.61

2-12 各地区城市户数、人口数、
Households, Population, Sex Ratio and

地区	Region	户数（户）Number of Households (households)	家庭户 Family Household	集体户 Collective Household	人口数（人）Population (person)	男 Male	女 Female	性别比（女=100）Sex Ratio (female=100)
全国	**National Total**	**97998**	**93670**	**4328**	**290147**	**144296**	**145851**	**98.93**
北京	Beijing	4279	3981	298	11277	5512	5766	95.59
天津	Tianjin	2208	2175	33	6192	2984	3208	92.99
河北	Hebei	3854	3826	28	11600	5802	5799	100.05
山西	Shanxi	2371	2317	54	7255	3567	3687	96.74
内蒙古	Inner Mongolia	2142	2096	46	5847	2886	2961	97.45
辽宁	Liaoning	6324	6275	49	17604	8748	8857	98.77
吉林	Jilin	3292	3257	35	9507	4740	4767	99.43
黑龙江	Heilongjiang	4821	4774	47	13119	6521	6598	98.84
上海	Shanghai	5020	4835	185	13334	6629	6704	98.88
江苏	Jiangsu	7418	7216	202	22377	10962	11414	96.04
浙江	Zhejiang	4270	4021	249	11844	5745	6099	94.19
安徽	Anhui	2642	2474	168	8037	4196	3841	109.25
福建	Fujian	2322	2100	222	7204	3566	3638	98.01
江西	Jiangxi	1908	1896	12	5939	3014	2926	103.01
山东	Shandong	5711	5481	230	17172	8754	8418	104.00
河南	Henan	4218	4199	19	13787	6832	6956	98.22
湖北	Hubei	4301	4160	141	13142	6521	6621	98.50
湖南	Hunan	3425	3383	42	10189	5012	5177	96.81
广东	Guangdong	10810	9071	1739	33647	16721	16926	98.79
广西	Guangxi	1722	1678	44	5764	2860	2904	98.48
海南	Hainan	425	410	15	1503	764	739	103.38
重庆	Chongqing	1618	1547	71	4913	2362	2551	92.59
四川	Sichuan	3525	3388	137	11058	5716	5342	106.99
贵州	Guizhou	1126	1095	31	3501	1738	1764	98.54
云南	Yunnan	2191	2083	108	6492	3257	3235	100.66
西藏	Tibet	91	88	3	339	153	186	82.22
陕西	Shaanxi	1923	1839	84	5803	2881	2922	98.59
甘肃	Gansu	1377	1371	6	3990	2021	1969	102.62
青海	Qinghai	475	463	12	1309	661	649	101.84
宁夏	Ningxia	456	449	7	1344	679	665	102.08
新疆	Xinjiang	1729	1721	8	5057	2494	2562	97.35

性别比和平均家庭户规模

Household Size of Cities by Region

家庭户人口数 (人) Family Household Population (person)	男 Male	女 Female	性别比 (女=100) Sex Ratio (female=100)	集体户人口数 (人) Collective Household Population (person)	男 Male	女 Female	性别比 (女=100) Sex Ratio (female=100)	平均家庭户规模 (人/户) Average Family Size (person/household)
272655	**135351**	**137304**	**98.58**	**17492**	**8945**	**8547**	**104.65**	**2.91**
10216	4973	5243	94.86	1062	539	523	102.94	2.57
6056	2955	3101	95.28	136	29	107	26.86	2.78
11520	5756	5764	99.86	80	46	35	131.82	3.01
6953	3489	3463	100.74	302	78	224	34.87	3.00
5663	2840	2823	100.63	184	45	139	32.72	2.70
17424	8637	8787	98.29	181	111	70	159.38	2.78
9275	4648	4628	100.43	231	92	139	66.03	2.85
12956	6423	6532	98.34	164	98	66	149.32	2.71
12732	6302	6430	98.02	602	327	275	118.91	2.63
21436	10446	10990	95.06	941	516	425	121.51	2.97
11061	5475	5586	98.00	783	270	513	52.64	2.75
7220	3644	3576	101.91	817	552	265	208.38	2.92
6328	3151	3176	99.21	876	414	462	89.74	3.01
5897	2984	2913	102.44	43	30	13	230.77	3.11
15963	7921	8042	98.49	1209	833	376	221.80	2.91
13751	6817	6935	98.29	36	15	21	75.00	3.27
12286	6080	6206	97.97	857	442	415	106.43	2.95
10077	4960	5117	96.94	112	52	60	86.11	2.98
27097	13672	13426	101.83	6549	3049	3500	87.11	2.99
5527	2810	2717	103.45	237	50	187	26.47	3.29
1448	733	715	102.59	55	31	24	126.85	3.53
4644	2287	2357	97.03	269	75	194	38.52	3.00
10339	5037	5302	94.99	719	679	40	1700.00	3.05
3419	1698	1722	98.62	82	40	42	95.45	3.12
6098	3042	3057	99.52	393	215	179	120.15	2.93
325	145	180	80.74	14	8	6	124.00	3.69
5369	2661	2708	98.29	434	220	215	102.31	2.92
3973	2012	1961	102.61	18	9	9	106.25	2.90
1268	631	637	98.95	41	30	11	263.08	2.74
1303	644	659	97.66	41	35	6	582.61	2.90
5031	2478	2553	97.03	26	17	9	190.00	2.92

2-13 各地区镇的户数、人口数、

Households, Population, Sex Ratio and

地 区	Region	户 数 (户) Number of Households (households)	家庭户 Family Household	集体户 Collective Household	人口数 (人) Population (person)	男 Male	女 Female	性别比 (女=100) Sex Ratio (female=100)
全 国	**National Total**	**71378**	**70436**	**942**	**227920**	**115864**	**112056**	**103.40**
北 京	Beijing	229	221	8	672	323	349	92.55
天 津	Tianjin	334	332	2	1089	542	548	98.92
河 北	Hebei	3659	3646	13	12398	6239	6160	101.28
山 西	Shanxi	1749	1743	6	5876	2971	2905	102.27
内蒙古	Inner Mongolia	1510	1492	18	4621	2368	2253	105.09
辽 宁	Liaoning	1826	1790	36	5423	2744	2679	102.44
吉 林	Jilin	1273	1273		3752	1903	1848	102.96
黑龙江	Heilongjiang	1994	1993	1	5733	2918	2815	103.67
上 海	Shanghai	503	483	20	1388	702	686	102.26
江 苏	Jiangsu	4067	4033	34	12435	6137	6298	97.46
浙 江	Zhejiang	4676	4560	116	13661	6970	6692	104.16
安 徽	Anhui	3947	3937	10	12152	6053	6099	99.25
福 建	Fujian	2637	2565	72	8340	4247	4093	103.74
江 西	Jiangxi	2633	2628	5	8886	4556	4331	105.19
山 东	Shandong	7263	7170	93	21510	10908	10603	102.87
河 南	Henan	3659	3659		12931	6602	6329	104.31
湖 北	Hubei	3199	3167	32	9784	4891	4893	99.95
湖 南	Hunan	3489	3484	5	11562	5849	5712	102.39
广 东	Guangdong	5100	4697	403	18201	9801	8400	116.68
广 西	Guangxi	2426	2407	19	8797	4629	4169	111.04
海 南	Hainan	491	484	7	1975	1022	954	107.15
重 庆	Chongqing	2350	2344	6	6853	3426	3427	99.98
四 川	Sichuan	4679	4667	12	14132	7025	7107	98.85
贵 州	Guizhou	1691	1687	4	5814	2993	2821	106.07
云 南	Yunnan	1707	1702	5	5709	2871	2838	101.17
西 藏	Tibet	77	76	1	351	167	184	90.86
陕 西	Shaanxi	2233	2225	8	7067	3593	3474	103.42
甘 肃	Gansu	925	920	5	3247	1640	1607	102.04
青 海	Qinghai	208	207	1	672	338	334	101.10
宁 夏	Ningxia	281	281		1002	504	498	101.19
新 疆	Xinjiang	567	565	2	1883	934	950	98.28

性别比和平均家庭户规模

Household Size of Towns by Region

家庭户人口数 (人) Family Household Population (person)	男 Male	女 Female	性别比 (女=100) Sex Ratio (female=100)	集体户人口数 (人) Collective Household Population (person)	男 Male	女 Female	性别比 (女=100) Sex Ratio (female=100)	平均家庭户规模 (人/户) Average Family Size (person/ household)
224075	**113017**	**111057**	**101.76**	**3845**	**2847**	**998**	**285.20**	**3.18**
646	314	332	94.49	26	9	17	54.29	2.92
1083	539	545	98.86	6	3	3	112.50	3.26
12370	6232	6138	101.54	28	6	22	28.57	3.39
5857	2963	2895	102.34	19	9	10	83.33	3.36
4531	2309	2222	103.95	90	59	32	185.48	3.04
5177	2620	2557	102.47	246	124	122	101.79	2.89
3752	1903	1848	102.96					2.95
5731	2917	2814	103.67	2	1	1	100.00	2.88
1331	666	665	100.18	57	36	22	166.67	2.76
12366	6094	6272	97.16	69	43	26	168.75	3.07
13228	6715	6512	103.12	434	254	179	141.86	2.90
12126	6031	6096	98.93	25	22	3	700.00	3.08
8052	4046	4006	101.00	288	201	87	229.79	3.14
8861	4539	4323	104.99	25	17	8	212.50	3.37
21053	10501	10551	99.53	458	406	52	786.21	2.94
12931	6602	6329	104.31					3.53
9696	4834	4863	99.40	87	57	30	188.00	3.06
11552	5849	5702	102.57	10		10		3.32
16664	8561	8103	105.65	1537	1240	296	418.38	3.55
8529	4360	4169	104.59	269	269			3.54
1933	1004	930	107.93	42	18	24	76.64	3.99
6820	3414	3406	100.21	33	13	21	61.54	2.91
14115	7017	7098	98.85	17	9	9	100.00	3.02
5798	2980	2818	105.78	16	12	4	325.00	3.44
5703	2869	2834	101.22	7	3	4	66.67	3.35
348	165	183	89.85	3	3	1	333.33	4.57
7037	3573	3464	103.14	30	20	10	200.00	3.16
3236	1635	1601	102.08	11	5	6	90.91	3.52
671	336	334	100.63	2	2			3.24
1001	504	497	101.30	1		1	42.86	3.56
1877	927	950	97.59	7	7			3.32

2-14 各地区乡村户数、人口数、

Households, Population, Sex Ratio and

地 区	Region	户数 (户) Number of Households (households)	家庭户 Family Household	集体户 Collective Household	人口数 (人) Population (person)	男 Male	女 Female	性别比 (女=100) Sex Ratio (female=100)
全 国	**National Total**	**204678**	**204074**	**604**	**674599**	**344143**	**330457**	**104.14**
北 京	Beijing	800	778	22	2345	1212	1134	106.87
天 津	Tianjin	722	721	1	2413	1243	1170	106.28
河 北	Hebei	11783	11776	7	39676	20139	19537	103.08
山 西	Shanxi	5022	5021	1	18051	9228	8824	104.58
内蒙古	Inner Mongolia	3697	3697		11711	6056	5655	107.08
辽 宁	Liaoning	5111	5100	11	16204	8319	7884	105.52
吉 林	Jilin	3638	3637	1	11985	6129	5855	104.68
黑龙江	Heilongjiang	5041	5031	10	16651	8595	8057	106.67
上 海	Shanghai	671	664	7	1803	878	925	94.87
江 苏	Jiangsu	11586	11577	9	34663	16733	17930	93.32
浙 江	Zhejiang	6982	6929	53	20017	10257	9760	105.09
安 徽	Anhui	11713	11703	10	36692	18704	17988	103.98
福 建	Fujian	5427	5355	72	17311	8780	8531	102.92
江 西	Jiangxi	7345	7342	3	25244	12966	12278	105.61
山 东	Shandong	16024	16012	12	47270	23502	23768	98.88
河 南	Henan	17904	17902	2	60461	30757	29704	103.54
湖 北	Hubei	9522	9514	8	30144	15446	14698	105.09
湖 南	Hunan	11992	11985	7	37045	19092	17953	106.34
广 东	Guangdong	8735	8405	330	33604	17258	16345	105.59
广 西	Guangxi	8092	8088	4	28750	15118	13632	110.90
海 南	Hainan	1037	1036	1	4217	2244	1973	113.72
重 庆	Chongqing	4744	4736	8	14239	7379	6860	107.57
四 川	Sichuan	17353	17349	4	51134	26028	25105	103.68
贵 州	Guizhou	6900	6889	11	25350	13188	12162	108.43
云 南	Yunnan	7467	7463	4	29158	15266	13892	109.89
西 藏	Tibet	362	362		1884	939	945	99.38
陕 西	Shaanxi	6469	6469		21704	10915	10789	101.17
甘 肃	Gansu	4188	4186	2	16872	8544	8327	102.60
青 海	Qinghai	695	694	1	3067	1565	1502	104.17
宁 夏	Ningxia	772	771	1	3193	1639	1554	105.44
新 疆	Xinjiang	2884	2883	1	11741	6024	5717	105.37

性别比和平均家庭户规模

Household Size of Rural Areas by Region

家庭户人口数 (人) Family Household Population (person)	男 Male	女 Female	性别比 (女=100) Sex Ratio (female=100)	集体户人口数 (人) Collective Household Population (person)	男 Male	女 Female	性别比 (女=100) Sex Ratio (female=100)	平均家庭户规模 (人/户) Average Family Size (person/ household)
671724	**342419**	**329306**	**103.98**	**2875**	**1724**	**1151**	**149.84**	**3.29**
2289	1170	1119	104.52	57	42	15	286.21	2.94
2405	1236	1169	105.74	8	7	1	866.67	3.34
39624	20100	19524	102.95	52	39	13	300.00	3.36
18041	9222	8819	104.57	10	6	4	133.33	3.59
11711	6056	5655	107.08					3.17
16147	8270	7877	104.98	57	50	7	714.29	3.17
11983	6128	5855	104.66	1	1			3.29
16579	8554	8026	106.58	72	41	31	130.56	3.30
1784	868	916	94.70	19	10	9	112.50	2.69
34637	16713	17924	93.25	26	19	6	300.00	2.99
19803	10108	9695	104.26	215	149	66	227.59	2.86
36658	18682	17975	103.93	35	22	13	166.67	3.13
17003	8582	8420	101.92	308	198	111	179.05	3.18
25236	12959	12277	105.56	8	7	1	700.00	3.44
47234	23476	23758	98.81	36	25	10	250.00	2.95
60457	30755	29702	103.54	4	2	2	100.00	3.38
30102	15415	14687	104.96	42	32	11	300.00	3.16
37015	19072	17943	106.30	29	19	10	185.71	3.09
31828	16288	15539	104.82	1776	970	806	120.35	3.79
28743	15111	13632	110.85	7	7			3.55
4212	2241	1970	113.76	5	3	3	86.67	4.07
14207	7355	6853	107.32	32	24	7	337.50	3.00
51121	26020	25101	103.66	12	8	4	200.00	2.95
25331	13173	12158	108.34	19	15	4	380.00	3.68
29137	15255	13883	109.88	21	11	10	118.18	3.90
1879	936	943	99.33	5	3	2	120.00	5.19
21704	10915	10789	101.17					3.36
16861	8535	8326	102.52	11	9	2	500.00	4.03
3064	1563	1501	104.16	3	2	2	106.25	4.42
3190	1637	1553	105.38	4	2	1	181.82	4.14
11740	6023	5717	105.36	2	1		300.00	4.07

2-15 各地区按家庭户

Family Households

单位：户

地 区	Region	家庭户户数 Number of Family Households	一人户 One Person	二人户 Two Persons	三人户 Three Persons	四人户 Four Persons
全 国	**National Total**	**368180**	**33646**	**89000**	**112944**	**73757**
北 京	Beijing	4981	817	1517	1743	561
天 津	Tianjin	3228	267	786	1393	469
河 北	Hebei	19248	1421	4229	5584	4671
山 西	Shanxi	9080	601	1749	2683	2312
内蒙古	Inner Mongolia	7285	502	1977	2744	1320
辽 宁	Liaoning	13165	965	3794	5131	1942
吉 林	Jilin	8168	481	2214	3150	1284
黑龙江	Heilongjiang	11797	795	3224	4809	1658
上 海	Shanghai	5982	948	1781	2215	603
江 苏	Jiangsu	22826	2350	6285	7495	3573
浙 江	Zhejiang	15511	2124	4352	5037	2389
安 徽	Anhui	18114	1854	4459	5474	3866
福 建	Fujian	10019	1220	2349	2797	2028
江 西	Jiangxi	11865	867	2502	3439	2742
山 东	Shandong	28663	2675	7938	10082	5243
河 南	Henan	25760	1872	5182	7138	6539
湖 北	Hubei	16841	1329	4448	5506	3305
湖 南	Hunan	18852	1815	4797	5534	4012
广 东	Guangdong	22172	2791	4902	4717	4402
广 西	Guangxi	12173	812	2274	3321	2924
海 南	Hainan	1931	125	270	415	449
重 庆	Chongqing	8626	949	2398	2650	1562
四 川	Sichuan	25404	2957	7014	7599	4600
贵 州	Guizhou	9671	665	1820	2382	2347
云 南	Yunnan	11248	756	1763	2710	3188
西 藏	Tibet	526	18	45	89	110
陕 西	Shaanxi	10533	838	2445	3126	2370
甘 肃	Gansu	6476	336	1067	1686	1546
青 海	Qinghai	1364	96	236	375	301
宁 夏	Ningxia	1501	65	262	449	335
新 疆	Xinjiang	5169	336	923	1472	1104

规模分的户数

by Size and Region

(household)

五人户 Five Persons	六人户 Six Persons	七人户 Seven Persons	八人户 Eight Persons	九人户 Nine Persons	十人及以上户 Ten Persons and Over
39697	**13228**	**3732**	**1352**	**461**	**365**
262	59	14	7	1	
248	51	9	4	1	
2223	840	210	61	10	
1167	436	86	25	14	7
566	136	30	8	2	
1049	215	56	10	2	1
800	181	42	12	4	1
991	259	40	18	3	1
351	67	13	2	1	1
2337	561	138	67	16	5
1180	337	69	17	3	3
1723	528	152	35	13	9
1073	373	116	40	18	6
1495	557	156	62	25	20
2072	518	88	36	9	4
3423	1186	301	98	16	7
1661	431	98	40	14	9
1932	543	145	42	21	11
2967	1338	562	273	95	124
1909	578	204	88	30	33
379	162	75	29	12	13
805	184	50	18	6	4
2320	672	183	48	8	2
1529	609	213	62	27	16
1696	825	201	68	29	12
98	62	41	27	16	20
1170	464	84	27	7	2
1097	507	152	44	19	21
186	99	34	16	10	11
221	108	38	15	5	3
768	341	130	53	25	17

2-16 各地区城市按

Family Households of

单位：户

地 区	Region	家庭户户数 Number of Family Households	一人户 One Person	二人户 Two Persons	三人户 Three Persons	四人户 Four Persons
全 国	**National Total**	**93670**	**9725**	**24548**	**37207**	**12793**
北 京	Beijing	3981	697	1250	1425	383
天 津	Tianjin	2175	214	565	1037	226
河 北	Hebei	3826	326	964	1479	618
山 西	Shanxi	2317	156	500	1086	388
内蒙古	Inner Mongolia	2096	197	617	985	222
辽 宁	Liaoning	6275	554	1925	2720	638
吉 林	Jilin	3257	245	960	1430	371
黑龙江	Heilongjiang	4774	440	1474	2166	452
上 海	Shanghai	4835	781	1372	1893	484
江 苏	Jiangsu	7216	675	1809	3016	851
浙 江	Zhejiang	4021	501	1145	1647	408
安 徽	Anhui	2474	241	633	993	374
福 建	Fujian	2100	266	521	695	318
江 西	Jiangxi	1896	127	420	819	294
山 东	Shandong	5481	385	1394	2577	693
河 南	Henan	4199	285	786	1647	798
湖 北	Hubei	4160	322	1086	1751	597
湖 南	Hunan	3383	304	787	1440	521
广 东	Guangdong	9071	1532	2343	2230	1595
广 西	Guangxi	1678	110	328	683	274
海 南	Hainan	410	28	63	138	84
重 庆	Chongqing	1547	137	408	577	228
四 川	Sichuan	3388	274	856	1242	582
贵 州	Guizhou	1095	111	240	407	185
云 南	Yunnan	2083	293	497	710	343
西 藏	Tibet	88	5	12	25	20
陕 西	Shaanxi	1839	159	485	773	250
甘 肃	Gansu	1371	115	381	559	203
青 海	Qinghai	463	58	137	178	58
宁 夏	Ningxia	449	35	117	200	64
新 疆	Xinjiang	1721	152	473	680	273

家庭户规模分的户数

Cities by Size and Region

(household)

五人户 Five Persons	六人户 Six Persons	七人户 Seven Persons	八人户 Eight Persons	九人户 Nine Persons	十人及以上户 Ten Persons and Over
6796	**1773**	**479**	**209**	**77**	**63**
174	37	9	6	1	
108	18	4	2	1	
314	99	13	11	2	
143	39	3	1	2	
61	11	2			
364	44	22	5	2	1
203	30	14	3	2	
199	36	5	2		
252	43	8	1	1	1
639	143	43	27	10	3
253	49	11	2	2	2
181	38	11		3	
202	59	21	14	3	2
160	49	17	7	2	1
335	82	7	7	2	
450	160	46	21	3	3
315	63	19	5	2	
244	60	18	7		3
833	342	98	50	22	26
183	59	15	10	4	11
66	18	8	2	2	2
154	28	10	4	1	
342	63	24	3	2	
94	38	8	4	5	4
153	69	13	3	1	
16	6	3	1		
126	34	7	4		
86	20	6	2	1	
24	5	1			1
23	8	1			
98	26	10	5	3	2

2-17 各地区镇按家庭户

Family Households of

单位：户

地区	Region	家庭户户数 Number of Family Households	一人户 One Person	二人户 Two Persons	三人户 Three Persons	四人户 Four Persons
全 国	**National Total**	**70436**	**6125**	**16780**	**22264**	**14383**
北 京	Beijing	221	26	63	73	35
天 津	Tianjin	332	16	74	121	67
河 北	Hebei	3646	237	710	1072	967
山 西	Shanxi	1743	116	352	521	428
内蒙古	Inner Mongolia	1492	81	377	626	262
辽 宁	Liaoning	1790	112	559	708	263
吉 林	Jilin	1273	79	372	522	179
黑龙江	Heilongjiang	1993	141	610	834	228
上 海	Shanghai	483	65	174	134	51
江 苏	Jiangsu	4033	394	1026	1341	668
浙 江	Zhejiang	4560	574	1235	1487	787
安 徽	Anhui	3937	322	969	1362	837
福 建	Fujian	2565	303	540	777	561
江 西	Jiangxi	2628	178	551	778	622
山 东	Shandong	7170	682	1936	2566	1357
河 南	Henan	3659	209	647	1004	975
湖 北	Hubei	3167	256	858	1039	615
湖 南	Hunan	3484	252	742	1004	879
广 东	Guangdong	4697	617	955	933	900
广 西	Guangxi	2407	161	431	674	552
海 南	Hainan	484	28	67	99	123
重 庆	Chongqing	2344	277	679	742	387
四 川	Sichuan	4667	398	1273	1574	858
贵 州	Guizhou	1687	130	313	493	407
云 南	Yunnan	1702	141	341	463	449
西 藏	Tibet	76	2	7	14	16
陕 西	Shaanxi	2225	188	554	693	465
甘 肃	Gansu	920	66	148	272	223
青 海	Qinghai	207	19	43	69	43
宁 夏	Ningxia	281	9	49	99	64
新 疆	Xinjiang	565	46	126	168	115

规模分的户数

Towns by Size and Region

(household)

五人户 Five Persons	六人户 Six Persons	七人户 Seven Persons	八人户 Eight Persons	九人户 Nine Persons	十人及以上户 Ten Persons and Over
7304	**2375**	**725**	**304**	**90**	**87**
19	5	1			
41	9	2	1	1	
408	189	52	11		
227	76	16	3	2	2
120	19	4	2	2	
120	22	4	1		
91	22	6	1	1	
138	30	5	3	2	1
41	12	3	1		
462	101	24	16	2	
337	98	33	7	1	
308	101	27	8	2	2
263	86	24	7	4	
329	111	40	13	4	3
463	130	18	11	4	4
537	209	53	22		2
295	74	17	10	2	1
442	110	35	10	5	3
682	296	150	89	26	48
390	116	52	19	7	4
95	35	21	10	4	4
184	53	11	5	2	3
427	96	26	14	2	
222	68	32	11	6	5
196	85	15	8	4	
19	10	5	1	1	2
196	100	17	7	2	2
132	58	12	5	3	1
18	9	3	1	1	1
34	16	6	1	1	1
67	28	10	4	2	

2-18 各地区乡村按

Family Households of Rural

单位：户

地　区	Region	家庭户户数 Number of Family Households	一人户 One Person	二人户 Two Persons	三人户 Three Persons	四人户 Four Persons
全　国	**National Total**	**204074**	**17795**	**47671**	**53473**	**46580**
北　京	Beijing	778	95	205	245	144
天　津	Tianjin	721	38	147	234	175
河　北	Hebei	11776	858	2555	3032	3086
山　西	Shanxi	5021	329	897	1075	1497
内蒙古	Inner Mongolia	3697	223	982	1134	836
辽　宁	Liaoning	5100	299	1310	1703	1041
吉　林	Jilin	3637	157	882	1198	735
黑龙江	Heilongjiang	5031	213	1140	1809	977
上　海	Shanghai	664	102	234	187	68
江　苏	Jiangsu	11577	1281	3451	3138	2054
浙　江	Zhejiang	6929	1048	1972	1903	1194
安　徽	Anhui	11703	1291	2857	3119	2655
福　建	Fujian	5355	651	1288	1325	1149
江　西	Jiangxi	7342	562	1532	1842	1827
山　东	Shandong	16012	1608	4608	4939	3193
河　南	Henan	17902	1378	3749	4486	4766
湖　北	Hubei	9514	751	2504	2717	2093
湖　南	Hunan	11985	1260	3267	3090	2612
广　东	Guangdong	8405	642	1605	1555	1907
广　西	Guangxi	8088	541	1515	1964	2098
海　南	Hainan	1036	70	140	178	242
重　庆	Chongqing	4736	535	1310	1331	947
四　川	Sichuan	17349	2285	4885	4783	3160
贵　州	Guizhou	6889	423	1267	1482	1756
云　南	Yunnan	7463	322	925	1537	2396
西　藏	Tibet	362	11	26	50	74
陕　西	Shaanxi	6469	491	1406	1660	1655
甘　肃	Gansu	4186	156	538	855	1121
青　海	Qinghai	694	19	55	127	200
宁　夏	Ningxia	771	20	96	150	207
新　疆	Xinjiang	2883	137	324	624	717

家庭户规模分的户数

Areas by Size and Region

(household)

五人户 Five Persons	六人户 Six Persons	七人户 Seven Persons	八人户 Eight Persons	九人户 Nine Persons	十人及以上户 Ten Persons and Over
25598	**9081**	**2528**	**839**	**293**	**215**
69	17	4			
98	24	3	1		
1501	552	145	39	8	
797	322	67	21	10	5
385	106	24	6		
564	150	30	3		
505	129	22	7	1	1
654	193	29	13	1	
58	12	3			
1236	317	71	24	4	2
590	190	24	8		1
1235	389	114	27	9	7
608	228	71	19	11	4
1007	397	99	42	19	16
1274	306	63	19	3	
2436	817	201	55	12	2
1051	294	62	25	9	8
1246	373	91	25	16	4
1453	699	314	133	48	50
1335	403	136	59	19	18
218	110	46	17	7	8
466	103	29	9	4	1
1551	514	133	31	4	2
1213	504	173	47	17	8
1347	670	173	58	24	12
64	46	33	26	15	19
847	330	60	15	5	
878	429	134	38	15	21
144	85	30	15	9	10
164	84	32	13	4	2
604	287	111	45	21	15

2-19 各地区家庭户类别

Family Households by Type and Region

单位：户 (household)

地 区	Region	家庭户户数 Number of Family Households	一代户 One Generation	二代户 Two Generations	三代户 Three Generations	四代户 Four Generations	五代户 Five Generations
全 国	**National Total**	**368180**	**104868**	**197660**	**63472**	**2179**	**2**
北 京	Beijing	4981	2061	2355	555	8	
天 津	Tianjin	3228	906	1855	459	8	
河 北	Hebei	19248	5057	10856	3250	85	
山 西	Shanxi	9080	2079	5493	1462	47	
内蒙古	Inner Mongolia	7285	2254	4151	856	24	
辽 宁	Liaoning	13165	4098	7113	1912	42	
吉 林	Jilin	8168	2330	4465	1345	27	
黑龙江	Heilongjiang	11797	3515	6536	1703	44	
上 海	Shanghai	5982	2396	2769	795	22	
江 苏	Jiangsu	22826	6988	11105	4492	240	2
浙 江	Zhejiang	15511	5902	7392	2118	98	
安 徽	Anhui	18114	5322	9907	2786	99	
福 建	Fujian	10019	3083	5091	1766	79	
江 西	Jiangxi	11865	2805	6513	2463	84	
山 东	Shandong	28663	9360	15986	3201	115	
河 南	Henan	25760	5864	14847	4874	175	
湖 北	Hubei	16841	4752	8816	3188	85	
湖 南	Hunan	18852	5597	9715	3450	91	
广 东	Guangdong	22172	7220	10878	3919	155	
广 西	Guangxi	12173	2545	7143	2395	90	
海 南	Hainan	1931	348	1147	422	14	
重 庆	Chongqing	8626	2681	4307	1598	40	
四 川	Sichuan	25404	7933	12592	4694	185	
贵 州	Guizhou	9671	2132	5695	1793	51	
云 南	Yunnan	11248	2079	6375	2675	120	
西 藏	Tibet	526	50	287	180	8	
陕 西	Shaanxi	10533	2728	5543	2197	66	
甘 肃	Gansu	6476	1145	3570	1707	53	
青 海	Qinghai	1364	284	754	316	10	
宁 夏	Ningxia	1501	286	954	253	7	
新 疆	Xinjiang	5169	1065	3451	649	4	

2-20 各地区城市家庭户类别

Family Households of Cities by Type and Region

单位：户 (household)

地 区	Region	家庭户户数 Number of Family Households	一代户 One Generation	二代户 Two Generations	三代户 Three Generations	四代户 Four Generations	五代户 Five Generations
全 国	**National Total**	**93670**	**30061**	**50908**	**12436**	**266**	
北 京	Beijing	3981	1705	1884	388	4	
天 津	Tianjin	2175	657	1260	256	2	
河 北	Hebei	3826	1167	2170	478	11	
山 西	Shanxi	2317	586	1498	232	1	
内蒙古	Inner Mongolia	2096	746	1214	135	1	
辽 宁	Liaoning	6275	2066	3452	751	5	
吉 林	Jilin	3257	1008	1825	423	2	
黑龙江	Heilongjiang	4774	1644	2677	451	3	
上 海	Shanghai	4835	1859	2356	612	8	
江 苏	Jiangsu	7216	2054	3896	1211	54	
浙 江	Zhejiang	4021	1502	2055	452	11	
安 徽	Anhui	2474	750	1418	303	3	
福 建	Fujian	2100	700	1052	339	8	
江 西	Jiangxi	1896	492	1079	316	9	
山 东	Shandong	5481	1603	3280	582	16	
河 南	Henan	4199	923	2488	764	24	
湖 北	Hubei	4160	1161	2312	678	8	
湖 南	Hunan	3383	896	1992	487	8	
广 东	Guangdong	9071	3792	4073	1173	33	
广 西	Guangxi	1678	384	1026	259	8	
海 南	Hainan	410	80	246	82	2	
重 庆	Chongqing	1547	466	779	292	11	
四 川	Sichuan	3388	969	1759	648	12	
贵 州	Guizhou	1095	296	628	167	4	
云 南	Yunnan	2083	694	1069	309	11	
西 藏	Tibet	88	11	57	18	1	
陕 西	Shaanxi	1839	588	989	259	2	
甘 肃	Gansu	1371	424	783	164	1	
青 海	Qinghai	463	172	240	50	1	
宁 夏	Ningxia	449	133	284	31	1	
新 疆	Xinjiang	1721	531	1064	127		

2-21 各地区镇家庭户类别

Family Households of Towns by Type and Region

单位：户 (household)

地区	Region	家庭户户数 Number of Family Households	一代户 One Generation	二代户 Two Generations	三代户 Three Generations	四代户 Four Generations	五代户 Five Generations
全国	**National Total**	**70436**	**19828**	**38594**	**11609**	**405**	
北京	Beijing	221	80	104	37		
天津	Tianjin	332	82	189	60	1	
河北	Hebei	3646	866	2108	658	14	
山西	Shanxi	1743	431	1054	252	5	
内蒙古	Inner Mongolia	1492	410	918	161	3	
辽宁	Liaoning	1790	593	984	207	7	
吉林	Jilin	1273	396	711	161	5	
黑龙江	Heilongjiang	1993	664	1080	244	4	
上海	Shanghai	483	226	171	79	7	
江苏	Jiangsu	4033	1194	1961	824	54	
浙江	Zhejiang	4560	1658	2317	559	27	
安徽	Anhui	3937	1112	2204	596	25	
福建	Fujian	2565	721	1386	437	21	
江西	Jiangxi	2628	601	1474	543	11	
山东	Shandong	7170	2368	4091	691	20	
河南	Henan	3659	686	2192	752	29	
湖北	Hubei	3167	895	1710	546	16	
湖南	Hunan	3484	848	1895	719	22	
广东	Guangdong	4697	1495	2299	859	44	
广西	Guangxi	2407	500	1390	497	19	
海南	Hainan	484	85	275	119	5	
重庆	Chongqing	2344	745	1197	393	8	
四川	Sichuan	4667	1363	2404	870	30	
贵州	Guizhou	1687	369	1021	290	8	
云南	Yunnan	1702	396	965	337	4	
西藏	Tibet	76	9	39	28	1	
陕西	Shaanxi	2225	602	1240	372	11	
甘肃	Gansu	920	178	543	195	4	
青海	Qinghai	207	56	115	36		
宁夏	Ningxia	281	51	194	36	1	
新疆	Xinjiang	565	150	362	52		

2-22 各地区乡村家庭户类别

Family Households of Rural Areas by Type and Region

单位：户 (household)

地 区	Region	家庭户户数 Number of Family Households	一代户 One Generation	二代户 Two Generations	三代户 Three Generations	四代户 Four Generations	五代户 Five Generations
全 国	**National Total**	**204074**	**54979**	**108159**	**39427**	**1508**	**2**
北 京	Beijing	778	277	367	130	5	
天 津	Tianjin	721	167	405	144	6	
河 北	Hebei	11776	3024	6577	2114	60	
山 西	Shanxi	5021	1062	2940	978	41	
内蒙古	Inner Mongolia	3697	1097	2019	560	20	
辽 宁	Liaoning	5100	1439	2677	955	30	
吉 林	Jilin	3637	927	1929	761	20	
黑龙江	Heilongjiang	5031	1207	2779	1007	37	
上 海	Shanghai	664	311	242	105	7	
江 苏	Jiangsu	11577	3740	5248	2457	131	2
浙 江	Zhejiang	6929	2742	3020	1107	60	
安 徽	Anhui	11703	3460	6285	1887	71	
福 建	Fujian	5355	1662	2653	990	49	
江 西	Jiangxi	7342	1713	3960	1604	64	
山 东	Shandong	16012	5389	8616	1928	80	
河 南	Henan	17902	4254	10167	3358	122	
湖 北	Hubei	9514	2696	4794	1964	60	
湖 南	Hunan	11985	3854	5827	2243	60	
广 东	Guangdong	8405	1933	4505	1888	78	
广 西	Guangxi	8088	1660	4727	1639	63	
海 南	Hainan	1036	182	626	221	7	
重 庆	Chongqing	4736	1471	2332	913	21	
四 川	Sichuan	17349	5600	8429	3177	143	
贵 州	Guizhou	6889	1468	4046	1336	40	
云 南	Yunnan	7463	988	4341	2028	105	
西 藏	Tibet	362	30	191	134	7	
陕 西	Shaanxi	6469	1538	3313	1565	53	
甘 肃	Gansu	4186	544	2244	1349	49	
青 海	Qinghai	694	57	398	230	9	
宁 夏	Ningxia	771	103	477	186	6	
新 疆	Xinjiang	2883	384	2025	470	4	

2-23 全国家庭户人数和户主的年龄、性别构成

Population of Family Households, Age and Sex Composition of the Household Head

年 龄 Age	家庭户人口数 Population of Family Household (person)	男 Male	女 Female	户主数 Number of Household Head (person)	男 Male	女 Female	户主率 Household Head Rate (%)	男 Male	女 Female
总计 Total	**1168454**	**590787**	**577667**	**368180**	**304787**	**63393**	**31.51**	**51.59**	**10.97**
14岁以下	**219887**	**119888**	**99999**	**3512**	**1978**	**1535**	**1.60**	**1.65**	**1.53**
15-19	**98546**	**51968**	**46578**	**2749**	**1588**	**1161**	**2.79**	**3.06**	**2.49**
15	19664	10452	9212	539	322	216	2.74	3.09	2.35
16	23834	12582	11252	597	369	228	2.50	2.93	2.03
17	20734	10953	9781	542	293	250	2.62	2.67	2.55
18	17933	9378	8554	568	308	260	3.17	3.28	3.04
19	16381	8602	7779	503	296	207	3.07	3.44	2.66
20-24	**67107**	**32657**	**34450**	**5229**	**3716**	**1513**	**7.79**	**11.38**	**4.39**
20	13973	7006	6967	577	340	237	4.13	4.85	3.41
21	12010	5969	6041	605	390	215	5.03	6.53	3.55
22	12638	6069	6569	871	600	271	6.89	9.88	4.13
23	13027	6205	6821	1239	894	345	9.51	14.41	5.05
24	15460	7407	8053	1937	1492	445	12.53	20.14	5.53
25-29	**70869**	**33941**	**36928**	**15786**	**12741**	**3045**	**22.27**	**37.54**	**8.25**
25	13754	6466	7288	2049	1606	443	14.90	24.84	6.08
26	13560	6470	7089	2658	2099	559	19.60	32.44	7.88
27	14781	7129	7651	3373	2740	632	22.82	38.44	8.27
28	14840	7108	7732	3783	3066	717	25.49	43.14	9.27
29	13934	6767	7167	3923	3229	694	28.15	47.72	9.68
30-34	**91480**	**44644**	**46836**	**33755**	**28125**	**5629**	**36.90**	**63.00**	**12.02**
30	16485	8035	8450	5178	4241	938	31.41	52.78	11.10
31	16387	7925	8462	5500	4539	961	33.56	57.27	11.35
32	18410	8925	9485	6789	5696	1093	36.88	63.82	11.52
33	19637	9490	10147	7724	6406	1318	39.34	67.51	12.99
34	20560	10268	10292	8563	7243	1320	41.65	70.54	12.82
35-39	**112656**	**55205**	**57451**	**51411**	**43537**	**7874**	**45.64**	**78.86**	**13.71**
35	21980	10800	11180	9390	7921	1469	42.72	73.34	13.14
36	24059	11743	12316	10585	8961	1624	44.00	76.31	13.18
37	22420	10973	11446	10389	8781	1608	46.34	80.02	14.05
38	24507	11990	12518	11486	9699	1788	46.87	80.89	14.28
39	19690	9699	9991	9561	8175	1386	48.56	84.29	13.87

2-23 续表 continued

年 龄 Age	家庭户人口数 Population of Family Household (person)	男 Male	女 Female	户主数 Number of Household Head (person)	男 Male	女 Female	户主率 Household Head Rate (%)	男 Male	女 Female
40-44	**114914**	**56723**	**58191**	**57529**	**49429**	**8099**	**50.06**	**87.14**	**13.92**
40	23206	11457	11749	11596	9885	1710	49.97	86.28	14.56
41	22729	11213	11517	11353	9745	1609	49.95	86.91	13.97
42	22664	11244	11420	11430	9771	1659	50.43	86.90	14.53
43	26475	13172	13303	13297	11533	1764	50.22	87.56	13.26
44	19840	9637	10202	9854	8496	1358	49.67	88.16	13.31
45-49	**76161**	**38019**	**38142**	**39426**	**34239**	**5187**	**51.77**	**90.06**	**13.60**
45	11482	5611	5871	5760	5009	752	50.17	89.26	12.81
46	14391	7305	7086	7427	6487	940	51.61	88.80	13.27
47	17367	8763	8604	9130	7923	1206	52.57	90.42	14.02
48	13270	6507	6763	6750	5853	897	50.87	89.95	13.26
49	19651	9832	9819	10359	8968	1392	52.72	91.21	14.17
50-54	**90365**	**45470**	**44895**	**47680**	**41231**	**6449**	**52.76**	**90.68**	**14.37**
50	18111	9104	9007	9520	8271	1250	52.57	90.84	13.87
51	18647	9295	9353	9806	8478	1328	52.59	91.21	14.20
52	18892	9508	9384	9954	8603	1351	52.69	90.48	14.40
53	17258	8753	8506	9125	7893	1232	52.87	90.18	14.48
54	17456	8811	8646	9276	7987	1288	53.14	90.65	14.90
55-59	**68151**	**34438**	**33712**	**35619**	**30292**	**5327**	**52.26**	**87.96**	**15.80**
55	14751	7259	7492	7620	6448	1171	51.65	88.84	15.63
56	14605	7492	7113	7698	6605	1093	52.71	88.17	15.36
57	14258	7264	6993	7483	6383	1100	52.49	87.87	15.73
58	12302	6156	6145	6414	5406	1008	52.14	87.82	16.40
59	12236	6267	5968	6404	5449	955	52.34	86.94	16.00
60-64	**48827**	**24900**	**23927**	**25087**	**20667**	**4420**	**51.38**	**83.00**	**18.47**
60	11391	5771	5621	5807	4839	969	50.98	83.85	17.24
61	9871	5027	4843	5118	4223	895	51.85	84.01	18.47
62	9785	5080	4705	5184	4253	931	52.98	83.72	19.78
63	8986	4576	4410	4578	3738	839	50.94	81.70	19.04
64	8795	4446	4349	4400	3614	787	50.03	81.27	18.09
65+	**109491**	**52935**	**56556**	**50398**	**37245**	**13153**	**46.03**	**70.36**	**23.26**

2-24 各地区分性别、受教育程度的人口

Population by Sex, Educational Attainment and Region

单位：人 (person)

地 区	Region	6岁及以上人口 Population Aged 6 and Over	男 Male	女 Female	未上过学 No Schooling	男 Male	女 Female	小 学 Primary School	男 Male	女 Female
全 国	**National Total**	**1118855**	**563752**	**555103**	**98335**	**26886**	**71448**	**370014**	**178576**	**191438**
北 京	Beijing	13769	6777	6992	596	152	444	1887	885	1002
天 津	Tianjin	9296	4563	4733	392	85	307	1984	924	1060
河 北	Hebei	59514	29985	29529	3665	1015	2650	18523	8563	9960
山 西	Shanxi	29315	14823	14493	1281	405	876	7946	3785	4161
内蒙古	Inner Mongolia	21009	10701	10308	1872	558	1314	6324	3060	3265
辽 宁	Liaoning	37610	18967	18643	1690	482	1208	9816	4744	5072
吉 林	Jilin	24073	12161	11913	1270	401	869	6935	3319	3616
黑龙江	Heilongjiang	33944	17183	16761	1718	515	1203	10011	4775	5236
上 海	Shanghai	16014	7931	8084	790	144	647	2251	990	1261
江 苏	jiangsu	66239	32000	34240	5982	1294	4688	19809	9072	10738
浙 江	Zhejiang	43128	21671	21458	4322	1134	3188	14588	7294	7294
安 徽	Anhui	52930	26679	26251	7647	2080	5567	17313	8443	8870
福 建	Fujian	30740	15424	15315	3200	638	2562	11445	5429	6015
江 西	Jiangxi	36259	18281	17978	2930	707	2223	14951	6805	8146
山 东	Shandong	80837	40401	40436	7206	1731	5475	24377	10796	13580
河 南	Henan	80530	40419	40111	6546	2018	4528	22770	10866	11904
湖 北	Hubei	50373	25384	24989	4635	1206	3429	15311	7363	7949
湖 南	Hunan	54780	27717	27063	3378	805	2573	19157	9393	9764
广 东	Guangdong	80468	41033	39435	4023	894	3129	25865	11926	13938
广 西	Guangxi	39831	20719	19113	2341	590	1751	14696	7132	7564
海 南	Hainan	7113	3706	3407	596	150	446	2045	985	1060
重 庆	Chongqing	24519	12361	12157	2188	659	1529	10345	5266	5079
四 川	Sichuan	71822	36275	35547	8328	2427	5900	31263	16139	15124
贵 州	Guizhou	31859	16339	15520	5146	1430	3716	14169	7284	6885
云 南	Yunnan	38145	19638	18506	5744	1842	3902	17830	9338	8492
西 藏	Tibet	2361	1156	1206	965	360	605	1039	594	445
陕 西	Shaanxi	32796	16400	16396	2830	840	1990	9837	4652	5186
甘 肃	Gansu	22590	11378	11212	4405	1382	3022	7867	3956	3911
青 海	Qinghai	4671	2370	2301	840	272	568	1754	921	833
宁 夏	Ningxia	5090	2581	2509	699	211	488	1719	852	866
新 疆	Xinjiang	17229	8731	8499	1109	461	648	6187	3026	3161

2-24 续表 continued

单位：人 (person)

地 区	Region	初 中 Junior Secondary School	男 Male	女 Female	高 中 Senior Secondary School	男 Male	女 Female	大专及以上 College and Higher Level	男 Male	女 Female
全 国	**National Total**	**436273**	**236899**	**199374**	**144652**	**81865**	**62787**	**69581**	**39525**	**30056**
北 京	Beijing	4058	2138	1920	3188	1550	1638	4042	2053	1989
天 津	Tianjin	3387	1803	1583	2118	1076	1042	1415	674	741
河 北	Hebei	28185	15323	12862	6801	3846	2954	2340	1237	1103
山 西	Shanxi	13859	7287	6572	4279	2394	1885	1949	952	997
内蒙古	Inner Mongolia	8353	4617	3736	3093	1722	1371	1367	745	622
辽 宁	Liaoning	16992	8831	8161	5511	2989	2522	3601	1921	1680
吉 林	Jilin	10107	5370	4737	4071	2166	1905	1690	905	785
黑龙江	Heilongjiang	15111	8013	7098	5030	2744	2286	2074	1135	939
上 海	Shanghai	5332	2722	2610	4144	2156	1988	3496	1918	1578
江 苏	jiangsu	25582	13211	12370	10071	5706	4365	4794	2717	2077
浙 江	Zhejiang	15020	8290	6729	5568	3063	2505	3631	1889	1742
安 徽	Anhui	20384	11502	8882	5087	3015	2072	2499	1640	859
福 建	Fujian	10492	6058	4434	3810	2264	1546	1793	1034	759
江 西	Jiangxi	12496	7132	5365	4163	2554	1610	1719	1083	636
山 东	Shandong	33858	18617	15241	10767	6204	4563	4630	3053	1577
河 南	Henan	38637	20344	18294	9245	5324	3921	3331	1868	1463
湖 北	Hubei	18850	10258	8592	7692	4406	3286	3885	2152	1733
湖 南	Hunan	21835	11672	10163	7633	4293	3340	2777	1555	1222
广 东	Guangdong	33848	18230	15617	12144	7249	4895	4589	2733	1856
广 西	Guangxi	16332	9130	7201	4643	2845	1798	1820	1021	799
海 南	Hainan	3120	1718	1401	965	614	351	386	239	147
重 庆	Chongqing	8202	4397	3805	2681	1404	1278	1102	636	466
四 川	Sichuan	22388	11902	10486	6605	3663	2942	3239	2144	1095
贵 州	Guizhou	9647	5912	3735	2032	1187	846	866	527	339
云 南	Yunnan	10808	6399	4409	2579	1388	1191	1184	670	514
西 藏	Tibet	265	160	105	67	30	38	25	13	12
陕 西	Shaanxi	12723	6704	6019	4960	2783	2177	2445	1421	1024
甘 肃	Gansu	6963	4006	2957	2608	1583	1026	746	451	295
青 海	Qinghai	1295	750	545	503	269	234	278	159	119
宁 夏	Ningxia	1682	953	729	620	344	276	370	221	149
新 疆	Xinjiang	6463	3450	3013	1972	1035	937	1498	760	738

2-25 各地区城市分性别、受教育程度的人口

City Population by Sex, Educational Attainment and Region

单位：人 (person)

地区	Region	6岁及以上人口 Population Aged 6 and Over	男 Male	女 Female	未上过学 No Schooling	男 Male	女 Female	小学 Primary School	男 Male	女 Female
全国	**National Total**	**276581**	**137090**	**139491**	**10034**	**2168**	**7866**	**50221**	**23179**	**27042**
北京	Beijing	10872	5302	5569	343	70	272	1215	549	666
天津	Tianjin	5986	2882	3104	212	43	168	810	366	445
河北	Hebei	10955	5466	5490	330	58	271	2313	1150	1164
山西	Shanxi	6880	3370	3510	153	37	116	1073	506	567
内蒙古	Inner Mongolia	5577	2755	2822	238	53	186	971	459	512
辽宁	Liaoning	17018	8444	8574	567	143	424	2455	1127	1327
吉林	Jilin	9183	4570	4613	292	75	217	1296	620	675
黑龙江	Heilongjiang	12672	6297	6375	494	134	360	2094	965	1129
上海	Shanghai	12955	6418	6537	431	65	366	1451	586	864
江苏	Jiangsu	21359	10398	10961	909	155	753	3803	1740	2062
浙江	Zhejiang	11320	5459	5861	450	108	342	2527	1175	1352
安徽	Anhui	7656	3964	3692	428	98	330	1229	569	660
福建	Fujian	6824	3352	3472	338	52	286	1743	778	965
江西	Jiangxi	5544	2800	2744	131	21	110	1014	442	573
山东	Shandong	16321	8284	8037	477	80	397	2848	1268	1580
河南	Henan	12881	6398	6484	537	124	414	2320	1117	1203
湖北	Hubei	12603	6228	6376	445	85	360	1794	817	978
湖南	Hunan	9658	4770	4888	217	47	170	1855	843	1013
广东	Guangdong	31810	15714	16095	918	185	732	6911	3132	3779
广西	Guangxi	5452	2706	2747	96	18	79	1092	508	584
海南	Hainan	1403	709	694	50	10	40	245	120	126
重庆	Chongqing	4706	2254	2452	218	59	159	1143	570	574
四川	Sichuan	10607	5473	5134	391	97	294	2392	1084	1308
贵州	Guizhou	3287	1613	1674	174	37	137	851	404	448
云南	Yunnan	6117	3047	3070	351	95	256	1661	802	858
西藏	Tibet	321	145	177	141	49	92	88	47	41
陕西	Shaanxi	5574	2760	2813	151	26	125	718	338	380
甘肃	Gansu	3783	1907	1876	236	60	175	710	338	372
青海	Qinghai	1243	626	617	76	21	56	260	126	134
宁夏	Ningxia	1266	637	629	60	16	44	225	105	120
新疆	Xinjiang	4750	2343	2407	181	47	134	1114	529	584

2-25 续表 continued

单位：人 (person)

地 区	Region	初 中 Junior Secondary School	男 Male	女 Female	高 中 Senior Secondary School	男 Male	女 Female	大专及以上 College and Higher Level	男 Male	女 Female
全 国	**National Total**	**97723**	**48607**	**49116**	**67761**	**34927**	**32833**	**50842**	**28208**	**22635**
北 京	Beijing	2818	1447	1372	2663	1295	1368	3833	1942	1892
天 津	Tianjin	1862	961	901	1786	893	893	1315	619	696
河 北	Hebei	4354	2216	2138	2400	1200	1200	1558	843	716
山 西	Shanxi	2412	1213	1199	1888	986	901	1355	627	726
内蒙古	Inner Mongolia	2033	1022	1011	1448	747	701	887	474	412
辽 宁	Liaoning	7081	3534	3547	3966	2078	1888	2949	1563	1387
吉 林	Jilin	3302	1652	1650	2804	1444	1360	1488	778	711
黑龙江	Heilongjiang	5376	2710	2666	3117	1645	1472	1591	843	747
上 海	Shanghai	4040	2015	2025	3711	1914	1796	3324	1838	1485
江 苏	Jiangsu	7546	3652	3894	5250	2708	2541	3853	2142	1710
浙 江	Zhejiang	3529	1738	1791	2199	1126	1073	2615	1311	1303
安 徽	Anhui	2870	1416	1454	1651	920	731	1478	960	518
福 建	Fujian	2291	1220	1071	1389	736	653	1063	566	496
江 西	Jiangxi	1732	838	893	1607	846	760	1061	653	408
山 东	Shandong	5875	2969	2906	4206	2107	2100	2915	1861	1054
河 南	Henan	4860	2449	2411	3086	1557	1529	2079	1151	927
湖 北	Hubei	3548	1711	1837	3619	1906	1713	3197	1710	1488
湖 南	Hunan	3108	1552	1557	2646	1323	1323	1831	1006	826
广 东	Guangdong	13162	6344	6817	7031	3801	3230	3788	2251	1537
广 西	Guangxi	1880	945	935	1382	712	670	1002	522	479
海 南	Hainan	496	232	263	381	206	174	231	141	90
重 庆	Chongqing	1573	773	800	1100	479	621	672	374	299
四 川	Sichuan	3534	1714	1820	2223	1148	1075	2066	1429	637
贵 州	Guizhou	1150	596	554	663	329	334	449	247	201
云 南	Yunnan	2265	1177	1088	1109	549	560	732	424	308
西 藏	Tibet	52	28	23	29	15	14	12	5	6
陕 西	Shaanxi	1549	716	833	1683	848	835	1472	832	641
甘 肃	Gansu	1298	678	620	1056	551	505	484	281	205
青 海	Qinghai	415	222	193	286	144	142	206	114	92
宁 夏	Ningxia	427	214	213	297	149	148	256	153	104
新 疆	Xinjiang	1286	653	633	1087	565	521	1083	547	534

2-26 各地区镇分性别、受教育程度的人口

Town Population by Sex, Educational Attainment and Region

单位：人 (person)

地区	Region	6岁及以上人口 Population Aged 6 and Over	男 Male	女 Female	未上过学 No Schooling	男 Male	女 Female	小学 Primary School	男 Male	女 Female
全国	**National Total**	**214005**	**108140**	**105865**	**16040**	**4089**	**11951**	**64611**	**30514**	**34097**
北京	Beijing	645	314	331	58	17	40	124	60	64
天津	Tianjin	1040	514	526	58	16	42	347	163	184
河北	Hebei	11583	5818	5766	595	156	438	3455	1590	1866
山西	Shanxi	5521	2786	2735	226	65	160	1300	637	663
内蒙古	Inner Mongolia	4363	2236	2127	313	83	230	1122	562	560
辽宁	Liaoning	5218	2642	2576	222	73	149	1383	647	736
吉林	Jilin	3603	1829	1774	205	58	147	1033	492	541
黑龙江	Heilongjiang	5487	2775	2712	292	78	214	1345	651	694
上海	Shanghai	1325	667	658	124	27	96	316	161	155
江苏	Jiangsu	11826	5777	6049	1083	224	859	3346	1484	1862
浙江	Zhejiang	12913	6565	6347	1168	282	886	4249	2130	2119
安徽	Anhui	11332	5609	5723	1456	417	1039	3439	1581	1859
福建	Fujian	7776	3929	3847	771	145	626	2693	1256	1437
江西	Jiangxi	8107	4078	4029	619	152	467	2993	1397	1596
山东	Shandong	20198	10215	9983	1952	481	1471	5629	2506	3124
河南	Henan	12023	6077	5946	769	208	561	2782	1323	1459
湖北	Hubei	9241	4602	4640	745	186	559	2645	1239	1406
湖南	Hunan	10766	5382	5384	499	113	385	3006	1413	1593
广东	Guangdong	17185	9204	7981	728	159	569	5758	2642	3117
广西	Guangxi	8143	4265	3878	302	61	241	2426	1127	1299
海南	Hainan	1836	942	894	140	31	109	467	218	249
重庆	Chongqing	6468	3217	3252	457	121	336	2463	1219	1244
四川	Sichuan	13420	6634	6786	986	281	705	4627	2268	2359
贵州	Guizhou	5352	2731	2621	635	165	470	1907	941	967
云南	Yunnan	5271	2630	2641	441	124	317	1993	1001	992
西藏	Tibet	323	152	172	134	50	84	138	75	64
陕西	Shaanxi	6713	3387	3326	413	120	293	1639	766	873
甘肃	Gansu	3048	1531	1516	389	113	276	922	455	467
青海	Qinghai	624	314	311	52	13	39	194	96	98
宁夏	Ningxia	921	463	458	83	20	63	306	145	161
新疆	Xinjiang	1734	857	877	128	49	78	564	271	294

2-26 续表 continued

单位：人 (person)

地 区	Region	初 中 Junior Secondary School	男 Male	女 Female	高 中 Senior Secondary School	男 Male	女 Female	大专及以上 College and Higher Level	男 Male	女 Female
全 国	**National Total**	**88491**	**47346**	**41146**	**32216**	**18646**	**13570**	**12646**	**7545**	**5101**
北 京	Beijing	252	131	121	118	52	66	94	53	41
天 津	Tianjin	429	229	200	140	72	68	67	34	33
河 北	Hebei	5502	2935	2567	1596	921	675	435	216	219
山 西	Shanxi	2495	1277	1218	1035	553	482	465	254	211
内蒙古	Inner Mongolia	1881	1015	866	725	399	325	323	176	147
辽 宁	Liaoning	2551	1332	1220	635	355	281	427	234	193
吉 林	Jilin	1617	858	760	632	347	285	116	74	42
黑龙江	Heilongjiang	2532	1326	1206	962	518	444	357	203	154
上 海	Shanghai	576	316	260	214	118	96	96	44	52
江 苏	Jiangsu	4972	2577	2396	1851	1135	716	574	358	216
浙 江	Zhejiang	4955	2746	2208	1787	978	809	755	429	326
安 徽	Anhui	4278	2337	1941	1464	821	642	695	453	242
福 建	Fujian	2626	1496	1131	1195	722	473	491	310	181
江 西	Jiangxi	2932	1586	1346	1130	673	457	434	270	164
山 东	Shandong	8680	4723	3957	2707	1635	1072	1231	872	359
河 南	Henan	5871	3099	2772	1883	1066	817	719	381	338
湖 北	Hubei	3688	1928	1760	1724	972	752	439	278	161
湖 南	Hunan	4628	2346	2282	2012	1153	859	620	357	263
广 东	Guangdong	7940	4599	3341	2291	1513	778	468	292	176
广 西	Guangxi	3222	1699	1524	1507	964	543	686	414	272
海 南	Hainan	799	421	378	300	191	109	129	80	49
重 庆	Chongqing	2398	1220	1177	821	466	354	331	191	140
四 川	Sichuan	5019	2522	2497	1976	1091	886	811	473	338
贵 州	Guizhou	1902	1091	810	623	355	268	285	179	106
云 南	Yunnan	1882	1016	866	613	308	305	341	181	160
西 藏	Tibet	36	21	15	12	4	8	4	3	1
陕 西	Shaanxi	2542	1289	1254	1362	755	607	758	458	300
甘 肃	Gansu	1144	603	541	432	260	172	161	99	62
青 海	Qinghai	216	113	103	107	59	48	55	32	23
宁 夏	Ningxia	304	169	136	139	79	61	89	51	38
新 疆	Xinjiang	622	328	294	225	112	113	196	97	99

2-27 各地区乡村分性别、受教育程度的人口

Rural Population by Sex, Educational Attainment and Region

单位：人 (person)

地 区	Region	6岁及以上人口 Population Aged 6 and Over	男 Male	女 Female	未上过学 No Schooling	男 Male	女 Female	小 学 Primary School	男 Male	女 Female
全 国	**National Total**	**628269**	**318522**	**309747**	**72260**	**20629**	**51631**	**255182**	**124882**	**130300**
北 京	Beijing	2252	1161	1091	195	64	131	548	276	272
天 津	Tianjin	2270	1167	1103	123	26	97	827	396	431
河 北	Hebei	36975	18702	18274	2741	801	1940	12754	5824	6931
山 西	Shanxi	16915	8667	8248	903	303	600	5573	2642	2931
内蒙古	Inner Mongolia	11070	5710	5360	1321	422	899	4232	2039	2193
辽 宁	Liaoning	15374	7881	7493	901	266	635	5978	2970	3009
吉 林	Jilin	11288	5762	5526	773	267	505	4606	2207	2400
黑龙江	Heilongjiang	15785	8111	7674	932	303	629	6572	3159	3413
上 海	Shanghai	1735	846	889	236	52	184	485	242	242
江 苏	Jiangsu	33054	15824	17230	3990	915	3076	12661	5847	6813
浙 江	Zhejiang	18896	9646	9250	2704	744	1960	7812	3989	3823
安 徽	Anhui	33942	17106	16836	5763	1564	4199	12644	6293	6352
福 建	Fujian	16140	8143	7996	2091	441	1649	7009	3396	3613
江 西	Jiangxi	22608	11403	11206	2180	534	1646	10944	4966	5978
山 东	Shandong	44318	21902	22416	4777	1170	3607	15900	7023	8877
河 南	Henan	55625	27945	27681	5240	1686	3554	17668	8426	9242
湖 北	Hubei	28528	14554	13974	3444	935	2509	10872	5307	5565
湖 南	Hunan	34356	17565	16791	2662	645	2018	14295	7137	7158
广 东	Guangdong	31474	16115	15359	2378	549	1828	13195	6153	7042
广 西	Guangxi	26236	13748	12488	1943	511	1432	11178	5497	5681
海 南	Hainan	3874	2055	1819	406	108	298	1333	648	685
重 庆	Chongqing	13345	6891	6454	1513	479	1034	6739	3478	3262
四 川	Sichuan	47795	24168	23627	6950	2049	4902	24245	12787	11458
贵 州	Guizhou	23220	11995	11225	4336	1228	3109	11410	5939	5471
云 南	Yunnan	26757	13961	12796	4952	1624	3329	14176	7535	6642
西 藏	Tibet	1717	860	857	690	261	430	813	472	341
陕 西	Shaanxi	20510	10253	10257	2267	695	1572	7481	3547	3933
甘 肃	Gansu	15759	7939	7820	3780	1209	2571	6235	3163	3073
青 海	Qinghai	2804	1430	1373	712	238	474	1301	699	602
宁 夏	Ningxia	2903	1481	1422	556	175	381	1187	602	585
新 疆	Xinjiang	10746	5531	5215	800	365	435	4509	2226	2283

2-27 续表 continued

单位：人 (person)

地 区	Region	初 中 Junior Secondary School	男 Male	女 Female	高 中 Senior Secondary School	男 Male	女 Female	大专及以上 College and Higher Level	男 Male	女 Female
全 国	**National Total**	**250059**	**140946**	**109113**	**44675**	**28292**	**16384**	**6092**	**3773**	**2319**
北 京	Beijing	988	560	428	406	203	203	114	57	57
天 津	Tianjin	1096	614	482	193	111	81	31	20	11
河 北	Hebei	18329	10173	8156	2804	1725	1079	347	179	168
山 西	Shanxi	8952	4797	4155	1356	854	502	130	72	58
内蒙古	Inner Mongolia	4439	2580	1860	919	575	344	159	94	65
辽 宁	Liaoning	7360	3965	3394	910	556	354	225	123	102
吉 林	Jilin	5188	2860	2328	635	374	261	86	54	32
黑龙江	Heilongjiang	7203	3978	3226	951	582	369	126	90	36
上 海	Shanghai	717	391	325	219	124	95	79	37	42
江 苏	Jiangsu	13064	6983	6081	2971	1863	1107	368	216	152
浙 江	Zhejiang	6536	3806	2730	1582	959	623	262	148	114
安 徽	Anhui	13236	7749	5487	1972	1274	698	327	227	100
福 建	Fujian	5575	3343	2232	1227	806	420	239	158	81
江 西	Jiangxi	7833	4707	3126	1427	1034	393	224	161	63
山 东	Shandong	19303	10925	8378	3854	2463	1391	484	321	163
河 南	Henan	27906	14795	13111	4277	2702	1575	534	335	199
湖 北	Hubei	11614	6620	4995	2349	1528	821	248	164	84
湖 南	Hunan	14099	7774	6325	2975	1817	1158	324	191	133
广 东	Guangdong	12746	7287	5459	2822	1935	887	333	191	142
广 西	Guangxi	11229	6487	4742	1754	1169	586	132	85	47
海 南	Hainan	1825	1064	760	284	216	68	26	19	7
重 庆	Chongqing	4232	2403	1828	760	458	302	99	73	26
四 川	Sichuan	13834	7666	6169	2405	1424	981	360	243	117
贵 州	Guizhou	6595	4225	2371	747	503	244	132	101	31
云 南	Yunnan	6661	4206	2454	857	531	326	111	65	46
西 藏	Tibet	177	111	67	27	11	15	10	5	5
陕 西	Shaanxi	8632	4699	3933	1915	1180	735	216	133	83
甘 肃	Gansu	4521	2725	1797	1121	771	349	102	71	31
青 海	Qinghai	664	415	249	110	67	44	17	11	6
宁 夏	Ningxia	951	571	381	183	116	67	25	17	8
新 疆	Xinjiang	4555	2469	2087	661	358	303	220	115	105

2-28 各地区分性别的15岁及以上文盲人口

Illiterate Population Aged 15 and Over by Sex and Region

地 区	Region	15岁及以上人口(人) Population Aged 15 and Over (person)	男 Male	女 Female	文盲人口(人) Illiterate Population (person)	男 Male	女 Female	文盲人口占15岁及以上人口的比重(%) % to Total Aged 15 and Over (%)	男 Male	女 Female
全 国	**National Total**	**972385**	**484183**	**488202**	**90564**	**23560**	**67004**	**9.31**	**4.87**	**13.72**
北 京	Beijing	12868	6315	6554	575	138	437	4.47	2.19	6.67
天 津	Tianjin	8522	4161	4362	349	66	284	4.10	1.59	6.50
河 北	Hebei	53091	26512	26580	3407	883	2524	6.42	3.33	9.50
山 西	Shanxi	24918	12508	12410	1103	328	774	4.42	2.62	6.24
内蒙古	Inner Mongolia	18581	9409	9172	1739	500	1239	9.36	5.31	13.51
辽 宁	Liaoning	34316	17213	17103	1415	358	1057	4.12	2.08	6.18
吉 林	Jilin	21931	11019	10912	1143	342	801	5.21	3.10	7.34
黑龙江	Heilongjiang	30532	15380	15152	1517	426	1090	4.97	2.77	7.19
上 海	Shanghai	15187	7500	7687	747	131	616	4.92	1.74	8.02
江 苏	Jiangsu	59074	28009	31065	5528	1132	4396	9.36	4.04	14.15
浙 江	Zhejiang	38697	19269	19428	3947	981	2966	10.20	5.09	15.27
安 徽	Anhui	44746	22133	22613	7292	1924	5368	16.30	8.69	23.74
福 建	Fujian	26959	13349	13610	3049	590	2459	11.31	4.42	18.07
江 西	Jiangxi	30243	14922	15321	2787	648	2139	9.21	4.34	13.96
山 东	Shandong	72821	36145	36676	6648	1541	5107	9.13	4.26	13.92
河 南	Henan	68956	33827	35129	5955	1749	4206	8.64	5.17	11.97
湖 北	Hubei	44059	21943	22116	4330	1081	3249	9.83	4.93	14.69
湖 南	Hunan	48207	24084	24123	3144	747	2397	6.52	3.10	9.94
广 东	Guangdong	68166	34362	33804	3486	669	2818	5.11	1.95	8.34
广 西	Guangxi	33682	17338	16343	2024	424	1600	6.01	2.44	9.79
海 南	Hainan	5987	3079	2908	568	135	433	9.50	4.39	14.90
重 庆	Chongqing	20946	10366	10580	2032	567	1465	9.70	5.47	13.84
四 川	Sichuan	61143	30537	30606	7678	2157	5522	12.56	7.06	18.04
贵 州	Guizhou	25207	12812	12396	4736	1231	3505	18.79	9.61	28.27
云 南	Yunnan	31972	16349	15623	5276	1617	3659	16.50	9.89	23.42
西 藏	Tibet	1944	945	999	887	316	571	45.65	33.46	57.17
陕 西	Shaanxi	28183	13888	14295	2635	771	1864	9.35	5.55	13.04
甘 肃	Gansu	18859	9377	9481	4201	1294	2907	22.27	13.80	30.66
青 海	Qinghai	3908	1970	1938	754	235	519	19.30	11.92	26.80
宁 夏	Ningxia	4203	2121	2082	649	189	460	15.44	8.93	22.07
新 疆	Xinjiang	14475	7340	7135	964	389	574	6.66	5.30	8.05

2-29 各地区城市分性别的15岁及以上文盲人口

City Illiterate Population Aged 15 and Over by Sex and Region

地区	Region	15岁及以上人口(人) Population Aged 15 and Over (person)	男 Male	女 Female	文盲人口(人) Illiterate Population (person)	男 Male	女 Female	文盲人口占15岁及以上人口的比重(%) % to Total Aged 15 and Over (%)	男 Male	女 Female
全国	**National Total**	**251103**	**123514**	**127589**	**8890**	**1724**	**7165**	**3.54**	**1.40**	**5.62**
北京	Beijing	10208	4963	5245	326	61	265	3.20	1.23	5.06
天津	Tianjin	5608	2693	2916	192	35	157	3.41	1.29	5.38
河北	Hebei	9875	4878	4998	292	47	244	2.95	0.97	4.89
山西	Shanxi	6066	2951	3115	130	24	105	2.14	0.81	3.39
内蒙古	Inner Mongolia	4988	2456	2532	203	37	166	4.06	1.50	6.55
辽宁	Liaoning	15760	7788	7972	467	97	370	2.96	1.24	4.64
吉林	Jilin	8459	4168	4291	255	57	198	3.01	1.36	4.62
黑龙江	Heilongjiang	11536	5715	5820	416	100	316	3.61	1.75	5.44
上海	Shanghai	12309	6088	6221	392	56	336	3.18	0.92	5.40
江苏	Jiangsu	19430	9339	10091	824	122	702	4.24	1.30	6.96
浙江	Zhejiang	10355	4951	5404	371	74	297	3.58	1.50	5.50
安徽	Anhui	6952	3579	3373	414	92	322	5.95	2.57	9.54
福建	Fujian	6212	2993	3219	340	60	280	5.47	2.02	8.69
江西	Jiangxi	4964	2490	2474	118	18	100	2.38	0.72	4.04
山东	Shandong	14745	7440	7305	426	66	360	2.89	0.89	4.92
河南	Henan	11457	5613	5843	441	89	352	3.85	1.59	6.02
湖北	Hubei	11368	5565	5803	411	73	339	3.62	1.31	5.83
湖南	Hunan	8635	4224	4411	197	42	155	2.28	0.99	3.52
广东	Guangdong	28739	14047	14692	791	137	654	2.75	0.98	4.45
广西	Guangxi	4830	2360	2470	73	8	65	1.51	0.35	2.62
海南	Hainan	1231	607	623	46	8	38	3.73	1.32	6.08
重庆	Chongqing	4299	2026	2273	193	44	149	4.49	2.20	6.54
四川	Sichuan	9617	4990	4627	337	76	261	3.50	1.53	5.63
贵州	Guizhou	2878	1399	1479	158	30	129	5.49	2.11	8.69
云南	Yunnan	5501	2726	2775	332	87	245	6.03	3.18	8.84
西藏	Tibet	272	122	150	138	48	90	50.94	39.54	60.20
陕西	Shaanxi	5043	2481	2562	120	16	105	2.39	0.63	4.09
甘肃	Gansu	3400	1698	1702	213	51	161	6.25	3.01	9.48
青海	Qinghai	1110	559	551	67	18	50	6.06	3.13	9.03
宁夏	Ningxia	1109	559	551	54	14	40	4.87	2.47	7.31
新疆	Xinjiang	4147	2047	2100	154	38	116	3.72	1.87	5.52

2-30 各地区镇分性别的15岁及以上文盲人口

Town Illiterate Population Aged 15 and Over by Sex and Region

地 区	Region	15岁及以上人口(人) Population Aged 15 and Over (person)	男 Male	女 Female	文盲人口(人) Illiterate Population (person)	男 Male	女 Female	文盲人口占15岁及以上人口的比重(%) % to Total Aged 15 and Over (%)	男 Male	女 Female
全 国	**National Total**	**185909**	**92763**	**93146**	**14800**	**3573**	**11227**	**7.96**	**3.85**	**12.05**
北 京	Beijing	587	287	300	55	15	40	9.43	5.37	13.32
天 津	Tianjin	909	447	461	46	9	37	5.11	2.09	8.03
河 北	Hebei	10329	5143	5187	552	131	421	5.34	2.55	8.12
山 西	Shanxi	4668	2332	2336	196	62	134	4.19	2.65	5.73
内蒙古	Inner Mongolia	3822	1941	1881	291	77	214	7.62	3.97	11.39
辽 宁	Liaoning	4744	2385	2359	195	55	139	4.11	2.33	5.90
吉 林	Jilin	3277	1666	1612	181	49	131	5.51	2.96	8.15
黑龙江	Heilongjiang	4900	2453	2447	268	67	201	5.47	2.71	8.23
上 海	Shanghai	1249	626	623	119	25	94	9.52	4.01	15.05
江 苏	Jiangsu	10485	5041	5443	986	194	792	9.40	3.85	14.54
浙 江	Zhejiang	11543	5791	5752	1054	243	811	9.13	4.20	14.10
安 徽	Anhui	9602	4638	4963	1376	382	994	14.34	8.24	20.03
福 建	Fujian	6735	3366	3369	719	129	590	10.68	3.84	17.51
江 西	Jiangxi	6726	3288	3438	565	130	435	8.39	3.95	12.64
山 东	Shandong	18180	9114	9066	1834	433	1402	10.09	4.75	15.46
河 南	Henan	10395	5166	5229	731	187	544	7.03	3.62	10.40
湖 北	Hubei	7958	3901	4057	699	166	533	8.78	4.26	13.13
湖 南	Hunan	9523	4695	4828	449	105	344	4.71	2.24	7.12
广 东	Guangdong	14324	7619	6704	636	118	519	4.44	1.54	7.74
广 西	Guangxi	7042	3667	3375	251	29	222	3.56	0.79	6.57
海 南	Hainan	1555	779	776	140	30	110	8.98	3.80	14.19
重 庆	Chongqing	5515	2703	2811	423	101	322	7.66	3.73	11.44
四 川	Sichuan	11610	5646	5964	945	264	681	8.14	4.68	11.42
贵 州	Guizhou	4375	2212	2163	572	137	435	13.08	6.20	20.12
云 南	Yunnan	4490	2229	2261	400	107	293	8.91	4.78	12.97
西 藏	Tibet	266	124	142	124	45	79	46.60	36.55	55.38
陕 西	Shaanxi	5800	2876	2925	379	106	272	6.53	3.70	9.31
甘 肃	Gansu	2557	1265	1292	373	104	269	14.58	8.21	20.82
青 海	Qinghai	528	264	264	50	12	38	9.39	4.52	14.25
宁 夏	Ningxia	755	378	377	78	18	60	10.35	4.84	15.88
新 疆	Xinjiang	1461	722	739	115	42	73	7.84	5.80	9.84

2-31 各地区乡村分性别的15岁及以上文盲人口

Rural Illiterate Population Aged 15 and Over by Sex and Region

地 区	Region	15岁及以上人口(人) Population Aged 15 and Over (person)	男 Male	女 Female	文盲人口(人) Illiterate Population (person)	男 Male	女 Female	文盲人口占15岁及以上人口的比重(%) % to Total Aged 15 and Over (%)	男 Male	女 Female
全 国	**National Total**	**535373**	**267906**	**267467**	**66875**	**18263**	**48612**	**12.49**	**6.82**	**18.17**
北 京	Beijing	2074	1065	1009	194	62	132	9.34	5.79	13.09
天 津	Tianjin	2005	1021	985	112	22	90	5.56	2.15	9.10
河 北	Hebei	32887	16491	16395	2564	705	1859	7.80	4.27	11.34
山 西	Shanxi	14185	7226	6959	778	242	535	5.48	3.36	7.69
内蒙古	Inner Mongolia	9771	5012	4759	1245	386	859	12.74	7.70	18.05
辽 宁	Liaoning	13812	7040	6772	753	206	547	5.45	2.92	8.08
吉 林	Jilin	10194	5185	5009	707	236	472	6.94	4.54	9.42
黑龙江	Heilongjiang	14096	7212	6884	833	260	572	5.91	3.61	8.32
上 海	Shanghai	1629	786	843	236	49	187	14.49	6.27	22.15
江 苏	Jiangsu	29160	13629	15531	3718	816	2902	12.75	5.99	18.69
浙 江	Zhejiang	16799	8527	8272	2522	664	1858	15.01	7.79	22.46
安 徽	Anhui	28192	13915	14277	5502	1450	4051	19.51	10.42	28.38
福 建	Fujian	14012	6990	7022	1990	400	1590	14.20	5.73	22.64
江 西	Jiangxi	18553	9144	9409	2104	500	1604	11.34	5.47	17.05
山 东	Shandong	39896	19590	20305	4389	1043	3346	11.00	5.32	16.48
河 南	Henan	47104	23048	24056	4783	1473	3310	10.15	6.39	13.76
湖 北	Hubei	24733	12477	12255	3220	842	2378	13.02	6.75	19.40
湖 南	Hunan	30049	15165	14884	2499	600	1898	8.31	3.96	12.75
广 东	Guangdong	25104	12696	12408	2059	414	1645	8.20	3.26	13.26
广 西	Guangxi	21810	11312	10498	1700	387	1314	7.80	3.42	12.52
海 南	Hainan	3201	1692	1509	383	98	285	11.96	5.77	18.91
重 庆	Chongqing	11133	5637	5496	1416	422	994	12.72	7.48	18.09
四 川	Sichuan	39916	19901	20015	6397	1816	4580	16.03	9.13	22.88
贵 州	Guizhou	17955	9201	8754	4005	1064	2941	22.31	11.57	33.59
云 南	Yunnan	21982	11394	10587	4544	1424	3120	20.67	12.50	29.47
西 藏	Tibet	1406	699	707	625	223	402	44.45	31.86	56.89
陕 西	Shaanxi	17339	8532	8808	2135	648	1487	12.31	7.60	16.88
甘 肃	Gansu	12902	6414	6488	3615	1139	2476	28.02	17.76	38.17
青 海	Qinghai	2269	1147	1122	637	205	432	28.08	17.90	38.50
宁 夏	Ningxia	2339	1185	1154	517	157	359	22.10	13.28	31.14
新 疆	Xinjiang	8867	4571	4295	695	309	386	7.83	6.76	8.98

2-32 全国15岁及以上人口分年龄、性别的婚姻状况

Population Aged 15 and Over by Age, Sex and Marital Status

单位：人 (person)

年龄 Age	15岁及以上人口 Population Aged 15 and Over	男 Male	女 Female	未婚 Never Married	男 Male	女 Female	初婚有配偶 First Married	男 Male	女 Female
总计 Total	**972385**	**484183**	**488202**	**188559**	**109508**	**79051**	**698582**	**342467**	**356115**
15-19	**105023**	**55481**	**49542**	**103112**	**54677**	**48436**	**1748**	**679**	**1069**
15	19936	10632	9304	19840	10558	9282	77	59	18
16	24525	13055	11470	24322	12927	11395	168	96	71
17	21787	11555	10232	21480	11396	10084	263	123	140
18	19765	10330	9436	19327	10158	9169	407	149	258
19	19010	9910	9100	18143	9638	8505	832	252	581
20-24	**76160**	**37271**	**38889**	**52387**	**29375**	**23012**	**23360**	**7740**	**15620**
20	16585	8394	8191	14852	8015	6837	1694	362	1332
21	14137	7095	7041	11495	6476	5020	2596	607	1988
22	14287	6833	7454	9881	5498	4383	4327	1306	3021
23	14452	6917	7535	8368	4799	3570	5985	2080	3906
24	16699	8031	8669	7791	4588	3203	8759	3385	5374
25-29	**74110**	**35868**	**38242**	**16449**	**11064**	**5385**	**56335**	**24179**	**32155**
25	14691	6985	7706	5306	3297	2010	9218	3617	5601
26	14369	6979	7390	4044	2718	1326	10126	4178	5948
27	15379	7469	7910	3033	2052	981	12050	5269	6780
28	15341	7427	7914	2391	1729	662	12654	5562	7092
29	14329	7008	7321	1674	1268	406	12287	5553	6734
30-34	**93398**	**45819**	**47580**	**5714**	**4530**	**1184**	**84514**	**39756**	**44758**
30	16892	8278	8614	1490	1149	341	14931	6916	8015
31	16756	8150	8606	1223	948	274	14992	6935	8058
32	18815	9158	9657	1114	884	230	17093	7985	9108
33	20046	9756	10290	968	796	172	18387	8622	9765
34	20890	10476	10413	919	753	167	19110	9299	9812
35-39	**113952**	**56033**	**57920**	**3238**	**2793**	**445**	**105654**	**50787**	**54867**
35	22309	11017	11292	848	716	132	20566	9859	10707
36	24365	11937	12428	794	680	114	22564	10804	11760
37	22642	11109	11533	565	496	68	21041	10085	10956
38	24756	12141	12615	587	509	78	23037	11101	11936
39	19880	9829	10051	445	392	53	18447	8939	9508

2-32 续表 1 continued

单位：人 (person)

年 龄 Age	15岁及以上人口 Population Aged 15 and Over	男 Male	女 Female	未 婚 Never Married	男 Male	女 Female	初婚有配偶 First Married	男 Male	女 Female
40-44	**115781**	**57276**	**58505**	**1944**	**1739**	**205**	**107181**	**52426**	**54755**
40	23400	11575	11825	485	428	58	21613	10548	11066
41	22941	11337	11605	431	396	35	21305	10378	10928
42	22840	11367	11473	373	333	40	21132	10364	10768
43	26636	13277	13359	388	345	43	24610	12175	12434
44	19964	9720	10244	268	237	30	18521	8962	9559
45-49	**76496**	**38248**	**38247**	**1108**	**1010**	**98**	**70267**	**34910**	**35357**
45	11540	5641	5899	146	127	20	10661	5175	5486
46	14466	7364	7102	214	192	22	13357	6758	6599
47	17441	8817	8625	264	245	19	15963	8008	7954
48	13325	6550	6775	193	175	18	12234	5959	6275
49	19723	9876	9847	291	271	19	18051	9009	9043
50-54	**90607**	**45643**	**44964**	**1373**	**1292**	**81**	**82054**	**41265**	**40789**
50	18166	9142	9024	268	253	14	16543	8302	8240
51	18702	9334	9369	277	259	18	17095	8509	8587
52	18942	9544	9398	277	253	24	17165	8638	8527
53	17301	8783	8518	268	256	11	15615	7922	7693
54	17496	8840	8656	283	270	13	15636	7894	7742
55-59	**68277**	**34539**	**33737**	**1082**	**1016**	**66**	**59958**	**30706**	**29252**
55	14777	7278	7499	237	221	15	13142	6509	6633
56	14636	7518	7117	238	225	13	12913	6680	6234
57	14285	7286	6999	249	238	11	12553	6482	6071
58	12322	6170	6152	183	169	15	10737	5463	5274
59	12257	6287	5970	174	163	11	10612	5573	5040
60-64	**48886**	**24947**	**23939**	**793**	**759**	**35**	**40437**	**21400**	**19037**
60	11412	5789	5623	184	176	8	9641	5038	4603
61	9884	5039	4845	168	160	8	8285	4382	3902
62	9793	5086	4707	179	173	6	8113	4359	3754
63	8997	4584	4413	132	124	8	7289	3870	3420
64	8800	4449	4351	131	126	5	7109	3751	3358
65+	**109695**	**53058**	**56637**	**1358**	**1254**	**104**	**67073**	**38617**	**28456**

2-32 续表 2 continued

单位：人 (person)

年 龄 Age	再婚有配偶 Re-married	男 Male	女 Female	离 婚 Divorced	男 Male	女 Female	丧 偶 Widowed	男 Male	女 Female
总计 Total	**18083**	**8374**	**9710**	**10199**	**6199**	**3999**	**56962**	**17635**	**39327**
15-19	**85**	**74**	**11**	**61**	**41**	**21**	**16**	**10**	**6**
15	11	11		8	5	4			
16	20	20	1	12	9	2	2	2	
17	20	19	1	16	13	4	8	4	3
18	13	10	3	13	9	4	5	4	1
19	21	15	6	12	5	7	2		1
20-24	**198**	**64**	**134**	**182**	**81**	**101**	**33**	**11**	**22**
20	21	12	9	16	4	11	4	2	1
21	21	6	15	16	5	11	8	1	7
22	38	8	30	36	19	17	5	2	3
23	47	16	31	46	21	25	5	2	3
24	71	23	48	68	31	36	11	3	7
25-29	**604**	**247**	**358**	**606**	**331**	**275**	**115**	**47**	**68**
25	72	23	49	77	37	39	18	11	7
26	85	30	55	95	48	47	19	5	14
27	133	56	77	136	81	55	27	11	16
28	154	65	89	127	67	60	15	4	11
29	161	73	87	171	98	73	37	16	21
30-34	**1474**	**575**	**899**	**1362**	**804**	**557**	**334**	**153**	**181**
30	214	75	139	202	111	91	55	28	28
31	243	95	148	249	151	98	49	21	28
32	296	111	185	246	151	95	66	27	39
33	301	124	177	317	178	139	73	36	37
34	420	170	250	348	213	135	92	42	50
35-39	**2510**	**1053**	**1458**	**1786**	**1110**	**676**	**763**	**290**	**473**
35	436	183	253	341	218	123	118	41	77
36	515	203	311	349	200	148	144	50	95
37	501	219	282	374	238	136	162	71	90
38	552	227	325	399	235	164	181	68	113
39	506	220	286	324	219	105	158	59	99

2-32 续表 3 continued

单位：人 (person)

年 龄 Age	再婚有配偶 Re-married	男 Male	女 Female	离 婚 Divorced	男 Male	女 Female	丧 偶 Widowed	男 Male	女 Female
40-44	**3056**	**1305**	**1750**	**2138**	**1279**	**859**	**1462**	**526**	**935**
40	604	246	357	450	262	188	248	91	157
41	577	239	338	377	232	145	252	92	160
42	622	290	332	423	261	162	290	120	170
43	722	315	407	540	324	217	376	118	258
44	532	216	316	348	200	147	296	105	191
45-49	**2038**	**950**	**1089**	**1321**	**790**	**531**	**1762**	**589**	**1173**
45	320	145	175	226	129	97	187	66	121
46	378	178	201	266	162	104	250	74	177
47	484	229	255	291	178	114	439	157	282
48	334	162	172	256	155	101	309	100	209
49	523	237	286	281	166	115	577	193	384
50-54	**2364**	**1087**	**1277**	**1156**	**715**	**441**	**3660**	**1283**	**2377**
50	494	227	267	271	163	108	591	196	395
51	443	205	238	257	156	101	630	204	425
52	479	227	252	249	156	92	771	269	502
53	460	207	253	185	119	66	772	278	494
54	487	220	267	195	121	74	895	335	561
55-59	**1810**	**829**	**981**	**619**	**395**	**224**	**4808**	**1594**	**3214**
55	369	181	188	147	86	61	882	281	602
56	400	185	215	168	111	57	916	317	599
57	391	175	217	124	79	45	967	313	654
58	299	121	178	91	57	34	1011	360	651
59	352	168	184	88	61	27	1031	323	708
60-64	**1288**	**648**	**641**	**424**	**298**	**126**	**5943**	**1842**	**4101**
60	317	163	154	108	69	39	1162	343	819
61	252	120	132	101	75	26	1078	301	777
62	257	115	142	84	63	21	1161	377	784
63	245	120	125	68	50	18	1263	421	843
64	218	130	88	63	41	22	1279	401	878
65+	**2655**	**1542**	**1113**	**544**	**356**	**188**	**38065**	**11289**	**26776**

2-33 全国城市15岁及以上人口分年龄、性别的婚姻状况

City Population Aged 15 and Over by Age, Sex and Marital Status

单位：人 (person)

年龄 Age	15岁及以上人口 Population Aged 15 and Over	男 Male	女 Female	未婚 Never Married	男 Male	女 Female	初婚有配偶 First Married	男 Male	女 Female
总计 Total	**251103**	**123514**	**127589**	**53288**	**28655**	**24634**	**178023**	**87977**	**90046**
15-19	**22861**	**11533**	**11328**	**22545**	**11390**	**11155**	**291**	**127**	**164**
15	3377	1787	1590	3361	1774	1587	12	10	1
16	4333	2196	2138	4304	2180	2124	26	13	13
17	4595	2353	2242	4524	2315	2209	62	30	32
18	5052	2481	2571	4997	2456	2541	50	23	27
19	5503	2716	2787	5358	2663	2695	142	51	91
20-24	**23948**	**11432**	**12517**	**19558**	**10046**	**9512**	**4328**	**1358**	**2970**
20	5228	2641	2587	5009	2591	2419	215	47	168
21	4364	2140	2224	4017	2051	1966	343	86	257
22	4384	2038	2346	3668	1839	1829	704	193	511
23	4611	2096	2515	3463	1766	1698	1131	326	805
24	5361	2517	2845	3400	1800	1600	1936	706	1230
25-29	**23080**	**10953**	**12127**	**7159**	**4379**	**2781**	**15651**	**6458**	**9193**
25	4559	2111	2448	2271	1265	1006	2254	830	1424
26	4548	2159	2389	1840	1143	697	2672	1004	1668
27	4800	2265	2535	1303	797	505	3440	1441	1999
28	4785	2269	2516	1048	678	370	3673	1564	2110
29	4389	2150	2239	698	495	202	3611	1619	1993
30-34	**27250**	**13449**	**13801**	**2112**	**1473**	**639**	**24292**	**11609**	**12683**
30	5139	2463	2675	595	415	181	4420	1999	2421
31	5015	2419	2596	474	325	149	4399	2034	2365
32	5395	2667	2729	384	263	122	4878	2347	2532
33	5792	2863	2929	350	256	95	5230	2516	2714
34	5908	3037	2872	308	216	92	5364	2712	2652
35-39	**29409**	**14586**	**14823**	**863**	**600**	**263**	**27086**	**13365**	**13721**
35	6183	2984	3199	242	159	83	5671	2711	2960
36	6524	3228	3296	223	154	69	6024	2969	3055
37	5911	2975	2936	149	111	38	5432	2714	2717
38	6234	3127	3107	149	102	47	5772	2899	2873
39	4557	2271	2286	101	74	26	4188	2072	2116

2-33 续表 1 continued

单位：人 (person)

年 龄 Age	15岁及以上人口 Population Aged 15 and Over	男 Male	女 Female	未 婚 Never Married	男 Male	女 Female	初婚有配偶 First Married	男 Male	女 Female
40-44	**29295**	**14867**	**14427**	**407**	**301**	**106**	**26696**	**13597**	**13099**
40	5412	2685	2727	82	56	26	4951	2474	2477
41	5757	2838	2919	75	57	18	5312	2632	2679
42	5951	3126	2825	94	75	19	5409	2830	2579
43	7152	3729	3422	94	69	25	6469	3393	3076
44	5024	2489	2534	63	45	18	4556	2268	2288
45-49	**20869**	**10460**	**10409**	**201**	**151**	**50**	**18914**	**9524**	**9389**
45	3181	1589	1592	28	18	10	2893	1456	1437
46	4169	2153	2016	54	40	14	3763	1945	1818
47	4654	2347	2307	40	34	6	4221	2121	2099
48	3764	1851	1913	34	27	7	3405	1680	1726
49	5101	2521	2581	45	33	12	4631	2323	2309
50-54	**21577**	**10710**	**10867**	**173**	**135**	**38**	**19580**	**9866**	**9714**
50	4542	2317	2225	30	25	5	4130	2126	2004
51	4575	2210	2365	39	28	11	4165	2041	2124
52	4538	2260	2278	37	25	11	4109	2086	2023
53	4014	2012	2002	32	28	5	3642	1855	1787
54	3908	1910	1998	34	28	6	3535	1759	1776
55-59	**15613**	**7639**	**7974**	**109**	**70**	**39**	**14063**	**7084**	**6979**
55	3493	1652	1841	22	15	7	3150	1529	1621
56	3373	1712	1661	23	17	6	3067	1596	1471
57	3333	1633	1700	30	18	11	2992	1508	1484
58	2690	1288	1402	19	9	9	2427	1197	1229
59	2724	1354	1371	16	11	5	2427	1253	1174
60-64	**10859**	**5253**	**5606**	**58**	**37**	**21**	**9312**	**4752**	**4560**
60	2590	1311	1279	18	14	4	2251	1176	1076
61	2140	1014	1127	10	6	3	1858	927	932
62	2135	1000	1134	14	9	5	1835	912	924
63	1903	928	976	8	2	6	1590	834	756
64	2090	1000	1091	8	5	3	1776	903	873
65+	**26343**	**12633**	**13710**	**103**	**73**	**30**	**17809**	**10236**	**7573**

2-33 续表 2 continued

单位：人 (person)

年 龄 Age	再婚有配偶 Re-married	男 Male	女 Female	离 婚 Divorced	男 Male	女 Female	丧 偶 Widowed	男 Male	女 Female
总计 Total	**4106**	**2134**	**1972**	**4622**	**2196**	**2426**	**11064**	**2552**	**8511**
15-19	**15**	**12**	**3**	**8**	**4**	**3**	**2**		**2**
15	1	1		2	1	2			
16	3	2	1						
17	6	5		3	3		1		1
18	3	2	2	1		1			
19	2	2		1		1			
20-24	**25**	**13**	**12**	**34**	**13**	**20**	**2**		**2**
20	2	2		1	1				
21	2	2		2	1	1			
22	5	3	2	6	3	3			
23	10	2	8	7	2	5			
24	6	4	3	18	7	11	1		1
25-29	**87**	**40**	**47**	**160**	**71**	**89**	**23**	**6**	**17**
25	8	4	4	24	9	15	2	2	
26	13	1	12	18	10	8	4	1	3
27	21	11	10	28	13	14	9	1	7
28	21	10	10	41	17	25	2		2
29	25	13	12	48	21	27	6	2	5
30-34	**273**	**119**	**154**	**520**	**234**	**286**	**53**	**14**	**39**
30	37	12	25	79	34	45	8	4	4
31	40	18	23	95	42	52	7		7
32	47	23	24	77	34	43	8		7
33	67	28	39	130	58	72	15	5	10
34	82	39	43	139	66	73	16	5	11
35-39	**549**	**235**	**313**	**774**	**356**	**418**	**137**	**28**	**108**
35	108	47	61	139	64	75	23	3	19
36	110	43	67	139	57	83	28	5	23
37	117	53	64	179	91	88	35	6	29
38	117	54	63	169	66	102	28	7	21
39	98	40	58	147	77	70	23	7	16

2-33 续表 3 continued

单位：人 (person)

年 龄 Age	再婚有配偶 Re-married	男 Male	女 Female	离 婚 Divorced	男 Male	女 Female	丧 偶 Widowed	男 Male	女 Female
40-44	**808**	**391**	**417**	**1119**	**520**	**600**	**264**	**58**	**206**
40	130	57	73	206	87	119	43	11	32
41	144	61	83	186	81	106	41	8	33
42	168	95	74	230	114	117	49	13	37
43	213	105	108	303	150	153	73	13	60
44	153	73	80	193	89	105	58	14	44
45-49	**571**	**317**	**254**	**806**	**394**	**412**	**377**	**74**	**303**
45	95	48	47	132	61	70	33	5	27
46	130	72	58	168	84	84	54	12	42
47	122	76	46	181	95	86	90	21	69
48	103	55	47	156	72	84	67	17	49
49	121	65	56	170	81	88	134	19	116
50-54	**553**	**283**	**270**	**587**	**292**	**296**	**683**	**134**	**549**
50	128	62	65	151	79	73	103	25	78
51	108	52	55	150	69	80	113	20	93
52	118	60	58	113	54	59	162	35	127
53	86	52	34	92	49	44	162	29	133
54	114	57	58	81	41	40	143	25	118
55-59	**352**	**175**	**177**	**284**	**132**	**152**	**805**	**178**	**627**
55	83	45	38	86	38	48	151	25	126
56	74	35	39	61	28	33	147	36	111
57	85	38	48	63	31	32	163	38	125
58	51	25	26	34	14	20	160	43	117
59	58	32	26	40	22	18	184	36	148
60-64	**269**	**144**	**125**	**166**	**97**	**69**	**1054**	**223**	**831**
60	64	45	19	48	30	18	210	47	162
61	50	22	28	37	25	12	186	34	152
62	50	21	29	32	19	13	202	40	163
63	56	27	29	23	11	12	226	53	173
64	49	30	20	27	13	13	230	48	181
65+	**602**	**404**	**198**	**165**	**83**	**82**	**7664**	**1837**	**5827**

2-34 全国镇15岁及以上人口分年龄、性别的婚姻状况

Town Population Aged 15 and Over by Age, Sex and Marital Status

单位：人 (person)

年龄 Age	15岁及以上人口 Population Aged 15 and Over	男 Male	女 Female	未婚 Never Married	男 Male	女 Female	初婚有配偶 First Married	男 Male	女 Female
总计 Total	**185909**	**92763**	**93146**	**34657**	**20405**	**14252**	**135933**	**66838**	**69095**
15-19	**20737**	**11379**	**9358**	**20428**	**11242**	**9185**	**285**	**116**	**168**
15	3882	2060	1822	3863	2043	1820	15	13	2
16	4838	2727	2112	4805	2701	2105	26	20	6
17	4483	2430	2052	4445	2407	2038	32	18	14
18	3921	2168	1753	3862	2143	1719	54	20	34
19	3614	1994	1619	3452	1948	1504	157	46	112
20-24	**13875**	**6871**	**7004**	**9181**	**5285**	**3896**	**4646**	**1569**	**3077**
20	2920	1497	1422	2615	1439	1176	297	53	244
21	2523	1273	1249	2052	1168	885	465	105	360
22	2602	1265	1337	1741	1011	730	854	253	601
23	2620	1274	1346	1397	827	570	1212	442	770
24	3211	1562	1649	1375	841	535	1819	716	1102
25-29	**14776**	**7081**	**7695**	**2670**	**1834**	**836**	**11854**	**5128**	**6727**
25	2834	1326	1508	939	601	339	1865	714	1151
26	2795	1341	1454	622	443	179	2139	885	1254
27	3217	1570	1647	508	351	156	2643	1184	1459
28	3007	1439	1568	346	253	92	2617	1162	1454
29	2923	1405	1518	255	186	69	2590	1182	1408
30-34	**19151**	**9371**	**9779**	**837**	**664**	**173**	**17646**	**8393**	**9254**
30	3395	1658	1737	237	180	56	3073	1434	1639
31	3520	1700	1820	184	144	40	3205	1500	1705
32	3818	1923	1894	169	131	38	3500	1725	1775
33	4094	1947	2147	137	113	24	3830	1771	2059
34	4324	2143	2181	111	96	15	4038	1962	2075
35-39	**23248**	**11593**	**11655**	**459**	**400**	**59**	**21795**	**10698**	**11097**
35	4548	2286	2262	125	109	16	4253	2084	2169
36	4980	2521	2459	121	108	13	4664	2312	2352
37	4714	2312	2401	80	69	11	4441	2149	2292
38	4954	2425	2529	74	65	8	4653	2249	2404
39	4052	2048	2004	60	48	11	3784	1904	1880

2-34 续表 1 continued

单位：人 (person)

年龄 Age	15岁及以上人口 Population Aged 15 and Over	男 Male	女 Female	未婚 Never Married	男 Male	女 Female	初婚有配偶 First Married	男 Male	女 Female
40-44	**23210**	**11397**	**11813**	**275**	**247**	**27**	**21722**	**10594**	**11128**
40	4684	2305	2379	73	69	4	4378	2132	2246
41	4568	2265	2303	63	55	8	4283	2094	2190
42	4681	2282	2400	55	48	7	4361	2110	2251
43	5373	2633	2740	57	53	5	5014	2451	2563
44	3904	1913	1990	26	23	4	3685	1807	1878
45-49	**14285**	**7129**	**7157**	**156**	**139**	**17**	**13246**	**6600**	**6646**
45	2117	1066	1051	15	15	1	1974	992	982
46	2807	1438	1369	34	30	4	2614	1339	1275
47	3325	1635	1690	41	32	9	3057	1506	1551
48	2407	1180	1226	30	28	2	2236	1085	1151
49	3630	1808	1821	36	35	2	3365	1678	1687
50-54	**16650**	**8351**	**8299**	**189**	**173**	**17**	**15130**	**7644**	**7486**
50	3314	1717	1598	41	39	2	3022	1585	1437
51	3431	1696	1735	29	29		3140	1556	1584
52	3513	1748	1765	48	39	8	3201	1593	1608
53	3209	1604	1604	36	33	3	2899	1470	1429
54	3183	1586	1597	36	32	4	2868	1440	1428
55-59	**12156**	**6136**	**6020**	**145**	**137**	**7**	**10681**	**5514**	**5168**
55	2648	1282	1366	31	29	2	2384	1175	1209
56	2630	1346	1283	37	33	4	2292	1182	1110
57	2514	1270	1243	29	29		2198	1157	1041
58	2171	1082	1089	22	22		1895	974	920
59	2194	1155	1038	26	25	2	1913	1026	887
60-64	**8790**	**4432**	**4359**	**93**	**90**	**3**	**7354**	**3905**	**3449**
60	2035	1022	1013	23	23		1719	892	827
61	1804	883	921	20	20	1	1490	781	709
62	1763	924	839	19	19		1498	830	668
63	1640	813	827	13	13	1	1364	715	649
64	1549	790	759	17	16	1	1284	687	596
65+	**19030**	**9023**	**10007**	**224**	**193**	**31**	**11573**	**6677**	**4895**

2-34 续表 2 continued

单位：人 (person)

年 龄 Age	再婚有配偶 Re-married	男 Male	女 Female	离 婚 Divorced	男 Male	女 Female	丧 偶 Widowed	男 Male	女 Female
总计 Total	**3535**	**1732**	**1803**	**1789**	**1053**	**736**	**9995**	**2735**	**7260**
15-19	**11**	**9**	**2**	**9**	**8**	**2**	**4**	**4**	
15	4	4							
16	1	1		4	3	1	1	1	
17	2	2		2	2		1	1	
18	1	1		2	2		2	2	
19	3	1	2	1					
20-24	**23**	**8**	**15**	**19**	**7**	**12**	**6**	**3**	**4**
20	3	2	1	2	1	1	2	2	
21	1		1	1		1	3	1	3
22	3		3	4	1	3			
23	5	2	3	5	3	2	1		1
24	10	4	6	7	1	5			
25-29	**114**	**50**	**64**	**118**	**64**	**53**	**20**	**5**	**15**
25	14	4	9	10	5	4	6	1	4
26	15	5	11	17	8	9	1		1
27	26	12	14	37	21	16	4	2	2
28	20	11	9	19	11	8	5	1	4
29	40	19	21	35	19	16	4		4
30-34	**299**	**125**	**174**	**310**	**170**	**140**	**58**	**20**	**38**
30	38	17	21	41	25	16	6	2	4
31	64	24	40	59	28	32	8	4	4
32	75	26	49	55	33	22	18	7	11
33	42	21	21	73	38	35	12	4	8
34	81	37	44	81	46	35	14	2	12
35-39	**487**	**229**	**258**	**361**	**217**	**144**	**145**	**48**	**98**
35	69	36	33	69	40	28	32	15	17
36	92	48	44	77	45	33	25	8	17
37	99	45	54	66	37	29	28	12	16
38	113	52	61	84	53	31	30	6	25
39	115	47	67	64	42	23	30	7	23

2-34 续表 3 continued

单位：人 (person)

年 龄 Age	再婚有配偶 Re-married	男 Male	女 Female	离 婚 Divorced	男 Male	女 Female	丧 偶 Widowed	男 Male	女 Female
40-44	**594**	**290**	**304**	**356**	**205**	**151**	**264**	**62**	**202**
40	101	48	53	81	44	36	51	11	40
41	111	57	54	63	44	19	48	16	32
42	141	70	70	66	40	25	59	13	47
43	146	74	71	87	42	45	69	12	57
44	96	39	56	59	34	25	37	10	27
45-49	**411**	**192**	**219**	**186**	**119**	**67**	**287**	**80**	**207**
45	57	27	30	39	24	15	32	9	23
46	74	36	38	33	21	12	52	12	40
47	112	44	67	45	29	16	71	24	46
48	67	37	30	32	23	9	41	8	34
49	101	48	53	37	21	16	91	27	64
50-54	**474**	**222**	**252**	**172**	**101**	**71**	**685**	**212**	**473**
50	86	39	47	40	21	19	124	32	93
51	104	54	50	34	21	13	125	37	87
52	97	45	52	37	26	11	130	45	85
53	108	43	65	33	19	14	133	39	94
54	78	41	37	28	14	14	173	59	114
55-59	**369**	**176**	**193**	**104**	**69**	**35**	**857**	**240**	**617**
55	61	29	32	18	11	7	153	37	116
56	75	43	32	45	34	11	182	55	126
57	95	39	56	13	8	6	179	38	140
58	65	24	41	19	11	8	171	51	120
59	73	41	32	8	5	3	173	59	114
60-64	**231**	**117**	**114**	**69**	**43**	**26**	**1043**	**276**	**767**
60	56	31	26	25	14	11	212	62	149
61	61	27	34	15	9	6	218	46	171
62	47	22	25	12	8	4	187	46	141
63	40	18	22	8	5	3	215	62	153
64	27	20	7	9	7	2	212	60	152
65+	**522**	**314**	**208**	**86**	**51**	**35**	**6626**	**1787**	**4839**

2-35 全国乡村15岁及以上人口分年龄、性别的婚姻状况

Rural Population Aged 15 and Over by Age, Sex and Marital Status

单位：人 (person)

年龄 Age	15岁及以上人口 Population Aged 15 and Over	男 Male	女 Female	未婚 Never Married	男 Male	女 Female	初婚有配偶 First Married	男 Male	女 Female
总计 Total	**535373**	**267906**	**267467**	**100614**	**60448**	**40166**	**384627**	**187653**	**196974**
15-19	**61426**	**32569**	**28856**	**60140**	**32045**	**28095**	**1173**	**436**	**736**
15	12678	6785	5893	12616	6740	5876	51	36	15
16	15353	8133	7220	15213	8046	7166	116	64	52
17	12709	6771	5938	12511	6673	5837	170	75	94
18	10793	5681	5112	10468	5559	4909	303	106	197
19	9893	5199	4694	9333	5027	4306	533	156	378
20-24	**38337**	**18969**	**19369**	**23648**	**14044**	**9604**	**14386**	**4812**	**9574**
20	8438	4257	4181	7227	3985	3242	1182	262	920
21	7250	3682	3568	5426	3257	2169	1788	416	1372
22	7302	3530	3771	4472	2649	1823	2769	860	1909
23	7221	3547	3674	3508	2206	1302	3643	1312	2331
24	8127	3952	4175	3015	1947	1068	5004	1963	3042
25-29	**36253**	**17834**	**18419**	**6620**	**4851**	**1769**	**28829**	**12594**	**16235**
25	7299	3549	3750	2096	1431	665	5098	2073	3025
26	7027	3479	3547	1582	1132	450	5315	2289	3026
27	7362	3635	3727	1223	904	319	5967	2644	3322
28	7549	3719	3830	998	797	200	6364	2836	3528
29	7017	3452	3565	721	587	134	6086	2752	3334
30-34	**46998**	**22999**	**24000**	**2765**	**2393**	**372**	**42576**	**19755**	**22821**
30	8359	4157	4202	658	554	104	7438	3483	3955
31	8220	4030	4190	565	480	85	7388	3400	3989
32	9602	4568	5034	561	490	70	8714	3913	4801
33	10160	4947	5213	481	427	54	9327	4335	4992
34	10657	5296	5360	500	441	59	9708	4625	5084
35-39	**61295**	**29854**	**31441**	**1915**	**1792**	**123**	**56773**	**26723**	**30049**
35	11578	5747	5831	481	448	33	10642	5064	5579
36	12861	6188	6673	449	417	32	11875	5522	6353
37	12018	5822	6196	336	316	20	11168	5221	5947
38	13568	6588	6980	365	342	22	12612	5953	6659
39	11270	5510	5761	285	269	16	10475	4963	5511

2-35 续表 1 continued

单位：人 (person)

年 龄 Age	15岁及以上人口 Population Aged 15 and Over	男 Male	女 Female	未 婚 Never Married	男 Male	女 Female	初婚有配偶 First Married	男 Male	女 Female
40-44	**63276**	**31011**	**32265**	**1263**	**1190**	**73**	**58763**	**28235**	**30528**
40	13304	6585	6719	330	303	28	12284	5942	6343
41	12616	6234	6383	293	285	8	11710	5652	6058
42	12207	5959	6248	225	210	15	11362	5424	5938
43	14111	6915	7196	237	223	13	13127	6332	6796
44	11037	5317	5719	178	170	9	10280	4886	5394
45-49	**41341**	**20659**	**20681**	**751**	**720**	**31**	**38107**	**18786**	**19321**
45	6242	2986	3256	103	94	9	5794	2727	3066
46	7490	3773	3717	126	122	4	6980	3475	3505
47	9463	4835	4628	184	180	4	8685	4381	4304
48	7155	3519	3636	129	120	9	6592	3194	3398
49	10992	5547	5445	210	204	6	10056	5008	5047
50-54	**52380**	**26582**	**25798**	**1010**	**985**	**26**	**47343**	**23755**	**23588**
50	10310	5108	5202	196	189	7	9391	4592	4799
51	10697	5427	5269	209	202	6	9790	4913	4878
52	10891	5536	5355	193	188	5	9856	4959	4897
53	10077	5166	4911	199	195	4	9073	4597	4477
54	10405	5344	5061	213	210	3	9233	4695	4538
55-59	**40508**	**20764**	**19744**	**828**	**808**	**20**	**35213**	**18108**	**17105**
55	8636	4344	4293	184	178	6	7607	3804	3803
56	8633	4460	4173	178	175	3	7554	3902	3652
57	8438	4382	4056	191	190		7363	3817	3546
58	7461	3800	3661	143	138	5	6416	3291	3125
59	7339	3778	3561	132	127	5	6272	3294	2978
60-64	**29237**	**15263**	**13974**	**643**	**632**	**11**	**23771**	**12743**	**11028**
60	6787	3455	3331	143	139	4	5671	2970	2701
61	5940	3142	2798	138	134	4	4936	2675	2261
62	5896	3162	2734	146	145		4780	2617	2162
63	5454	2844	2610	111	109	2	4335	2320	2016
64	5160	2659	2501	105	105		4049	2161	1889
65+	**64322**	**31402**	**32920**	**1030**	**988**	**43**	**37691**	**21704**	**15988**

2-35 续表 2 continued

单位：人 (person)

年　龄 Age	再婚有配偶 Re-married	男 Male	女 Female	离　婚 Divorced	男 Male	女 Female	丧　偶 Widowed	男 Male	女 Female
总计 Total	**10442**	**4507**	**5935**	**3787**	**2950**	**837**	**35903**	**12348**	**23555**
15-19	**58**	**53**	**5**	**45**	**29**	**16**	**11**	**7**	**4**
15	6	6		6	4	2			
16	16	16		7	6	1	1	1	
17	12	11		11	8	4	6	4	2
18	9	7	2	11	7	3	3	2	1
19	15	12	3	10	4	5	2		1
20-24	**150**	**44**	**106**	**129**	**61**	**68**	**25**	**8**	**17**
20	15	8	7	12	2	10	1		1
21	17	3	14	13	4	9	5	1	4
22	31	5	26	26	15	11	5	2	3
23	32	12	20	34	16	18	4	2	2
24	55	16	39	43	23	20	10	3	6
25-29	**403**	**156**	**246**	**328**	**195**	**133**	**73**	**37**	**36**
25	50	14	36	43	23	20	11	8	3
26	57	25	32	60	30	30	13	4	9
27	86	33	54	72	46	26	14	7	7
28	113	43	70	67	39	27	8	3	5
29	96	42	54	87	57	30	27	14	12
30-34	**902**	**331**	**571**	**532**	**400**	**132**	**223**	**119**	**104**
30	140	46	93	82	52	30	41	21	20
31	139	53	85	95	81	14	34	16	17
32	174	62	112	113	84	30	40	19	20
33	192	75	117	114	81	32	46	28	19
34	257	94	163	128	102	26	62	35	28
35-39	**1474**	**588**	**886**	**652**	**537**	**114**	**481**	**214**	**268**
35	259	100	159	132	113	20	64	23	41
36	313	112	201	132	99	33	91	37	54
37	285	121	165	129	110	19	99	53	45
38	323	122	201	146	115	30	123	56	67
39	294	133	161	112	100	12	105	45	60

2-35 续表 3 continued

单位：人 (person)

年　龄 Age	再婚有配偶 Re-married	男 Male	女 Female	离　婚 Divorced	男 Male	女 Female	丧　偶 Widowed	男 Male	女 Female
40-44	**1654**	**625**	**1029**	**662**	**554**	**108**	**933**	**406**	**527**
40	372	141	232	163	131	32	154	69	85
41	322	121	201	128	107	20	163	69	95
42	313	125	188	127	107	20	182	95	87
43	363	135	228	150	132	18	234	93	141
44	283	103	180	95	78	18	200	81	120
45-49	**1056**	**441**	**615**	**329**	**277**	**52**	**1097**	**435**	**663**
45	167	69	98	56	44	12	122	51	71
46	174	69	105	66	57	8	144	50	94
47	250	109	141	65	53	12	278	112	167
48	164	70	95	68	60	8	201	75	126
49	301	124	177	74	63	11	352	147	205
50-54	**1336**	**581**	**755**	**397**	**323**	**74**	**2293**	**938**	**1355**
50	280	125	155	79	63	16	364	140	224
51	232	100	132	74	66	8	392	147	245
52	264	122	142	99	76	22	479	190	290
53	267	112	155	60	52	9	478	211	267
54	294	122	172	85	66	19	579	251	329
55-59	**1089**	**478**	**611**	**231**	**194**	**37**	**3146**	**1176**	**1970**
55	225	107	118	43	37	6	578	219	359
56	251	108	143	62	50	13	587	225	362
57	211	98	113	48	40	8	626	237	389
58	182	72	111	38	33	6	681	266	415
59	220	94	126	40	34	6	675	229	446
60-64	**788**	**387**	**401**	**189**	**158**	**31**	**3846**	**1343**	**2503**
60	197	88	109	35	25	10	741	233	508
61	142	72	70	50	42	8	674	220	454
62	160	72	88	40	37	4	771	291	480
63	148	75	73	37	34	3	823	306	517
64	141	80	61	27	21	7	837	293	544
65+	**1531**	**823**	**708**	**293**	**222**	**71**	**23776**	**7665**	**16110**

2-36 各地区分性别、婚姻状况的人口

Population by Sex, Marital Status and Region

单位：人 (person)

地 区	Region	15岁及以上人口 Population Aged 15 and Over	男 Male	女 Female	未 婚 Never Married	男 Male	女 Female	初婚有配偶 First Married	男 Male	女 Female
全 国	**National Total**	**972385**	**484183**	**488202**	**188559**	**109508**	**79051**	**698582**	**342467**	**356115**
北 京	Beijing	12868	6315	6554	3063	1601	1463	8830	4367	4463
天 津	Tianjin	8522	4161	4362	1640	837	803	6189	3084	3105
河 北	Hebei	53091	26512	26580	10540	5987	4554	38351	18897	19454
山 西	Shanxi	24918	12508	12410	4948	2787	2161	18093	8983	9110
内蒙古	Inner Mongolia	18581	9409	9172	3266	1875	1390	13804	6923	6881
辽 宁	Liaoning	34316	17213	17103	5825	3400	2425	25157	12480	12677
吉 林	Jilin	21931	11019	10912	3854	2192	1663	15894	7919	7975
黑龙江	Heilongjiang	30532	15380	15152	4863	2839	2024	22655	11296	11359
上 海	Shanghai	15187	7500	7687	3001	1662	1339	10692	5336	5356
江 苏	jiangsu	59074	28009	31065	9397	5195	4202	44480	21094	23386
浙 江	Zhejiang	38697	19269	19428	6696	3805	2891	28884	14396	14488
安 徽	Anhui	44746	22133	22613	8382	4947	3435	32407	15719	16688
福 建	Fujian	26959	13349	13610	5796	3244	2552	18898	9337	9562
江 西	Jiangxi	30243	14922	15321	4934	2993	1941	22711	11035	11677
山 东	Shandong	72821	36145	36676	13829	7951	5877	53246	26097	27150
河 南	Henan	68956	33827	35129	13731	7732	5999	50143	24180	25963
湖 北	Hubei	44059	21943	22116	7883	4680	3202	31729	15497	16232
湖 南	Hunan	48207	24084	24123	8628	5145	3483	35001	17173	17827
广 东	Guangdong	68166	34362	33804	19653	10955	8699	44719	22201	22518
广 西	Guangxi	33682	17338	16343	7904	5002	2902	23030	11306	11724
海 南	Hainan	5987	3079	2908	1538	950	588	4026	1988	2038
重 庆	Chongqing	20946	10366	10580	3266	1910	1356	15346	7515	7831
四 川	Sichuan	61143	30537	30606	10002	6320	3682	44255	21512	22744
贵 州	Guizhou	25207	12812	12396	4955	3020	1935	17837	8783	9054
云 南	Yunnan	31972	16349	15623	6292	3981	2312	22802	11271	11531
西 藏	Tibet	1944	945	999	630	348	282	1091	530	561
陕 西	Shaanxi	28183	13888	14295	5358	3052	2306	20352	9852	10500
甘 肃	Gansu	18859	9377	9481	3950	2307	1643	13323	6464	6859
青 海	Qinghai	3908	1970	1938	705	417	287	2793	1393	1401
宁 夏	Ningxia	4203	2121	2082	827	483	344	3079	1524	1555
新 疆	Xinjiang	14475	7340	7135	3202	1891	1311	8764	4317	4447

2-36 续表 continued

单位：人 (person)

地区	Region	再婚有配偶 Re-married	男 Male	女 Female	离婚 Divorced	男 Male	女 Female	丧偶 Widowed	男 Male	女 Female
全国	**National Total**	**18083**	**8374**	**9710**	**10199**	**6199**	**3999**	**56962**	**17635**	**39327**
北京	Beijing	201	100	101	198	92	106	576	154	421
天津	Tianjin	114	49	65	121	62	59	458	129	330
河北	Hebei	1103	466	637	307	217	91	2790	945	1845
山西	Shanxi	512	216	296	225	171	55	1139	351	788
内蒙古	Inner Mongolia	420	188	232	203	130	73	889	293	596
辽宁	Liaoning	716	346	370	725	385	340	1893	602	1291
吉林	Jilin	570	274	297	467	271	196	1146	363	782
黑龙江	Heilongjiang	807	394	413	643	378	266	1564	473	1091
上海	Shanghai	283	135	148	317	163	154	894	204	690
江苏	jiangsu	820	334	486	509	299	209	3869	1088	2781
浙江	Zhejiang	687	288	399	403	246	157	2027	534	1493
安徽	Anhui	674	283	391	336	246	90	2948	938	2009
福建	Fujian	377	180	197	243	155	88	1646	434	1211
江西	Jiangxi	473	225	248	236	158	78	1889	512	1378
山东	Shandong	1147	484	663	446	307	139	4153	1306	2847
河南	Henan	842	358	484	400	282	118	3839	1275	2564
湖北	Hubei	1003	486	517	478	294	184	2967	987	1980
湖南	Hunan	919	445	474	525	326	199	3135	995	2140
广东	Guangdong	520	276	244	375	211	164	2899	720	2180
广西	Guangxi	401	176	225	229	163	66	2116	690	1426
海南	Hainan	62	33	29	46	31	16	314	77	238
重庆	Chongqing	540	245	295	296	178	118	1498	518	980
四川	Sichuan	1504	656	849	765	451	314	4617	1599	3018
贵州	Guizhou	516	273	242	254	169	85	1646	566	1079
云南	Yunnan	633	311	322	368	203	165	1878	584	1294
西藏	Tibet	8	4	3	51	14	37	164	48	116
陕西	Shaanxi	475	215	260	256	182	73	1742	588	1155
甘肃	Gansu	208	101	107	186	126	60	1192	379	812
青海	Qinghai	106	55	51	83	41	42	221	64	156
宁夏	Ningxia	76	40	36	42	24	18	179	50	129
新疆	Xinjiang	1367	738	629	467	225	241	675	169	507

2-37 各地区城市分性别、婚姻状况的人口

City Population by Sex, Marital Status and Region

单位：人 (person)

地 区	Region	15岁及以上人口 Population Aged 15 and Over	男 Male	女 Female	未 婚 Never Married	男 Male	女 Female	初婚有配偶 First Married	男 Male	女 Female
全 国	**National Total**	**251103**	**123514**	**127589**	**53288**	**28655**	**24634**	**178023**	**87977**	**90046**
北 京	Beijing	10208	4963	5245	2538	1295	1244	6963	3436	3527
天 津	Tianjin	5608	2693	2916	1155	559	596	3982	1979	2004
河 北	Hebei	9875	4878	4998	1774	982	792	7352	3633	3719
山 西	Shanxi	6066	2951	3115	1257	612	645	4457	2209	2248
内蒙古	Inner Mongolia	4988	2456	2532	885	452	433	3680	1847	1833
辽 宁	Liaoning	15760	7788	7972	2759	1557	1202	11313	5587	5726
吉 林	Jilin	8459	4168	4291	1642	873	769	5896	2935	2961
黑龙江	Heilongjiang	11536	5715	5820	1875	1062	812	8376	4181	4195
上 海	Shanghai	12309	6088	6221	2638	1459	1179	8481	4233	4247
江 苏	Jiangsu	19430	9339	10091	3283	1737	1546	14736	7177	7559
浙 江	Zhejiang	10355	4951	5404	2149	1021	1128	7545	3713	3833
安 徽	Anhui	6952	3579	3373	1866	1153	714	4570	2241	2329
福 建	Fujian	6212	2993	3219	1731	881	850	4033	1979	2054
江 西	Jiangxi	4964	2490	2474	753	448	306	3855	1922	1934
山 东	Shandong	14745	7440	7305	3134	1838	1296	10706	5296	5410
河 南	Henan	11457	5613	5843	1986	1057	928	8685	4318	4368
湖 北	Hubei	11368	5565	5803	2420	1298	1122	7938	3902	4037
湖 南	Hunan	8635	4224	4411	1507	854	652	6271	3056	3215
广 东	Guangdong	28739	14047	14692	9034	4459	4575	18550	9224	9326
广 西	Guangxi	4830	2360	2470	1148	621	526	3348	1628	1719
海 南	Hainan	1231	607	623	295	160	134	865	425	439
重 庆	Chongqing	4299	2026	2273	859	388	470	2959	1455	1504
四 川	Sichuan	9617	4990	4627	2056	1398	658	6657	3262	3395
贵 州	Guizhou	2878	1399	1479	573	309	265	1990	979	1011
云 南	Yunnan	5501	2726	2775	1126	612	515	3944	1962	1982
西 藏	Tibet	272	122	150	84	42	41	164	74	89
陕 西	Shaanxi	5043	2481	2562	1103	576	527	3589	1776	1813
甘 肃	Gansu	3400	1698	1702	574	329	245	2533	1266	1267
青 海	Qinghai	1110	559	551	157	95	62	824	416	408
宁 夏	Ningxia	1109	559	551	207	123	83	813	403	409
新 疆	Xinjiang	4147	2047	2100	721	404	317	2946	1461	1485

2-37 续表 continued

单位：人 (person)

地 区	Region	再婚有配偶 Re-married	男 Male	女 Female	离 婚 Divorced	男 Male	女 Female	丧 偶 Widowed	男 Male	女 Female
全 国	**National Total**	**4106**	**2134**	**1972**	**4622**	**2196**	**2426**	**11064**	**2552**	**8511**
北 京	Beijing	115	63	51	158	60	99	433	109	324
天 津	Tianjin	51	24	27	95	45	50	325	86	239
河 北	Hebei	227	110	117	88	35	54	434	117	317
山 西	Shanxi	63	34	29	70	40	30	219	56	163
内蒙古	Inner Mongolia	118	57	61	86	46	39	219	53	166
辽 宁	Liaoning	291	158	133	520	247	273	877	239	638
吉 林	Jilin	199	105	93	299	148	151	423	107	317
黑龙江	Heilongjiang	279	143	136	357	183	173	650	146	504
上 海	Shanghai	197	96	101	278	142	136	716	158	558
江 苏	Jiangsu	221	111	111	284	138	146	905	176	729
浙 江	Zhejiang	155	75	80	141	60	80	365	82	283
安 徽	Anhui	97	51	46	100	56	44	319	79	239
福 建	Fujian	73	37	36	79	36	43	296	60	236
江 西	Jiangxi	72	34	38	69	35	34	215	52	163
山 东	Shandong	244	132	112	137	61	77	524	114	410
河 南	Henan	175	82	93	130	62	69	481	94	386
湖 北	Hubei	190	103	87	271	138	132	548	124	425
湖 南	Hunan	187	100	87	242	118	123	429	95	334
广 东	Guangdong	187	113	74	205	89	116	763	161	602
广 西	Guangxi	76	40	36	72	30	41	187	40	147
海 南	Hainan	10	7	4	11	4	7	49	10	39
重 庆	Chongqing	129	66	63	123	57	66	229	59	170
四 川	Sichuan	226	109	116	269	122	148	408	99	309
贵 州	Guizhou	89	49	40	89	40	49	137	23	114
云 南	Yunnan	93	47	47	121	52	69	216	53	163
西 藏	Tibet	1	1	1	4	1	3	19	3	16
陕 西	Shaanxi	75	40	35	69	38	31	206	50	156
甘 肃	Gansu	46	25	22	69	36	34	177	43	135
青 海	Qinghai	39	20	19	30	15	16	60	12	48
宁 夏	Ningxia	26	14	12	21	9	12	43	9	34
新 疆	Xinjiang	156	88	68	134	53	81	191	41	150

2-38 各地区镇分性别、婚姻状况的人口

Town Population by Sex, Marital Status and Region

单位：人 (person)

地区	Region	15岁及以上人口 Population Aged 15 and Over	男 Male	女 Female	未婚 Never Married	男 Male	女 Female	初婚有配偶 First Married	男 Male	女 Female
全国	**National Total**	**185909**	**92763**	**93146**	**34657**	**20405**	**14252**	**135933**	**66838**	**69095**
北京	Beijing	587	287	300	110	60	50	415	201	214
天津	Tianjin	909	447	461	147	76	71	699	347	351
河北	Hebei	10329	5143	5187	2041	1145	896	7489	3667	3823
山西	Shanxi	4668	2332	2336	890	504	386	3465	1720	1745
内蒙古	Inner Mongolia	3822	1941	1881	658	381	276	2862	1443	1420
辽宁	Liaoning	4744	2385	2359	891	516	375	3457	1722	1734
吉林	Jilin	3277	1666	1612	525	321	204	2407	1198	1210
黑龙江	Heilongjiang	4900	2453	2447	677	410	267	3702	1839	1863
上海	Shanghai	1249	626	623	174	98	76	956	483	473
江苏	Jiangsu	10485	5041	5443	1588	920	668	7982	3791	4190
浙江	Zhejiang	11543	5791	5752	2015	1173	842	8677	4338	4338
安徽	Anhui	9602	4638	4963	1476	839	637	7333	3538	3795
福建	Fujian	6735	3366	3369	1320	791	530	4875	2390	2484
江西	Jiangxi	6726	3288	3438	1069	627	443	5110	2483	2627
山东	Shandong	18180	9114	9066	3489	2046	1442	13312	6584	6728
河南	Henan	10395	5166	5229	2143	1210	934	7491	3679	3812
湖北	Hubei	7958	3901	4057	1225	693	533	6008	2951	3057
湖南	Hunan	9523	4695	4828	1655	954	701	7012	3423	3589
广东	Guangdong	14324	7619	6704	4174	2618	1556	9470	4828	4642
广西	Guangxi	7042	3667	3375	1689	1117	572	4841	2364	2477
海南	Hainan	1555	779	776	383	222	162	1071	526	545
重庆	Chongqing	5515	2703	2811	786	468	318	4145	2014	2131
四川	Sichuan	11610	5646	5964	1709	1018	691	8632	4165	4467
贵州	Guizhou	4375	2212	2163	820	489	330	3122	1546	1576
云南	Yunnan	4490	2229	2261	836	499	337	3225	1574	1650
西藏	Tibet	266	124	142	80	42	38	154	75	79
陕西	Shaanxi	5800	2876	2925	1045	585	460	4308	2111	2197
甘肃	Gansu	2557	1265	1292	532	305	227	1827	896	931
青海	Qinghai	528	264	264	79	42	37	400	201	199
宁夏	Ningxia	755	378	377	142	79	63	567	281	286
新疆	Xinjiang	1461	722	739	290	159	130	922	460	461

2-38 续表 continued

单位：人 (person)

地 区	Region	再婚有配偶 Re-married	男 Male	女 Female	离 婚 Divorced	男 Male	女 Female	丧 偶 Widowed	男 Male	女 Female
全 国	**National Total**	**3535**	**1732**	**1803**	**1789**	**1053**	**736**	**9995**	**2735**	**7260**
北 京	Beijing	26	12	14	8	6	2	29	8	21
天 津	Tianjin	15	6	9	8	5	3	40	13	27
河 北	Hebei	246	123	123	68	52	16	486	156	330
山 西	Shanxi	87	39	48	25	17	8	200	51	148
内蒙古	Inner Mongolia	98	48	51	44	25	19	160	44	115
辽 宁	Liaoning	116	51	65	57	28	28	223	67	156
吉 林	Jilin	108	49	59	63	42	21	174	55	119
黑龙江	Heilongjiang	171	87	84	109	51	58	242	66	176
上 海	Shanghai	44	20	24	19	9	10	56	16	41
江 苏	Jiangsu	143	69	74	62	35	27	710	226	484
浙 江	Zhejiang	205	91	115	106	62	45	539	127	412
安 徽	Anhui	149	56	94	67	41	25	577	165	412
福 建	Fujian	96	54	42	55	33	22	389	98	291
江 西	Jiangxi	114	61	53	48	30	18	385	87	298
山 东	Shandong	272	119	153	114	80	34	994	285	709
河 南	Henan	127	58	69	82	53	29	551	165	386
湖 北	Hubei	155	76	79	66	41	24	504	140	364
湖 南	Hunan	222	123	98	102	48	53	532	145	387
广 东	Guangdong	81	41	39	41	24	17	558	109	449
广 西	Guangxi	105	55	50	40	26	14	368	105	263
海 南	Hainan	13	8	5	12	8	4	77	17	60
重 庆	Chongqing	126	61	64	93	54	39	365	106	259
四 川	Sichuan	346	177	168	193	109	83	731	177	554
贵 州	Guizhou	109	59	50	56	40	16	268	77	190
云 南	Yunnan	103	53	49	83	40	43	244	63	181
西 藏	Tibet	1	1	1	8	2	6	24	5	19
陕 西	Shaanxi	92	49	43	59	36	22	298	95	203
甘 肃	Gansu	27	10	17	29	17	11	143	37	106
青 海	Qinghai	15	9	6	11	5	6	24	7	17
宁 夏	Ningxia	14	8	6	8	4	4	24	6	18
新 疆	Xinjiang	111	58	53	56	28	29	82	17	66

2-39 各地区乡村分性别、婚姻状况的人口

Rural Population by Sex, Marital Status and Region

单位：人 (person)

地区	Region	15岁及以上人口 Population Aged 15 and Over	男 Male	女 Female	未婚 Never Married	男 Male	女 Female	初婚有配偶 First Married	男 Male	女 Female
全国	**National Total**	**535373**	**267906**	**267467**	**100614**	**60448**	**40166**	**384627**	**187653**	**196974**
北京	Beijing	2074	1065	1009	415	246	169	1452	730	722
天津	Tianjin	2005	1021	985	338	202	135	1508	758	750
河北	Hebei	32887	16491	16395	6725	3859	2866	23510	11597	11913
山西	Shanxi	14185	7226	6959	2801	1671	1130	10172	5055	5117
内蒙古	Inner Mongolia	9771	5012	4759	1723	1042	681	7262	3634	3628
辽宁	Liaoning	13812	7040	6772	2175	1327	848	10387	5171	5216
吉林	Jilin	10194	5185	5009	1687	997	690	7591	3786	3804
黑龙江	Heilongjiang	14096	7212	6884	2311	1367	945	10577	5276	5301
上海	Shanghai	1629	786	843	189	105	84	1256	620	636
江苏	Jiangsu	29160	13629	15531	4526	2538	1988	21762	10125	11637
浙江	Zhejiang	16799	8527	8272	2532	1612	920	12662	6345	6317
安徽	Anhui	28192	13915	14277	5039	2955	2084	20504	9940	10564
福建	Fujian	14012	6990	7022	2745	1572	1172	9991	4967	5023
江西	Jiangxi	18553	9144	9409	3111	1919	1192	13746	6630	7116
山东	Shandong	39896	19590	20305	7206	4068	3139	29228	14217	15012
河南	Henan	47104	23048	24056	9602	5465	4137	33967	16183	17784
湖北	Hubei	24733	12477	12255	4237	2689	1548	17782	8644	9138
湖南	Hunan	30049	15165	14884	5466	3336	2130	21717	10693	11024
广东	Guangdong	25104	12696	12408	6445	3878	2568	16700	8150	8550
广西	Guangxi	21810	11312	10498	5068	3264	1804	14842	7314	7528
海南	Hainan	3201	1692	1509	860	568	292	2090	1037	1053
重庆	Chongqing	11133	5637	5496	1621	1053	568	8242	4046	4196
四川	Sichuan	39916	19901	20015	6237	3904	2333	28966	14085	14881
贵州	Guizhou	17955	9201	8754	3562	2222	1340	12725	6258	6467
云南	Yunnan	21982	11394	10587	4330	2870	1460	15633	7734	7898
西藏	Tibet	1406	699	707	467	264	202	774	381	393
陕西	Shaanxi	17339	8532	8808	3210	1890	1320	12455	5965	6490
甘肃	Gansu	12902	6414	6488	2845	1673	1172	8962	4301	4661
青海	Qinghai	2269	1147	1122	469	280	189	1569	775	794
宁夏	Ningxia	2339	1185	1154	478	280	198	1699	839	860
新疆	Xinjiang	8867	4571	4295	2192	1329	864	4896	2395	2501

2-39 续表 continued

单位：人 (person)

地 区	Region	再婚有配偶 Re-married	男 Male	女 Female	离 婚 Divorced	男 Male	女 Female	丧 偶 Widowed	男 Male	女 Female
全 国	**National Total**	**10442**	**4507**	**5935**	**3787**	**2950**	**837**	**35903**	**12348**	**23555**
北 京	Beijing	61	26	35	32	27	5	114	37	77
天 津	Tianjin	48	18	29	18	13	5	93	29	64
河 北	Hebei	630	233	397	151	130	21	1870	672	1198
山 西	Shanxi	361	143	219	130	113	17	721	244	477
内蒙古	Inner Mongolia	204	83	121	73	59	14	510	195	314
辽 宁	Liaoning	309	137	172	148	109	39	793	295	498
吉 林	Jilin	263	119	144	104	81	24	548	201	347
黑龙江	Heilongjiang	357	164	193	178	143	35	672	262	410
上 海	Shanghai	42	19	23	21	13	8	122	30	92
江 苏	Jiangsu	456	154	302	163	126	36	2253	685	1568
浙 江	Zhejiang	326	122	204	156	124	32	1123	324	798
安 徽	Anhui	428	176	252	169	149	20	2052	694	1358
福 建	Fujian	208	89	119	109	86	23	960	276	685
江 西	Jiangxi	287	130	157	119	93	26	1290	373	917
山 东	Shandong	630	233	397	195	166	29	2636	907	1729
河 南	Henan	540	217	323	187	167	20	2808	1016	1792
湖 北	Hubei	657	306	351	142	114	28	1915	724	1192
湖 南	Hunan	510	221	289	181	159	22	2174	755	1419
广 东	Guangdong	252	121	131	128	97	31	1579	449	1129
广 西	Guangxi	221	81	139	118	107	11	1561	546	1016
海 南	Hainan	39	19	20	24	19	5	188	50	139
重 庆	Chongqing	286	118	168	80	67	13	904	353	551
四 川	Sichuan	933	369	564	303	220	83	3477	1323	2154
贵 州	Guizhou	318	166	153	109	89	20	1241	467	775
云 南	Yunnan	437	211	226	164	111	53	1418	468	950
西 藏	Tibet	6	3	2	39	11	28	121	39	82
陕 西	Shaanxi	308	126	182	128	108	20	1238	442	796
甘 肃	Gansu	135	67	68	88	73	15	872	300	572
青 海	Qinghai	53	26	26	42	21	21	137	45	91
宁 夏	Ningxia	36	18	18	14	11	2	112	35	77
新 疆	Xinjiang	1100	592	508	276	145	132	402	111	291

2-40 全国育龄妇女分年龄、孩次的生育状况
(2005年11月1日至2006年10月31日)
Age-specific Fertility Rate of Women at Childbearing Ages by Age of Mother and Birth Order (2005.11.1－2006.10.31)

年龄 Age	平均育龄妇女人数(人) Average Number of Childbearing Women (person)	出生人数(人) Births (person)	一孩 1st Birth	二孩 2nd Birth	三孩及以上 3rd Birth and Above	生育率(‰) Fertility Rate (‰)	一孩 1st Birth	二孩 2nd Birth	三孩及以上 3rd Birth and Above
总计 Total	**328924**	**11509**	**7571**	**3492**	**447**	**34.99**	**23.02**	**10.62**	**1.36**
15-19	**49542**	**227**	**210**	**16**	**1**	**4.59**	**4.25**	**0.31**	**0.03**
15	9304					0.04	0.04		
16	11470	7	7			0.59	0.59		
17	10232	25	24	1		2.41	2.33	0.08	
18	9436	60	53	6	1	6.37	5.63	0.61	0.13
19	9100	135	126	9		14.87	13.88	0.99	0.01
20-24	**38889**	**3948**	**3604**	**312**	**31**	**101.52**	**92.68**	**8.02**	**0.81**
20	8191	368	352	16		44.94	42.95	1.99	
21	7041	640	606	26	8	90.89	86.05	3.70	1.13
22	7454	860	806	51	3	115.42	108.14	6.87	0.41
23	7535	947	839	98	9	125.68	111.41	13.05	1.22
24	8669	1133	1001	120	11	130.65	115.50	13.86	1.29
25-29	**38242**	**3813**	**2629**	**1062**	**122**	**99.70**	**68.75**	**27.77**	**3.18**
25	7706	947	776	159	13	122.92	100.65	20.61	1.66
26	7390	856	635	195	26	115.79	85.87	26.39	3.53
27	7910	787	553	215	19	99.54	69.92	27.17	2.45
28	7914	682	385	262	35	86.15	48.66	33.05	4.45
29	7321	541	281	232	28	73.84	38.35	31.66	3.84
30-34	**47580**	**2236**	**707**	**1391**	**139**	**47.00**	**14.85**	**29.23**	**2.92**
30	8614	558	223	307	28	64.77	25.89	35.59	3.29
31	8606	517	183	304	29	60.03	21.24	35.36	3.42
32	9657	465	127	311	27	48.16	13.18	32.23	2.75
33	10290	385	87	260	38	37.45	8.44	25.29	3.72
34	10413	311	87	209	16	29.90	8.32	20.03	1.56
35-39	**57920**	**940**	**252**	**576**	**112**	**16.23**	**4.34**	**9.95**	**1.94**
35	11292	294	85	174	36	26.06	7.50	15.42	3.14
36	12428	232	62	139	31	18.70	5.01	11.16	2.53
37	11533	175	42	116	16	15.17	3.68	10.10	1.39
38	12615	147	36	92	19	11.69	2.89	7.25	1.54
39	10051	91	26	56	10	9.04	2.54	5.52	0.97
40-44	**58505**	**259**	**120**	**107**	**32**	**4.42**	**2.05**	**1.83**	**0.54**
40	11825	69	23	40	7	5.88	1.92	3.36	0.60
41	11605	64	26	30	9	5.52	2.23	2.56	0.74
42	11473	40	24	11	6	3.53	2.06	0.94	0.53
43	13359	38	17	16	5	2.86	1.27	1.21	0.38
44	10244	46	31	11	5	4.52	2.99	1.07	0.47
45-49	**38247**	**86**	**49**	**27**	**10**	**2.26**	**1.27**	**0.72**	**0.27**
45	5899	19	10	6	3	3.28	1.75	0.97	0.55
46	7102	16	11	4	1	2.26	1.51	0.62	0.13
47	6775	12	9	3	1	1.84	1.32	0.38	0.14
48	8625	17	10	6	1	1.96	1.17	0.70	0.09
49	9847	22	9	9	4	2.20	0.87	0.89	0.44

2-41 全国城市育龄妇女分年龄、孩次的生育状况（2005年11月1日至2006年10月31日）

Age-specific Fertility Rate of City Women at Childbearing Ages by Age of Mother and Birth Order (2005.11.1－2006.10.31)

年　龄 Age	平均育龄妇女人数(人) Average Number of Childbearing Women (person)	出生人数(人) Births (person)				生育率(‰) Fertility Rate (‰)			
			一孩 1st Birth	二孩 2nd Birth	三孩及以上 3rd Birth and Above		一孩 1st Birth	二孩 2nd Birth	三孩及以上 3rd Birth and Above
总计 Total	**89433**	**2273**	**1865**	**378**	**30**	**25.42**	**20.85**	**4.23**	**0.34**
15-19	**11328**	**31**	**29**	**3**		**2.75**	**2.52**	**0.23**	
15	1590								
16	2138	2	2			0.80	0.80		
17	2242	5	5			2.22	2.22		
18	2571	6	5	1		2.36	1.97	0.39	
19	2787	18	17	2		6.59	6.01	0.57	
20-24	**12517**	**522**	**493**	**24**	**4**	**41.67**	**39.43**	**1.89**	**0.35**
20	2587	35	35			13.57	13.57		
21	2224	54	53	1		24.40	23.73	0.67	
22	2346	103	97	6		43.87	41.47	2.40	
23	2515	144	135	7	2	57.35	53.84	2.65	0.87
24	2845	185	173	10	2	65.05	60.79	3.49	0.77
25-29	**12127**	**1014**	**911**	**92**	**10**	**83.58**	**75.15**	**7.63**	**0.81**
25	2448	209	194	15		85.37	79.08	6.29	
26	2389	213	201	11	1	89.27	84.29	4.42	0.56
27	2535	237	216	19	2	93.62	85.14	7.66	0.82
28	2516	187	170	18		74.41	67.37	7.04	
29	2239	167	131	29	6	74.50	58.50	13.12	2.87
30-34	**13801**	**501**	**316**	**178**	**7**	**36.32**	**22.88**	**12.90**	**0.54**
30	2675	146	100	43	2	54.48	37.48	16.19	0.81
31	2596	120	83	34	4	46.41	31.92	13.07	1.42
32	2729	92	53	40		33.81	19.24	14.52	0.05
33	2929	84	41	42		28.64	14.15	14.48	
34	2872	59	39	19	1	20.49	13.45	6.55	0.49
35-39	**14823**	**154**	**87**	**60**	**7**	**10.42**	**5.89**	**4.07**	**0.46**
35	3199	60	37	20	2	18.71	11.72	6.27	0.72
36	3296	35	20	14	1	10.67	6.13	4.36	0.18
37	2936	19	8	10		6.37	2.89	3.33	0.15
38	3107	23	10	11	2	7.46	3.37	3.53	0.55
39	2286	18	11	5	2	7.69	4.65	2.28	0.76
40-44	**14427**	**41**	**20**	**19**	**2**	**2.82**	**1.41**	**1.30**	**0.11**
40	2727	7	2	5		2.72	0.90	1.82	
41	2919	8	4	3	2	2.88	1.44	0.91	0.54
42	2825	7	4	3		2.60	1.38	1.22	
43	3422	8	2	6		2.47	0.67	1.79	
44	2534	9	7	2		3.57	2.95	0.62	
45-49	**10409**	**11**	**8**	**2**		**1.03**	**0.80**	**0.23**	
45	1592	2	2			1.25	1.25		
46	2016	1	1			0.30	0.30		
47	1913	3	2	1		1.52	1.09	0.43	
48	2307	2	1			0.73	0.57	0.15	
49	2581	4	2	1		1.38	0.88	0.49	

2-42 全国镇育龄妇女分年龄、孩次的生育状况（2005年11月1日至2006年10月31日）

Age-specific Fertility Rate of Town Women at Childbearing Ages by Age of Mother and Birth Order (2005.11.1－2006.10.31)

年　龄 Age	平均育龄妇女人数(人) Average Number of Childbearing Women (person)	出生人数(人) Births (person)				生育率(‰) Fertility Rate (‰)			
			一孩 1st Birth	二孩 2nd Birth	三孩及以上 3rd Birth and Above		一孩 1st Birth	二孩 2nd Birth	三孩及以上 3rd Birth and Above
总计　Total	**64460**	**2158**	**1443**	**654**	**61**	**33.47**	**22.38**	**10.15**	**0.95**
15-19	**9358**	**39**	**35**	**3**	**1**	**4.18**	**3.74**	**0.31**	**0.13**
15	1822								
16	2112								
17	2052	3	3			1.62	1.56	0.06	
18	1753	8	6		1	4.32	3.37	0.25	0.69
19	1619	28	26	2		17.43	15.99	1.43	
20-24	**7004**	**738**	**677**	**57**	**4**	**105.40**	**96.62**	**8.19**	**0.58**
20	1422	67	66	2		47.21	46.14	1.07	
21	1249	105	98	6	1	83.85	78.13	4.62	1.10
22	1337	162	152	10		121.34	114.01	7.33	
23	1346	176	160	16	1	131.01	118.64	11.63	0.74
24	1649	228	201	25	2	138.07	122.09	14.94	1.04
25-29	**7695**	**739**	**528**	**196**	**15**	**96.07**	**68.62**	**25.52**	**1.94**
25	1508	183	159	24		121.39	105.65	15.73	
26	1454	177	137	35	5	121.48	93.94	24.34	3.20
27	1647	159	117	41	1	96.58	71.17	24.60	0.81
28	1568	134	72	58	4	85.22	45.80	37.01	2.41
29	1518	87	43	39	5	57.27	28.37	25.50	3.39
30-34	**9779**	**376**	**108**	**251**	**18**	**38.47**	**11.02**	**25.63**	**1.81**
30	1737	79	35	42	2	45.76	20.28	24.47	1.02
31	1820	104	33	68	3	56.98	17.91	37.35	1.72
32	1894	70	13	54	3	36.77	6.69	28.64	1.43
33	2147	64	10	48	5	29.64	4.66	22.49	2.49
34	2181	60	17	38	5	27.37	7.94	17.24	2.19
35-39	**11655**	**188**	**52**	**120**	**16**	**16.15**	**4.50**	**10.31**	**1.34**
35	2262	54	12	37	5	23.74	5.33	16.27	2.14
36	2459	37	9	23	5	15.09	3.85	9.28	1.96
37	2401	47	18	25	4	19.38	7.42	10.35	1.61
38	2529	28	7	20	2	11.10	2.67	7.77	0.65
39	2004	23	6	16		11.40	3.19	7.99	0.22
40-44	**11813**	**64**	**38**	**21**	**5**	**5.41**	**3.21**	**1.79**	**0.41**
40	2379	19	8	9	2	7.95	3.36	3.85	0.75
41	2303	15	10	3	2	6.70	4.38	1.37	0.95
42	2400	10	8	2		4.14	3.49	0.65	
43	2740	12	6	5	1	4.49	2.34	1.85	0.30
44	1990	7	5	2		3.68	2.55	1.13	
45-49	**7157**	**13**	**5**	**5**	**3**	**1.78**	**0.65**	**0.76**	**0.38**
45	1051	6	4	1	2	6.03	3.52	0.82	1.69
46	1369	4	1	2	1	2.71	0.58	1.43	0.70
47	1226								
48	1690	2		2		0.95		0.95	
49	1821	1		1		0.62	0.07	0.55	

2-43 全国乡村育龄妇女分年龄、孩次的生育状况 (2005年11月1日至2006年10月31日)

Age-specific Fertility Rate of Rural Women at Childbearing Ages by Age of Mother and Birth Order (2005.11.1－2006.10.31)

年 龄 Age	平均育龄妇女人数(人) Average Number of Childbearing Women (person)	出生人数(人) Births (person)				生育率(‰) Fertility Rate (‰)			
			一孩 1st Birth	二孩 2nd Birth	三孩及以上 3rd Birth and Above		一孩 1st Birth	二孩 2nd Birth	三孩及以上 3rd Birth and Above
总计 Total	**175031**	**7078**	**4263**	**2459**	**356**	**40.44**	**24.36**	**14.05**	**2.03**
15-19	**28856**	**157**	**147**	**10**		**5.44**	**5.09**	**0.35**	
15	5893					0.07	0.07		
16	7220	5	5			0.70	0.70		
17	5938	16	16	1		2.75	2.63	0.12	
18	5112	46	42	4		9.09	8.24	0.84	
19	4694	89	84	5		18.92	17.82	1.08	0.02
20-24	**19369**	**2688**	**2434**	**231**	**23**	**138.79**	**125.68**	**11.92**	**1.19**
20	4181	266	251	15		63.58	60.04	3.54	
21	3568	481	456	19	7	134.80	127.67	5.28	1.85
22	3771	595	556	36	3	157.83	147.54	9.48	0.81
23	3674	626	544	76	6	170.50	148.17	20.68	1.65
24	4175	720	627	86	7	172.42	150.18	20.50	1.74
25-29	**18419**	**2060**	**1190**	**773**	**97**	**111.83**	**64.60**	**41.98**	**5.26**
25	3750	555	423	120	13	148.05	112.72	31.92	3.41
26	3547	466	297	149	20	131.32	83.63	42.03	5.67
27	3727	391	220	155	16	104.88	59.02	41.57	4.29
28	3830	361	144	186	31	94.25	37.53	48.52	8.20
29	3565	287	107	164	17	80.49	29.94	45.91	4.64
30-34	**24000**	**1359**	**283**	**962**	**114**	**56.62**	**11.79**	**40.09**	**4.74**
30	4202	333	88	221	24	79.18	20.82	52.54	5.81
31	4190	292	67	202	23	69.79	16.07	48.31	5.40
32	5034	303	62	217	24	60.22	12.33	43.19	4.71
33	5213	238	35	169	33	45.62	6.80	32.51	6.31
34	5360	193	31	152	10	35.98	5.72	28.39	1.87
35-39	**31441**	**597**	**112**	**396**	**90**	**19.00**	**3.56**	**12.59**	**2.85**
35	5831	181	35	117	28	31.00	6.03	20.10	4.86
36	6673	160	33	102	26	24.00	4.89	15.22	3.89
37	6196	110	16	82	12	17.71	2.61	13.21	1.90
38	6980	96	19	61	16	13.78	2.76	8.72	2.30
39	5761	50	9	34	8	8.76	1.49	5.95	1.32
40-44	**32265**	**154**	**62**	**67**	**25**	**4.77**	**1.91**	**2.09**	**0.78**
40	6719	43	12	26	5	6.42	1.83	3.81	0.79
41	6383	40	12	24	5	6.30	1.81	3.74	0.75
42	6248	23	11	6	6	3.71	1.82	0.93	0.96
43	7196	17	8	5	4	2.42	1.14	0.69	0.59
44	5719	30	18	7	5	5.24	3.16	1.24	0.84
45-49	**20681**	**63**	**36**	**20**	**8**	**3.04**	**1.73**	**0.95**	**0.37**
45	3256	11	5	5	1	3.38	1.43	1.50	0.46
46	3717	12	9	2		3.16	2.51	0.65	
47	3636	10	7	2	1	2.63	1.89	0.47	0.27
48	4628	14	9	4	1	2.95	1.90	0.88	0.17
49	5445	17	6	7	4	3.12	1.13	1.20	0.79

2-44 全国分年龄、性别的死亡人口状况
(2005年11月1日至2006年10月31日)
Status of Deaths by Age and Sex (2005.11.1－2006.10.31)

年 龄 Age	年平均人口(人) Average Population (person)	男 Male	女 Female	死亡人口(人) Deaths (person)	男 Male	女 Female	死亡率(‰) Death Rate (‰)	男 Male	女 Female
总计 Total	**1190388**	**603192**	**587196**	**6385**	**3679**	**2707**	**5.36**	**6.10**	**4.61**
0-4	**54941**	**30073**	**24867**	**147**	**74**	**73**	**2.68**	**2.46**	**2.95**
0	6710	3665	3045	111	53	58	16.53	14.39	19.10
1	11620	6423	5197	14	11	3	1.17	1.72	0.49
2	12463	6811	5652	6	4	3	0.52	0.51	0.52
3	11835	6461	5374	9	4	5	0.74	0.65	0.84
4	12313	6712	5600	8	2	5	0.63	0.37	0.94
5-9	**70610**	**38959**	**31651**	**31**	**25**	**6**	**0.44**	**0.65**	**0.18**
5	13093	7336	5757	4	3	1	0.32	0.46	0.14
6	13853	7632	6221	5	4	1	0.37	0.56	0.13
7	13320	7343	5977	9	8		0.66	1.15	0.07
8	15139	8316	6823	5	3	2	0.34	0.41	0.25
9	15205	8333	6873	8	6	2	0.52	0.70	0.30
10-14	**89157**	**48070**	**41087**	**29**	**18**	**11**	**0.33**	**0.37**	**0.27**
10	16180	8745	7435	8	4	4	0.49	0.51	0.47
11	17382	9461	7921	3	1	1	0.15	0.13	0.18
12	17142	9272	7870	2	2	1	0.12	0.17	0.07
13	18703	10042	8661	6	5	1	0.35	0.52	0.15
14	19749	10549	9199	10	5	5	0.50	0.50	0.50
15-19	**105063**	**55508**	**49555**	**63**	**38**	**26**	**0.60**	**0.68**	**0.51**
15	19939	10635	9304	6	3	2	0.28	0.29	0.26
16	24535	13058	11477	14	6	8	0.57	0.43	0.72
17	21793	11560	10233	10	8	2	0.47	0.72	0.18
18	19772	10335	9437	15	7	8	0.77	0.72	0.82
19	19025	9921	9104	18	13	5	0.96	1.31	0.58
20-24	**76192**	**37295**	**38897**	**67**	**43**	**23**	**0.88**	**1.16**	**0.60**
20	16590	8399	8191	13	8	5	0.79	1.00	0.57
21	14146	7102	7045	18	12	5	1.24	1.73	0.74
22	14293	6837	7455	9	6	2	0.60	0.91	0.33
23	14455	6919	7536	9	4	4	0.61	0.64	0.59
24	16709	8039	8670	19	12	7	1.12	1.50	0.76
25-29	**74148**	**35896**	**38252**	**64**	**40**	**24**	**0.87**	**1.12**	**0.63**
25	14697	6988	7708	11	7	4	0.74	1.06	0.46
26	14376	6985	7391	16	9	7	1.14	1.31	0.97
27	15386	7473	7913	12	8	4	0.80	1.07	0.54
28	15351	7433	7918	13	7	7	0.86	0.89	0.83
29	14338	7016	7322	12	9	3	0.81	1.28	0.36

2-44 续表 1 continued

年 龄 Age	年平均人口(人) Average Population (person)	男 Male	女 Female	死亡人口(人) Deaths (person)	男 Male	女 Female	死亡率(‰) Death Rate (‰)	男 Male	女 Female
30-34	**93465**	**45855**	**47610**	**113**	**66**	**47**	**1.21**	**1.43**	**0.99**
30	16907	8284	8623	19	9	10	1.10	1.04	1.15
31	16766	8156	8610	24	15	9	1.42	1.85	1.01
32	18825	9165	9660	21	12	10	1.12	1.26	0.99
33	20061	9766	10295	30	21	9	1.49	2.15	0.87
34	20905	10483	10422	20	9	10	0.94	0.89	0.98
35-39	**114054**	**56099**	**57955**	**173**	**109**	**65**	**1.52**	**1.94**	**1.11**
35	22331	11033	11298	31	21	10	1.40	1.89	0.93
36	24380	11949	12431	28	22	6	1.15	1.88	0.45
37	22658	11117	11540	28	15	13	1.24	1.35	1.14
38	24775	12153	12622	38	25	13	1.51	2.03	1.01
39	19911	9847	10065	48	26	23	2.42	2.59	2.25
40-44	**115928**	**57384**	**58544**	**247**	**173**	**74**	**2.13**	**3.02**	**1.27**
40	23419	11586	11833	39	21	18	1.66	1.84	1.49
41	22972	11364	11608	47	38	10	2.06	3.32	0.82
42	22875	11393	11482	56	40	16	2.47	3.53	1.42
43	26665	13297	13369	51	34	17	1.91	2.55	1.26
44	19997	9745	10251	54	40	14	2.70	4.11	1.36
45-49	**76619**	**38319**	**38300**	**225**	**127**	**98**	**2.94**	**3.32**	**2.55**
45	11562	5657	5905	29	20	10	2.55	3.51	1.63
46	14486	7379	7108	40	28	13	2.79	3.73	1.81
47	17470	8832	8637	59	35	23	3.35	4.01	2.68
48	13348	6564	6784	40	25	15	2.97	3.83	2.14
49	19753	9887	9866	57	19	38	2.88	1.96	3.81
50-54	**90784**	**45763**	**45021**	**328**	**209**	**119**	**3.61**	**4.56**	**2.64**
50	18191	9157	9033	36	23	14	1.99	2.46	1.50
51	18741	9362	9379	71	43	28	3.80	4.59	3.01
52	18991	9580	9411	92	65	27	4.86	6.78	2.91
53	17331	8802	8529	63	38	25	3.61	4.32	2.88
54	17530	8861	8669	66	40	25	3.74	4.55	2.91
55-59	**68491**	**34683**	**33808**	**404**	**267**	**138**	**5.91**	**7.70**	**4.07**
55	14813	7306	7507	83	56	27	5.61	7.65	3.62
56	14686	7551	7134	92	64	28	6.25	8.47	3.89
57	14320	7312	7008	66	46	19	4.59	6.35	2.74
58	12365	6199	6167	74	45	29	6.01	7.26	4.74
59	12306	6316	5991	90	56	34	7.29	8.80	5.71

2-44 续表 2 continued

年 龄 Age	年平均人口(人) Average Population (person)	男 Male	女 Female	死亡人口(人) Deaths (person)	男 Male	女 Female	死亡率(‰) Death Rate (‰)	男 Male	女 Female
60-64	**49142**	**25109**	**24033**	**488**	**311**	**178**	**9.93**	**12.37**	**7.39**
60	11467	5825	5642	94	63	31	8.19	10.79	5.51
61	9926	5066	4860	85	52	33	8.58	10.35	6.73
62	9843	5118	4725	93	56	37	9.42	10.95	7.77
63	9043	4613	4430	99	67	32	10.95	14.49	7.27
64	8864	4488	4375	117	72	45	13.24	16.12	10.28
65-69	**40383**	**20707**	**19677**	**690**	**426**	**264**	**17.09**	**20.56**	**13.43**
65	8878	4586	4292	114	79	35	12.81	17.23	8.08
66	8615	4443	4172	149	92	57	17.25	20.68	13.60
67	7149	3634	3515	128	82	45	17.85	22.67	12.86
68	8054	4130	3924	147	93	53	18.20	22.63	13.54
69	7688	3913	3774	153	79	74	19.96	20.20	19.71
70-74	**33195**	**16432**	**16762**	**946**	**566**	**379**	**28.49**	**34.47**	**22.62**
70	7600	3797	3803	165	104	61	21.66	27.27	16.07
71	6866	3494	3372	204	127	77	29.71	36.41	22.76
72	6542	3118	3423	212	119	92	32.35	38.24	26.98
73	6624	3318	3306	175	103	72	26.44	31.13	21.73
74	5564	2705	2858	190	113	77	34.20	41.83	26.98
75-79	**21115**	**10128**	**10987**	**954**	**558**	**396**	**45.18**	**55.08**	**36.06**
75	4977	2467	2511	215	131	84	43.18	53.26	33.28
76	5169	2469	2700	188	111	77	36.41	45.00	28.55
77	3751	1796	1955	166	88	78	44.19	49.10	39.67
78	3921	1859	2063	202	118	85	51.59	63.32	41.01
79	3297	1537	1760	183	110	73	55.49	71.24	41.73
80-84	**11232**	**4796**	**6436**	**780**	**385**	**395**	**69.46**	**80.29**	**61.39**
80	3005	1304	1701	201	92	108	66.77	70.76	63.70
81	2510	1069	1441	171	89	83	68.30	83.01	57.39
82	2274	986	1288	138	79	60	60.86	79.77	46.38
83	1868	760	1108	142	68	74	75.87	89.57	66.47
84	1576	677	899	128	57	71	81.24	84.69	78.65
85-89	**4351**	**1644**	**2707**	**404**	**171**	**233**	**92.79**	**103.76**	**86.13**
85	1390	553	837	115	46	69	82.43	82.52	82.37
86	1079	396	683	97	39	58	89.91	98.05	85.19
87	817	318	499	70	32	37	85.20	101.69	74.67
88	611	229	383	56	26	30	91.94	114.97	78.15
89	453	148	305	66	27	39	146.31	185.52	127.31
90+	**1519**	**472**	**1047**	**231**	**74**	**157**	**152.18**	**156.29**	**150.33**

2-45 全国城市分年龄、性别的死亡人口状况
(2005年11月1日至2006年10月31日)
Status of City Deaths by Age and Sex (2005.11.1—2006.10.31)

年 龄 Age	年平均人口(人) Average Population (person)	男 Male	女 Female	死亡人口(人) Deaths (person)	男 Male	女 Female	死亡率(‰) Death Rate (‰)	男 Male	女 Female
总计 Total	**289623**	**144087**	**145536**	**1074**	**673**	**400**	**3.71**	**4.67**	**2.75**
0-4	**10039**	**5275**	**4764**	**19**	**7**	**12**	**1.90**	**1.34**	**2.52**
0	1201	621	580	12	4	9	10.34	5.81	15.19
1	2160	1123	1037	4	3	1	2.05	3.09	0.92
2	2292	1231	1061	1		1	0.22		0.48
3	2041	1076	964						
4	2345	1223	1122	2		2	0.74		1.55
5-9	**12832**	**6891**	**5941**	**2**	**2**		**0.16**	**0.29**	
5	2423	1346	1077	1	1		0.43	0.77	
6	2538	1361	1177						
7	2481	1326	1155	1	1		0.38	0.72	
8	2689	1448	1241						
9	2702	1411	1291						
10-14	**15071**	**8032**	**7039**	**2**	**2**		**0.12**	**0.22**	
10	2887	1557	1330						
11	2976	1599	1377						
12	2991	1607	1383						
13	3080	1630	1450						
14	3137	1638	1499	2	2		0.57	1.09	
15-19	**22863**	**11534**	**11329**	**4**	**1**	**4**	**0.20**	**0.08**	**0.32**
15	3377	1787	1590						
16	4335	2196	2140	3		3	0.58		1.17
17	4595	2353	2242						
18	5052	2481	2571	1		1	0.21		0.42
19	5504	2717	2787	1	1		0.16	0.33	
20-24	**23951**	**11434**	**12517**	**4**	**3**	**2**	**0.18**	**0.24**	**0.13**
20	5228	2641	2587						
21	4365	2141	2224	1	1		0.21	0.42	
22	4384	2038	2347	1		1	0.14		0.25
23	4611	2096	2515						
24	5363	2518	2845	3	2	1	0.54	0.74	0.37
25-29	**23085**	**10957**	**12128**	**7**	**5**	**3**	**0.31**	**0.42**	**0.22**
25	4559	2111	2448						
26	4549	2160	2389	3	2		0.58	1.11	0.09
27	4800	2265	2535						
28	4787	2269	2517	2		1	0.41	0.21	0.59
29	4390	2152	2239	3	2	1	0.61	0.78	0.45

2-45 续表 1 continued

年 龄 Age	年平均人口(人) Average Population (person)	男 Male	女 Female	死亡人口(人) Deaths (person)	男 Male	女 Female	死亡率(‰) Death Rate (‰)	男 Male	女 Female
30-34	**27263**	**13457**	**13806**	**24**	**17**	**7**	**0.89**	**1.28**	**0.50**
30	5140	2465	2675	1	1		0.28	0.58	
31	5019	2422	2596	10	8	1	1.95	3.41	0.58
32	5396	2667	2729	4	2	2	0.79	0.84	0.73
33	5794	2863	2930	2	1	1	0.32	0.28	0.36
34	5913	3039	2874	7	5	2	1.17	1.49	0.83
35-39	**29425**	**14599**	**14826**	**32**	**22**	**10**	**1.10**	**1.52**	**0.69**
35	6187	2988	3199	6	4	2	0.98	1.43	0.56
36	6528	3232	3297	7	6	1	1.09	2.00	0.20
37	5913	2976	2937	6	2	4	0.95	0.63	1.29
38	6237	3129	3107	7	5	2	1.15	1.59	0.70
39	4560	2274	2286	6	5	2	1.39	2.00	0.79
40-44	**29320**	**14888**	**14432**	**46**	**33**	**13**	**1.56**	**2.22**	**0.88**
40	5413	2685	2728	2	1	1	0.43	0.36	0.49
41	5759	2840	2919	11	8	3	1.95	2.99	0.94
42	5959	3133	2826	11	8	3	1.82	2.61	0.96
43	7156	3732	3424	7	3	4	0.99	0.79	1.22
44	5033	2498	2534	14	12	2	2.82	4.99	0.68
45-49	**20884**	**10470**	**10414**	**31**	**17**	**14**	**1.50**	**1.62**	**1.38**
45	3185	1593	1592	6	5	1	1.89	3.13	0.65
46	4174	2157	2017	7	5	2	1.66	2.29	0.97
47	4655	2348	2307	5	2	3	1.09	1.05	1.13
48	3766	1851	1915	5	2	3	1.33	1.26	1.40
49	5104	2521	2583	8	2	6	1.61	0.86	2.34
50-54	**21607**	**10734**	**10873**	**53**	**41**	**12**	**2.44**	**3.82**	**1.07**
50	4546	2321	2225	6	5	1	1.41	2.21	0.56
51	4584	2218	2365	13	10	3	2.74	4.36	1.22
52	4546	2266	2280	18	12	5	3.91	5.49	2.35
53	4018	2014	2004	7	5	2	1.72	2.64	0.80
54	3914	1915	1999	9	8		2.29	4.43	0.24
55-59	**15647**	**7661**	**7986**	**62**	**39**	**23**	**3.97**	**5.12**	**2.87**
55	3498	1656	1842	16	7	8	4.44	4.49	4.39
56	3377	1714	1663	11	6	5	3.17	3.46	2.87
57	3338	1637	1701	9	7	2	2.77	4.25	1.35
58	2698	1295	1403	10	8	2	3.66	5.98	1.52
59	2736	1359	1376	17	11	6	6.15	8.20	4.13

2-45 续表 2 continued

年 龄 Age	年平均人口(人) Average Population (person)	男 Male	女 Female	死亡人口(人) Deaths (person)	男 Male	女 Female	死亡率(‰) Death Rate (‰)	男 Male	女 Female
60-64	**10904**	**5284**	**5621**	**75**	**53**	**22**	**6.88**	**10.02**	**3.92**
60	2601	1317	1284	12	6	5	4.60	4.92	4.27
61	2146	1017	1130	12	7	5	5.53	7.14	4.08
62	2147	1012	1135	16	15	1	7.58	14.65	1.27
63	1907	930	977	15	10	5	7.80	11.09	4.67
64	2103	1007	1095	20	14	6	9.51	13.96	5.41
65-69	**9806**	**4782**	**5024**	**113**	**71**	**42**	**11.50**	**14.86**	**8.30**
65	2046	1031	1015	19	12	7	9.17	11.86	6.43
66	1993	971	1022	17	9	8	8.34	9.22	7.50
67	1851	891	960	23	16	7	12.45	18.15	7.16
68	2018	982	1036	33	19	14	16.47	19.48	13.62
69	1898	907	992	21	15	7	11.12	16.09	6.57
70-74	**8132**	**3914**	**4217**	**185**	**117**	**68**	**22.74**	**29.87**	**16.11**
70	1802	879	923	35	18	16	19.22	20.67	17.84
71	1737	824	913	39	28	11	22.65	34.01	12.40
72	1670	767	903	38	24	14	22.58	30.64	15.73
73	1577	777	800	41	25	16	26.16	32.71	19.79
74	1346	667	679	32	22	10	23.75	32.70	14.95
75-79	**5051**	**2510**	**2540**	**170**	**121**	**49**	**33.71**	**48.13**	**19.46**
75	1273	640	632	36	24	12	28.35	37.63	18.96
76	1236	653	583	35	27	8	28.20	41.72	13.05
77	879	423	456	30	21	9	34.53	50.79	19.48
78	884	432	452	34	25	10	39.00	57.73	21.06
79	779	362	417	34	23	11	44.27	63.69	27.43
80-84	**2516**	**1166**	**1350**	**138**	**73**	**65**	**55.01**	**62.94**	**48.17**
80	692	330	362	38	23	15	54.40	69.27	40.82
81	558	264	294	28	18	11	51.04	67.92	35.89
82	503	224	279	23	15	8	45.04	67.66	26.92
83	429	204	224	26	12	14	60.17	58.63	61.57
84	334	143	191	24	5	18	71.30	37.94	96.36
85-89	**928**	**393**	**535**	**73**	**37**	**36**	**78.75**	**95.18**	**66.67**
85	293	142	152	16	6	10	54.21	44.03	63.71
86	221	93	128	18	8	10	81.20	84.85	78.55
87	193	78	114	16	8	8	83.50	105.33	68.61
88	130	53	77	13	8	5	97.03	152.41	58.55
89	91	27	64	11	7	4	115.53	255.22	56.25
90+	**301**	**108**	**193**	**32**	**12**	**20**	**106.60**	**112.41**	**103.35**

2-46 全国镇分年龄、性别的死亡人口状况
(2005年11月1日至2006年10月31日)
Status of Town Deaths by Age and Sex (2005.11.1－2006.10.31)

年 龄 Age	年平均人口(人) Average Population (person)	男 Male	女 Female	死亡人口(人) Deaths (person)	男 Male	女 Female	死亡率(‰) Death Rate (‰)	男 Male	女 Female
总计 Total	**227388**	**115581**	**111807**	**1000**	**591**	**410**	**4.40**	**5.11**	**3.66**
0-4	**10265**	**5706**	**4559**	**36**	**24**	**11**	**3.47**	**4.28**	**2.45**
0	1149	642	507	32	22	10	28.20	34.69	20.00
1	2248	1254	994	2	2		0.97	1.74	
2	2359	1336	1022	1		1	0.44		1.02
3	2268	1245	1022						
4	2242	1229	1013						
5-9	**13522**	**7518**	**6004**				**0.04**	**0.06**	
5	2529	1395	1134				0.14	0.25	
6	2618	1449	1169						
7	2502	1379	1123						
8	2955	1648	1306						
9	2918	1647	1271				0.05	0.08	
10-14	**17164**	**9288**	**7876**	**4**	**3**	**1**	**0.23**	**0.33**	**0.10**
10	3080	1669	1411						
11	3442	1879	1564						
12	3242	1753	1489						
13	3585	1969	1616	3	3		0.86	1.56	
14	3815	2018	1796	1		1	0.22		0.46
15-19	**20740**	**11382**	**9359**	**5**	**4**	**1**	**0.24**	**0.33**	**0.13**
15	3882	2060	1822						
16	4839	2727	2113	2	1	1	0.37	0.35	0.41
17	4484	2431	2052	2	1		0.35	0.50	0.17
18	3922	2169	1753	1	1		0.24	0.44	
19	3614	1995	1619	1	1		0.19	0.34	
20-24	**13877**	**6872**	**7004**	**3**	**3**	**1**	**0.25**	**0.37**	**0.13**
20	2920	1497	1422						
21	2524	1275	1249	2	2		0.74	1.47	
22	2603	1265	1337	1	1	1	0.55	0.40	0.69
23	2620	1274	1346				0.07	0.14	
24	3211	1562	1649						
25-29	**14785**	**7089**	**7695**	**15**	**10**	**5**	**1.02**	**1.44**	**0.63**
25	2835	1327	1508	3	2	1	1.16	1.44	0.91
26	2797	1343	1454	4	2	2	1.43	1.52	1.35
27	3218	1571	1647	4	2	1	1.10	1.57	0.66
28	3008	1439	1569				0.07		0.14
29	2927	1409	1518	4	4		1.36	2.69	0.12

2-46 续表 1 continued

年 龄 Age	年平均人口(人) Average Population (person)	男 Male	女 Female	死亡人口(人) Deaths (person)	男 Male	女 Female	死亡率(‰) Death Rate (‰)	男 Male	女 Female
30-34	**19164**	**9380**	**9784**	**16**	**9**	**7**	**0.84**	**0.92**	**0.75**
30	3396	1660	1737	2	2		0.54	0.97	0.13
31	3522	1702	1820	2	2		0.47	0.98	
32	3820	1925	1895	3	2	2	0.83	0.82	0.84
33	4095	1948	2147	2	2		0.40	0.83	
34	4331	2145	2185	8	2	6	1.78	1.02	2.53
35-39	**23260**	**11601**	**11659**	**13**	**8**	**5**	**0.57**	**0.71**	**0.43**
35	4550	2286	2264	2		2	0.35		0.70
36	4980	2521	2459						
37	4717	2315	2402	3	3	1	0.71	1.22	0.21
38	4956	2427	2530	2	1	1	0.45	0.50	0.41
39	4057	2052	2005	6	4	2	1.51	2.03	0.97
40-44	**23242**	**11417**	**11825**	**41**	**28**	**13**	**1.77**	**2.43**	**1.14**
40	4693	2308	2385	12	5	6	2.47	2.29	2.64
41	4577	2273	2305	12	10	3	2.66	4.18	1.16
42	4682	2282	2400				0.10		0.20
43	5379	2637	2741	7	7	1	1.36	2.51	0.24
44	3911	1917	1994	10	6	3	2.48	3.30	1.70
45-49	**14302**	**7138**	**7164**	**28**	**19**	**9**	**1.96**	**2.73**	**1.20**
45	2119	1068	1051	3	2	1	1.21	1.66	0.76
46	2812	1442	1370	6	5	1	2.15	3.61	0.60
47	3330	1637	1693	10	6	3	2.96	3.89	2.07
48	2407	1180	1227	6	3	2	2.31	2.88	1.76
49	3634	1811	1823	4	3	1	1.11	1.50	0.73
50-54	**16691**	**8382**	**8309**	**64**	**43**	**21**	**3.82**	**5.12**	**2.51**
50	3323	1722	1601	11	6	5	3.27	3.61	2.91
51	3438	1703	1735	9	8	2	2.69	4.49	0.91
52	3528	1761	1767	21	15	6	5.89	8.46	3.33
53	3213	1606	1607	7	5	2	2.12	2.86	1.37
54	3189	1590	1599	16	10	6	5.02	5.99	4.06
55-59	**12204**	**6172**	**6032**	**85**	**63**	**22**	**6.96**	**10.22**	**3.62**
55	2651	1284	1367	9	8	1	3.23	6.03	0.60
56	2643	1358	1285	20	19	2	7.73	13.80	1.31
57	2519	1275	1244	17	13	4	6.60	9.89	3.24
58	2181	1089	1092	14	10	3	6.31	9.45	3.18
59	2210	1165	1045	26	14	12	11.55	11.75	11.32

2-46 续表 2 continued

年 龄 Age	年平均人口(人) Average Population (person)	男 Male	女 Female	死亡人口(人) Deaths (person)	男 Male	女 Female	死亡率(‰) Death Rate (‰)	男 Male	女 Female
60-64	**8833**	**4460**	**4372**	**83**	**56**	**27**	**9.39**	**12.64**	**6.08**
60	2044	1029	1015	14	11	3	6.74	10.46	2.96
61	1810	889	921	14	9	5	7.86	10.16	5.65
62	1770	928	842	14	10	4	7.69	10.34	4.77
63	1649	817	833	18	9	9	10.85	10.53	11.15
64	1559	798	762	23	18	5	15.02	23.02	6.63
65-69	**7040**	**3492**	**3548**	**115**	**71**	**45**	**16.40**	**20.21**	**12.66**
65	1558	773	785	15	9	7	9.83	11.28	8.40
66	1533	755	778	28	16	13	18.58	21.00	16.22
67	1210	614	595	18	12	6	15.21	20.11	10.16
68	1409	706	703	30	18	12	21.32	26.17	16.46
69	1330	644	686	23	15	8	17.47	23.55	11.76
70-74	**5691**	**2792**	**2899**	**116**	**71**	**45**	**20.46**	**25.50**	**15.62**
70	1396	698	698	21	13	7	14.75	19.15	10.35
71	1157	599	558	29	17	12	24.72	27.87	21.35
72	1130	536	594	25	11	13	21.83	21.08	22.49
73	1065	521	544	15	12	3	14.09	23.08	5.50
74	943	439	504	28	18	10	29.26	40.63	19.37
75-79	**3592**	**1705**	**1887**	**140**	**80**	**60**	**39.03**	**47.08**	**31.76**
75	831	414	417	35	19	16	42.71	46.09	39.35
76	856	415	441	28	19	9	32.56	46.69	19.28
77	648	288	361	18	10	8	27.84	34.80	22.29
78	686	318	368	34	18	16	49.56	57.26	42.92
79	571	271	299	25	14	11	43.45	50.30	37.24
80-84	**1979**	**845**	**1134**	**125**	**58**	**67**	**63.20**	**68.52**	**59.24**
80	553	248	305	26	10	16	46.75	41.34	51.14
81	430	181	249	21	10	11	48.60	53.20	45.25
82	384	153	231	32	15	17	82.48	95.44	73.90
83	325	131	193	25	13	13	78.27	98.04	64.86
84	288	132	156	21	11	11	73.97	80.07	68.80
85-89	**758**	**263**	**495**	**72**	**33**	**39**	**94.78**	**125.22**	**78.63**
85	223	82	140	13	7	7	59.92	80.31	47.97
86	194	61	133	15	4	11	78.77	65.91	84.63
87	129	35	94	16	7	9	127.10	197.69	100.83
88	119	49	70	12	7	6	104.19	140.55	78.84
89	94	36	58	14	9	6	154.41	236.48	102.99
90+	**279**	**80**	**200**	**38**	**7**	**31**	**134.87**	**86.95**	**154.07**

2-47　全国乡村分年龄、性别的死亡人口状况
(2005年11月1日至2006年10月31日)
Status of Rural Deaths by Age and Sex (2005.11.1－2006.10.31)

年　龄 Age	年平均人口(人) Average Population (person)	男 Male	女 Female	死亡人口(人) Deaths (person)	男 Male	女 Female	死亡率(‰) Death Rate (‰)	男 Male	女 Female
总计　Total	**673377**	**343523**	**329853**	**4311**	**2415**	**1897**	**6.40**	**7.03**	**5.75**
0-4	**34637**	**19093**	**15544**	**93**	**42**	**50**	**2.68**	**2.22**	**3.23**
0	4360	2402	1958	66	27	39	15.15	11.18	20.02
1	7212	4047	3165	7	5	2	0.97	1.33	0.51
2	7812	4244	3569	5	4	1	0.63	0.83	0.39
3	7526	4139	3387	9	4	5	1.16	1.02	1.33
4	7726	4261	3465	6	2	4	0.78	0.58	1.02
5-9	**44257**	**24550**	**19707**	**29**	**23**	**6**	**0.65**	**0.93**	**0.29**
5	8141	4595	3546	3	2	1	0.34	0.43	0.22
6	8697	4822	3875	5	4	1	0.58	0.89	0.20
7	8338	4639	3699	8	7		0.94	1.61	0.11
8	9495	5219	4276	5	3	2	0.54	0.66	0.40
9	9586	5275	4311	8	6	2	0.81	1.08	0.48
10-14	**56921**	**30750**	**26172**	**23**	**13**	**10**	**0.41**	**0.42**	**0.40**
10	10213	5519	4695	8	4	4	0.78	0.81	0.75
11	10964	5983	4981	3	1	1	0.24	0.21	0.28
12	10909	5912	4998	2	2	1	0.19	0.27	0.10
13	12038	6444	5594	3	2	1	0.28	0.33	0.23
14	12797	6892	5905	7	4	4	0.57	0.51	0.63
15-19	**61460**	**32593**	**28867**	**54**	**33**	**21**	**0.87**	**1.01**	**0.72**
15	12681	6788	5893	6	3	2	0.43	0.46	0.40
16	15361	8136	7225	10	5	5	0.62	0.57	0.68
17	12713	6775	5938	9	7	2	0.68	1.05	0.25
18	10798	5685	5113	13	7	7	1.22	1.15	1.30
19	9906	5209	4697	17	11	5	1.69	2.20	1.12
20-24	**38364**	**18989**	**19375**	**59**	**38**	**21**	**1.53**	**2.01**	**1.07**
20	8442	4261	4181	13	8	5	1.55	1.98	1.12
21	7258	3686	3571	15	10	5	2.03	2.58	1.47
22	7305	3534	3771	7	6	1	0.90	1.61	0.24
23	7223	3549	3675	9	4	4	1.20	1.20	1.20
24	8135	3959	4177	16	10	6	1.93	2.58	1.32
25-29	**36278**	**17850**	**18428**	**42**	**25**	**17**	**1.16**	**1.42**	**0.90**
25	7303	3551	3752	8	5	2	1.04	1.54	0.58
26	7029	3482	3548	10	5	5	1.38	1.36	1.40
27	7368	3638	3730	9	6	3	1.18	1.52	0.85
28	7557	3725	3832	11	6	5	1.45	1.64	1.27
29	7021	3455	3565	5	4	1	0.71	1.02	0.41

2-47 续表 1 continued

年龄 Age	年平均人口(人) Average Population (person)	男 Male	女 Female	死亡人口(人) Deaths (person)	男 Male	女 Female	死亡率(‰) Death Rate (‰)	男 Male	女 Female
30-34	**47038**	**23018**	**24020**	**73**	**40**	**33**	**1.55**	**1.73**	**1.38**
30	8370	4160	4211	15	6	10	1.83	1.34	2.31
31	8226	4032	4194	12	5	7	1.50	1.28	1.71
32	9609	4573	5036	14	8	6	1.42	1.69	1.18
33	10172	4954	5217	27	19	8	2.61	3.76	1.51
34	10662	5299	5363	5	3	2	0.47	0.50	0.43
35-39	**61369**	**29899**	**31470**	**128**	**78**	**49**	**2.08**	**2.62**	**1.57**
35	11594	5759	5835	24	17	7	2.04	2.88	1.21
36	12872	6196	6676	21	16	5	1.62	2.58	0.73
37	12027	5826	6201	19	10	9	1.59	1.78	1.42
38	13582	6597	6985	28	19	10	2.07	2.81	1.38
39	11294	5521	5773	36	17	19	3.17	3.05	3.28
40-44	**63366**	**31079**	**32287**	**160**	**112**	**48**	**2.53**	**3.62**	**1.49**
40	13313	6593	6720	25	15	10	1.88	2.28	1.48
41	12635	6251	6385	24	20	4	1.89	3.15	0.65
42	12234	5978	6256	45	32	13	3.69	5.36	2.09
43	14131	6927	7203	36	24	12	2.58	3.52	1.67
44	11053	5329	5723	30	21	9	2.71	3.98	1.54
45-49	**41434**	**20711**	**20722**	**166**	**91**	**75**	**4.00**	**4.39**	**3.61**
45	6258	2996	3262	21	13	8	3.34	4.37	2.39
46	7501	3780	3722	27	17	10	3.66	4.60	2.71
47	9484	4847	4637	44	27	17	4.60	5.48	3.68
48	7174	3532	3642	29	19	10	4.06	5.49	2.66
49	11016	5556	5460	45	14	30	4.05	2.60	5.53
50-54	**52487**	**26648**	**25839**	**212**	**125**	**87**	**4.03**	**4.69**	**3.35**
50	10322	5115	5207	19	11	8	1.83	2.19	1.47
51	10719	5441	5278	49	26	24	4.61	4.71	4.51
52	10917	5554	5364	54	38	16	4.93	6.78	3.01
53	10101	5183	4919	49	28	21	4.84	5.42	4.23
54	10427	5356	5071	41	22	18	3.89	4.16	3.60
55-59	**40640**	**20850**	**19790**	**257**	**165**	**93**	**6.33**	**7.89**	**4.69**
55	8664	4366	4298	59	41	18	6.80	9.33	4.24
56	8666	4480	4187	61	39	21	6.99	8.77	5.09
57	8463	4399	4063	40	27	13	4.70	6.11	3.18
58	7487	3814	3672	51	27	24	6.76	7.08	6.43
59	7361	3791	3569	47	31	17	6.44	8.11	4.67

2-47 续表 2 continued

年 龄 Age	年平均人口(人) Average Population (person)	男 Male	女 Female	死亡人口(人) Deaths (person)	男 Male	女 Female	死亡率(‰) Death Rate (‰)	男 Male	女 Female
60-64	**29405**	**15365**	**14040**	**330**	**201**	**129**	**11.23**	**13.10**	**9.19**
60	6821	3478	3343	68	46	23	10.00	13.12	6.75
61	5969	3160	2809	59	36	23	9.89	11.44	8.16
62	5926	3178	2748	63	32	31	10.61	9.95	11.37
63	5486	2866	2621	66	48	18	12.08	16.71	7.01
64	5202	2683	2519	74	40	34	14.21	14.88	13.50
65-69	**23537**	**12433**	**11104**	**462**	**284**	**178**	**19.62**	**22.86**	**15.99**
65	5274	2782	2492	80	58	22	15.10	20.88	8.66
66	5089	2716	2373	104	67	36	20.34	24.68	15.37
67	4088	2129	1959	86	54	32	21.07	25.31	16.47
68	4627	2442	2185	83	56	27	18.01	22.88	12.56
69	4459	2363	2097	109	49	60	24.47	20.85	28.53
70-74	**19372**	**9726**	**9646**	**644**	**378**	**266**	**33.26**	**38.90**	**27.57**
70	4402	2221	2182	109	72	37	24.86	32.43	17.15
71	3972	2071	1901	136	83	54	34.24	39.84	28.15
72	3741	1815	1926	149	84	65	39.89	46.51	33.65
73	3982	2020	1962	119	66	53	29.86	32.60	27.03
74	3275	1600	1675	131	74	57	39.92	45.96	34.15
75-79	**12473**	**5913**	**6560**	**644**	**357**	**287**	**51.60**	**60.35**	**43.72**
75	2873	1413	1461	143	88	55	49.88	62.44	37.74
76	3076	1401	1675	125	64	61	40.77	46.03	36.38
77	2224	1086	1138	117	57	61	52.77	52.24	53.28
78	2352	1109	1243	134	75	59	56.91	67.24	47.69
79	1947	904	1043	124	73	51	63.51	80.54	48.74
80-84	**6737**	**2786**	**3951**	**517**	**254**	**263**	**76.69**	**91.12**	**66.52**
80	1759	726	1033	137	59	78	77.92	81.49	75.42
81	1521	624	898	122	61	61	80.21	98.05	67.81
82	1388	610	778	84	49	35	60.61	80.28	45.19
83	1114	424	690	90	43	47	81.21	101.86	68.51
84	954	402	552	83	41	42	86.92	102.89	75.30
85-89	**2664**	**988**	**1676**	**259**	**100**	**159**	**97.12**	**101.45**	**94.56**
85	874	329	545	85	33	53	97.63	99.65	96.42
86	665	243	422	64	27	37	96.06	111.11	87.38
87	495	205	290	37	17	20	74.94	83.93	68.60
88	362	127	236	31	11	20	86.09	89.33	84.35
89	268	85	183	41	12	29	153.95	141.40	159.74
90+	**939**	**284**	**654**	**161**	**55**	**107**	**171.94**	**192.48**	**163.02**

2-48 各地区分性别的

Population by Sex, Household

单位：人

地区	Region	人口数 Population			住本乡、镇、街道，户口在本乡、镇、街道 Residing in the Townships, Towns and Street Communities with Permanent Household Registration There		
		合计 Total	男 Male	女 Female	小计 Sub-total	男 Male	女 Female
全国	**National Total**	**1192666**	**604303**	**588363**	**1070090**	**543014**	**527076**
北京	Beijing	14294	7046	7248	8828	4341	4486
天津	Tianjin	9694	4768	4926	8129	3998	4131
河北	Hebei	63675	32179	31495	60036	30409	29627
山西	Shanxi	31182	15766	15416	28314	14414	13899
内蒙古	Inner Mongolia	22180	11310	10870	19461	9997	9464
辽宁	Liaoning	39231	19811	19420	34355	17444	16912
吉林	Jilin	25243	12772	12471	22606	11482	11123
黑龙江	Heilongjiang	35504	18034	17470	31526	16078	15448
上海	Shanghai	16525	8209	8316	11222	5639	5584
江苏	Jiangsu	69474	33832	35642	62813	30528	32285
浙江	Zhejiang	45523	22972	22551	37827	19024	18804
安徽	Anhui	56880	28953	27928	53328	27212	26116
福建	Fujian	32855	16593	16262	27550	13885	13665
江西	Jiangxi	40069	20535	19534	37285	19152	18133
山东	Shandong	85953	43164	42789	80055	39970	40085
河南	Henan	87180	44191	42989	84050	42614	41435
湖北	Hubei	53070	26858	26211	48461	24524	23938
湖南	Hunan	58795	29953	28842	55592	28418	27174
广东	Guangdong	85451	43780	41671	58515	29857	28658
广西	Guangxi	43311	22606	20705	41124	21544	19580
海南	Hainan	7696	4030	3666	7014	3693	3322
重庆	Chongqing	26005	13167	12838	23997	12231	11765
四川	Sichuan	76324	38769	37555	71574	36584	34990
贵州	Guizhou	34666	17919	16747	32413	16820	15593
云南	Yunnan	41359	21394	19965	38569	19988	18581
西藏	Tibet	2574	1259	1315	2539	1242	1297
陕西	Shaanxi	34574	17389	17185	32645	16402	16243
甘肃	Gansu	24109	12205	11904	23461	11892	11569
青海	Qinghai	5049	2563	2485	4503	2280	2223
宁夏	Ningxia	5539	2822	2718	5055	2580	2475
新疆	Xinjiang	18681	9452	9229	17241	8773	8469

各种户口状况人口
Registration Status and Region

(person)

住本乡、镇、街道半年以上，户口在外乡、镇、街道 Residing in Townships, Towns and Street Communities For More Than 6 Months, with Permanent Household Registration Elsewhere			住本乡、镇、街道不满半年，户口在外乡、镇、街道，离开户口登记地半年以上 Residing in Townships, Towns and Street Communities For Less Than 6 Months, with Permanent Household Registration Elsewhere, Having Been Away from That Places For More Than 6 Months.			住本乡、镇、街道，户口待定 Residing in Townships, Towns and Street Communities, with Place of Permanent Household Registration Unsettled		
小 计 Sub-total	男 Male	女 Female	小 计 Sub-total	男 Male	女 Female	小 计 Sub-total	男 Male	女 Female
106911	**53225**	**53685**	**9779**	**5140**	**4639**	**5886**	**2924**	**2963**
5045	2484	2561	375	200	176	46	21	25
1482	729	753	61	30	30	22	12	11
3132	1520	1613	249	122	127	257	129	129
2579	1218	1361	80	41	39	209	93	116
2330	1142	1188	296	133	163	93	38	56
4538	2186	2352	219	113	106	119	69	50
2393	1159	1234	165	90	75	79	41	38
3536	1731	1805	316	155	161	126	71	55
4946	2401	2545	326	153	172	31	16	15
6121	3026	3096	223	111	112	317	167	149
7035	3605	3429	406	217	190	255	126	128
2915	1381	1534	338	204	133	300	155	145
4549	2294	2255	459	276	183	297	137	160
2342	1157	1185	135	75	61	308	152	155
5378	2944	2434	275	126	149	245	124	121
2746	1372	1375	168	88	80	215	116	99
4125	2090	2035	299	165	134	185	79	105
2813	1338	1475	198	96	102	192	100	92
22388	11414	10974	3800	2123	1678	748	387	361
1844	909	935	156	67	89	187	87	100
579	283	296	44	23	21	58	31	27
1813	844	969	94	42	52	102	50	52
3763	1765	1998	478	170	308	509	251	258
1881	918	963	110	56	54	262	124	138
2395	1231	1164	124	62	62	271	113	158
19	9	10	4	4		12	5	7
1629	828	802	128	69	59	172	91	81
519	249	270	68	30	38	61	34	27
438	221	217	73	44	28	36	18	17
406	204	202	26	13	13	52	25	27
1232	575	657	86	41	45	122	63	59

2-49 各地区城市分性别

City Population by Sex, Household

单位：人

地 区	Region	人口数 Population			住本乡、镇、街道，户口在本乡、镇、街道 Residing in the Townships, Towns and Street Communities with Permanent Household Registration There		
		合计 Total	男 Male	女 Female	小计 Sub-total	男 Male	女 Female
全 国	**National Total**	**290147**	**144296**	**145851**	**214198**	**107080**	**107117**
北 京	Beijing	11277	5512	5766	6434	3119	3315
天 津	Tianjin	6192	2984	3208	4799	2303	2496
河 北	Hebei	11600	5802	5799	9432	4747	4685
山 西	Shanxi	7255	3567	3687	5748	2857	2891
内蒙古	Inner Mongolia	5847	2886	2961	3976	1987	1990
辽 宁	Liaoning	17604	8748	8857	14308	7148	7159
吉 林	Jilin	9507	4740	4767	7576	3773	3803
黑龙江	Heilongjiang	13119	6521	6598	10914	5455	5459
上 海	Shanghai	13334	6629	6704	8736	4421	4315
江 苏	Jiangsu	22377	10962	11414	17970	8746	9224
浙 江	Zhejiang	11844	5745	6099	8764	4261	4503
安 徽	Anhui	8037	4196	3841	6073	3237	2837
福 建	Fujian	7204	3566	3638	4357	2178	2180
江 西	Jiangxi	5939	3014	2926	4713	2401	2312
山 东	Shandong	17172	8754	8418	13901	7072	6829
河 南	Henan	13787	6832	6956	12076	5986	6091
湖 北	Hubei	13142	6521	6621	9925	4893	5031
湖 南	Hunan	10189	5012	5177	8524	4241	4283
广 东	Guangdong	33647	16721	16926	15381	7796	7585
广 西	Guangxi	5764	2860	2904	4531	2310	2221
海 南	Hainan	1503	764	739	1120	576	544
重 庆	Chongqing	4913	2362	2551	3722	1817	1905
四 川	Sichuan	11058	5716	5342	9125	4731	4394
贵 州	Guizhou	3501	1738	1764	2351	1179	1172
云 南	Yunnan	6492	3257	3235	4753	2361	2393
西 藏	Tibet	339	153	186	328	146	181
陕 西	Shaanxi	5803	2881	2922	4894	2435	2458
甘 肃	Gansu	3990	2021	1969	3570	1821	1749
青 海	Qinghai	1309	661	649	904	449	455
宁 夏	Ningxia	1344	679	665	1082	549	533
新 疆	Xinjiang	5057	2494	2562	4211	2087	2125

的各种户口状况人口

Registration Status and Region

(person)

住本乡、镇、街道半年以上，户口在外乡、镇、街道 Residing in Townships, Towns and Street Communities For More Than 6 Months, with Permanent Household Registration Elsewhere			住本乡、镇、街道不满半年，户口在外乡、镇、街道，离开户口登记地半年以上 Residing in Townships, Towns and Street Communities For Less Than 6 Months, with Permanent Household Registration Elsewhere, Having Been Away from That Places For More Than 6 Months.			住本乡、镇、街道，户口待定 Residing in Townships, Towns and Street Communities, with Place of Permanent Household Registration Unsettled		
小 计 Sub-total	男 Male	女 Female	小 计 Sub-total	男 Male	女 Female	小 计 Sub-total	男 Male	女 Female
67427	**32738**	**34689**	**7192**	**3815**	**3378**	**1330**	**663**	**667**
4463	2192	2271	354	190	164	26	11	15
1324	646	677	55	27	28	15	8	7
1932	943	989	185	88	96	52	24	28
1408	667	741	59	27	33	39	16	22
1590	784	806	241	96	145	40	19	20
3058	1472	1586	201	107	95	37	21	16
1767	880	888	139	75	65	25	13	12
1940	935	1005	227	111	117	39	22	17
4299	2063	2236	277	133	144	22	13	10
4198	2120	2078	107	46	61	101	50	51
2905	1396	1509	136	72	64	40	16	24
1583	737	845	295	184	111	86	38	48
2514	1198	1316	287	166	121	46	23	22
1105	545	561	81	47	34	40	21	19
2994	1542	1451	239	116	123	39	25	14
1541	762	779	117	60	57	53	24	29
2907	1460	1447	244	144	99	67	24	42
1495	679	816	122	62	60	48	30	18
14818	7048	7770	3143	1724	1419	305	153	153
1095	493	602	116	50	66	22	7	15
354	174	180	20	10	10	9	4	5
1108	505	603	62	30	32	21	10	11
1808	920	887	108	50	57	17	14	3
1074	513	561	53	33	20	23	12	10
1613	826	786	103	55	48	23	15	8
11	6	5						
825	406	419	60	27	33	24	12	12
380	181	200	26	11	16	13	8	5
332	168	164	63	39	24	9	5	5
244	121	122	12	5	7	7	3	4
741	353	388	61	30	31	43	24	19

2-50 各地区镇分性别
Town Population by Sex, Household

单位：人

地 区	Region	人口数 Population			住本乡、镇、街道，户口在本乡、镇、街道 Residing in the Townships, Towns and Street Communities with Permanent Household Registration There		
		合计 Total	男 Male	女 Female	小计 Sub-total	男 Male	女 Female
全 国	**National Total**	**227920**	**115864**	**112056**	**201421**	**101717**	**99704**
北 京	Beijing	672	323	349	445	218	227
天 津	Tianjin	1089	542	548	1018	506	513
河 北	Hebei	12398	6239	6160	11851	5953	5898
山 西	Shanxi	5876	2971	2905	5263	2683	2580
内蒙古	Inner Mongolia	4621	2368	2253	4000	2053	1947
辽 宁	Liaoning	5423	2744	2679	4681	2368	2313
吉 林	Jilin	3752	1903	1848	3465	1767	1698
黑龙江	Heilongjiang	5733	2918	2815	4985	2552	2434
上 海	Shanghai	1388	702	686	976	488	488
江 苏	Jiangsu	12435	6137	6298	11320	5559	5761
浙 江	Zhejiang	13661	6970	6692	10812	5427	5385
安 徽	Anhui	12152	6053	6099	11135	5541	5595
福 建	Fujian	8340	4247	4093	6990	3516	3474
江 西	Jiangxi	8886	4556	4331	7928	4096	3832
山 东	Shandong	21510	10908	10603	19731	9860	9871
河 南	Henan	12931	6602	6329	11986	6144	5842
湖 北	Hubei	9784	4891	4893	9033	4505	4528
湖 南	Hunan	11562	5849	5712	10532	5344	5189
广 东	Guangdong	18201	9801	8400	12726	6464	6262
广 西	Guangxi	8797	4629	4169	8172	4251	3921
海 南	Hainan	1975	1022	954	1787	930	857
重 庆	Chongqing	6853	3426	3427	6312	3164	3148
四 川	Sichuan	14132	7025	7107	12788	6437	6351
贵 州	Guizhou	5814	2993	2821	5216	2675	2541
云 南	Yunnan	5709	2871	2838	5125	2569	2557
西 藏	Tibet	351	167	184	340	160	180
陕 西	Shaanxi	7067	3593	3474	6474	3307	3167
甘 肃	Gansu	3247	1640	1607	3161	1603	1557
青 海	Qinghai	672	338	334	597	299	299
宁 夏	Ningxia	1002	504	498	884	445	439
新 疆	Xinjiang	1883	934	950	1686	835	851

的各种户口状况人口

Registration Status and Region

(person)

住本乡、镇、街道半年以上，户口在外乡、镇、街道 Residing in Townships, Towns and Street Communities For More Than 6 Months, with Permanent Household Registration Elsewhere			住本乡、镇、街道不满半年，户口在外乡、镇、街道，离开户口登记地半年以上 Residing in Townships, Towns and Street Communities For Less Than 6 Months, with Permanent Household Registration Elsewhere, Having Been Away from That Places For More Than 6 Months.			住本乡、镇、街道，户口待定 Residing in Townships, Towns and Street Communities, with Place of Permanent Household Registration Unsettled		
小计 Sub-total	男 Male	女 Female	小计 Sub-total	男 Male	女 Female	小计 Sub-total	男 Male	女 Female
23877	**12816**	**11061**	**1588**	**791**	**797**	**1034**	**541**	**493**
214	100	114	7	3	4	6	2	4
67	34	33	3	2	1	1	1	1
483	244	238	24	16	8	41	25	16
562	262	300	9	8	1	43	19	24
555	272	283	52	36	15	14	7	8
720	360	360	5	3	2	16	13	3
270	126	144	11	8	3	5	2	3
652	319	333	51	23	28	45	24	21
381	201	179	30	11	19	2	1	1
1032	529	503	43	24	19	40	26	14
2567	1394	1173	193	94	99	90	55	34
942	480	461	10	3	6	65	29	36
1148	617	531	124	78	46	77	35	42
869	419	451	34	16	18	55	25	30
1676	1001	675	18	2	16	85	45	41
870	419	451	39	22	17	36	17	19
685	352	334	30	17	13	35	17	18
964	469	496	33	17	17	32	20	12
4897	3003	1894	429	242	187	148	92	57
577	361	216	18	6	12	30	11	19
153	73	80	17	9	8	18	10	8
494	245	249	18	6	12	29	11	17
1082	512	570	241	69	172	21	7	14
545	292	252	31	15	16	22	10	11
551	295	256	16	5	11	17	3	15
5	2	3	4	3		3	2	1
515	241	274	55	33	22	23	12	11
63	26	37	15	6	9	9	5	4
61	31	30	9	5	4	5	3	2
98	49	49	9	5	4	11	5	6
179	89	91	8	2	6	10	7	3

2-51 各地区乡村分性别

Rural Population by Sex, Household

单位：人

地区	Region	人口数 Population			住本乡、镇、街道，户口在本乡、镇、街道 Residing in the Townships, Towns and Street Communities with Permanent Household Registration There		
		合计 Total	男 Male	女 Female	小计 Sub-total	男 Male	女 Female
全 国	**National Total**	**674599**	**344143**	**330457**	**654471**	**334217**	**320254**
北 京	Beijing	2345	1212	1134	1949	1005	944
天 津	Tianjin	2413	1243	1170	2312	1189	1122
河 北	Hebei	39676	20139	19537	38753	19709	19044
山 西	Shanxi	18051	9228	8824	17303	8875	8428
内蒙古	Inner Mongolia	11711	6056	5655	11484	5957	5527
辽 宁	Liaoning	16204	8319	7884	15367	7928	7439
吉 林	Jilin	11985	6129	5855	11565	5942	5622
黑龙江	Heilongjiang	16651	8595	8057	15627	8072	7555
上 海	Shanghai	1803	878	925	1510	729	781
江 苏	Jiangsu	34663	16733	17930	33523	16223	17300
浙 江	Zhejiang	20017	10257	9760	18251	9336	8915
安 徽	Anhui	36692	18704	17988	36120	18435	17685
福 建	Fujian	17311	8780	8531	16203	8191	8012
江 西	Jiangxi	25244	12966	12278	24643	12655	11989
山 东	Shandong	47270	23502	23768	46422	23038	23384
河 南	Henan	60461	30757	29704	59988	30484	29503
湖 北	Hubei	30144	15446	14698	29504	15126	14378
湖 南	Hunan	37045	19092	17953	36536	18834	17702
广 东	Guangdong	33604	17258	16345	30408	15596	14812
广 西	Guangxi	28750	15118	13632	28421	14982	13439
海 南	Hainan	4217	2244	1973	4108	2187	1920
重 庆	Chongqing	14239	7379	6860	13962	7250	6712
四 川	Sichuan	51134	26028	25105	49662	25417	24245
贵 州	Guizhou	25350	13188	12162	24846	12966	11880
云 南	Yunnan	29158	15266	13892	28690	15058	13632
西 藏	Tibet	1884	939	945	1872	936	936
陕 西	Shaanxi	21704	10915	10789	21278	10660	10618
甘 肃	Gansu	16872	8544	8327	16731	8467	8263
青 海	Qinghai	3067	1565	1502	3001	1533	1469
宁 夏	Ningxia	3193	1639	1554	3090	1586	1503
新 疆	Xinjiang	11741	6024	5717	11344	5851	5494

的各种户口状况人口
Registration Status and Region

(person)

住本乡、镇、街道半年以上，户口在外乡、镇、街道 Residing in Townships, Towns and Street Communities For More Than 6 Months, with Permanent Household Registration Elsewhere			住本乡、镇、街道不满半年，户口在外乡、镇、街道，离开户口登记地半年以上 Residing in Townships, Towns and Street Communities For Less Than 6 Months, with Permanent Household Registration Elsewhere, Having Been Away from That Places For More Than 6 Months.			住本乡、镇、街道，户口待定 Residing in Townships, Towns and Street Communities, with Place of Permanent Household Registration Unsettled		
小 计 Sub-total	男 Male	女 Female	小 计 Sub-total	男 Male	女 Female	小 计 Sub-total	男 Male	女 Female
15607	**7672**	**7935**	**999**	**534**	**465**	**3522**	**1720**	**1802**
369	193	176	14	7	8	14	8	6
92	49	43	3	2	1	6	3	3
718	332	386	41	18	23	164	80	85
609	289	320	13	7	6	127	58	69
185	86	99	3	1	2	39	12	28
759	354	405	12	3	9	66	35	31
356	154	202	14	7	7	50	26	24
945	477	467	37	21	16	42	25	17
267	137	130	19	9	10	7	2	5
891	377	514	73	41	32	176	92	84
1563	815	748	78	51	27	125	55	70
390	163	227	33	17	16	149	88	61
886	479	408	48	32	16	174	78	96
367	193	174	21	12	9	213	106	106
708	401	307	19	8	10	121	54	66
335	191	144	12	6	6	126	75	51
532	279	254	25	4	21	83	38	45
354	190	164	43	18	25	112	50	62
2672	1362	1310	228	157	71	295	143	152
172	55	117	23	12	11	134	69	66
71	35	36	7	4	3	31	17	14
210	94	116	14	5	8	53	29	24
873	332	541	129	50	79	471	230	241
262	112	150	25	8	17	217	101	116
232	110	122	5	2	3	231	96	135
3		2				9	3	6
289	181	109	12	9	4	125	66	59
76	43	33	27	14	13	39	21	18
44	21	23	1			21	11	11
65	33	31	5	3	2	34	17	17
311	133	178	17	9	8	69	32	37

第三部分
Chapter Three

2006年劳动力抽样调查主要数据

Main Data from 2006 Labor Force Survey

3-1 分地区全国就业人员受教育程度构成

Educational Attainment of Employed Persons by Region

单位：% (%)

地区	Region	就业人员 Employed Persons	男 Male	女 Female	未上过学 No Schooling	小学 Primary School	初中 Junior Secondary School	高中 Senior Secondary School	大学专科 College	大学本科 University	研究生及以上 Graduate and Higher Level
全国	**National Total**	**100.0**	**53.5**	**46.5**	**6.7**	**29.9**	**44.9**	**11.9**	**4.3**	**2.1**	**0.23**
北京	Beijing	100.0	56.4	43.6	1.5	6.8	31.5	24.5	16.3	16.0	3.41
天津	Tianjin	100.0	57.0	43.0	1.2	15.4	41.5	24.7	9.7	7.0	0.54
河北	Hebei	100.0	54.9	45.1	3.3	26.6	55.4	10.4	2.9	1.4	0.04
山西	Shanxi	100.0	59.2	40.8	1.9	19.4	56.5	14.1	5.3	2.6	0.17
内蒙古	Inner Mongolia	100.0	55.9	44.1	6.8	27.7	44.2	13.9	5.4	1.9	0.06
辽宁	Liaoning	100.0	56.1	43.9	1.4	22.9	52.3	13.8	6.0	3.3	0.28
吉林	Jilin	100.0	56.4	43.6	2.6	27.8	47.8	15.4	4.1	2.2	0.20
黑龙江	Heilongjiang	100.0	56.7	43.3	2.2	27.4	49.0	14.1	4.9	2.4	0.09
上海	Shanghai	100.0	57.3	42.7	1.4	8.1	34.6	27.5	13.9	12.5	1.92
江苏	Jiangsu	100.0	50.4	49.6	6.4	26.9	44.1	14.4	5.4	2.4	0.34
浙江	Zhejiang	100.0	57.2	42.8	6.3	31.7	41.1	12.2	5.0	3.1	0.66
安徽	Anhui	100.0	52.5	47.5	13.6	31.1	44.4	7.2	2.6	1.1	0.05
福建	Fujian	100.0	56.1	43.9	6.7	36.8	38.8	11.4	4.3	2.0	0.06
江西	Jiangxi	100.0	53.4	46.6	5.9	38.9	38.8	10.4	3.7	1.8	0.29
山东	Shandong	100.0	51.8	48.2	5.9	27.0	49.3	12.5	3.6	1.6	0.05
河南	Henan	100.0	51.6	48.4	5.7	22.6	57.2	10.1	3.4	0.9	0.04
湖北	Hubei	100.0	53.0	47.0	7.6	29.7	41.0	14.1	4.4	2.5	0.60
湖南	Hunan	100.0	53.7	46.3	4.1	32.9	45.9	11.7	3.6	1.7	0.17
广东	Guangdong	100.0	54.1	45.9	2.2	22.7	51.1	16.8	4.6	2.4	0.31
广西	Guangxi	100.0	52.8	47.2	3.5	32.2	48.5	10.5	4.0	1.2	0.04
海南	Hainan	100.0	54.2	45.8	6.5	21.3	52.3	13.9	4.0	1.9	0.10
重庆	Chongqing	100.0	52.2	47.8	7.6	41.8	36.7	8.8	3.2	1.8	0.06
四川	Sichuan	100.0	51.6	48.4	10.2	44.1	34.6	7.4	2.6	1.1	0.02
贵州	Guizhou	100.0	52.8	47.2	17.4	41.9	32.3	5.1	2.5	0.9	0.01
云南	Yunnan	100.0	52.9	47.1	14.2	45.7	30.7	5.7	2.5	1.0	0.07
西藏	Tibet	100.0	50.8	49.2	44.9	45.2	8.3	1.1	0.5		
陕西	Shaanxi	100.0	52.4	47.6	7.4	27.3	44.5	13.3	5.0	2.3	0.19
甘肃	Gansu	100.0	51.6	48.4	21.7	33.1	32.9	8.7	2.8	0.7	0.04
青海	Qinghai	100.0	53.8	46.2	18.4	34.2	29.3	10.1	5.6	2.3	0.11
宁夏	Ningxia	100.0	53.4	46.7	14.3	28.3	37.2	11.4	5.8	3.0	0.07
新疆	Xinjiang	100.0	54.8	45.2	5.2	31.0	41.7	10.9	7.3	3.5	0.36

资料来源：2006年11月劳动力调查资料(下表同)。
Data Resource: Lobor Force Survey in Nov. 2006. The same applies to the tables following.

3-2 分地区全国男性就业人员受教育程度构成

Educational Attainment of Male Employed Persons by Region

单位：%　　(%)

地区	Region	男性就业人员 Male Employed Persons	未上过学 No Schooling	小学 Primary School	初中 Junior Secondary School	高中 Senior Secondary School	大学专科 College	大学本科 University	研究生及以上 Graduate and Higher Level
全国	**National Total**	**100.0**	**3.8**	**26.7**	**48.6**	**13.8**	**4.5**	**2.4**	**0.29**
北京	Beijing	100.0	1.0	6.9	34.9	23.7	14.7	14.9	3.80
天津	Tianjin	100.0	0.6	14.7	44.1	24.5	9.1	6.5	0.58
河北	Hebei	100.0	2.0	22.6	59.1	12.1	2.8	1.4	0.04
山西	Shanxi	100.0	1.7	17.3	58.3	15.2	4.7	2.6	0.18
内蒙古	Inner Mongolia	100.0	3.9	24.4	48.7	15.5	5.5	1.9	0.08
辽宁	Liaoning	100.0	0.9	20.7	54.0	14.8	5.8	3.5	0.30
吉林	Jilin	100.0	1.9	25.3	49.9	16.3	4.0	2.4	0.24
黑龙江	Heilongjiang	100.0	1.5	24.2	51.4	15.5	4.8	2.4	0.12
上海	Shanghai	100.0	0.6	7.4	36.3	28.1	12.8	12.6	2.18
江苏	Jiangsu	100.0	3.0	23.0	46.8	18.0	5.8	3.0	0.47
浙江	Zhejiang	100.0	4.0	30.6	44.0	12.7	4.8	3.0	0.82
安徽	Anhui	100.0	7.3	27.3	51.3	9.5	3.2	1.4	0.07
福建	Fujian	100.0	2.5	32.0	44.7	13.7	4.6	2.4	0.08
江西	Jiangxi	100.0	3.2	31.3	45.2	13.3	4.4	2.2	0.42
山东	Shandong	100.0	2.9	22.0	54.1	14.9	4.0	2.0	0.06
河南	Henan	100.0	3.6	18.9	60.1	12.5	3.7	1.0	0.05
湖北	Hubei	100.0	4.1	26.0	44.5	16.7	5.1	2.8	0.76
湖南	Hunan	100.0	2.1	30.1	48.5	13.3	3.8	2.0	0.21
广东	Guangdong	100.0	1.2	18.1	52.9	19.5	4.9	2.9	0.39
广西	Guangxi	100.0	1.5	27.8	52.3	12.5	4.4	1.5	0.04
海南	Hainan	100.0	3.1	16.7	55.2	17.9	4.6	2.3	0.09
重庆	Chongqing	100.0	4.3	40.1	39.8	10.2	3.4	2.1	0.11
四川	Sichuan	100.0	6.1	43.6	37.3	8.8	3.0	1.3	0.03
贵州	Guizhou	100.0	8.1	40.6	41.2	6.1	2.9	1.1	0.01
云南	Yunnan	100.0	8.4	45.1	36.2	6.3	2.7	1.2	0.08
西藏	Tibet	100.0	34.3	52.4	11.7	1.2	0.5		
陕西	Shaanxi	100.0	4.8	23.3	47.2	16.1	5.6	2.7	0.28
甘肃	Gansu	100.0	13.3	31.7	39.3	11.5	3.3	0.9	0.06
青海	Qinghai	100.0	11.5	34.6	34.6	10.8	5.8	2.4	0.13
宁夏	Ningxia	100.0	8.2	26.6	42.9	12.8	6.1	3.1	0.12
新疆	Xinjiang	100.0	4.7	29.3	43.8	11.7	6.9	3.3	0.39

3-3 分地区全国女性就业人员受教育程度构成

Educational Attainment of Female Employed Persons by Region

单位：% (%)

地区	Region	女性就业人员 Female Employed Persons	未上过学 No Schooling	小学 Primary School	初中 Junior Secondary School	高中 Senior Secondary School	大学专科 College	大学本科 University	研究生及以上 Graduate and Higher Level
全国	**National Total**	**100.0**	**10.2**	**33.7**	**40.6**	**9.6**	**4.0**	**1.8**	**0.16**
北京	Beijing	100.0	2.1	6.6	27.2	25.6	18.4	17.4	2.88
天津	Tianjin	100.0	1.9	16.3	38.1	25.0	10.5	7.7	0.48
河北	Hebei	100.0	5.0	31.4	50.9	8.3	3.0	1.4	0.03
山西	Shanxi	100.0	2.3	22.4	53.8	12.5	6.2	2.6	0.15
内蒙古	Inner Mongolia	100.0	10.4	32.0	38.4	11.8	5.4	2.0	0.03
辽宁	Liaoning	100.0	2.0	25.6	50.2	12.5	6.3	3.1	0.26
吉林	Jilin	100.0	3.5	30.9	45.2	14.2	4.2	2.0	0.15
黑龙江	Heilongjiang	100.0	3.2	31.6	45.8	12.2	5.0	2.3	0.05
上海	Shanghai	100.0	2.5	9.0	32.4	26.7	15.4	12.4	1.57
江苏	Jiangsu	100.0	9.9	30.9	41.3	10.9	5.0	1.8	0.20
浙江	Zhejiang	100.0	9.3	33.2	37.1	11.6	5.2	3.2	0.45
安徽	Anhui	100.0	20.5	35.3	36.8	4.7	1.9	0.7	0.03
福建	Fujian	100.0	11.9	42.9	31.2	8.5	4.0	1.5	0.03
江西	Jiangxi	100.0	9.1	47.7	31.5	7.1	3.0	1.4	0.14
山东	Shandong	100.0	9.1	32.4	44.3	9.9	3.0	1.2	0.03
河南	Henan	100.0	7.9	26.6	54.1	7.5	3.1	0.8	0.03
湖北	Hubei	100.0	11.6	33.9	37.0	11.2	3.6	2.2	0.42
湖南	Hunan	100.0	6.4	36.1	42.8	9.8	3.4	1.4	0.13
广东	Guangdong	100.0	3.3	28.2	48.9	13.5	4.2	1.7	0.22
广西	Guangxi	100.0	5.7	37.3	44.3	8.2	3.5	0.9	0.03
海南	Hainan	100.0	10.5	26.7	48.8	9.2	3.3	1.4	0.05
重庆	Chongqing	100.0	11.2	43.7	33.3	7.2	3.1	1.4	0.01
四川	Sichuan	100.0	14.6	44.7	31.6	5.9	2.2	0.9	0.01
贵州	Guizhou	100.0	27.8	43.3	22.4	3.9	2.0	0.7	
云南	Yunnan	100.0	20.8	46.4	24.6	5.0	2.4	0.8	0.06
西藏	Tibet	100.0	55.9	37.6	5.0	1.0	0.4		
陕西	Shaanxi	100.0	10.3	31.7	41.4	10.3	4.5	1.8	0.09
甘肃	Gansu	100.0	30.6	34.6	26.1	5.9	2.3	0.5	0.03
青海	Qinghai	100.0	26.4	33.8	23.2	9.3	5.3	2.1	0.08
宁夏	Ningxia	100.0	21.2	30.3	30.6	9.7	5.3	2.9	0.07
新疆	Xinjiang	100.0	5.9	33.0	39.2	10.0	7.9	3.7	0.32

3-4 按年龄、性别分的全国就业人员受教育程度构成
Educational Attainment of Employed Persons by Age and Sex

单位：%　　　　　　　　　　　　　　　　　　　　　　　　　　(%)

年龄 Age	就业人员 Employed Persons	未上过学 No Schooling	小学 Primary School	初中 Junior Secondary School	高中 Senior Secondary School	大学专科 College	大学本科 University	研究生及以上 Graduate and Higher Level
总计 Total	**100.0**	**6.7**	**29.9**	**44.9**	**11.9**	**4.3**	**2.1**	**0.2**
16-19	100.0	1.2	14.9	72.9	10.5	0.5	0.1	
20-24	100.0	1.2	11.8	62.6	15.5	6.0	2.7	0.1
25-29	100.0	1.6	14.5	54.7	15.9	8.2	4.6	0.5
30-34	100.0	2.1	20.8	53.6	13.1	6.7	3.4	0.4
35-39	100.0	2.7	26.3	52.1	11.0	4.8	2.8	0.3
40-44	100.0	3.4	25.8	49.6	14.4	4.3	2.2	0.3
45-49	100.0	6.4	32.6	37.8	18.2	3.5	1.4	0.2
50-54	100.0	10.6	46.3	30.3	9.1	2.6	0.9	0.1
55-59	100.0	15.2	56.9	21.4	4.2	1.7	0.6	
60-64	100.0	22.1	57.1	17.7	2.1	0.5	0.4	
65+	100.0	37.1	51.9	8.9	1.4	0.3	0.3	
男 Male	**100.0**	**3.8**	**26.7**	**48.6**	**13.8**	**4.5**	**2.4**	**0.3**
16-19	100.0	0.8	14.4	74.2	10.1	0.5	0.1	
20-24	100.0	0.9	10.7	64.2	16.4	5.1	2.6	0.1
25-29	100.0	1.0	12.3	56.5	17.3	7.7	4.6	0.5
30-34	100.0	1.1	16.7	55.9	14.9	7.0	3.7	0.5
35-39	100.0	1.4	20.6	56.1	13.0	5.1	3.3	0.4
40-44	100.0	1.4	18.6	54.3	17.3	5.1	2.9	0.5
45-49	100.0	2.7	24.6	44.1	22.5	4.2	1.7	0.2
50-54	100.0	4.5	39.2	38.9	12.6	3.5	1.2	0.1
55-59	100.0	7.1	53.7	29.4	6.3	2.6	0.8	0.1
60-64	100.0	11.7	59.2	24.6	3.1	0.7	0.6	0.1
65+	100.0	24.5	60.4	12.2	2.0	0.4	0.4	
女 Female	**100.0**	**10.2**	**33.7**	**40.6**	**9.6**	**4.0**	**1.8**	**0.2**
16-19	100.0	1.6	15.4	71.4	10.9	0.5	0.1	
20-24	100.0	1.6	13.0	60.9	14.6	7.0	2.8	0.1
25-29	100.0	2.3	16.9	52.8	14.3	8.7	4.6	0.4
30-34	100.0	3.1	25.2	51.0	11.1	6.3	3.0	0.3
35-39	100.0	4.2	32.4	47.8	8.8	4.5	2.2	0.2
40-44	100.0	5.6	33.4	44.6	11.3	3.5	1.5	0.1
45-49	100.0	10.7	42.1	30.5	13.1	2.6	0.9	0.1
50-54	100.0	18.6	55.4	19.1	4.6	1.6	0.6	0.1
55-59	100.0	26.3	61.3	10.5	1.3	0.4	0.2	
60-64	100.0	36.8	54.2	7.8	0.6	0.2	0.2	
65+	100.0	58.4	37.6	3.2	0.3	0.2	0.2	

3-5 按受教育程度、性别分的全国就业人员年龄构成

Age Composition of Employed Persons by Educational Attainment and Sex

单位：% (%)

年龄 Age	就业人员 Employed Persons	未上过学 No Schooling	小学 Primary School	初中 Junior Secondary School	高中 Senior Secondary School	大学专科 College	大学本科 University	研究生及以上 Graduate and Higher Level
总计 Total	**100.0**	**100.0**	**100.0**	**100.0**	**100.0**	**100.0**	**100.0**	**100.0**
16-19	4.3	0.8	2.1	7.0	3.8	0.5	0.2	
20-24	8.1	1.5	3.2	11.3	10.6	11.5	10.5	2.0
25-29	9.5	2.3	4.6	11.5	12.7	18.2	20.5	19.3
30-34	12.3	3.8	8.5	14.6	13.6	19.2	19.4	22.7
35-39	15.1	6.2	13.3	17.6	14.0	17.2	19.5	21.6
40-44	15.3	7.8	13.2	16.9	18.7	15.5	15.8	20.8
45-49	9.6	9.1	10.5	8.1	14.8	7.8	6.2	6.7
50-54	10.6	16.8	16.4	7.2	8.2	6.6	4.6	4.1
55-59	7.0	15.8	13.3	3.3	2.5	2.8	1.9	1.3
60-64	4.0	13.2	7.7	1.6	0.7	0.5	0.8	0.8
65+	4.2	22.9	7.2	0.8	0.5	0.3	0.7	0.4
男 Male	**100.0**	**100.0**	**100.0**	**100.0**	**100.0**	**100.0**	**100.0**	**100.0**
16-19	4.2	0.9	2.2	6.3	3.0	0.4	0.1	
20-24	7.6	1.8	3.1	10.0	9.0	8.6	8.4	1.3
25-29	9.2	2.5	4.2	10.7	11.5	15.7	17.7	15.9
30-34	11.9	3.6	7.5	13.7	12.9	18.6	18.7	21.1
35-39	14.6	5.4	11.3	16.9	13.8	16.7	20.3	21.2
40-44	14.8	5.5	10.4	16.6	18.6	16.7	17.7	24.0
45-49	9.7	6.9	8.9	8.8	15.8	9.0	7.0	8.3
50-54	11.2	13.4	16.4	9.0	10.2	8.6	5.5	4.5
55-59	7.6	14.4	15.2	4.6	3.4	4.4	2.7	1.8
60-64	4.4	13.8	9.8	2.2	1.0	0.7	1.0	1.1
65+	4.9	31.8	11.0	1.2	0.7	0.5	0.9	0.7
女 Female	**100.0**	**100.0**	**100.0**	**100.0**	**100.0**	**100.0**	**100.0**	**100.0**
16-19	4.4	0.7	2.0	7.8	5.0	0.6	0.3	
20-24	8.7	1.4	3.4	13.1	13.3	15.3	13.5	3.3
25-29	9.8	2.2	4.9	12.8	14.7	21.4	24.6	26.3
30-34	12.6	3.8	9.5	15.9	14.6	19.9	20.4	26.1
35-39	15.7	6.5	15.1	18.5	14.4	17.8	18.4	22.4
40-44	15.9	8.7	15.8	17.5	18.8	13.9	12.9	14.2
45-49	9.5	10.0	11.9	7.2	13.1	6.2	4.8	3.5
50-54	10.0	18.2	16.4	4.7	4.8	3.9	3.4	3.3
55-59	6.3	16.4	11.5	1.6	0.9	0.6	0.7	0.6
60-64	3.6	13.0	5.7	0.7	0.2	0.2	0.5	0.4
65+	3.3	19.1	3.7	0.3	0.1	0.2	0.4	

3-6 按行业、性别分的全国就业人员受教育程度构成
Educational Attainment of Employed Persons by Sector and Sex

单位：% (%)

受教育程度	Educational Attainment	就业人员 Employed Persons	农、林、牧、渔业 Agriculture, Forestry, Animal Husbandry and Fishery	采矿业 Mining	制造业 Manufacturing	电力、燃气及水的生产和供应业 Production and Distribution of Electricity, Gas and Water	建筑业 Construction	交通运输、仓储和邮政业 Transport, Storage and Post
总　计	**Total**	**100.0**	**100.0**	**100.0**	**100.0**	**100.0**	**100.0**	**100.0**
未上过学	No Schooling	6.7	10.1	1.3	1.3	0.2	1.7	1.0
小　学	Primary School	29.9	40.4	16.9	15.1	4.9	21.6	11.4
初　中	Junior Secondary School	44.9	44.4	52.8	55.0	28.0	55.6	53.9
高　中	Senior Secondary School	11.8	4.8	21.5	21.0	37.3	15.2	25.5
大学专科	College	4.3	0.2	5.5	5.2	18.8	4.4	6.2
大学本科	University	2.1		1.9	2.2	8.8	1.5	2.0
研究生及以上	Graduate and Higher Level	0.2		0.1	0.2	2.0	0.1	0.1
男	**Male**	**100.0**	**100.0**	**100.0**	**100.0**	**100.0**	**100.0**	**100.0**
未上过学	No Schooling	3.8	5.9	1.1	0.7	0.2	1.3	0.8
小　学	Primary School	26.7	37.3	18.1	12.5	5.0	21.0	12.0
初　中	Junior Secondary School	48.6	49.8	55.1	54.3	31.0	57.9	57.0
高　中	Senior Secondary School	13.8	6.7	19.3	23.8	36.3	14.8	23.9
大学专科	College	4.5	0.3	4.6	5.7	16.8	3.7	4.8
大学本科	University	2.4	0.1	1.7	2.8	8.6	1.2	1.4
研究生及以上	Graduate and Higher Level	0.3		0.1	0.2	2.0	0.1	0.1
女	**Female**	**100.0**	**100.0**	**100.0**	**100.0**	**100.0**	**100.0**	**100.0**
未上过学	No Schooling	10.2	14.3	2.4	2.1	0.2	4.0	1.7
小　学	Primary School	33.7	43.6	10.8	18.3	4.7	25.4	8.4
初　中	Junior Secondary School	40.6	39.0	41.0	55.7	20.8	39.9	36.8
高　中	Senior Secondary School	9.6	3.0	32.8	17.6	39.5	17.5	34.3
大学专科	College	4.0	0.1	10.2	4.6	23.5	9.4	13.7
大学本科	University	1.8		2.8	1.6	9.2	3.7	5.0
研究生及以上	Graduate and Higher Level	0.2			0.1	2.1	0.2	0.1

注：人口变动调查自2003年开始使用新国民经济行业分类(下表同)。
Note:The new industry classification has been used since 2003 in National Sampling Survey of Population Changes. The same applies to the tables following.

3-6 续表 1 continued

单位：% (%)

受教育程度	Educational Attainment	信息传输、计算机服务和软件业 Information Transmission, Computer Service and Software	批发和零售业 Wholesale and Retail Trades	住宿和餐饮业 Hotel and Restaurants	金融业 Financial Intermediation	房地产业 Real Estate	租赁和商务服务业 Leasing and Business Services	科学研究、技术服务和地质勘查业 Scientific Research, Technical Services, and Geological Prospecting
总　计	**Total**	**100.0**	**100.0**	**100.0**	**100.0**	**100.0**	**100.0**	**100.0**
未上过学	No Schooling	0.3	1.4	1.4		0.5	0.2	0.2
小　学	Primary School	2.6	13.8	13.7	1.2	5.9	6.3	2.0
初　中	Junior Secondary School	19.4	49.6	57.1	12.6	28.2	30.8	13.5
高　中	Senior Secondary School	30.2	26.8	22.9	28.1	32.5	27.2	25.0
大学专科	College	26.8	6.1	3.9	37.0	22.3	20.0	25.5
大学本科	University	17.9	2.1	1.0	19.7	10.0	13.7	28.1
研究生及以上	Graduate and Higher Level	2.5	0.1	0.1	1.4	0.5	1.7	5.6
男	**Male**	**100.0**	**100.0**	**100.0**	**100.0**	**100.0**	**100.0**	**100.0**
未上过学	No Schooling	0.4	0.7	0.6		0.3	0.2	0.2
小　学	Primary School	2.8	13.2	10.5	1.3	7.1	6.9	2.5
初　中	Junior Secondary School	19.8	49.4	58.6	14.0	30.8	35.4	14.9
高　中	Senior Secondary School	28.2	27.1	25.1	26.9	32.3	27.3	25.0
大学专科	College	25.3	6.7	3.9	35.4	19.0	16.2	23.2
大学本科	University	20.4	2.6	1.3	20.8	10.0	12.3	27.9
研究生及以上	Graduate and Higher Level	3.0	0.2	0.1	1.6	0.6	1.7	6.3
女	**Female**	**100.0**	**100.0**	**100.0**	**100.0**	**100.0**	**100.0**	**100.0**
未上过学	No Schooling	0.3	2.0	2.0		0.9	0.3	0.3
小　学	Primary School	2.3	14.3	16.4	1.0	3.9	5.4	0.9
初　中	Junior Secondary School	19.0	49.7	55.7	11.2	23.8	23.2	10.6
高　中	Senior Secondary School	33.3	26.6	21.0	29.1	32.9	27.0	25.2
大学专科	College	29.1	5.6	3.9	38.6	28.0	26.6	30.2
大学本科	University	14.3	1.6	0.8	18.8	10.0	16.0	28.7
研究生及以上	Graduate and Higher Level	1.8	0.1	0.1	1.2	0.5	1.5	4.1

3-6 续表 2 continued

单位：% (%)

受教育程度	Educational Attainment	水利、环境和公共设施管理业 Management of Water Conservancy, Environment and Public Facilities	居民服务和其他服务业 Services to Households and Other Services	教育 Education	卫生、社会保障和社会福利业 Health, Social Securities and Social Welfare	文化、体育和娱乐业 Culture, Sports and Entertainment	公共管理和社会组织 Public Management and Social Organization	国际组织 International Organizations
总　计	**Total**	**100.0**	**100.0**	**100.0**	**100.0**	**100.0**	**100.0**	**100.0**
未上过学	No Schooling	1.6	2.5	0.2	0.3	0.5	0.4	
小　学	Primary School	9.9	16.8	1.3	3.2	5.5	2.9	
初　中	Junior Secondary School	34.2	55.9	8.7	16.4	31.4	13.2	
高　中	Senior Secondary School	30.9	20.7	22.9	32.4	27.9	27.2	
大学专科	College	15.5	3.1	37.7	31.8	19.6	35.1	20.0
大学本科	University	7.2	1.0	25.0	13.8	13.6	20.2	80.0
研究生及以上	Graduate and Higher Level	0.6		4.3	2.1	1.5	1.0	
男	**Male**	**100.0**	**100.0**	**100.0**	**100.0**	**100.0**	**100.0**	**100.0**
未上过学	No Schooling	1.0	1.5	0.1	0.3	0.3	0.4	
小　学	Primary School	9.3	16.5	1.4	4.1	5.2	2.7	
初　中	Junior Secondary School	33.9	57.0	8.9	19.8	31.3	13.9	
高　中	Senior Secondary School	30.9	21.3	22.5	28.6	29.7	26.7	
大学专科	College	16.7	2.8	36.8	28.2	19.3	34.5	
大学本科	University	7.3	0.9	24.5	16.2	12.9	20.6	100.0
研究生及以上	Graduate and Higher Level	1.0	0.1	5.7	2.9	1.4	1.1	
女	**Female**	**100.0**	**100.0**	**100.0**	**100.0**	**100.0**	**100.0**	**100.0**
未上过学	No Schooling	2.7	3.8	0.3	0.4	0.9	0.4	
小　学	Primary School	10.8	17.2	1.2	2.6	5.7	3.2	
初　中	Junior Secondary School	34.7	54.6	8.4	13.7	31.5	11.5	
高　中	Senior Secondary School	31.0	19.7	23.2	35.4	25.4	28.4	
大学专科	College	13.7	3.5	38.4	34.6	20.2	36.5	50.0
大学本科	University	7.0	1.2	25.5	11.9	14.7	19.2	50.0
研究生及以上	Graduate and Higher Level	0.1		3.0	1.4	1.6	0.8	

3-7 按职业、性别分的全国就业人员受教育程度构成
Educational Attainment of Employed Persons by Occupation and Sex

单位：% (%)

受教育程度	Educational Attainment	就业人员 Employed Persons	单位负责人 Unit Head	专业技术人员 Technical Personnel	办事人员和有关人员 Clerk and Related Workers	商业、服务业人员 Business Service Personnel	农林牧渔水利业生产人员 Producers in the Sectors of Agriculture, Forestry, Animal Husbandry, Fishery and Water Conservancy	生产运输设备操作人员及有关人员 Production, Transport Equipment Operators and Related Workers	其他 Others
总计	**Total**	**100.0**	**100.0**	**100.0**	**100.0**	**100.0**	**100.0**	**100.0**	**100.0**
未上过学	No Schooling	6.7	0.3	0.2	0.4	1.6	10.1	1.5	3.3
小学	Primary School	29.9	5.0	2.6	4.7	13.9	40.4	17.3	16.3
初中	Junior Secondary School	44.9	28.9	16.2	21.0	51.4	44.5	58.7	45.5
高中	Senior Secondary School	11.8	29.4	27.8	29.7	25.5	4.8	18.7	22.6
大学专科	College	4.3	21.6	31.5	27.6	5.7	0.2	2.9	6.7
大学本科	University	2.1	13.3	18.9	15.5	1.8		0.8	5.3
研究生及以上	Graduate and Higher Level	0.2	1.5	2.7	1.1	0.1			0.4
男	**Male**	**100.0**	**100.0**	**100.0**	**100.0**	**100.0**	**100.0**	**100.0**	**100.0**
未上过学	No Schooling	3.8	0.2	0.1	0.4	0.9	5.9	1.0	2.0
小学	Primary School	26.7	5.0	3.4	5.6	12.9	37.3	15.6	15.8
初中	Junior Secondary School	48.6	29.3	18.7	22.7	51.7	49.8	59.1	46.6
高中	Senior Secondary School	13.8	29.7	25.9	28.4	26.0	6.7	20.4	23.4
大学专科	College	4.5	21.0	28.8	26.2	6.2	0.3	3.1	6.3
大学本科	University	2.4	13.1	19.5	15.6	2.2		0.9	5.5
研究生及以上	Graduate and Higher Level	0.3	1.7	3.4	1.2	0.1			0.4
女	**Female**	**100.0**	**100.0**	**100.0**	**100.0**	**100.0**	**100.0**	**100.0**	**100.0**
未上过学	No Schooling	10.2	0.8	0.2	0.5	2.2	14.3	2.4	5.5
小学	Primary School	33.7	5.0	1.8	2.9	15.0	43.5	20.7	17.1
初中	Junior Secondary School	40.6	27.5	13.7	17.5	51.0	39.1	58.1	43.6
高中	Senior Secondary School	9.6	28.2	29.7	32.3	25.0	3.0	15.6	21.3
大学专科	College	4.0	23.7	34.3	30.4	5.3	0.1	2.6	7.4
大学本科	University	1.8	14.1	18.3	15.5	1.5		0.6	4.9
研究生及以上	Graduate and Higher Level	0.2	0.8	2.0	0.9	0.1			0.4

3-8 按受教育程度、性别分的全国就业人员职业构成
Occupation of Employed Persons by Educational Attainment and Sex

单位：%　　　　(%)

受教育程度	Educational Attainment	就业人员 Employed Persons	单位负责人 Unit Head	专业技术人员 Technical Personnel	办事人员和有关人员 Clerk and Related Workers	商业、服务业人员 Business Service Personnel	农林牧渔水利业生产人员 Producers in the Sectors of Agriculture, Forestry, Animal Husbandry, Fishery and Water Conservancy	生产运输设备操作人员及有关人员 Production, Transport Equipment Operators and Related Workers	其他 Others
总计	**Total**	**100.0**	**1.2**	**5.7**	**3.4**	**11.4**	**62.5**	**15.5**	**0.3**
未上过学	No Schooling	100.0	0.1	0.1	0.2	2.6	93.4	3.4	0.2
小学	Primary School	100.0	0.2	0.5	0.5	5.3	84.4	8.9	0.2
初中	Junior Secondary School	100.0	0.8	2.1	1.6	13.0	62.0	20.2	0.3
高中	Senior Secondary School	100.0	3.1	13.3	8.6	24.4	25.5	24.4	0.6
大学专科	College	100.0	6.3	42.1	22.3	15.3	2.9	10.6	0.5
大学本科	University	100.0	7.7	50.2	25.0	9.8	0.9	5.7	0.8
研究生及以上	Graduate and Higher Level	100.0	8.2	67.2	16.3	4.7	0.7	2.4	0.5
男	**Male**	**100.0**	**1.8**	**5.4**	**4.3**	**10.7**	**58.4**	**19.0**	**0.4**
未上过学	No Schooling	100.0	0.1	0.2	0.4	2.5	91.7	4.9	0.2
小学	Primary School	100.0	0.3	0.7	0.9	5.2	81.6	11.1	0.2
初中	Junior Secondary School	100.0	1.1	2.1	2.0	11.4	59.9	23.1	0.4
高中	Senior Secondary School	100.0	3.9	10.1	8.8	20.2	28.3	28.1	0.6
大学专科	College	100.0	8.5	34.5	24.9	14.8	3.6	13.0	0.5
大学本科	University	100.0	10.0	43.8	27.8	9.7	0.9	7.0	0.9
研究生及以上	Graduate and Higher Level	100.0	10.8	63.9	17.2	4.8	0.5	2.5	0.6
女	**Female**	**100.0**	**0.6**	**6.0**	**2.5**	**12.1**	**67.2**	**11.4**	**0.3**
未上过学	No Schooling	100.0	…	0.1	0.1	2.7	94.2	2.7	0.1
小学	Primary School	100.0	0.1	0.3	0.2	5.4	86.9	7.0	0.1
初中	Junior Secondary School	100.0	0.4	2.0	1.1	15.2	64.8	16.3	0.3
高中	Senior Secondary School	100.0	1.6	18.7	8.3	31.5	20.9	18.4	0.6
大学专科	College	100.0	3.3	52.0	18.9	16.0	1.9	7.4	0.5
大学本科	University	100.0	4.3	59.9	20.7	9.8	0.7	3.8	0.7
研究生及以上	Graduate and Higher Level	100.0	2.9	73.9	14.4	4.7	1.2	2.3	0.6

3-9 按年龄、性别分的全国就业人员就业身份构成
Employment Status of Employed Persons by Age and Sex

单位：% (%)

年 龄 Age	就业人员 Employed Persons	雇 员 Employee	雇 主 Employer	自营劳动者 Self-Employed	家庭帮工 Unpaid Familial Worker
总计 Total	**100.0**	**27.7**	**2.1**	**68.6**	**1.6**
16-19	100.0	36.7	0.4	60.1	2.7
20-24	100.0	41.5	1.2	55.0	2.3
25-29	100.0	40.3	2.2	55.6	1.8
30-34	100.0	35.2	2.8	60.3	1.8
35-39	100.0	30.2	2.9	65.2	1.7
40-44	100.0	28.5	2.9	67.0	1.6
45-49	100.0	26.2	2.2	70.2	1.4
50-54	100.0	18.6	1.6	78.7	1.1
55-59	100.0	12.3	1.2	85.5	1.0
60-64	100.0	5.9	0.7	92.3	1.1
65+	100.0	3.4	0.5	95.0	1.1
男 Male	**100.0**	**30.2**	**2.8**	**66.3**	**0.7**
16-19	100.0	33.7	0.6	62.9	2.8
20-24	100.0	41.3	1.5	55.2	2.0
25-29	100.0	41.7	2.9	54.5	0.9
30-34	100.0	37.8	3.8	57.9	0.5
35-39	100.0	33.1	4.1	62.4	0.4
40-44	100.0	31.9	4.1	63.7	0.3
45-49	100.0	30.8	3.2	65.7	0.3
50-54	100.0	25.0	2.4	72.4	0.3
55-59	100.0	18.3	1.8	79.5	0.4
60-64	100.0	8.3	1.0	90.1	0.6
65+	100.0	4.3	0.7	94.1	0.8
女 Female	**100.0**	**24.9**	**1.2**	**71.2**	**2.7**
16-19	100.0	40.0	0.2	57.1	2.6
20-24	100.0	41.7	0.9	54.9	2.6
25-29	100.0	38.9	1.5	56.8	2.8
30-34	100.0	32.4	1.6	62.8	3.2
35-39	100.0	27.1	1.6	68.2	3.2
40-44	100.0	24.8	1.5	70.6	3.1
45-49	100.0	20.8	1.1	75.4	2.7
50-54	100.0	10.4	0.7	86.7	2.2
55-59	100.0	4.0	0.5	93.8	1.8
60-64	100.0	2.5	0.3	95.3	1.9
65+	100.0	1.7	0.2	96.4	1.6

3-10 按就业身份、性别分的全国就业人员年龄构成
Age Composition of Employed Persons by Employment Status and Sex

单位：% (%)

年龄 Age	就业人员 Employed Persons	雇员 Employee	雇主 Employer	自营劳动者 Self-Employed	家庭帮工 Unpaid Familial Worker
总计 Total	**100.0**	**100.0**	**100.0**	**100.0**	**100.0**
16-19	4.3	5.7	0.9	3.8	7.1
20-24	8.1	12.2	4.6	6.5	11.4
25-29	9.5	13.8	10.2	7.7	10.8
30-34	12.3	15.6	16.5	10.8	13.3
35-39	15.1	16.5	21.2	14.4	16.2
40-44	15.3	15.7	21.3	15.0	15.5
45-49	9.6	9.1	10.4	9.8	8.4
50-54	10.6	7.1	8.4	12.2	7.3
55-59	7.0	3.1	4.2	8.7	4.4
60-64	4.0	0.9	1.4	5.4	2.7
65+	4.2	0.5	1.1	5.8	2.9
男 Male	**100.0**	**100.0**	**100.0**	**100.0**	**100.0**
16-19	4.2	4.6	0.9	3.9	17.0
20-24	7.6	10.4	3.9	6.3	22.4
25-29	9.2	12.7	9.2	7.5	12.5
30-34	11.9	14.9	16.1	10.4	8.2
35-39	14.6	16.0	20.9	13.8	8.8
40-44	14.8	15.7	21.4	14.2	6.9
45-49	9.7	9.9	10.8	9.6	4.7
50-54	11.2	9.2	9.3	12.2	4.8
55-59	7.6	4.6	4.7	9.1	5.0
60-64	4.4	1.2	1.5	6.0	3.7
65+	4.9	0.7	1.2	6.9	6.1
女 Female	**100.0**	**100.0**	**100.0**	**100.0**	**100.0**
16-19	4.4	7.1	0.8	3.6	4.3
20-24	8.7	14.6	6.5	6.7	8.3
25-29	9.8	15.3	12.9	7.8	10.3
30-34	12.6	16.4	17.9	11.1	14.8
35-39	15.7	17.1	21.9	15.1	18.4
40-44	15.9	15.8	20.9	15.8	18.0
45-49	9.5	7.9	9.1	10.1	9.5
50-54	10.0	4.2	5.8	12.2	8.0
55-59	6.3	1.0	2.7	8.4	4.2
60-64	3.6	0.4	0.9	4.8	2.5
65+	3.3	0.2	0.6	4.5	2.0

3-11 按受教育程度、性别分的全国就业人员就业身份构成

Employment Status of Employed Persons by Educational Attainment and Sex

单位: % (%)

受教育程度	Educational Attainment	就业人员 Employed Persons	雇员 Employee	雇主 Employer	自营劳动者 Self-Employed	家庭帮工 Unpaid Familial Worker
总计	**Total**	**100.0**	**27.7**	**2.1**	**68.6**	**1.6**
未上过学	No Schooling	100.0	3.8	0.3	94.7	1.3
小学	Primary School	100.0	9.5	0.9	88.2	1.5
初中	Junior Secondary School	100.0	25.7	2.3	70.0	1.9
高中	Senior Secondary School	100.0	58.8	4.6	34.8	1.8
大学专科	College	100.0	91.3	2.9	5.2	0.6
大学本科	University	100.0	96.0	2.1	1.7	0.2
研究生及以上	Graduate and Higher Level	100.0	96.7	2.3	0.9	0.1
男	**Male**	**100.0**	**30.2**	**2.8**	**66.3**	**0.7**
未上过学	No Schooling	100.0	5.1	0.5	93.8	0.6
小学	Primary School	100.0	11.3	1.4	86.9	0.5
初中	Junior Secondary School	100.0	26.4	3.0	69.8	0.8
高中	Senior Secondary School	100.0	54.8	5.5	38.8	0.8
大学专科	College	100.0	89.5	3.8	6.3	0.4
大学本科	University	100.0	95.1	2.7	2.1	0.1
研究生及以上	Graduate and Higher Level	100.0	96.2	3.0	0.8	
女	**Female**	**100.0**	**24.9**	**1.2**	**71.2**	**2.7**
未上过学	No Schooling	100.0	3.2	0.2	95.1	1.6
小学	Primary School	100.0	7.8	0.5	89.4	2.4
初中	Junior Secondary School	100.0	24.8	1.4	70.4	3.4
高中	Senior Secondary School	100.0	65.4	3.1	28.1	3.4
大学专科	College	100.0	93.6	1.7	3.8	0.8
大学本科	University	100.0	97.3	1.2	1.1	0.3
研究生及以上	Graduate and Higher Level	100.0	97.7	0.8	1.2	0.4

3-12 按就业身份、性别分的全国就业人员受教育程度构成

Educational Attainment of Employed Persons by Employment Status and Sex

单位：% (%)

受教育程度	Educational Attainment	就业人员 Employed Persons	雇员 Employee	雇主 Employer	自营劳动者 Self-Employed	家庭帮工 Unpaid Familial Worker
总计	**Total**	**100.0**	**100.0**	**100.0**	**100.0**	**100.0**
未上过学	No Schooling	6.7	0.9	0.9	9.3	5.3
小学	Primary School	29.9	10.2	13.1	38.5	27.1
初中	Junior Secondary School	44.9	41.6	51.1	45.8	52.8
高中	Senior Secondary School	11.9	25.1	26.5	6.0	13.1
大学专科	College	4.3	14.0	5.9	0.3	1.5
大学本科	University	2.1	7.4	2.2	0.1	0.3
研究生及以上	Graduate and Higher Level	0.2	0.8	0.3		
男	**Male**	**100.0**	**100.0**	**100.0**	**100.0**	**100.0**
未上过学	No Schooling	3.8	0.6	0.6	5.3	3.3
小学	Primary School	26.7	10.0	12.7	35.0	19.1
初中	Junior Secondary School	48.6	42.5	51.3	51.1	57.8
高中	Senior Secondary School	13.8	25.1	26.8	8.1	17.0
大学专科	College	4.5	13.3	6.0	0.4	2.5
大学本科	University	2.4	7.6	2.2	0.1	0.5
研究生及以上	Graduate and Higher Level	0.3	0.9	0.3		
女	**Female**	**100.0**	**100.0**	**100.0**	**100.0**	**100.0**
未上过学	No Schooling	10.2	1.3	1.6	13.6	5.9
小学	Primary School	33.7	10.5	14.2	42.3	29.3
初中	Junior Secondary School	40.6	40.3	50.5	40.1	51.3
高中	Senior Secondary School	9.6	25.2	25.8	3.8	11.9
大学专科	College	4.0	14.9	5.8	0.2	1.2
大学本科	University	1.8	7.2	1.9		0.2
研究生及以上	Graduate and Higher Level	0.2	0.6	0.1		

3-13 按年龄、性别分的城镇就业人员就业身份构成

Employment Status of Urban Employed Persons by Age and Sex

单位：% (%)

年龄 Age	城镇就业人员 Urban Employed Persons	雇员 Employee	雇主 Employer	自营劳动者 Self-Employed	家庭帮工 Unpaid Familial Worker
总计 Total	**100.0**	**55.1**	**4.0**	**38.5**	**2.4**
16-19	100.0	68.2	0.8	27.6	3.4
20-24	100.0	69.8	2.1	25.4	2.8
25-29	100.0	66.2	3.7	27.8	2.3
30-34	100.0	60.9	4.6	32.2	2.4
35-39	100.0	55.5	5.0	36.8	2.6
40-44	100.0	54.3	5.3	37.9	2.5
45-49	100.0	52.7	4.2	40.8	2.2
50-54	100.0	43.5	3.6	50.8	2.1
55-59	100.0	33.6	3.2	61.3	1.9
60-64	100.0	16.9	2.1	78.6	2.4
65+	100.0	11.3	1.7	84.7	2.3
男 Male	**100.0**	**56.5**	**5.2**	**37.3**	**0.9**
16-19	100.0	64.0	1.0	31.4	3.6
20-24	100.0	68.2	2.6	26.8	2.4
25-29	100.0	66.1	4.7	28.1	1.1
30-34	100.0	61.4	6.0	32.1	0.6
35-39	100.0	57.0	6.6	35.9	0.6
40-44	100.0	56.4	7.0	36.2	0.5
45-49	100.0	56.7	5.6	37.2	0.5
50-54	100.0	51.5	4.6	43.4	0.5
55-59	100.0	43.8	3.9	51.4	0.8
60-64	100.0	22.4	2.8	73.8	1.1
65+	100.0	14.1	2.1	82.2	1.6
女 Female	**100.0**	**53.2**	**2.5**	**39.9**	**4.4**
16-19	100.0	72.4	0.5	23.8	3.2
20-24	100.0	71.3	1.5	24.0	3.2
25-29	100.0	66.4	2.6	27.4	3.6
30-34	100.0	60.3	2.9	32.3	4.5
35-39	100.0	53.9	3.2	37.9	5.0
40-44	100.0	51.8	3.2	40.0	5.0
45-49	100.0	47.3	2.4	45.8	4.5
50-54	100.0	29.9	1.9	63.5	4.8
55-59	100.0	13.2	1.8	81.0	4.0
60-64	100.0	7.9	1.1	86.6	4.5
65+	100.0	5.8	0.9	89.7	3.6

3-14 按就业身份、性别分的城镇就业人员年龄构成
Age Composition of Urban Employed Persons by Employment Status and Sex

单位：%　　　　(%)

年龄 Age	城镇就业人员 Urban Employed Persons	雇员 Employee	雇主 Employer	自营劳动者 Self-Employed	家庭帮工 Unpaid Familial Worker
总计 Total	**100.0**	**100.0**	**100.0**	**100.0**	**100.0**
16-19	3.7	4.6	0.7	2.7	5.1
20-24	8.9	11.3	4.6	5.9	10.2
25-29	11.7	14.1	10.7	8.4	11.1
30-34	14.7	16.3	16.8	12.3	14.2
35-39	16.8	16.9	21.1	16.0	17.9
40-44	16.5	16.2	21.6	16.2	17.2
45-49	10.0	9.5	10.5	10.6	9.1
50-54	9.1	7.2	8.1	12.0	7.8
55-59	4.8	2.9	3.9	7.7	3.7
60-64	2.1	0.6	1.1	4.3	2.0
65+	1.8	0.4	0.8	4.0	1.7
男 Male	**100.0**	**100.0**	**100.0**	**100.0**	**100.0**
16-19	3.3	3.8	0.6	2.8	13.0
20-24	7.9	9.5	4.0	5.7	20.8
25-29	11.1	12.9	9.9	8.3	13.3
30-34	14.3	15.6	16.5	12.3	9.1
35-39	16.4	16.5	20.7	15.7	11.0
40-44	16.1	16.1	21.6	15.6	8.4
45-49	10.4	10.4	11.1	10.3	6.2
50-54	10.3	9.4	9.1	12.0	6.3
55-59	5.8	4.5	4.4	7.9	5.1
60-64	2.4	0.9	1.3	4.7	2.8
65+	2.1	0.5	0.9	4.7	3.8
女 Female	**100.0**	**100.0**	**100.0**	**100.0**	**100.0**
16-19	4.2	5.7	0.8	2.5	3.1
20-24	10.2	13.7	6.2	6.2	7.5
25-29	12.5	15.6	13.0	8.6	10.5
30-34	15.2	17.2	17.7	12.3	15.6
35-39	17.3	17.5	22.2	16.4	19.7
40-44	16.9	16.4	21.7	17.0	19.4
45-49	9.5	8.4	9.0	10.9	9.8
50-54	7.5	4.2	5.6	11.9	8.2
55-59	3.6	0.9	2.6	7.3	3.3
60-64	1.8	0.3	0.8	3.8	1.8
65+	1.4	0.1	0.5	3.1	1.1

3-15 按受教育程度、性别分的城镇就业人员就业身份构成
Employment Status of Urban Employed Persons by Educational Attainment and Sex

单位：% (%)

受教育程度	Educational Attainment	城镇就业人员 Urban Employed Persons	雇员 Employee	雇主 Employer	自营劳动者 Self-Employed	家庭帮工 Unpaid Familial Worker
总　计	**Total**	**100.0**	**55.1**	**4.0**	**38.5**	**2.4**
未上过学	No Schooling	100.0	12.9	1.1	82.7	3.3
小　学	Primary School	100.0	24.1	2.6	70.0	3.2
初　中	Junior Secondary School	100.0	46.8	4.4	45.7	3.0
高　中	Senior Secondary School	100.0	73.0	5.6	19.4	2.0
大学专科	College	100.0	93.0	3.0	3.5	0.5
大学本科	University	100.0	96.4	2.1	1.3	0.2
研究生及以上	Graduate and Higher Level	100.0	97.1	2.3	0.6	0.1
男	**Male**	**100.0**	**56.5**	**5.2**	**37.3**	**0.9**
未上过学	No Schooling	100.0	16.5	2.2	80.2	1.1
小　学	Primary School	100.0	27.2	3.7	68.1	1.0
初　中	Junior Secondary School	100.0	47.2	5.6	46.1	1.1
高　中	Senior Secondary School	100.0	70.4	6.9	21.7	0.9
大学专科	College	100.0	91.7	3.9	4.1	0.3
大学本科	University	100.0	95.5	2.7	1.7	0.1
研究生及以上	Graduate and Higher Level	100.0	96.6	3.1	0.4	
女	**Female**	**100.0**	**53.2**	**2.5**	**39.9**	**4.4**
未上过学	No Schooling	100.0	11.2	0.7	83.8	4.3
小　学	Primary School	100.0	21.2	1.6	71.8	5.4
初　中	Junior Secondary School	100.0	46.3	2.9	45.2	5.6
高　中	Senior Secondary School	100.0	76.6	3.7	16.1	3.6
大学专科	College	100.0	94.7	1.8	2.8	0.7
大学本科	University	100.0	97.7	1.2	0.8	0.3
研究生及以上	Graduate and Higher Level	100.0	98.0	0.8	0.8	0.4

3-16 按就业身份、性别分的城镇就业人员受教育程度构成

Educational Attainment of Urban Employed Persons by Employment Status and Sex

单位：% (%)

受教育程度	Educational Attainment	城镇就业人员 Urban Employed Persons	雇员 Employee	雇主 Employer	自营劳动者 Self-Employed	家庭帮工 Unpaid Familial Worker
总计	**Total**	**100.0**	**100.0**	**100.0**	**100.0**	**100.0**
未上过学	No Schooling	2.8	0.7	0.8	6.1	3.8
小学	Primary School	16.9	7.4	11.1	30.7	22.2
初中	Junior Secondary School	43.3	36.8	48.0	51.4	54.0
高中	Senior Secondary School	21.2	28.1	29.6	10.7	17.5
大学专科	College	9.9	16.7	7.4	0.9	2.0
大学本科	University	5.3	9.3	2.8	0.2	0.4
研究生及以上	Graduate and Higher Level	0.6	1.0	0.3		
男	**Male**	**100.0**	**100.0**	**100.0**	**100.0**	**100.0**
未上过学	No Schooling	**1.6**	**0.5**	**0.7**	**3.4**	**1.9**
小学	Primary School	14.8	7.1	10.4	27.0	15.6
初中	Junior Secondary School	44.8	37.4	48.2	55.2	55.5
高中	Senior Secondary School	22.5	28.1	29.8	13.1	23.2
大学专科	College	9.9	16.1	7.5	1.1	3.1
大学本科	University	5.7	9.7	3.0	0.3	0.7
研究生及以上	Graduate and Higher Level	0.7	1.2	0.4		
女	**Female**	**100.0**	**100.0**	**100.0**	**100.0**	**100.0**
未上过学	No Schooling	4.4	0.9	1.2	9.2	4.3
小学	Primary School	19.5	7.8	12.6	35.1	24.0
初中	Junior Secondary School	41.5	36.1	47.4	47.0	53.6
高中	Senior Secondary School	19.6	28.2	29.2	7.9	16.1
大学专科	College	9.8	17.5	7.1	0.7	1.7
大学本科	University	4.8	8.8	2.3	0.1	0.3
研究生及以上	Graduate and Higher Level	0.4	0.8	0.1		

3-17 按年龄、性别分的城镇就业人员行业构成

Urban Employed Persons by Age, Sex and Sector

单位：%　　　　(%)

年　龄 Age	城　镇 就业人员 Urban Employed Persons	农、林、牧、渔业 Agriculture, Forestry, Animal Husbandry and Fishery	采矿业 Mining	制造业 Manu-facturing	电力、燃气及水的生产和供应业 Production and Distribution of Electricity, Gas and Water	建筑业 Construction	交通运输、仓储和邮政业 Transport, Storage and Post
总计　Total	**100.0**	**27.2**	**1.5**	**22.1**	**1.4**	**4.5**	**5.1**
16-19	100.0	24.5	0.5	41.7	0.2	2.4	1.3
20-24	100.0	18.9	0.8	31.4	1.0	3.2	3.6
25-29	100.0	17.2	1.1	25.6	1.7	4.0	5.2
30-34	100.0	18.9	1.7	24.2	2.1	4.8	6.0
35-39	100.0	22.9	1.9	22.7	1.7	5.4	6.2
40-44	100.0	24.6	1.9	20.4	1.3	5.6	6.0
45-49	100.0	28.9	1.8	19.1	1.3	4.9	6.2
50-54	100.0	40.3	1.5	14.6	1.1	4.6	4.6
55-59	100.0	52.0	0.8	12.2	0.9	3.9	3.1
60-64	100.0	71.9	0.3	7.0	0.4	2.4	1.2
65+	100.0	77.0	0.3	5.1	0.1	0.9	0.6
男　Male	**100.0**	**24.0**	**2.1**	**22.3**	**1.7**	**6.8**	**7.6**
16-19	100.0	27.5	0.8	39.8	0.3	4.2	2.2
20-24	100.0	18.8	1.1	31.9	1.4	5.4	5.7
25-29	100.0	15.7	1.6	26.7	1.9	6.3	8.1
30-34	100.0	16.5	2.4	24.2	2.4	7.1	9.1
35-39	100.0	19.4	2.7	22.1	2.1	8.3	9.3
40-44	100.0	20.3	2.6	20.0	1.7	8.5	8.7
45-49	100.0	23.2	2.7	20.4	1.6	7.2	9.0
50-54	100.0	31.1	2.2	17.9	1.6	6.5	6.6
55-59	100.0	40.7	1.0	15.4	1.3	5.7	4.5
60-64	100.0	65.2	0.4	9.0	0.5	3.7	1.8
65+	100.0	73.2	0.4	6.2	0.1	1.2	0.9
女　Female	**100.0**	**31.2**	**0.7**	**21.9**	**1.0**	**1.6**	**2.1**
16-19	100.0	21.5	0.2	43.5	0.2	0.6	0.4
20-24	100.0	19.1	0.4	30.9	0.5	1.2	1.5
25-29	100.0	18.8	0.5	24.5	1.4	1.4	2.1
30-34	100.0	21.8	1.0	24.2	1.7	2.0	2.4
35-39	100.0	27.1	1.0	23.4	1.3	1.9	2.6
40-44	100.0	29.7	1.1	20.9	0.9	2.3	2.8
45-49	100.0	36.5	0.7	17.2	0.9	1.7	2.4
50-54	100.0	55.9	0.3	8.9	0.4	1.5	1.1
55-59	100.0	74.5	0.3	5.8	0.2	0.5	0.4
60-64	100.0	83.0		3.7	0.1	0.2	0.2
65+	100.0	84.4		2.9		0.2	0.1

3-17 续表 1 continued

单位：%　　(%)

年龄 Age	信息传输、计算机服务和软件业 Information Transmission, Computer Service and Software	批发和零售业 Wholesale and Retail Trades	住宿和餐饮业 Hotel and Restaurants	金融业 Financial Intermediation	房地产业 Real Estate	租赁和商务服务业 Leasing and Business Services	科学研究、技术服务和地质勘查业 Scientific Research, Technical Services,and Geological Prospecting
总计 Total	**0.9**	**13.6**	**3.7**	**1.4**	**0.7**	**1.1**	**0.7**
16-19	0.6	11.4	7.8	0.2	0.2	1.1	0.1
20-24	2.2	16.0	5.6	1.0	0.7	1.7	0.5
25-29	2.0	16.3	4.1	1.5	1.0	1.6	0.7
30-34	1.2	15.7	3.8	1.8	0.7	1.2	0.6
35-39	0.7	14.3	3.4	2.0	0.6	0.9	0.8
40-44	0.5	13.7	3.6	1.6	0.7	0.9	1.0
45-49	0.5	12.1	3.2	1.4	1.0	0.9	1.0
50-54	0.3	10.4	2.3	0.8	0.8	0.9	0.8
55-59	0.2	9.0	1.8	0.5	0.7	0.5	0.5
60-64	0.1	6.2	1.6	0.2	0.2	0.5	0.3
65+		6.1	1.1	0.1	0.2	0.2	0.4
男 Male	**1.0**	**11.5**	**3.0**	**1.2**	**0.8**	**1.2**	**0.9**
16-19	0.6	8.2	6.7	0.2	0.2	1.5	0.1
20-24	2.4	12.2	4.9	0.8	0.8	1.9	0.6
25-29	2.3	13.1	3.8	1.2	1.0	1.7	0.9
30-34	1.4	13.0	3.3	1.6	0.8	1.3	0.8
35-39	0.8	12.3	2.6	1.6	0.7	1.1	0.9
40-44	0.6	11.8	2.8	1.6	0.8	1.1	1.2
45-49	0.5	10.8	2.6	1.3	1.1	1.0	1.3
50-54	0.3	10.2	2.1	0.8	1.0	1.1	1.0
55-59	0.3	9.3	1.7	0.7	0.9	0.7	0.7
60-64	0.1	7.3	1.5	0.3	0.2	0.7	0.4
65+		6.3	1.1	0.2	0.2	0.2	0.5
女 Female	**0.8**	**16.2**	**4.5**	**1.6**	**0.6**	**0.9**	**0.5**
16-19	0.7	14.5	8.8	0.1	0.1	0.6	0.1
20-24	2.1	19.7	6.3	1.2	0.7	1.6	0.4
25-29	1.8	19.9	4.4	1.8	1.0	1.5	0.6
30-34	0.9	18.8	4.4	2.1	0.7	1.1	0.5
35-39	0.6	16.7	4.4	2.4	0.6	0.8	0.6
40-44	0.4	16.0	4.6	1.7	0.6	0.6	0.7
45-49	0.4	13.8	4.0	1.4	0.8	0.7	0.8
50-54	0.2	10.9	2.7	0.7	0.4	0.5	0.5
55-59		8.5	2.0	0.2	0.1	0.2	0.1
60-64		4.4	1.8		0.1	0.1	0.1
65+		5.7	1.2		0.2	0.2	0.1

3-17 续表 2 continued

单位：% (%)

年　龄 Age	水利、环境和公共设施管理业 Management of Water Conservancy, Environment and Public Facilities	居民服务和其他服务业 Services to Households and Other Services	教　育 Education	卫生、社会保障和社会福利业 Health, Social Securities and Social Welfare	文化、体育和娱乐业 Culture, Sports and Entertainment	公共管理和社会组织 Public Management and Social Organization	国际组织 International Organizations
总计 Total	**0.7**	**3.4**	**3.9**	**2.2**	**0.9**	**4.9**	
16-19	0.1	5.7	0.6	0.4	0.8	0.4	
20-24	0.5	4.4	2.9	1.7	1.3	2.4	
25-29	0.5	3.6	5.1	2.6	1.2	4.9	
30-34	0.6	3.5	4.4	2.5	0.9	5.1	
35-39	0.6	3.2	4.2	2.4	0.8	5.2	
40-44	0.9	3.3	4.3	2.2	0.8	6.3	
45-49	1.2	3.2	4.0	2.4	0.9	6.0	
50-54	1.1	2.6	4.0	2.5	0.7	6.0	
55-59	0.6	2.4	3.2	1.8	0.6	5.2	
60-64	0.4	2.0	1.8	1.6	0.2	1.9	
65+	0.3	2.9	1.1	2.2	0.4	1.0	
男 Male	**0.8**	**3.3**	**3.1**	**1.6**	**0.9**	**6.1**	
16-19	0.1	5.7	0.2	0.2	0.8	0.6	
20-24	0.5	5.0	1.6	0.9	1.3	2.9	
25-29	0.6	3.7	3.1	1.5	1.1	5.7	
30-34	0.6	3.5	3.2	1.7	0.9	6.2	
35-39	0.7	3.2	3.3	1.7	0.8	6.4	
40-44	1.0	3.0	3.7	1.7	0.8	8.0	
45-49	1.2	2.9	3.3	1.8	0.9	7.2	
50-54	1.3	2.6	3.5	1.9	0.8	7.4	
55-59	0.8	2.8	3.9	1.9	0.8	7.0	
60-64	0.5	1.9	2.1	1.6	0.2	2.6	
65+	0.4	3.1	1.5	2.6	0.3	1.4	
女 Female	**0.6**	**3.4**	**5.0**	**3.0**	**0.9**	**3.4**	
16-19	0.1	5.8	1.1	0.6	0.7	0.2	
20-24	0.4	3.9	4.2	2.6	1.2	2.0	
25-29	0.4	3.5	7.3	3.8	1.2	4.0	
30-34	0.6	3.6	5.8	3.4	0.9	3.9	0.01
35-39	0.6	3.2	5.3	3.2	0.8	3.7	
40-44	0.9	3.6	5.0	2.9	0.9	4.2	
45-49	1.3	3.7	5.0	3.2	1.0	4.5	
50-54	0.9	2.6	4.9	3.5	0.5	3.6	
55-59	0.3	1.6	1.9	1.6	0.2	1.4	
60-64	0.3	2.1	1.1	1.6	0.2	0.8	
65+	0.1	2.3	0.4	1.5	0.5	0.1	

3-18 按行业、性别分的城镇就业人员年龄构成
Age Composition of Urban Employed Persons by Sector and Sex

单位：% (%)

年龄 Age	城镇就业人员 Urban Employed Persons	农、林、牧、渔业 Agriculture, Forestry, Animal Husbandry and Fishery	采矿业 Mining	制造业 Manu-facturing	电力、燃气及水的生产和供应业 Production and Distribution of Electricity, Gas and Water	建筑业 Construction	交通运输、仓储和邮政业 Transport, Storage and Post
总计 Total	**100.0**	**100.0**	**100.0**	**100.0**	**100.0**	**100.0**	**100.0**
16-19	3.7	3.3	1.2	7.0	0.6	2.0	0.9
20-24	8.9	6.2	4.7	12.7	6.1	6.4	6.2
25-29	11.7	7.4	8.5	13.6	14.0	10.2	12.0
30-34	14.7	10.2	17.1	16.1	21.9	15.5	17.3
35-39	16.8	14.1	21.8	17.2	21.0	19.9	20.3
40-44	16.5	14.9	21.8	15.2	15.7	20.5	19.5
45-49	10.0	10.6	12.5	8.6	9.6	10.7	12.1
50-54	9.1	13.4	9.1	6.0	7.3	9.3	8.1
55-59	4.8	9.2	2.5	2.6	3.1	4.2	2.9
60-64	2.1	5.6	0.4	0.7	0.5	1.1	0.5
65+	1.8	5.1	0.4	0.4	0.1	0.3	0.2
男 Male	**100.0**	**100.0**	**100.0**	**100.0**	**100.0**	**100.0**	**100.0**
16-19	3.3	3.8	1.2	5.9	0.5	2.1	1.0
20-24	7.9	6.2	4.3	11.3	6.5	6.2	5.9
25-29	11.1	7.2	8.4	13.2	12.4	10.2	11.8
30-34	14.3	9.8	16.2	15.6	20.3	14.8	17.2
35-39	16.4	13.2	21.3	16.3	19.8	19.8	20.0
40-44	16.1	13.6	20.5	14.4	16.2	20.0	18.6
45-49	10.4	10.0	13.5	9.5	9.8	10.8	12.3
50-54	10.3	13.4	10.8	8.3	9.4	9.7	9.0
55-59	5.8	9.8	2.8	4.0	4.2	4.8	3.4
60-64	2.4	6.4	0.4	1.0	0.7	1.3	0.6
65+	2.1	6.5	0.5	0.6	0.2	0.4	0.3
女 Female	**100.0**	**100.0**	**100.0**	**100.0**	**100.0**	**100.0**	**100.0**
16-19	4.2	2.9	1.1	8.3	0.8	1.4	0.7
20-24	10.2	6.3	6.1	14.4	5.2	7.3	7.5
25-29	12.5	7.6	8.6	14.0	17.7	10.6	12.9
30-34	15.2	10.6	20.4	16.8	25.4	18.6	17.9
35-39	17.3	15.0	23.5	18.4	23.4	20.4	21.5
40-44	16.9	16.1	26.6	16.1	14.8	23.2	23.4
45-49	9.5	11.1	8.9	7.4	9.1	9.9	11.0
50-54	7.5	13.4	3.2	3.1	2.9	6.9	3.9
55-59	3.6	8.6	1.3	1.0	0.6	1.1	0.7
60-64	1.8	4.7	0.4	0.3	0.2	0.3	0.2
65+	1.4	3.7		0.2		0.2	

3-18 续表 1 continued

单位：% (%)

年 龄 Age	信息传输、计算机服务和软件业 Information Transmission, Computer Service and Software	批发和零售业 Wholesale and Retail Trades	住宿和餐饮业 Hotel and Restaurants	金融业 Financial Intermediation	房地产业 Real Estate	租赁和商务服务业 Leasing and Business Services	科学研究、技术服务和地质勘查业 Scientific Research, Technical Services,and Geological Prospecting
总计 Total	**100.0**	**100.0**	**100.0**	**100.0**	**100.0**	**100.0**	**100.0**
16-19	2.6	3.1	7.8	0.4	0.9	3.6	0.6
20-24	21.8	10.6	13.6	6.7	9.0	14.7	6.1
25-29	26.2	14.1	13.1	12.5	16.0	17.9	11.7
30-34	18.7	17.0	15.3	19.7	15.0	16.8	12.8
35-39	12.2	17.7	15.6	23.9	14.8	14.6	17.2
40-44	9.7	16.7	16.4	19.6	15.6	13.2	22.4
45-49	4.9	8.9	8.7	9.8	13.2	8.4	14.2
50-54	2.7	7.0	5.7	5.1	10.1	7.3	10.2
55-59	1.0	3.2	2.4	1.9	4.3	2.2	3.2
60-64	0.2	1.0	0.9	0.3	0.5	0.9	0.8
65+		0.8	0.6	0.1	0.4	0.3	0.9
男 Male	**100.0**	**100.0**	**100.0**	**100.0**	**100.0**	**100.0**	**100.0**
16-19	2.1	2.4	7.3	0.5	1.0	4.0	0.5
20-24	18.9	8.4	12.7	5.4	7.4	12.6	4.9
25-29	25.5	12.6	14.0	10.9	13.9	15.6	10.7
30-34	19.9	16.3	15.7	18.7	13.4	16.1	12.6
35-39	12.6	17.6	14.0	21.6	14.1	14.4	16.5
40-44	10.5	16.6	14.9	20.6	15.0	14.2	22.0
45-49	5.2	9.7	9.0	11.3	14.1	8.8	14.5
50-54	3.3	9.1	7.1	6.9	13.4	9.4	11.7
55-59	1.5	4.7	3.2	3.3	6.6	3.1	4.4
60-64	0.3	1.5	1.2	0.5	0.7	1.3	1.1
65+		1.2	0.8	0.3	0.4	0.3	1.2
女 Female	**100.0**	**100.0**	**100.0**	**100.0**	**100.0**	**100.0**	**100.0**
16-19	3.3	3.7	8.2	0.4	0.8	3.0	0.9
20-24	25.9	12.5	14.4	8.0	11.5	18.1	8.6
25-29	27.1	15.4	12.3	14.0	19.3	21.7	13.6
30-34	17.0	17.7	15.0	20.6	17.6	18.0	13.0
35-39	11.5	17.9	16.8	26.1	16.0	14.8	18.5
40-44	8.6	16.7	17.6	18.5	16.5	11.6	23.5
45-49	4.5	8.1	8.4	8.4	11.8	7.7	13.5
50-54	1.8	5.1	4.6	3.5	5.0	3.8	7.1
55-59	0.1	1.9	1.6	0.5	0.7	0.8	0.8
60-64	0.1	0.5	0.7	0.1	0.3	0.2	0.3
65+		0.5	0.4		0.4	0.3	0.3

3-18 续表 2 continued

单位：%　　　　(%)

年　龄 Age	水利、环境和公共设施管理业 Management of Water Conservancy, Environment and Public Facilities	居民服务和其他服务业 Services to Households and Other Services	教　育 Education	卫生、社会保障和社会福利业 Health, Social Securities and Social Welfare	文化、体育和娱乐业 Culture, Sports and Entertainment	公共管理和社会组织 Public Management and Social Organization	国际组织 International Organizations
总计 Total	**100.0**	**100.0**	**100.0**	**100.0**	**100.0**	**100.0**	**100.0**
16-19	0.6	6.3	0.6	0.7	3.2	0.3	
20-24	5.5	11.8	6.7	7.0	12.7	4.4	
25-29	8.7	12.4	15.2	13.6	15.5	11.6	33.3
30-34	12.7	15.4	16.6	16.4	15.3	15.4	16.7
35-39	14.7	15.7	18.1	17.8	15.4	17.6	33.3
40-44	21.1	16.0	18.0	16.5	15.8	21.0	16.7
45-49	16.8	9.5	10.1	10.6	10.3	12.3	
50-54	13.9	6.8	9.3	10.1	7.2	11.1	
55-59	4.1	3.4	4.0	3.9	3.4	5.0	
60-64	1.2	1.2	0.9	1.5	0.5	0.8	
65+	0.7	1.5	0.5	1.8	0.8	0.4	
男 Male	**100.0**	**100.0**	**100.0**	**100.0**	**100.0**	**100.0**	**100.0**
16-19	0.6	5.7	0.2	0.3	3.1	0.3	
20-24	5.2	11.8	4.1	4.3	11.5	3.7	
25-29	8.9	12.1	11.1	10.5	13.8	10.3	
30-34	11.6	15.1	14.9	15.1	14.6	14.5	
35-39	14.7	15.5	17.6	17.1	15.3	17.1	66.7
40-44	19.4	14.7	19.2	16.6	15.2	21.2	33.3
45-49	15.3	9.0	10.9	11.3	10.0	12.2	
50-54	16.3	7.9	11.8	12.1	9.7	12.6	
55-59	5.6	4.8	7.4	6.9	5.4	6.6	
60-64	1.4	1.4	1.6	2.4	0.5	1.0	
65+	1.1	2.0	1.0	3.5	0.8	0.5	
女 Female	**100.0**	**100.0**	**100.0**	**100.0**	**100.0**	**100.0**	**100.0**
16-19	0.6	7.0	0.9	0.9	3.4	0.3	
20-24	6.0	11.7	8.7	8.8	14.3	5.9	
25-29	8.4	12.7	18.4	15.7	17.7	14.5	33.3
30-34	14.5	15.7	17.8	17.3	16.1	17.4	33.3
35-39	14.7	16.0	18.5	18.3	15.5	18.9	33.3
40-44	23.7	17.6	17.1	16.5	16.5	20.7	
45-49	19.1	10.0	9.4	10.1	10.6	12.5	
50-54	10.3	5.6	7.4	8.8	3.9	7.9	
55-59	1.8	1.6	1.3	2.0	0.9	1.5	
60-64	0.8	1.1	0.4	0.9	0.4	0.4	
65+	0.1	0.9	0.1	0.7	0.8		

3-19 按受教育程度、性别分的城镇就业人员行业构成

Urban Employed Persons by Sex, Educational Attainment and Sector

单位：% (%)

受教育程度	Educational Attainment	城镇就业人员 Urban Employed Persons	农、林、牧、渔业 Agriculture, Forestry, Animal Husbandry and Fishery	采矿业 Mining	制造业 Manu-facturing	电力、燃气及水的生产和供应业 Production and Distribution of Electricity, Gas and Water	建筑业 Construction	交通运输、仓储和邮政业 Transport, Storage and Post
总　计	**Total**	**100.0**	**27.2**	**1.5**	**22.1**	**1.4**	**4.5**	**5.1**
未上过学	No Schooling	100.0	75.7	0.5	7.9	0.1	2.5	1.6
小　学	Primary School	100.0	57.9	0.8	15.2	0.3	5.0	2.9
初　中	Junior Secondary School	100.0	30.8	1.6	26.4	0.8	5.3	5.8
高　中	Senior Secondary School	100.0	8.5	2.1	26.3	2.6	4.2	7.3
大学专科	College	100.0	1.4	1.3	16.0	3.0	3.2	4.1
大学本科	University	100.0	0.8	0.9	13.3	2.6	2.1	2.5
研究生及以上	Graduate and Higher Level	100.0	0.4	0.4	8.8	5.7	0.9	1.1
男	**Male**	**100.0**	**24.0**	**2.1**	**22.3**	**1.7**	**6.9**	**7.6**
未上过学	No Schooling	100.0	70.9	1.2	7.6	0.3	5.2	3.9
小　学	Primary School	100.0	52.6	1.5	14.6	0.4	8.5	5.2
初　中	Junior Secondary School	100.0	28.7	2.3	25.1	1.0	8.1	8.8
高　中	Senior Secondary School	100.0	9.2	2.6	27.3	2.9	5.8	9.7
大学专科	College	100.0	1.6	1.6	17.2	3.3	4.2	4.9
大学本科	University	100.0	0.9	1.1	15.1	3.0	2.4	2.5
研究生及以上	Graduate and Higher Level	100.0	0.3	0.6	9.5	5.9	1.0	1.3
女	**Female**	**100.0**	**31.2**	**0.7**	**21.9**	**1.0**	**1.6**	**2.1**
未上过学	No Schooling	100.0	77.8	0.1	8.0		1.3	0.6
小　学	Primary School	100.0	62.9	0.2	15.8	0.2	1.8	0.7
初　中	Junior Secondary School	100.0	33.5	0.6	28.1	0.4	1.5	1.7
高　中	Senior Secondary School	100.0	7.5	1.4	24.8	2.1	1.8	3.9
大学专科	College	100.0	1.2	0.9	14.4	2.5	2.0	3.2
大学本科	University	100.0	0.6	0.5	10.6	2.0	1.6	2.4
研究生及以上	Graduate and Higher Level	100.0	0.6		7.3	5.3	0.8	0.6

3-19 续表 1 continued

单位：% (%)

受教育程度	Educational Attainment	信息传输、计算机服务和软件业 Information Transmission, Computer Service and Software	批发和零售业 Wholesale and Retail Trades	住宿和餐饮业 Hotel and Restaurants	金融业 Financial Intermediation	房地产业 Real Estate	租赁和商务服务业 Leasing and Business Services	科学研究、技术服务和地质勘查业 Scientific Research, Technical Services,and Geological Prospecting
总 计	**Total**	**0.9**	**13.6**	**3.7**	**1.4**	**0.7**	**1.1**	**0.7**
未上过学	No Schooling	0.1	5.7	1.6		0.1	0.1	
小 学	Primary School	0.1	9.7	2.6	0.1	0.2	0.3	0.1
初 中	Junior Secondary School	0.3	14.8	4.7	0.3	0.5	0.7	0.2
高 中	Senior Secondary School	1.3	19.0	4.4	1.8	1.1	1.4	0.9
大学专科	College	2.6	9.9	1.7	5.4	1.7	2.3	1.9
大学本科	University	3.4	6.5	0.9	5.5	1.4	3.0	4.0
研究生及以上	Graduate and Higher Level	4.4	4.0	0.6	3.5	0.7	3.3	7.4
男	**Male**	**1.0**	**11.5**	**3.0**	**1.2**	**0.8**	**1.2**	**0.9**
未上过学	No Schooling	0.2	4.8	1.0		0.2	0.1	0.1
小 学	Primary School	0.2	8.9	1.9	0.1	0.3	0.5	0.1
初 中	Junior Secondary School	0.4	12.0	3.8	0.3	0.5	0.9	0.3
高 中	Senior Secondary School	1.2	15.1	3.7	1.4	1.2	1.5	1.0
大学专科	College	2.7	9.3	1.4	4.6	1.6	2.1	2.1
大学本科	University	3.8	6.5	0.8	4.7	1.5	2.8	4.5
研究生及以上	Graduate and Higher Level	4.7	4.3	0.3	3.0	0.7	3.2	8.4
女	**Female**	**0.8**	**16.2**	**4.5**	**1.6**	**0.6**	**0.9**	**0.5**
未上过学	No Schooling	0.1	6.1	1.9		0.1	0.1	
小 学	Primary School	0.1	10.4	3.3	0.1	0.1	0.2	
初 中	Junior Secondary School	0.3	18.5	5.8	0.4	0.3	0.5	0.1
高 中	Senior Secondary School	1.4	24.6	5.4	2.4	1.1	1.2	0.7
大学专科	College	2.6	10.7	2.1	6.3	1.8	2.5	1.7
大学本科	University	2.7	6.5	0.9	6.6	1.3	3.3	3.3
研究生及以上	Graduate and Higher Level	3.7	3.3	1.2	4.7	0.8	3.3	5.3

3-19 续表 2 continued

单位：% (%)

受教育程度	Educational Attainment	水利、环境和公共设施管理业 Management of Water Conservancy, Environment and Public Facilities	居民服务和其他服务业 Services to Households and Other Services	教育 Education	卫生、社会保障和社会福利业 Health, Social Securities and Social Welfare	文化、体育和娱乐业 Culture, Sports and Entertainment	公共管理和社会组织 Public Management and Social Organization	国际组织 International Organizations
总 计	**Total**	**0.7**	**3.4**	**3.9**	**2.2**	**0.9**	**4.9**	
未上过学	No Schooling	0.4	2.8	0.3	0.2	0.1	0.4	
小 学	Primary School	0.4	3.0	0.3	0.3	0.2	0.6	
初 中	Junior Secondary School	0.5	4.2	0.7	0.7	0.6	1.3	
高 中	Senior Secondary School	1.1	3.8	3.5	3.3	1.2	6.1	
大学专科	College	1.2	1.3	14.8	7.9	2.0	18.3	
大学本科	University	1.1	0.8	22.0	6.7	2.5	20.1	
研究生及以上	Graduate and Higher Level	0.9	0.3	36.3	9.2	2.6	9.5	
男	**Male**	**0.8**	**3.3**	**3.1**	**1.6**	**0.9**	**6.1**	
未上过学	No Schooling	0.4	2.8	0.3	0.3	0.1	0.8	
小 学	Primary School	0.4	3.3	0.3	0.3	0.2	0.8	
初 中	Junior Secondary School	0.6	4.1	0.6	0.5	0.5	1.6	
高 中	Senior Secondary School	1.2	3.6	2.3	1.9	1.2	7.0	
大学专科	College	1.5	1.2	10.9	5.3	2.0	22.6	
大学本科	University	1.1	0.7	16.6	5.8	2.3	23.8	
研究生及以上	Graduate and Higher Level	1.2	0.4	33.8	8.6	2.1	10.7	
女	**Female**	**0.6**	**3.4**	**5.0**	**3.0**	**0.9**	**3.4**	
未上过学	No Schooling	0.4	2.8	0.2	0.2	0.1	0.3	
小 学	Primary School	0.3	2.7	0.2	0.3	0.2	0.5	
初 中	Junior Secondary School	0.5	4.4	0.8	0.8	0.6	0.9	
高 中	Senior Secondary School	1.1	3.9	5.2	5.3	1.2	4.9	
大学专科	College	0.9	1.4	19.7	11.1	2.0	13.0	
大学本科	University	1.0	1.0	30.1	8.1	2.9	14.5	
研究生及以上	Graduate and Higher Level	0.2	0.2	41.4	10.6	3.5	7.1	

3-20 按行业、性别分的城镇就业人员受教育程度构成
Educational Attainment of Urban Employed Persons by Sector and Sex

单位：% (%)

受教育程度	Educational Attainment	城镇就业人员 Urban Employed Persons	农、林、牧、渔业 Agriculture, Forestry, Animal Husbandry and Fishery	采矿业 Mining	制造业 Manu-facturing	电力、燃气及水的生产和供应业 Production and Distribution of Electricity, Gas and Water	建筑业 Construction	交通运输、仓储和邮政业 Transport, Storage and Post
总　计	**Total**	**100.0**	**100.0**	**100.0**	**100.0**	**100.0**	**100.0**	**100.0**
未上过学	No Schooling	2.8	7.9	0.9	1.0	0.2	1.6	0.9
小　学	Primary School	16.9	35.9	9.6	11.6	3.3	18.7	9.6
初　中	Junior Secondary School	43.3	48.9	47.1	51.6	24.4	50.5	48.7
高　中	Senior Secondary School	21.2	6.7	30.5	25.2	38.8	19.6	30.2
大学专科	College	9.9	0.5	8.8	7.1	20.9	7.1	7.9
大学本科	University	5.3	0.1	3.1	3.2	10.0	2.4	2.6
研究生及以上	Graduate and Higher Level	0.6		0.2	0.2	2.4	0.1	0.1
男	**Male**	**100.0**	**100.0**	**100.0**	**100.0**	**100.0**	**100.0**	**100.0**
未上过学	No Schooling	1.6	4.6	0.9	0.5	0.2	1.2	0.8
小　学	Primary School	14.8	32.4	10.4	9.7	3.4	18.3	10.2
初　中	Junior Secondary School	44.7	53.5	49.7	50.3	27.1	53.1	52.0
高　中	Senior Secondary School	22.5	8.7	28.0	27.6	37.7	19.2	28.7
大学专科	College	9.9	0.7	7.7	7.7	19.1	6.1	6.4
大学本科	University	5.8	0.2	3.0	3.9	10.0	2.0	1.9
研究生及以上	Graduate and Higher Level	0.7		0.2	0.3	2.4	0.1	0.1
女	**Female**	**100.0**	**100.0**	**100.0**	**100.0**	**100.0**	**100.0**	**100.0**
未上过学	No Schooling	4.4	11.0	0.7	1.6	0.2	3.4	1.4
小　学	Primary School	19.5	39.2	6.6	14.1	3.1	20.9	7.0
初　中	Junior Secondary School	41.5	44.6	37.5	53.2	18.6	37.3	33.5
高　中	Senior Secondary School	19.6	4.7	39.1	22.2	41.1	21.6	37.1
大学专科	College	9.8	0.4	12.6	6.4	24.8	12.0	15.2
大学本科	University	4.8	0.1	3.4	2.3	9.9	4.7	5.7
研究生及以上	Graduate and Higher Level	0.4			0.1	2.3	0.2	0.1

3-20 续表 1 continued

单位：% (%)

受教育程度	Educational Attainment	信息传输、计算机服务和软件业 Information Transmission, Computer Service and Software	批发和零售业 Wholesale and Retail Trades	住宿和餐饮业 Hotel and Restaurants	金融业 Financial Intermediation	房地产业 Real Estate	租赁和商务服务业 Leasing and Business Services	科学研究、技术服务和地质勘查业 Scientific Research, Technical Services,and Geological Prospecting
总　计	**Total**	**100.0**	**100.0**	**100.0**	**100.0**	**100.0**	**100.0**	**100.0**
未上过学	No Schooling	0.3	1.2	1.3		0.5	0.2	0.2
小　学	Primary School	2.0	12.0	12.0	0.9	4.8	5.5	1.7
初　中	Junior Secondary School	16.2	47.1	55.2	10.3	27.2	28.6	12.5
高　中	Senior Secondary School	30.7	29.8	25.6	27.8	33.4	27.5	24.7
大学专科	College	28.4	7.2	4.6	38.4	23.1	21.3	25.9
大学本科	University	19.7	2.5	1.2	21.2	10.4	15.1	29.2
研究生及以上	Graduate and Higher Level	2.8	0.2	0.1	1.5	0.6	1.8	5.8
男	**Male**	**100.0**	**100.0**	**100.0**	**100.0**	**100.0**	**100.0**	**100.0**
未上过学	No Schooling	0.3	0.7	0.5		0.3	0.2	0.2
小　学	Primary School	2.3	11.5	9.2	1.1	5.7	6.0	2.2
初　中	Junior Secondary School	16.2	46.6	56.2	11.2	29.9	33.2	13.9
高　中	Senior Secondary School	28.4	29.7	27.8	26.2	33.3	27.7	24.5
大学专科	College	27.0	8.1	4.7	37.3	19.8	17.3	23.5
大学本科	University	22.4	3.3	1.5	22.5	10.4	13.6	29.1
研究生及以上	Graduate and Higher Level	3.4	0.3	0.1	1.7	0.6	1.9	6.6
女	**Female**	**100.0**	**100.0**	**100.0**	**100.0**	**100.0**	**100.0**	**100.0**
未上过学	No Schooling	0.3	1.7	1.9		0.7	0.3	0.2
小　学	Primary School	1.4	12.5	14.4	0.8	3.5	4.8	0.6
初　中	Junior Secondary School	16.2	47.5	54.3	9.4	23.0	20.8	9.7
高　中	Senior Secondary School	34.0	29.8	23.8	29.3	33.6	27.3	25.2
大学专科	College	30.7	6.5	4.6	39.4	28.3	27.8	30.7
大学本科	University	15.6	1.9	1.0	20.0	10.3	17.5	29.3
研究生及以上	Graduate and Higher Level	1.9	0.1	0.1	1.3	0.5	1.6	4.2

3-20 续表 2 continued

单位：% (%)

受教育程度	Educational Attainment	水利、环境和公共设施管理业 Management of Water Conservancy, Environment and Public Facilities	居民服务和其他服务业 Services to Households and Other Services	教育 Education	卫生、社会保障和社会福利业 Health, Social Securities and Social Welfare	文化、体育和娱乐业 Culture, Sports and Entertainment	公共管理和社会组织 Public Management and Social Organization	国际组织 International Organizations
总　计	**Total**	**100.0**	**100.0**	**100.0**	**100.0**	**100.0**	**100.0**	**100.0**
未上过学	No Schooling	1.5	2.3	0.2	0.2	0.4	0.3	
小　学	Primary School	8.3	14.9	1.1	2.3	4.0	2.2	
初　中	Junior Secondary School	32.4	54.1	7.5	12.9	27.6	11.2	
高　中	Senior Secondary School	32.8	23.6	18.9	31.4	29.2	26.5	
大学专科	College	16.5	3.7	37.2	34.9	21.9	36.9	16.7
大学本科	University	7.8	1.3	29.8	15.9	15.3	21.8	66.7
研究生及以上	Graduate and Higher Level	0.7	0.1	5.4	2.4	1.7	1.1	
男	**Male**	**100.0**	**100.0**	**100.0**	**100.0**	**100.0**	**100.0**	**100.0**
未上过学	No Schooling	0.8	1.3	0.1	0.2	0.2	0.2	
小　学	Primary School	7.1	14.5	1.2	2.7	3.7	2.0	
初　中	Junior Secondary School	31.7	54.8	8.1	14.6	26.6	11.6	
高　中	Senior Secondary School	33.2	24.6	16.9	26.1	31.3	25.9	
大学专科	College	18.0	3.5	35.0	32.2	21.8	36.7	
大学本科	University	8.1	1.2	30.9	20.3	14.8	22.5	100.0
研究生及以上	Graduate and Higher Level	1.1	0.1	7.7	3.7	1.7	1.2	
女	**Female**	**100.0**	**100.0**	**100.0**	**100.0**	**100.0**	**100.0**	**100.0**
未上过学	No Schooling	2.7	3.6	0.2	0.2	0.7	0.3	
小　学	Primary School	10.1	15.3	1.0	1.9	4.3	2.7	
初　中	Junior Secondary School	33.5	53.2	7.0	11.7	28.6	10.5	
高　中	Senior Secondary School	32.2	22.4	20.4	34.9	26.6	27.9	
大学专科	College	14.2	4.1	38.9	36.7	22.1	37.5	50.0
大学本科	University	7.2	1.4	29.0	13.0	15.9	20.2	50.0
研究生及以上	Graduate and Higher Level	0.1		3.5	1.5	1.7	0.9	

3-21 按年龄、性别分的城镇就业人员职业构成

Occupation of Urban Employed Persons by Age and Sex

单位：% (%)

年龄 Age	城镇就业人员 Urban Employed Persons	单位负责人 Unit Head	专业技术人员 Technical Personnel	办事人员和有关人员 Clerk and Related Workers	商业、服务业人员 Business Service Personnel	农林牧渔水利业生产人员 Producers in the Sectors of Agriculture, Forestry, Animal Husbandry, Fishery and Water Conservancy	生产运输设备操作人员及有关人员 Production, Transport Equipment Operators and Related Workers	其他 Others
总计 Total	**100.0**	**2.7**	**12.3**	**8.0**	**23.4**	**27.2**	**19.4**	**6.8**
16-19	100.0	0.2	3.5	3.1	25.7	24.8	36.9	5.7
20-24	100.0	1.3	11.4	7.1	28.3	19.1	26.6	6.1
25-29	100.0	2.0	16.3	9.2	27.1	17.3	21.1	6.9
30-34	100.0	2.5	15.1	8.5	25.6	18.9	21.8	7.6
35-39	100.0	2.9	13.9	7.4	24.2	22.9	20.7	8.0
40-44	100.0	3.5	12.8	8.7	24.0	24.7	18.5	7.6
45-49	100.0	3.8	11.6	9.4	22.1	28.8	16.7	7.5
50-54	100.0	3.8	10.2	8.7	18.1	40.2	13.0	6.1
55-59	100.0	3.1	7.5	8.4	15.2	52.1	9.6	4.2
60-64	100.0	1.5	4.4	3.8	10.6	72.0	5.4	2.3
65+	100.0	0.7	4.3	2.9	10.6	76.8	3.2	1.4
男 Male	**100.0**	**3.8**	**10.7**	**9.5**	**20.8**	**24.0**	**22.0**	**9.2**
16-19	100.0	0.1	2.6	3.1	20.8	27.7	39.2	6.5
20-24	100.0	1.2	9.2	6.8	23.9	18.9	31.2	8.6
25-29	100.0	2.4	13.4	9.8	24.1	15.8	24.8	9.6
30-34	100.0	3.4	12.6	9.8	22.9	16.5	24.3	10.4
35-39	100.0	4.0	11.9	8.6	21.8	19.4	23.2	10.9
40-44	100.0	5.2	11.5	10.8	20.8	20.4	20.9	10.3
45-49	100.0	5.5	10.1	11.3	19.4	23.3	20.0	10.3
50-54	100.0	5.3	9.8	11.2	17.9	31.1	17.2	7.5
55-59	100.0	4.2	9.0	11.7	16.2	40.8	12.3	5.6
60-64	100.0	2.1	5.6	5.4	11.9	65.2	7.0	2.7
65+	100.0	0.9	5.3	4.0	11.3	72.8	4.0	1.7
女 Female	**100.0**	**1.3**	**14.3**	**6.2**	**26.7**	**31.2**	**16.2**	**4.0**
16-19	100.0	0.4	4.4	3.1	30.6	21.9	34.6	4.9
20-24	100.0	1.3	13.5	7.4	32.5	19.2	22.3	3.8
25-29	100.0	1.5	19.5	8.6	30.3	18.9	17.1	3.9
30-34	100.0	1.4	17.9	7.0	28.6	21.8	18.8	4.3
35-39	100.0	1.5	16.2	5.8	26.9	27.1	17.8	4.5
40-44	100.0	1.5	14.3	6.3	27.9	29.8	15.8	4.4
45-49	100.0	1.5	13.6	6.8	25.7	36.4	12.1	3.8
50-54	100.0	1.3	10.8	4.5	18.4	55.6	5.8	3.6
55-59	100.0	0.7	4.4	1.7	13.3	74.5	4.0	1.3
60-64	100.0	0.4	2.5	1.2	8.5	83.2	2.6	1.6
65+	100.0	0.3	2.5	0.7	9.3	84.5	1.6	0.9

3-22 按职业、性别分的城镇就业人员年龄构成

Age Composition of Urban Employed Persons by Occupation and Sex

单位：% (%)

年龄 Age	城镇就业人员 Urban Employed Persons	单位负责人 Unit Head	专业技术人员 Technical Personnel	办事人员和有关人员 Clerk and Related Workers	商业、服务业人员 Business Service Personnel	农林牧渔水利业生产人员 Producers in the Sectors of Agriculture, Forestry, Animal Husbandry, Fishery and Water Conservancy	生产运输设备操作人员及有关人员 Production, Transport Equipment Operators and Related Workers	其他 Others
总计 Total	**100.0**	**100.0**	**100.0**	**100.0**	**100.0**	**100.0**	**100.0**	**100.0**
16-19	3.7	0.3	1.0	1.4	4.1	3.4	7.0	3.1
20-24	8.9	4.2	8.3	7.9	10.8	6.3	12.3	8.0
25-29	11.7	8.7	15.5	13.5	13.5	7.4	12.7	11.8
30-34	14.7	13.4	18.0	15.7	16.1	10.2	16.5	16.3
35-39	16.8	17.8	18.9	15.4	17.3	14.1	17.9	19.6
40-44	16.5	21.6	17.1	18.0	16.9	14.9	15.7	18.3
45-49	10.0	14.0	9.4	11.7	9.4	10.5	8.5	10.9
50-54	9.1	12.8	7.5	9.8	7.0	13.4	6.1	8.0
55-59	4.8	5.5	2.9	5.0	3.1	9.2	2.4	2.9
60-64	2.1	1.1	0.8	1.0	1.0	5.6	0.6	0.7
65+	1.8	0.5	0.6	0.6	0.8	5.1	0.3	0.4
男 Male	**100.0**	**100.0**	**100.0**	**100.0**	**100.0**	**100.0**	**100.0**	**100.0**
16-19	3.3	0.1	0.8	1.1	3.3	3.8	5.9	2.3
20-24	7.9	2.5	6.8	5.6	9.1	6.2	11.2	7.4
25-29	11.1	7.1	13.8	11.4	12.8	7.2	12.5	11.6
30-34	14.3	12.9	16.9	14.8	15.8	9.8	15.9	16.3
35-39	16.4	17.4	18.1	14.9	17.2	13.2	17.3	19.6
40-44	16.1	22.3	17.3	18.4	16.1	13.6	15.3	18.1
45-49	10.4	15.0	9.7	12.3	9.7	10.0	9.4	11.6
50-54	10.3	14.4	9.4	12.1	8.9	13.4	8.1	8.5
55-59	5.8	6.5	4.8	7.1	4.5	9.8	3.2	3.5
60-64	2.4	1.3	1.2	1.4	1.4	6.4	0.8	0.7
65+	2.1	0.5	1.0	0.9	1.2	6.5	0.4	0.4
女 Female	**100.0**	**100.0**	**100.0**	**100.0**	**100.0**	**100.0**	**100.0**	**100.0**
16-19	4.2	1.2	1.3	2.1	4.8	2.9	8.9	5.2
20-24	10.2	10.0	9.7	12.2	12.5	6.3	14.0	9.8
25-29	12.5	14.1	17.1	17.5	14.2	7.6	13.2	12.4
30-34	15.2	15.3	19.1	17.3	16.3	10.6	17.5	16.5
35-39	17.3	19.4	19.6	16.4	17.4	15.0	18.9	19.6
40-44	16.9	19.2	16.9	17.2	17.7	16.1	16.4	18.7
45-49	9.5	10.6	9.0	10.4	9.1	11.0	7.0	9.0
50-54	7.5	7.4	5.7	5.5	5.2	13.4	2.7	6.7
55-59	3.6	1.9	1.1	1.0	1.8	8.6	0.9	1.2
60-64	1.8	0.5	0.3	0.3	0.6	4.7	0.3	0.7
65+	1.4	0.3	0.2	0.1	0.5	3.7	0.1	0.3

3-23 按受教育程度、性别分的城镇就业人员职业构成

Occupation of Urban Employed Persons by Educational Attainment and Sex

单位：% (%)

受教育程度	Educational Attainment	城镇就业人员 Urban Employed Persons	单位负责人 Unit Head	专业技术人员 Technical Personnel	办事人员和有关人员 Clerk and Related Workers	商业、服务业人员 Business Service Personnel	农林牧渔水利业生产人员 Producers in the Sectors of Agriculture, Forestry, Animal Husbandry, Fishery and Water Conservancy	生产运输设备操作人员及有关人员 Production, Transport Equipment Operators and Related Workers	其他 Others
总计	**Total**	**100.0**	**2.7**	**12.3**	**8.0**	**23.4**	**27.3**	**25.6**	**0.6**
未上过学	No Schooling	100.0	0.3	0.6	0.9	11.1	75.8	10.8	0.6
小学	Primary School	100.0	0.6	1.3	1.7	16.9	58.0	21.1	0.5
初中	Junior Secondary School	100.0	1.5	3.8	3.5	26.5	30.9	33.1	0.6
高中	Senior Secondary School	100.0	3.8	15.5	11.3	31.3	8.7	28.5	0.8
大学专科	College	100.0	6.6	41.2	23.7	16.0	1.1	10.8	0.5
大学本科	University	100.0	7.7	50.2	25.3	9.9	0.4	5.7	0.8
研究生及以上	Graduate and Higher Level	100.0	8.2	67.4	16.4	4.7	0.3	2.4	0.5
男	**Male**	**100.0**	**3.8**	**10.7**	**9.5**	**20.8**	**24.1**	**30.5**	**0.7**
未上过学	No Schooling	100.0	0.5	0.8	1.8	10.1	70.8	15.4	0.6
小学	Primary School	100.0	1.0	1.6	2.6	15.8	52.7	25.7	0.6
初中	Junior Secondary School	100.0	2.1	3.6	4.4	22.7	28.8	37.8	0.7
高中	Senior Secondary School	100.0	5.1	11.6	12.1	26.6	9.4	34.4	0.8
大学专科	College	100.0	9.0	33.0	26.9	15.6	1.4	13.6	0.6
大学本科	University	100.0	10.0	43.7	28.1	9.9	0.5	6.9	0.9
研究生及以上	Graduate and Higher Level	100.0	10.9	64.1	17.2	4.7	0.1	2.5	0.6
女	**Female**	**100.0**	**1.3**	**14.3**	**6.2**	**26.7**	**31.2**	**19.7**	**0.6**
未上过学	No Schooling	100.0	0.1	0.5	0.5	11.5	78.0	8.7	0.6
小学	Primary School	100.0	0.3	1.0	0.8	17.9	62.9	16.7	0.4
初中	Junior Secondary School	100.0	0.8	4.0	2.4	31.7	33.6	26.9	0.6
高中	Senior Secondary School	100.0	2.0	21.2	10.2	38.1	7.6	20.2	0.7
大学专科	College	100.0	3.5	51.6	19.7	16.5	0.8	7.4	0.5
大学本科	University	100.0	4.4	59.9	21.0	9.9	0.4	3.8	0.7
研究生及以上	Graduate and Higher Level	100.0	2.9	74.1	14.5	4.7	0.8	2.4	0.6

3-24 按职业、性别分的城镇就业人员受教育程度构成
Educational Attainment of Urban Employed Persons by Occupation and Sex

单位：% (%)

受教育程度	Educational Attainment	城镇就业人员 Urban Employed Persons	单位负责人 Unit Head	专业技术人员 Technical Personnel	办事人员和有关人员 Clerk and Related Workers	商业、服务业人员 Business Service Personnel	农林牧渔水利业生产人员 Producers in the Sectors of Agriculture, Forestry, Animal Husbandry, Fishery and Water Conservancy	生产运输设备操作人员及有关人员 Production, Transport Equipment Operators and Related Workers	其他 Others
总计	**Total**	**100.0**	**100.0**	**100.0**	**100.0**	**100.0**	**100.0**	**100.0**	**100.0**
未上过学	No Schooling	2.8	0.3	0.1	0.3	1.3	7.9	1.2	2.8
小学	Primary School	16.9	3.9	1.8	3.5	12.2	35.9	13.9	13.2
初中	Junior Secondary School	43.3	24.8	13.3	19.0	49.0	49.0	55.9	43.1
高中	Senior Secondary School	21.2	30.0	26.8	30.0	28.4	6.7	23.6	25.4
大学专科	College	9.9	24.0	33.1	29.2	6.8	0.4	4.2	8.3
大学本科	University	5.3	15.2	21.7	16.8	2.2	0.1	1.2	6.7
研究生及以上	Graduate and Higher Level	0.6	1.8	3.2	1.2	0.1		0.1	0.5
男	**Male**	**100.0**	**100.0**	**100.0**	**100.0**	**100.0**	**100.0**	**100.0**	**100.0**
未上过学	No Schooling	1.6	0.2	0.1	0.3	0.8	4.6	0.8	1.4
小学	Primary School	14.8	3.8	2.3	4.1	11.2	32.4	12.5	12.5
初中	Junior Secondary School	44.7	24.9	15.2	20.6	48.8	53.5	55.5	44.3
高中	Senior Secondary School	22.5	30.3	24.3	28.7	28.8	8.8	25.4	26.1
大学专科	College	9.9	23.6	30.5	28.0	7.5	0.6	4.4	7.9
大学本科	University	5.8	15.2	23.4	17.0	2.7	0.1	1.3	7.2
研究生及以上	Graduate and Higher Level	0.7	2.0	4.2	1.3	0.2		0.1	0.6
女	**Female**	**100.0**	**100.0**	**100.0**	**100.0**	**100.0**	**100.0**	**100.0**	**100.0**
未上过学	No Schooling	4.4	0.4	0.2	0.3	1.9	11.0	2.0	4.9
小学	Primary School	19.5	4.4	1.4	2.4	13.1	39.2	16.5	14.4
初中	Junior Secondary School	41.5	24.4	11.6	16.1	49.2	44.7	56.8	41.2
高中	Senior Secondary School	19.6	28.8	29.1	32.4	27.9	4.8	20.1	24.5
大学专科	College	9.8	25.7	35.5	31.5	6.1	0.3	3.7	8.8
大学本科	University	4.8	15.4	20.0	16.3	1.8	0.1	0.9	5.8
研究生及以上	Graduate and Higher Level	0.4	0.9	2.2	1.0	0.1		0.1	0.4

3-25 城镇就业人员调查周平均工作时间

Weekly Working Hours of Urban Employed Persons

单位：小时／周 (hours/per week)

分 组	Group	2003年11月 Nov.2003	2004年11月 Nov.2004	2005年11月 Nov.2005	2006年11月 Nov.2006
全 部	**Total**	**45.4**	**45.5**	**47.8**	**47.26**
一、按年龄分组	**By Age**				
16-19		48.4	48.7	51.8	49.94
20-24		46.2	46.4	49.4	48.41
25-29		45.7	45.9	48.6	48.14
30-34		45.7	45.9	48.6	48.42
35-39		45.7	46.0	48.4	48.32
40-44		45.1	45.3	47.7	47.68
45-49		44.9	44.7	46.9	46.54
50-54		44.5	44.5	45.9	45.22
55-59		44.2	44.0	44.8	43.89
60-64		42.7	43.0	42.9	41.75
65+		40.7	40.7		36.82
二、按职业分组	**By Occupation**				
单位负责人	Unit Head	44.3	44.0	47.2	47.26
专业技术人员	Technical Personnel	42.8	43.4	43.2	44.13
办事人员和有关人员	Clerk and Related Workers	41.8	42.4	44.4	44.38
商业、服务业人员	Business Service Personnel	49.4	49.3	52.0	51.97
农林牧渔水利业生产人员	Producers in the Sectors of Agriculture, Forestry, Animal Husbandry, Fishery and Water Conservancy	44.2	42.9	43.0	41.93
生产、运输设备操作人员及有关人员	Production, Transport Equipment Operators and Related Workers	47.5	48.1	51.4	50.81
其 他	Others	46.7	46.8	48.9	48.42
三、按受教育程度分组	**By Educational Attaiment**				
未上过学	No Schooling	44.9	44.8	44.4	41.48
小 学	Primary School	47.2	46.1	47.8	46.42
初 中	Junior Secondary School	47.4	47.4	50.0	49.25
高 中	Senior Secondary School	44.4	44.9	47.8	47.72
大学专科	College	41.6	42.0	43.2	43.75
大学本科	University	41.1	41.2	41.9	42.12
研究生及以上	Graduate and Higher Level	40.9	40.9	41.3	42.21

注：1.11月相对应的调查周是10月25日至10月31日。
2.甲栏就业身份和行业职业按主业分组，工作时间包括主业和兼职工作时间(下表同)。

Note:a) The referent week in November is 25th to 31st, October.
b) The items about employment status, sectors and occupation are for the first job. The working hours both include the first and sencond job. The same applies to the tables following.

3-25 续表 continued

单位：小时／周 (hours/per week)

分　组	Group	2003年11月 Nov.2003	2004年11月 Nov.2004	2005年11月 Nov.2005	2006年11月 Nov.2006
四、按行业分组	**By Sector**				
农、林、牧、渔业	Agriculture,Forestry,Animal Husbandry and Fishery	44.1	42.9	42.9	41.9
采矿业	Mining	44.1	45.4	47.5	47.8
制造业	Manufacturing	46.4	46.9	51.1	50.4
电力、燃气及水的生产和供应业	Production and Distribution of Electricity, Gas and Water	42.2	42.4	43.4	43.5
建筑业	Construction	48.4	48.0	51.6	51.3
交通运输、仓储和邮政业	Transport, Storage and Post	46.1	46.5	49.9	50.0
信息传输、计算机服务和软件业	Information Transmission, Computer Service and Software	43.1	43.6	45.6	46.3
批发和零售业	Wholesale and Retail Trades	49.2	50.1	52.5	52.5
住宿和餐饮业	Hotel and Restaurants	50.1	49.1	53.9	54.4
金融业	Financial Intermediation	41.1	41.7	42.4	42.6
房地产业	Real Estate	42.2	42.4	45.8	45.8
租赁和商务服务业	Leasing and Business Services	46.3	45.2	45.8	46.4
科学研究、技术服务和地质勘查业	Scientific Research, Technical Services, and Geological Prospecting	42.2	42.2	42.7	42.5
水利、环境和公共设施管理业	Management of Water Conservancy, Environment and Public Facilities	41.6	42.2	45.3	44.3
居民服务和其他服务业	Services to Households and Other Services	47.5	47.0	52.3	52.1
教　育	Education	41.0	41.1	42.3	42.4
卫生、社会保障和社会福利业	Health, Social Securities and Social Welfare	42.0	43.0	44.6	45.3
文化、体育和娱乐业	Culture, Sports and Entertainment	43.2	44.1	46.3	46.8
公共管理和社会组织	Public Management and Social Organization	40.9	41.1	42.2	42.0
国际组织	International Organizations	34.6	43.0	43.4	47.8

3-26 城镇男性就业人员调查周平均工作时间

Weekly Working Hours of Urban Male Employed Persons

单位：小时／周 (hours/per week)

分　组	Group	2003年11月 Nov.2003	2004年11月 Nov.2004	2005年11月 Nov.2005	2006年11月 Nov.2006
全　部	**Total**	**45.8**	**46.0**	**48.7**	**48.3**
一、按年龄分组	**By Age**				
16-19		48.3	47.9	51.4	49.7
20-24		46.5	46.9	50.2	49.3
25-29		46.3	46.6	49.6	49.3
30-34		46.2	46.4	49.6	49.4
35-39		46.2	46.6	49.3	49.5
40-44		45.5	46.0	48.6	48.8
45-49		45.3	45.3	48.0	47.8
50-54		44.9	45.0	47.2	46.9
55-59		44.5	44.3	46.2	45.7
60-64		43.8	43.7	44.8	43.7
65+		41.3	41.6		38.8
二、按职业分组	**By Occupation**				
单位负责人	Unit Head	44.1	44.0	47.2	48.3
专业技术人员	Technical Personnel	43.5	44.0	43.9	44.7
办事人员和有关人员	Clerk and Related Workers	42.0	42.6	45.0	44.9
商业、服务业人员	Business Service Personnel	49.9	50.0	52.2	52.4
农林牧渔水利业生产人员	Producers in the Sectors of Agriculture, Forestry, Animal Husbandry, Fishery and Water Conservancy	45.7	44.6	45.1	44.5
生产、运输设备操作人员及有关人员	Production, Transport Equipment Operators and Related Workers	47.7	48.2	51.4	50.9
其　他	Others	47.0	47.4	49.6	48.9
三、按受教育程度分组	**By Educational Attaiment**				
未上过学	No Schooling	45.0	46.1	46.2	43.3
小　学	Primary School	48.0	46.9	49.2	48.2
初　中	Junior Secondary School	47.8	47.9	50.7	50.3
高　中	Senior Secondary School	44.8	45.4	48.4	48.3
大学专科	College	41.7	42.3	43.6	44.3
大学本科	University	41.3	41.4	42.2	42.5
研究生及以上	Graduate and Higher Level	41.2	41.0	41.7	42.8

3-26 续表 continued

单位：小时／周 (hours/per week)

分组	Group	2003年11月 Nov.2003	2004年11月 Nov.2004	2005年11月 Nov.2005	2006年11月 Nov.2006
四、按行业分组	**By Sector**				
农、林、牧、渔业	Agriculture,Forestry,Animal Husbandry and Fishery	45.5	44.4	45.02	44.4
采矿业	Mining	44.5	45.9	48.2	48.8
制造业	Manufacturing	46.2	46.5	51.0	50.3
电力、燃气及水的生产和供应业	Production and Distribution of Electricity, Gas and Water	42.5	42.6	43.9	43.9
建筑业	Construction	49.1	48.6	52.2	51.9
交通运输、仓储和邮政业	Transport, Storage and Post	46.8	47.3	50.8	51.0
信息传输、计算机服务和软件业	Information Transmission, Computer Service and Software	43.3	44.1	45.8	46.5
批发和零售业	Wholesale and Retail Trades	49.6	50.6	52.9	53.0
住宿和餐饮业	Hotel and Restaurants	50.7	49.79	54.5	54.9
金融业	Financial Intermediation	41.2	41.8	42.7	42.8
房地产业	Real Estate	42.4	42.8	46.6	46.6
租赁和商务服务业	Leasing and Business Services	46.4	45.5	46.7	47.5
科学研究、技术服务和地质勘查业	Scientific Research, Technical Services, and Geological Prospecting	42.5	42.4	43.1	43.0
水利、环境和公共设施管理业	Management of Water Conservancy, Environment and Public Facilities	41.7	42.3	45.2	44.6
居民服务和其他服务业	Services to Households and Other Services	47.9	47.7	52.7	52.7
教　育	Education	41.1	41.2	42.6	42.9
卫生、社会保障和社会福利业	Health, Social Securities and Social Welfare	42.4	43.5	45.6	46.3
文化、体育和娱乐业	Culture, Sports and Entertainment	43.2	44.1	46.4	47.3
公共管理和社会组织	Public Management and Social Organization	41.0	41.4	42.6	42.3
国际组织	International Organizations	34.5	44.6	44.7	53.8

3-27 城镇女性就业人员调查周平均工作时间

Weekly Working Hours of Urban Female Employed Persons

单位：小时／周 (hours/per week)

分 组	Group	2003年11月 Nov.2003	2004年11月 Nov.2004	2005年11月 Nov.2005	2006年11月 Nov.2006
全 部	**Total**	**44.9**	**44.9**	**46.7**	**45.9**
一、按年龄分组	**By Age**				
16-19		48.5	49.3	52.0	50.2
20-24		45.8	45.9	48.6	47.5
25-29		44.9	45.1	47.4	46.8
30-34		45.2	45.2	47.5	47.2
35-39		45.1	45.2	47.2	46.9
40-44		44.6	44.5	46.5	46.4
45-49		44.3	43.9	45.3	44.8
50-54		43.7	43.4	43.6	42.4
55-59		43.5	43.2	41.7	40.4
60-64		40.2	41.3	39.2	38.4
65+		39.1	38.4		33.1
二、按职业分组	**By Occupation**				
单位负责人	Unit Head	44.8	44.1	47.1	48.8
专业技术人员	Technical Personnel	41.8	42.6	42.6	43.6
办事人员和有关人员	Clerk and Related Workers	41.6	42.1	43.0	43.3
商业、服务业人员	Business Service Personnel	48.9	48.7	51.7	51.6
农林牧渔水利业生产人员	Producers in the Sectors of Agriculture, Forestry, Animal Husbandry, Fishery and Water Conservancy	42.8	41.3	40.9	39.5
生产、运输设备操作人员及有关人员	Production, Transport Equipment Operators and Related Workers	47.1	47.8	51.5	50.7
其 他	Others	46.2	45.9	47.6	47.8
三、按受教育程度分组	**By Educational Attaiment**				
未上过学	No Schooling	44.8	44.1	43.6	40.7
小 学	Primary School	46.2	45.2	46.3	44.7
初 中	Junior Secondary School	46.8	46.8	48.9	47.9
高 中	Senior Secondary School	44.0	44.3	46.9	46.8
大学专科	College	41.3	41.7	42.6	43.1
大学本科	University	40.8	41.0	41.4	41.5
研究生及以上	Graduate and Higher Level	40.2	40.6	40.6	40.9

3-27 续表 continued

单位：小时／周 (hours/per week)

分　组	Group	2003年11月 Nov.2003	2004年11月 Nov.2004	2005年11月 Nov.2005	2006年11月 Nov.2006
四、按行业分组	**By Sector**				
农、林、牧、渔业	Agriculture,Forestry,Animal Husbandry and Fishery	42.8	41.2	40.8	39.4
采矿业	Mining	42.9	43.6	44.8	44.1
制造业	Manufacturing	46.6	47.5	51.3	50.5
电力、燃气及水的生产和供应业	Production and Distribution of Electricity, Gas and Water	41.6	41.9	42.2	42.4
建筑业	Construction	45.2	44.3	47.7	47.9
交通运输、仓储和邮政业	Transport, Storage and Post	43.5	43.3	45.6	45.4
信息传输、计算机服务和软件业	Information Transmission, Computer Service and Software	42.8	42.9	45.3	46.0
批发和零售业	Wholesale and Retail Trades	48.9	49.7	52.2	52.0
住宿和餐饮业	Hotel and Restaurants	49.6	48.6	53.4	53.9
金融业	Financial Intermediation	40.9	41.6	42.2	42.3
房地产业	Real Estate	41.8	41.9	44.5	44.4
租赁和商务服务业	Leasing and Business Services	46.3	44.9	44.4	44.5
科学研究、技术服务和地质勘查业	Scientific Research, Technical Services, and Geological Prospecting	41.7	42.0	41.8	41.6
水利、环境和公共设施管理业	Management of Water Conservancy, Environment and Public Facilities	41.3	42.0	45.4	43.8
居民服务和其他服务业	Services to Households and Other Services	47.1	46.3	51.9	51.4
教　育	Education	40.8	41.0	42.0	42.1
卫生、社会保障和社会福利业	Health, Social Securities and Social Welfare	41.7	42.7	43.9	44.5
文化、体育和娱乐业	Culture, Sports and Entertainment	43.1	44.1	46.1	46.0
公共管理和社会组织	Public Management and Social Organization	40.5	40.7	41.3	41.3
国际组织	International Organizations	34.6	39.7	41.7	40.0

3-28 按年龄、性别分的城镇就业人员工作时间构成

Working Hours of Urban Employed Persons by Age and Sex

单位：%　　(%)

年龄 Age	城镇就业人员 Urban Employed Persons	1-8小时 1-8 Hours	9-19小时 9-19 Hours	20-39小时 20-39 Hours	40小时 40 Hours	41-48小时 41-48 Hours	48小时以上 48 Hours and Above
总计 Total	**100.0**	**0.4**	**1.7**	**11.1**	**31.2**	**16.1**	**39.6**
16-19	100.0	0.9	1.9	10.5	18.7	18.4	49.5
20-24	100.0	0.5	1.3	8.7	28.6	19.2	41.6
25-29	100.0	0.2	1.1	7.6	33.7	17.6	39.8
30-34	100.0	0.2	1.0	8.1	32.6	16.4	41.7
35-39	100.0	0.3	1.1	9.2	31.7	15.5	42.3
40-44	100.0	0.3	1.2	10.0	33.3	15.2	39.9
45-49	100.0	0.4	1.7	11.0	34.8	15.6	36.5
50-54	100.0	0.6	2.2	15.4	32.2	14.8	34.9
55-59	100.0	0.8	3.5	20.1	27.5	14.2	33.8
60-64	100.0	1.2	4.8	27.9	18.8	15.0	32.2
65+	100.0	2.7	12.0	32.7	15.3	11.7	25.5
男 Male	**100.0**	**0.3**	**1.1**	**8.8**	**31.3**	**16.2**	**42.2**
16-19	100.0	0.9	1.8	10.7	18.0	20.7	48.0
20-24	100.0	0.3	0.9	7.9	27.0	19.8	44.1
25-29	100.0	0.1	0.7	6.1	32.1	17.6	43.4
30-34	100.0	0.1	0.6	6.2	31.9	16.3	44.9
35-39	100.0	0.2	0.6	6.7	31.4	15.3	45.8
40-44	100.0	0.2	0.7	7.3	33.8	15.3	42.6
45-49	100.0	0.2	1.0	7.9	35.4	16.2	39.3
50-54	100.0	0.4	1.1	11.0	34.6	15.3	37.6
55-59	100.0	0.5	1.9	15.0	31.7	14.8	36.0
60-64	100.0	0.8	3.4	23.3	20.5	15.8	36.2
65+	100.0	2.2	9.1	30.8	16.8	12.1	28.9
女 Female	**100.0**	**0.6**	**2.4**	**13.8**	**31.0**	**15.8**	**36.3**
16-19	100.0	1.0	2.0	10.4	19.5	16.1	51.0
20-24	100.0	0.8	1.7	9.5	30.1	18.6	39.3
25-29	100.0	0.3	1.5	9.4	35.6	17.6	35.7
30-34	100.0	0.3	1.5	10.3	33.5	16.4	37.9
35-39	100.0	0.4	1.7	12.1	32.0	15.6	38.2
40-44	100.0	0.4	1.8	13.1	32.8	15.2	36.7
45-49	100.0	0.6	2.6	15.4	34.0	14.8	32.6
50-54	100.0	0.8	4.0	22.9	28.2	13.9	30.2
55-59	100.0	1.3	6.6	30.3	19.2	13.1	29.5
60-64	100.0	1.9	7.2	35.5	16.1	13.8	25.6
65+	100.0	3.6	17.5	36.5	12.4	10.8	19.1

3-29 按受教育程度、性别分的城镇就业人员工作时间构成
Working Hours of Urban Employed Persons by Educational Attainment and Sex

单位：% (%)

受教育程度	Educational Attainment	城镇就业人员 Urban Employed Persons	1-8小时 1-8 Hours	9-19小时 9-19 Hours	20-39小时 20-39 Hours	40小时 40 Hours	41-48小时 41-48 Hours	48小时以上 48 Hours and Above
总　计	**Total**	**100.0**	**0.4**	**1.7**	**11.1**	**31.2**	**16.1**	**39.6**
未上过学	No Schooling	100.0	1.6	7.8	28.7	13.5	12.9	35.4
小　学	Primary School	100.0	0.7	3.5	20.3	15.3	15.3	45.0
初　中	Junior Secondary School	100.0	0.5	1.6	11.4	20.5	17.2	48.8
高　中	Senior Secondary School	100.0	0.2	0.6	5.8	40.3	17.6	35.5
大学专科	College	100.0	0.1	0.1	4.3	64.5	13.6	17.4
大学本科	University	100.0	0.5	0.3	4.1	73.9	10.4	10.8
研究生及以上	Graduate and Higher Level	100.0	0.4	0.5	4.6	74.0	8.3	12.2
男	**Male**	**100.0**	**0.3**	**1.1**	**8.8**	**31.3**	**16.2**	**42.2**
未上过学	No Schooling	100.0	1.3	6.6	24.9	13.5	13.0	40.6
小　学	Primary School	100.0	0.5	2.5	16.4	15.3	15.6	49.8
初　中	Junior Secondary School	100.0	0.4	1.1	9.2	20.6	17.5	51.3
高　中	Senior Secondary School	100.0	0.2	0.6	5.5	38.5	17.2	38.0
大学专科	College	100.0	0.1	0.1	4.1	62.7	13.8	19.3
大学本科	University	100.0	0.2	0.4	4.2	72.7	10.6	11.9
研究生及以上	Graduate and Higher Level	100.0	0.3	0.2	4.3	72.6	8.7	13.8
女	**Female**	**100.0**	**0.6**	**2.4**	**13.8**	**31.0**	**15.8**	**36.3**
未上过学	No Schooling	100.0	1.8	8.3	30.4	13.5	12.9	33.0
小　学	Primary School	100.0	0.9	4.5	23.9	15.3	15.0	40.4
初　中	Junior Secondary School	100.0	0.6	2.4	14.4	20.4	16.8	45.4
高　中	Senior Secondary School	100.0	0.2	0.7	6.2	42.9	18.2	31.9
大学专科	College	100.0	0.1	0.2	4.5	66.8	13.4	14.9
大学本科	University	100.0	0.8	0.3	3.9	75.7	10.1	9.2
研究生及以上	Graduate and Higher Level	100.0	0.6	1.0	4.8	77.0	7.5	8.9

3-30 按户口性质、性别分的城镇就业人员工作时间构成
Working Hours of Urban Employed Persons by Household Registration and Sex

单位：%　　　　(%)

户口性质	Household Registration	城镇就业人员 Urban Employed Persons	1-8小时 1-8 Hours	9-19小时 9-19 Hours	20-39小时 20-39 Hours	40小时 40 Hours	41-48小时 41-48 Hours	48小时以上 48 Hours and Above
总计	**Total**	**100.0**	**0.4**	**1.7**	**11.1**	**31.2**	**16.1**	**39.6**
农业	Agriculture	100.0	0.7	2.8	16.5	15.8	16.8	47.4
非农业	Non-Agriculture	100.0	0.2	0.5	5.1	48.2	15.2	30.9
男	**Male**	**100.0**	**0.3**	**1.1**	**8.8**	**31.3**	**16.2**	**42.2**
农业	Agriculture	100.0	0.5	1.8	12.9	15.2	17.5	52.1
非农业	Non-Agriculture	100.0	0.1	0.4	4.6	47.9	15.0	31.9
女	**Female**	**100.0**	**0.6**	**2.4**	**13.8**	**31.0**	**15.8**	**36.3**
农业	Agriculture	100.0	0.9	3.9	20.6	16.5	16.1	41.9
非农业	Non-Agriculture	100.0	0.2	0.6	5.6	48.5	15.6	29.5

3-31 按就业身份、性别分的城镇就业人员工作时间构成
Working Hours of Urban Employed Persons by Employment Status and Sex

单位：%　　　　(%)

就业身份	Employment Status	城镇就业人员 Urban Employed Persons	1-8小时 1-8 Hours	9-19小时 9-19 Hours	20-39小时 20-39 Hours	40小时 40 Hours	41-48小时 41-48 Hours	48小时以上 48 Hours and Above
总计	**Total**	**100.0**	**0.1**	**0.6**	**6.2**	**20.4**	**17.3**	**55.2**
雇员	Employee	100.0	0.1	0.4	4.3	24.4	20.7	50.1
雇主	Employer	100.0	0.1	0.5	4.7	18.9	12.8	63.1
自营劳动者	Self-Employed	100.0	0.2	0.9	9.4	13.5	12.4	63.6
家庭帮工	Unpaid Familial Worker	100.0	0.3	2.2	13.9	14.5	12.9	56.2
男	**Male**	**100.0**	**0.1**	**0.5**	**5.7**	**19.4**	**17.4**	**56.9**
雇员	Employee	100.0	0.1	0.4	3.8	23.1	20.9	51.7
雇主	Employer	100.0	0.1	0.3	4.8	19.4	12.9	62.5
自营劳动者	Self-Employed	100.0	0.2	0.8	8.7	13.1	13.0	64.3
家庭帮工	Unpaid Familial Worker	100.0	0.2	2.7	14.0	13.6	12.2	57.3
女	**Female**	**100.0**	**0.2**	**0.7**	**7.0**	**21.8**	**17.3**	**53.0**
雇员	Employee	100.0	0.1	0.4	4.8	26.0	20.5	48.2
雇主	Employer	100.0	0.1	0.8	4.4	17.6	12.4	64.6
自营劳动者	Self-Employed	100.0	0.2	1.1	10.7	14.4	11.2	62.4
家庭帮工	Unpaid Familial Worker	100.0	0.3	2.1	13.9	14.7	13.1	55.9

3-32 按行业、性别分的城镇就业人员工作时间构成

单位：%

项　目	Item	城　镇 就业人员 Urban Employed Persons
全国总计	**National Total**	**100.0**
农、林、牧、渔业	Agriculture,Forestry,Animal Husbandry and Fishery	100.0
采矿业	Mining	100.0
制造业	Manufacturing	100.0
电力、燃气及水的生产和供应业	Production and Distribution of Electricity, Gas and Water	100.0
建筑业	Construction	100.0
交通运输、仓储和邮政业	Transport, Storage and Post	100.0
信息传输、计算机服务和软件业	Information Transmission, Computer Service and Software	100.0
批发和零售业	Wholesale and Retail Trades	100.0
住宿和餐饮业	Hotel and Restaurants	100.0
金融业	Financial Intermediation	100.0
房地产业	Real Estate	100.0
租赁和商务服务业	Leasing and Business Services	100.0
科学研究、技术服务和地质勘查业	Scientific Research, Technical Services, and Geological Prospecting	100.0
水利、环境和公共设施管理业	Management of Water Conservancy, Environment and Public Facilities	100.0
居民服务和其他服务业	Services to Households and Other Services	100.0
教　育	Education	100.0
卫生、社会保障和社会福利业	Health, Social Securities and Social Welfare	100.0
文化、体育和娱乐业	Culture, Sports and Entertainment	100.0
公共管理和社会组织	Public Management and Social Organization	100.0
国际组织	International Organizations	100.0
男	**Male**	**100.0**
农、林、牧、渔业	Agriculture,Forestry,Animal Husbandry and Fishery	100.0
采矿业	Mining	100.0
制造业	Manufacturing	100.0
电力、燃气及水的生产和供应业	Production and Distribution of Electricity, Gas and Water	100.0
建筑业	Construction	100.0
交通运输、仓储和邮政业	Transport, Storage and Post	100.0
信息传输、计算机服务和软件业	Information Transmission, Computer Service and Software	100.0
批发和零售业	Wholesale and Retail Trades	100.0
住宿和餐饮业	Hotel and Restaurants	100.0
金融业	Financial Intermediation	100.0

Working Hours of Urban Employed Persons by Sector and Sex

(%)

1-8小时 1-8 Hours	9-19小时 9-19 Hours	20-39小时 20-39 Hours	40小时 40 Hours	41-48小时 41-48 Hours	48小时以上 48 Hours and Above
0.4	**1.7**	**11.1**	**31.2**	**16.1**	**39.6**
1.3	5.1	26.8	16.2	16.7	33.9
0.1	0.4	3.2	45.6	14.0	36.7
0.1	0.3	4.1	30.2	20.0	45.3
0.1	0.2	5.6	63.5	14.1	16.6
0.1	0.4	5.7	24.7	15.0	54.1
0.2	0.4	6.7	32.3	14.8	45.6
0.1	0.3	3.7	54.3	15.0	26.6
0.1	0.5	5.8	21.6	16.0	55.9
0.1	0.6	5.5	18.8	15.2	59.8
	0.3	5.0	70.0	10.9	13.8
	0.3	3.5	52.3	20.1	23.7
0.1	0.5	7.8	46.0	15.1	30.5
0.2	0.1	4.3	73.4	9.1	12.9
0.4	0.5	5.2	59.8	13.8	20.4
0.3	1.2	9.1	19.3	14.5	55.6
0.5	0.5	4.5	70.1	11.0	13.5
0.1	0.2	4.4	55.1	15.4	24.7
0.3	0.7	6.5	49.3	12.2	31.0
0.1	0.2	6.0	75.1	7.8	10.7
			66.7		33.3
0.3	**1.1**	**8.8**	**31.3**	**16.2**	**42.2**
1.0	3.4	21.6	16.1	17.7	40.3
0.2	0.2	3.0	41.4	14.5	40.8
0.1	0.3	3.5	31.0	20.8	44.4
0.1	0.2	5.6	60.5	14.7	18.9
0.1	0.4	5.1	22.4	14.9	57.1
0.2	0.5	6.4	28.6	14.7	49.7
	0.3	3.2	53.4	14.7	28.5
0.1	0.5	5.4	21.4	14.9	57.7
	0.5	4.7	18.2	15.3	61.2
0.1	0.6	4.0	69.6	11.4	14.4

3-32 续表

单位：%

项 目	Item	城 镇 就业人员 Urban Employed Persons
房地产业	Real Estate	100.0
租赁和商务服务业	Leasing and Business Services	100.0
科学研究、技术服务和地质勘查业	Scientific Research, Technical Services, and Geological Prospecting	100.0
水利、环境和公共设施管理业	Management of Water Conservancy, Environment and Public Facilities	100.0
居民服务和其他服务业	Services to Households and Other Services	100.0
教 育	Education	100.0
卫生、社会保障和社会福利业	Health, Social Securities and Social Welfare	100.0
文化、体育和娱乐业	Culture, Sports and Entertainment	100.0
公共管理和社会组织	Public Management and Social Organization	100.0
国际组织	International Organizations	100.0
女	**Female**	**100.0**
农、林、牧、渔业	Agriculture,Forestry,Animal Husbandry and Fishery	100.0
采矿业	Mining	100.0
制造业	Manufacturing	100.0
电力、燃气及水的生产和供应业	Production and Distribution of Electricity, Gas and Water	100.0
建筑业	Construction	100.0
交通运输、仓储和邮政业	Transport, Storage and Post	100.0
信息传输、计算机服务和软件业	Information Transmission, Computer Service and Software	100.0
批发和零售业	Wholesale and Retail Trades	100.0
住宿和餐饮业	Hotel and Restaurants	100.0
金融业	Financial Intermediation	100.0
房地产业	Real Estate	100.0
租赁和商务服务业	Leasing and Business Services	100.0
科学研究、技术服务和地质勘查业	Scientific Research, Technical Services, and Geological Prospecting	100.0
水利、环境和公共设施管理业	Management of Water Conservancy, Environment and Public Facilities	100.0
居民服务和其他服务业	Services to Households and Other Services	100.0
教 育	Education	100.0
卫生、社会保障和社会福利业	Health, Social Securities and Social Welfare	100.0
文化、体育和娱乐业	Culture, Sports and Entertainment	100.0
公共管理和社会组织	Public Management and Social Organization	100.0
国际组织	International Organizations	100.0

continued

(%)

1-8小时 1-8 Hours	9-19小时 9-19 Hours	20-39小时 20-39 Hours	40小时 40 Hours	41-48小时 41-48 Hours	48小时以上 48 Hours and Above
	0.4	3.0	50.8	19.1	26.6
0.1	0.5	7.6	41.3	15.3	35.3
0.3		4.7	70.2	9.8	15.0
0.6	0.3	3.6	60.8	13.7	20.9
0.2	1.0	8.3	18.7	14.2	57.7
0.3	0.6	4.7	67.6	11.4	15.4
	0.2	4.7	50.8	15.0	29.3
0.1	0.5	6.6	48.7	10.6	33.6
0.1	0.2	5.5	74.1	8.5	11.6
			66.7		66.7
0.6	**2.4**	**13.8**	**31.0**	**15.8**	**36.3**
1.6	6.6	31.8	16.4	15.8	27.9
	1.5	3.7	61.2	12.2	21.4
0.1	0.4	4.8	29.2	19.0	46.5
0.1	0.1	5.7	70.0	12.7	11.4
0.1	0.5	8.9	36.6	15.1	38.8
0.2	0.5	8.0	49.4	15.0	27.0
0.2	0.2	4.6	55.7	15.5	23.8
0.1	0.6	6.1	21.7	17.1	54.4
0.2	0.8	6.1	19.3	15.0	58.6
	0.1	6.0	70.3	10.5	13.1
	0.1	4.5	54.6	21.6	19.2
0.2	0.6	8.2	53.8	14.9	22.4
	0.3	3.6	80.3	7.6	8.5
0.3	0.7	7.7	58.1	13.9	19.7
0.4	1.4	10.1	20.1	14.8	53.1
0.6	0.4	4.3	72.0	10.8	11.9
0.1	0.3	4.3	58.1	15.7	21.6
0.6	1.0	6.4	50.0	14.3	27.6
0.1	0.3	7.1	77.3	6.4	8.7
			100.0		

3-33 按职业、性别分的城镇就业人员工作时间构成
Working Hours of Urban Employed Persons by Occupation and Sex

单位：% (%)

职业	Occupation	城镇就业人员 Urban Employed Persons	1-8小时 1-8 Hours	9-19小时 9-19 Hours	20-39小时 20-39 Hours	40小时 40 Hours	41-48小时 41-48 Hours	48小时以上 48 Hours and Above
合 计	**Total**	**100.0**	**0.4**	**1.7**	**11.1**	**31.2**	**16.1**	**39.6**
单位负责人	Unit Head	100.0	0.1	0.2	3.8	47.0	12.6	36.2
专业技术人员	Technical Personnel	100.0	0.2	0.3	4.5	61.2	14.0	19.9
办事人员和有关人员	Clerk and Related Workers	100.0	0.2	0.2	4.5	62.6	13.5	19.1
商业、服务业人员	Business Service Personnel	100.0	0.1	0.6	6.2	23.7	15.9	53.4
农林牧渔水利业生产人员	Producers in the Sectors of Agriculture, Forestry, Animal Husbandry, Fishery and Water Conservancy	100.0	1.3	5.1	26.7	16.1	16.7	34.3
生产、运输设备操作人员及有关人员	Production, Transport Equipment Operators and Related Workers	100.0	0.1	0.4	5.2	27.8	17.8	48.7
其 他	Others	100.0	0.2	0.6	6.8	39.5	13.5	39.2
男	**Male**	**100.0**	**0.3**	**1.1**	**8.8**	**31.3**	**16.2**	**42.2**
单位负责人	Unit Head	100.0	0.1	0.2	3.7	46.9	12.1	36.9
专业技术人员	Technical Personnel	100.0	0.2	0.3	4.4	58.1	14.6	22.4
办事人员和有关人员	Clerk and Related Workers	100.0	0.1	0.1	4.5	60.5	14.0	20.7
商业、服务业人员	Business Service Personnel	100.0	0.1	0.5	5.6	23.9	15.2	54.6
农林牧渔水利业生产人员	Producers in the Sectors of Agriculture, Forestry, Animal Husbandry, Fishery and Water Conservancy	100.0	0.9	3.4	21.4	15.9	17.6	40.6
生产、运输设备操作人员及有关人员	Production, Transport Equipment Operators and Related Workers	100.0	0.1	0.4	4.8	27.7	17.7	49.2
其 他	Others	100.0	0.2	0.5	5.1	41.0	12.5	40.8
女	**Female**	**100.0**	**0.6**	**2.4**	**13.8**	**31.0**	**15.9**	**36.3**
单位负责人	Unit Head	100.0	0.3	0.1	4.1	47.4	14.2	33.8
专业技术人员	Technical Personnel	100.0	0.2	0.3	4.5	64.2	13.5	17.5
办事人员和有关人员	Clerk and Related Workers	100.0	0.3	0.3	4.6	66.5	12.4	15.9
商业、服务业人员	Business Service Personnel	100.0	0.2	0.8	6.8	23.4	16.6	52.2
农林牧渔水利业生产人员	Producers in the Sectors of Agriculture, Forestry, Animal Husbandry, Fishery and Water Conservancy	100.0	1.6	6.6	31.7	16.2	15.7	28.2
生产、运输设备操作人员及有关人员	Production, Transport Equipment Operators and Related Workers	100.0	0.1	0.5	5.9	27.9	18.0	47.7
其 他	Others	100.0	0.3	1.0	9.6	37.4	15.0	36.9

3-34 按年龄、性别分的城镇失业人员失业原因构成

Reason for Unemployment of Urban Unemployed Persons by Age and Sex

单位：% (%)

年龄 Age	城镇失业人员 Urban Unemployed Persons	离退休 Retired	料理家务 Do Housework	毕业后未工作 Job-off After Graduated	因单位原因失去工作 Lost Job for Working Unit Reasons	因个人原因失去工作 Lost Job for Individual Reasons	承包土地被征用 Land Expropriated	其他 Others
总计 Total	**100.0**	**2.4**	**11.9**	**21.4**	**33.4**	**13.6**	**2.2**	**15.3**
16-19	100.0		1.1	77.7	1.4	7.6	0.6	11.6
20-24	100.0		5.8	60.2	4.4	15.5	0.7	13.4
25-29	100.0		18.0	22.3	16.9	22.5	2.0	18.4
30-34	100.0		17.6	5.0	34.9	19.3	1.8	21.5
35-39	100.0		17.5	2.1	47.1	14.4	1.9	16.9
40-44	100.0	0.2	15.3	0.8	56.1	9.6	3.3	14.8
45-49	100.0	2.6	8.9	0.2	66.2	9.2	2.5	10.3
50-54	100.0	11.7	6.9		56.5	7.4	5.1	12.4
55-59	100.0	24.4	7.2		43.6	4.2	5.2	15.0
60-64	100.0	59.7	13.4		9.0	3.0	4.5	10.4
65+	100.0	33.3	25.0		12.5	8.3	4.2	20.8
男 Male	**100.0**	**1.9**	**1.1**	**25.7**	**37.4**	**14.8**	**2.3**	**16.7**
16-19	100.0		0.4	82.2	1.0	5.2	1.0	10.1
20-24	100.0			67.2	4.3	14.7	0.6	13.4
25-29	100.0		0.8	30.3	17.0	25.3	2.5	24.1
30-34	100.0		1.0	5.8	40.3	24.9	2.1	25.6
35-39	100.0		1.5	2.8	51.5	20.6	2.2	21.4
40-44	100.0		1.6	0.5	63.5	12.7	3.0	18.7
45-49	100.0	0.2	1.3	0.4	74.5	11.1	2.1	10.5
50-54	100.0	3.9	1.3		68.0	8.8	5.4	12.9
55-59	100.0	14.2	4.0		56.4	4.9	4.4	15.6
60-64	100.0	69.0			9.5	4.8	2.4	14.3
65+	100.0	47.1	11.8		5.9	11.8	5.9	17.6
女 Female	**100.0**	**2.8**	**22.3**	**17.1**	**29.4**	**12.5**	**2.0**	**13.8**
16-19	100.0		2.2	71.2	1.9	11.1		13.9
20-24	100.0		12.3	52.6	4.6	16.3	0.7	13.4
25-29	100.0		29.4	17.0	16.8	20.7	1.7	14.6
30-34	100.0		28.7	4.5	31.2	15.5	1.5	18.8
35-39	100.0		28.5	1.7	44.2	10.2	1.7	13.8
40-44	100.0	0.3	25.6	0.9	50.7	7.3	3.6	11.9
45-49	100.0	5.5	17.3		56.9	7.1	3.0	10.1
50-54	100.0	31.2	21.5		28.0	3.8	4.8	10.8
55-59	100.0	52.4	15.9		8.5	2.4	7.3	12.2
60-64	100.0	44.0	36.0		8.0		8.0	8.0
65+	100.0		57.1		28.6			28.6

3-35 按失业原因、性别分的城镇失业人员年龄构成

Age Composition of Urban Unemployed Persons by Reason and Sex

单位：% (%)

年龄 Age	城镇失业人员 Urban Unemployed Persons	离退休 Retired	料理家务 Do Housework	毕业后未工作 Job-off After Graduated	因单位原因失去工作 Lost Job for Working Unit Reasons	因个人原因失去工作 Lost Job for Individual Reasons	承包土地被征用 Land Expropriated	其他 Others
总计 Total	**100.0**	**100.0**	**100.0**	**100.0**	**100.0**	**100.0**	**100.0**	**100.0**
16-19	8.3		0.8	30.2	0.3	4.6	2.4	6.3
20-24	18.3		8.9	51.7	2.4	20.8	5.8	16.1
25-29	12.6		19.1	13.2	6.4	20.9	11.7	15.2
30-34	12.5		18.6	2.9	13.1	17.8	10.2	17.7
35-39	13.8		20.5	1.4	19.5	14.7	12.1	15.3
40-44	13.8	0.9	17.7	0.5	23.2	9.8	21.4	13.4
45-49	9.5	10.7	7.1	0.1	18.9	6.5	11.2	6.5
50-54	6.8	33.8	4.0		11.5	3.7	16.0	5.6
55-59	3.2	33.3	1.9		4.2	1.0	7.8	3.2
60-64	0.7	17.8	0.8		0.2	0.2	1.5	0.5
65+	0.3	3.6	0.5		0.1	0.2	0.5	0.3
男 Male	**100.0**	**100.0**	**100.0**	**100.0**	**100.0**	**100.0**	**100.0**	**100.0**
16-19	10.1		3.8	32.4	0.3	3.6	4.6	6.1
20-24	19.8			51.7	2.3	19.7	5.5	15.9
25-29	10.2		7.7	12.1	4.7	17.5	11.0	14.7
30-34	10.2		9.6	2.3	11.0	17.2	9.2	15.6
35-39	11.4		15.4	1.2	15.7	15.9	11.0	14.6
40-44	12.1		17.3	0.2	20.4	10.3	15.6	13.5
45-49	10.2	1.1	11.5	0.2	20.2	7.6	9.2	6.3
50-54	9.9	20.5	11.5		17.9	5.9	22.9	7.6
55-59	4.8	36.4	17.3		7.2	1.6	9.2	4.4
60-64	0.9	33.0			0.2	0.3	0.9	0.8
65+	0.4	9.1	3.8		0.1	0.3	0.9	0.4
女 Female	**100.0**	**100.0**	**100.0**	**100.0**	**100.0**	**100.0**	**100.0**	**100.0**
16-19	6.5		0.6	27.1	0.4	5.8		6.6
20-24	16.9		9.3	51.9	2.7	22.1	6.1	16.4
25-29	15.0		19.7	14.8	8.5	24.8	12.2	15.8
30-34	14.8		19.0	3.9	15.7	18.3	11.2	20.2
35-39	16.2		20.7	1.6	24.3	13.2	13.3	16.1
40-44	15.5	1.5	17.7	0.8	26.7	9.1	27.6	13.3
45-49	9.0	17.5	6.9		17.3	5.1	13.3	6.6
50-54	3.8	42.3	3.7		3.6	1.2	9.2	3.0
55-59	1.7	31.4	1.2		0.5	0.3	6.1	1.5
60-64	0.5	8.0	0.8		0.1		2.0	0.3
65+	0.1		0.4		0.1			0.3

3-36 按受教育程度、性别分的城镇失业人员失业原因构成

Reason for Unemployment of Urban Unemployed Persons by Educational Attainment and Sex

单位：% (%)

受教育程度	Educational Attainment	城镇失业人员 Urban Unemployed Persons	离退休 Retired	料理家务 Do Housework	毕业后未工作 Job-off After Graduated	因单位原因失去工作 Lost Job for Working Unit Reasons	因个人原因失去工作 Lost Job for Individual Reasons	承包土地被征用 Land Expropriated	其他 Others
总 计	**Total**	**100.0**	**2.4**	**11.9**	**21.4**	**33.4**	**13.6**	**2.2**	**15.3**
未上过学	No Schooling	100.0		36.8	1.3	10.5	5.3	10.5	36.8
小 学	Primary School	100.0	7.9	17.8	4.5	26.5	15.3	8.3	19.9
初 中	Junior Secondary School	100.0	2.2	14.9	16.1	32.7	13.8	2.3	17.9
高 中	Senior Secondary School	100.0	1.9	8.5	23.0	39.7	12.7	1.0	13.1
大学专科	College	100.0	1.0	5.6	43.3	27.7	14.8	0.4	7.3
大学本科	University	100.0	1.1	2.1	60.6	14.2	15.6		6.4
研究生及以上	Graduate and Higher Level	100.0			63.6		9.1		18.2
男	**Male**	**100.0**	**1.9**	**1.1**	**25.7**	**37.4**	**14.8**	**2.3**	**16.7**
未上过学	No Schooling	100.0		8.3	4.2	20.8	16.7	4.2	45.8
小 学	Primary School	100.0	7.3	2.2	5.3	38.2	15.4	7.3	24.2
初 中	Junior Secondary School	100.0	1.6	1.2	21.0	38.7	14.8	2.8	19.7
高 中	Senior Secondary School	100.0	1.5	0.9	27.0	41.0	14.3	1.2	14.2
大学专科	College	100.0	0.9	0.7	46.8	27.2	15.6	0.7	8.0
大学本科	University	100.0			62.4	14.6	14.6		8.3
研究生及以上	Graduate and Higher Level	100.0			66.7		16.7		
女	**Female**	**100.0**	**2.8**	**22.3**	**17.1**	**29.4**	**12.5**	**2.0**	**13.8**
未上过学	No Schooling	100.0		50.0		3.8		13.5	32.7
小 学	Primary School	100.0	8.4	32.3	3.7	15.5	15.2	9.2	15.7
初 中	Junior Secondary School	100.0	2.7	27.5	11.5	27.2	12.8	1.9	16.2
高 中	Senior Secondary School	100.0	2.3	16.5	18.9	38.5	11.0	0.8	12.1
大学专科	College	100.0	0.9	10.5	39.6	28.0	14.0	0.2	6.6
大学本科	University	100.0	2.4	4.8	59.2	13.6	16.8		4.0
研究生及以上	Graduate and Higher Level	100.0			60.0				40.0

3-37 按失业原因、性别分的城镇失业人员受教育程度构成

Educational Attainment of Urban Unemployed Persons by Reason and Sex

单位：% (%)

受教育程度	Educational Attainment	城镇失业人员 Urban Unemployed Persons	离退休 Retired	料理家务 Do Housework	毕业后未工作 Job-off After Graduated	因单位原因失去工作 Lost Job for Working Unit Reasons	因个人原因失去工作 Lost Job for Individual Reasons	承包土地被征用 Land Expropriated	其他 Others
总计	**Total**	**100.0**	**100.0**	**100.0**	**100.0**	**100.0**	**100.0**	**100.0**	**100.0**
未上过学	No Schooling	0.8		2.5		0.3	0.3	3.9	1.9
小学	Primary School	7.7	25.8	11.6	1.6	6.1	8.7	29.6	10.1
初中	Junior Secondary School	45.3	42.7	57.0	34.1	44.4	45.8	48.5	53.2
高中	Senior Secondary School	33.7	26.7	24.1	36.3	40.1	31.4	16.0	29.0
大学专科	College	9.5	4.0	4.5	19.2	7.9	10.3	1.9	4.5
大学本科	University	3.0	1.3	0.5	8.4	1.3	3.4		1.2
研究生及以上	Graduate and Higher Level	0.1			0.3		0.1		0.1
男	**Male**	**100.0**	**100.0**	**100.0**	**100.0**	**100.0**	**100.0**	**100.0**	**100.0**
未上过学	No Schooling	0.5		3.8	0.1	0.3	0.6	0.9	1.4
小学	Primary School	7.6	29.5	15.4	1.6	7.7	7.9	23.9	10.9
初中	Junior Secondary School	44.0	38.6	48.1	35.9	45.5	44.0	53.2	51.8
高中	Senior Secondary School	35.0	27.3	26.9	36.7	38.3	33.9	18.3	29.6
大学专科	College	9.5	4.5	5.8	17.3	6.9	10.1	2.8	4.6
大学本科	University	3.3			8.1	1.3	3.3		1.6
研究生及以上	Graduate and Higher Level	0.1			0.3		0.1		
女	**Female**	**100.0**	**100.0**	**100.0**	**100.0**	**100.0**	**100.0**	**100.0**	**100.0**
未上过学	No Schooling	1.1		2.4		0.1		7.1	2.5
小学	Primary School	7.9	23.4	11.4	1.7	4.1	9.6	35.7	9.0
初中	Junior Secondary School	46.5	45.3	57.4	31.3	43.1	47.9	42.9	54.7
高中	Senior Secondary School	32.4	26.3	23.9	35.8	42.4	28.5	13.3	28.4
大学专科	College	9.4	2.9	4.4	21.8	9.0	10.6	1.0	4.5
大学本科	University	2.6	2.2	0.6	8.9	1.2	3.5		0.7
研究生及以上	Graduate and Higher Level	0.1			0.4				0.3

3-38 按年龄、性别分的城镇失业人员受教育程度构成

Educational Attainment of Urban Unemployed Persons by Age and Sex

单位：% (%)

年龄 Age	城镇失业人员 Urban Unemployed Persons	未上过学 No Schooling	小学 Primary School	初中 Junior Secondary School	高中 Senior Secondary School	大学专科 College	大学本科 University	研究生及以上 Graduate and Higher Level
总计 Total	**100.0**	**0.8**	**7.7**	**45.3**	**33.7**	**9.5**	**3.0**	**0.1**
16-19	100.0	0.1	4.0	58.3	35.8	1.6		
20-24	100.0	0.2	2.3	32.9	33.0	22.5	8.9	0.1
25-29	100.0	0.2	2.1	42.6	34.8	14.3	5.9	0.2
30-34	100.0	0.7	6.9	47.6	35.3	8.1	1.1	0.3
35-39	100.0	0.4	8.0	49.4	33.5	6.9	1.4	0.3
40-44	100.0	1.0	8.5	50.6	35.0	4.2	0.7	
45-49	100.0	1.1	8.7	43.9	42.5	3.5	0.3	
50-54	100.0	1.7	19.2	49.0	24.0	5.2	0.9	
55-59	100.0	2.6	29.0	45.0	17.9	4.2	1.0	
60-64	100.0	9.0	49.3	23.9	14.9	3.0		
65+	100.0	25.0	58.3	20.8				
男 Male	**100.0**	**0.5**	**7.6**	**44.0**	**35.0**	**9.5**	**3.3**	**0.1**
16-19	100.0	0.2	3.8	58.1	36.3	1.7		
20-24	100.0	0.1	2.3	31.0	35.2	21.7	9.5	0.1
25-29	100.0		1.5	37.8	37.1	17.0	6.4	0.4
30-34	100.0	0.6	5.8	44.7	38.9	8.3	1.2	0.2
35-39	100.0	0.2	7.4	44.4	38.5	6.1	3.2	0.4
40-44	100.0	0.7	7.2	50.8	35.6	4.9	0.7	
45-49	100.0	0.6	7.5	44.8	42.7	3.6	0.6	
50-54	100.0	0.6	17.0	51.2	24.7	5.2	1.1	
55-59	100.0	0.4	25.8	49.8	18.7	5.3	0.4	
60-64	100.0	9.5	40.5	23.8	21.4	4.8		
65+	100.0	17.6	64.7	17.6				
女 Female	**100.0**	**1.1**	**7.9**	**46.5**	**32.4**	**9.4**	**2.6**	**0.1**
16-19	100.0	0.3	4.4	58.9	35.1	1.6		
20-24	100.0	0.5	2.2	35.1	30.5	23.5	8.2	0.1
25-29	100.0	0.4	2.5	45.8	33.4	12.3	5.5	0.1
30-34	100.0	0.7	7.7	49.6	32.9	7.9	1.1	0.3
35-39	100.0	0.5	8.4	52.9	30.1	7.4	0.3	0.3
40-44	100.0	1.3	9.5	50.5	34.5	3.6	0.5	
45-49	100.0	1.4	9.9	42.9	42.4	3.5		
50-54	100.0	3.8	24.7	43.5	22.0	5.4	0.5	
55-59	100.0	8.5	37.8	32.9	15.9	2.4	2.4	
60-64	100.0	8.0	64.0	24.0	4.0			
65+	100.0	42.9	42.9	28.6				

3-39 按受教育程度、性别分的城镇失业人员年龄构成
Age Composition of Urban Unemployed Persons by Educational Attainment and Sex

单位：%　　　　(%)

年龄 Age	城镇失业人员 Urban Unemployed Persons	未上过学 No Schooling	小学 Primary School	初中 Junior Secondary School	高中 Senior Secondary School	大学专科 College	大学本科 University	研究生及以上 Graduate and Higher Level
总计 Total	**100.0**	**100.0**	**100.0**	**100.0**	**100.0**	**100.0**	**100.0**	**100.0**
16-19	8.3	1.3	4.3	10.7	8.8	1.4		
20-24	18.3	5.3	5.4	13.3	18.0	43.6	55.7	18.2
25-29	12.6	4.0	3.4	11.9	13.1	19.0	25.4	18.2
30-34	12.5	10.7	11.2	13.2	13.1	10.7	4.6	27.3
35-39	13.8	6.7	14.4	15.1	13.8	10.1	6.8	36.4
40-44	13.8	17.3	15.2	15.4	14.3	6.2	3.2	
45-49	9.5	13.3	10.7	9.3	12.0	3.5	1.1	
50-54	6.8	14.7	16.9	7.4	4.8	3.8	2.1	
55-59	3.2	10.7	12.1	3.2	1.7	1.4	1.1	
60-64	0.7	8.0	4.5	0.4	0.3	0.2		
65+	0.3	8.0	1.9	0.1				
男 Male	**100.0**	**100.0**	**100.0**	**100.0**	**100.0**	**100.0**	**100.0**	**100.0**
16-19	10.1	4.2	5.1	13.4	10.5	1.8		
20-24	19.8	4.2	5.9	14.0	19.9	45.1	57.1	16.7
25-29	10.2		2.0	8.8	10.9	18.3	19.9	33.3
30-34	10.2	12.5	7.9	10.4	11.4	8.9	3.8	16.7
35-39	11.4	4.2	11.2	11.6	12.6	7.4	10.9	33.3
40-44	12.1	16.7	11.5	13.9	12.3	6.3	2.6	
45-49	10.2	12.5	10.1	10.4	12.4	3.8	1.9	
50-54	9.9	12.5	22.2	11.5	7.0	5.4	3.2	
55-59	4.8	4.2	16.3	5.4	2.6	2.7	0.6	
60-64	0.9	16.7	4.8	0.5	0.5	0.4		
65+	0.4	12.5	3.1	0.1				
女 Female	**100.0**	**100.0**	**100.0**	**100.0**	**100.0**	**100.0**	**100.0**	**100.0**
16-19	6.5	1.9	3.7	8.2	7.1	1.1		
20-24	16.9	7.7	4.7	12.8	15.9	42.3	54.0	16.7
25-29	15.0	5.8	4.7	14.7	15.4	19.5	32.3	16.7
30-34	14.8	9.6	14.4	15.8	15.0	12.5	6.5	33.3
35-39	16.2	7.7	17.3	18.4	15.0	12.7	1.6	33.3
40-44	15.5	19.2	18.6	16.8	16.5	5.9	3.2	
45-49	9.0	11.5	11.3	8.2	11.7	3.3		
50-54	3.8	13.5	12.1	3.6	2.6	2.2	0.8	
55-59	1.7	13.5	8.1	1.2	0.8	0.4	1.6	
60-64	0.5	3.8	4.2	0.3	0.1			
65+	0.1	5.8	0.8	0.1				

3-40 按年龄、性别分的城镇失业人员寻找工作方式构成

Method of Job-seeking of Urban Unemployed Persons by Age and Sex

单位：%　　　　(%)

年 龄 Age	城镇失业人员 Urban Unemployed Persons	在职业介绍机构登记 Register in Employment Agency Office	委托亲友找工作 Ask Friends and Relatives about Job	参加招聘会 Take Part in Employment Advertise Meeting	应答或刊登广告 Answer the Wanted Ad. or Advertise for the job	为自己经营作准备 Prepare for Own Business	其他 Others
总计 Total	**100.0**	**12.9**	**50.5**	**8.0**	**1.3**	**5.5**	**21.8**
16-19	100.0	8.7	60.1	6.4	1.6	4.9	18.3
20-24	100.0	14.3	45.6	18.5	2.2	4.5	14.8
25-29	100.0	15.1	45.0	10.8	2.3	6.0	20.8
30-34	100.0	10.8	49.3	6.3	1.0	6.8	25.8
35-39	100.0	12.0	50.7	5.1	0.7	6.2	25.3
40-44	100.0	13.4	55.4	4.3	0.8	6.2	20.1
45-49	100.0	15.2	54.6	4.1	1.0	5.4	19.7
50-54	100.0	14.7	53.6	2.5	0.5	5.7	23.0
55-59	100.0	8.5	45.1	2.9	0.7	1.3	41.5
60-64	100.0		31.3			4.5	64.2
65+	100.0		30.4				69.6
男 Male	**100.0**	**14.0**	**49.2**	**8.6**	**1.2**	**6.5**	**20.5**
16-19	100.0	8.8	60.4	7.1	1.5	5.5	16.8
20-24	100.0	16.8	42.4	19.6	2.4	5.6	13.2
25-29	100.0	15.1	43.9	13.3	2.3	6.8	18.6
30-34	100.0	10.6	50.3	6.9	0.4	8.5	23.3
35-39	100.0	11.3	49.0	5.4	0.7	8.2	25.4
40-44	100.0	14.1	51.7	4.6	0.5	7.9	21.2
45-49	100.0	17.2	53.6	2.9	0.6	7.1	18.6
50-54	100.0	19.3	52.1	3.0	0.2	5.6	19.7
55-59	100.0	10.7	47.6	3.6	0.9	1.3	36.0
60-64	100.0		28.6			7.1	64.3
65+	100.0		23.5				76.5
女 Female	**100.0**	**11.7**	**51.8**	**7.5**	**1.4**	**4.5**	**23.0**
16-19	100.0	8.5	59.6	5.4	1.9	3.8	20.8
20-24	100.0	11.5	49.3	17.3	2.1	3.3	16.6
25-29	100.0	15.0	45.7	9.2	2.3	5.4	22.3
30-34	100.0	11.0	48.7	5.8	1.4	5.6	27.4
35-39	100.0	12.5	52.0	5.0	0.5	4.7	25.3
40-44	100.0	12.8	58.1	4.1	0.9	4.8	19.3
45-49	100.0	13.2	55.9	5.1	1.4	3.5	21.0
50-54	100.0	3.7	57.2	1.1	1.1	5.9	31.0
55-59	100.0	3.6	38.6	1.2		1.2	55.4
60-64	100.0		36.0				64.0
65+	100.0		50.0				50.0

3-41 按受教育程度、性别分的城镇失业人员寻找工作方式构成

Method of Job-seeking of Urban Unemployed Persons by Educational Attainment and Sex

单位：%　　(%)

受教育程度	Educational Attainment	城镇失业人员 Urban Unemployed Persons	在职业介绍机构登记 Register in Employment Agency Office	委托亲友找工作 Ask Friends and Relatives about Job	参加招聘会 Take Part in Employment Advertise Meeting	应答或刊登广告 Answer the Wanted Ad. or Advertise for the job	为自己经营作准备 Prepare for Own Business	其他 Others
总　计	**Total**	**100.0**	**12.9**	**50.5**	**8.0**	**1.3**	**5.5**	**21.8**
未上过学	No Schooling	100.0	2.6	42.1	2.6		3.9	48.7
小　学	Primary School	100.0	6.9	57.5	1.1	0.4	6.5	27.6
初　中	Junior Secondary School	100.0	11.0	55.0	3.9	1.0	5.4	23.7
高　中	Senior Secondary School	100.0	14.3	50.8	7.8	1.3	5.7	20.0
大学专科	College	100.0	20.9	32.8	25.4	2.2	4.2	14.6
大学本科	University	100.0	15.7	21.4	38.8	5.3	5.3	13.5
研究生及以上	Graduate and Higher Level	100.0	27.3		27.3		9.1	36.4
男	**Male**	**100.0**	**14.0**	**49.2**	**8.6**	**1.2**	**6.5**	**20.5**
未上过学	No Schooling	100.0	4.2	41.7	4.2		4.2	45.8
小　学	Primary School	100.0	7.0	58.0	1.4	0.6	7.8	25.2
初　中	Junior Secondary School	100.0	11.3	54.8	4.0	0.8	6.6	22.5
高　中	Senior Secondary School	100.0	16.5	49.0	8.1	1.1	6.6	18.7
大学专科	College	100.0	22.0	28.0	28.2	1.8	4.9	15.1
大学本科	University	100.0	16.7	20.5	34.6	7.1	7.1	14.1
研究生及以上	Graduate and Higher Level	100.0	40.0				20.0	40.0
女	**Female**	**100.0**	**11.7**	**51.8**	**7.5**	**1.4**	**4.5**	**23.0**
未上过学	No Schooling	100.0	1.9	44.2	1.9		3.8	48.1
小　学	Primary School	100.0	7.1	56.7	0.8	0.5	5.2	29.7
初　中	Junior Secondary School	100.0	10.8	55.1	3.8	1.2	4.4	24.7
高　中	Senior Secondary School	100.0	12.0	52.7	7.4	1.7	4.8	21.5
大学专科	College	100.0	19.7	37.5	22.6	2.6	3.5	14.0
大学本科	University	100.0	14.4	22.4	44.0	3.2	3.2	12.8
研究生及以上	Graduate and Higher Level	100.0	20.0		40.0			40.0

3-42 按年龄、性别分的城镇失业人员失业前的行业构成

Sector of Urban Unemployed Persons (Prior to Unemployment) by Age and Sex

单位：% (%)

年龄 Age	城镇失业人员 Urban Unemployed Persons	农、林、牧、渔业 Agriculture, Forestry, Animal Husbandry and Fishery	采矿业 Mining	制造业 Manu-facturing	电力、燃气及水的生产和供应业 Production and Distribution of Electricity, Gas and Water	建筑业 Construction	交通运输、仓储和邮政业 Transport, Storage and Post
总计 Total	**100.0**	**6.7**	**1.6**	**40.3**	**0.8**	**5.8**	**5.7**
16-19	100.0	12.6	1.0	30.1			2.9
20-24	100.0	6.4	0.6	26.9	0.8	3.4	3.4
25-29	100.0	6.0	1.4	34.3		2.6	6.4
30-34	100.0	6.5	0.8	35.6	1.3	5.5	5.3
35-39	100.0	6.2	1.6	41.3	1.0	6.4	5.5
40-44	100.0	6.3	2.5	42.1	0.9	6.4	5.7
45-49	100.0	3.6	1.6	50.0	0.6	8.1	6.8
50-54	100.0	7.9	1.7	43.0	0.7	8.1	7.0
55-59	100.0	12.0	1.5	50.4	1.1	5.1	6.9
60-64	100.0	19.4	3.2	58.1	3.2	6.5	1.6
65+	100.0	47.8		43.5			
男 Male	**100.0**	**6.0**	**1.7**	**40.6**	**0.6**	**8.5**	**8.5**
16-19	100.0	18.9	1.9	24.5			
20-24	100.0	4.8	1.3	27.9	0.4	4.8	5.7
25-29	100.0	5.2	2.2	34.7		5.5	10.7
30-34	100.0	5.0	0.7	35.4	0.5	9.4	8.4
35-39	100.0	4.8	1.5	41.0	0.7	9.0	10.5
40-44	100.0	7.0	2.2	42.6	0.4	9.0	8.0
45-49	100.0	2.7	1.1	49.0	0.7	11.5	8.4
50-54	100.0	6.7	2.4	43.5	0.5	9.8	8.9
55-59	100.0	8.0	2.0	46.3	1.5	5.5	9.0
60-64	100.0	15.4	5.1	53.8	5.1	7.7	2.6
65+	100.0	50.0		37.5			
女 Female	**100.0**	**7.3**	**1.4**	**40.0**	**1.0**	**3.3**	**3.1**
16-19	100.0	4.2		37.5			6.3
20-24	100.0	7.3		26.3	1.1	2.2	1.5
25-29	100.0	6.5	0.9	33.9		0.7	3.7
30-34	100.0	7.6	1.1	35.5	1.8	2.5	2.9
35-39	100.0	7.2	1.7	41.7	1.3	4.6	1.9
40-44	100.0	5.7	2.5	41.8	1.3	4.4	4.0
45-49	100.0	4.5	2.1	51.3	0.5	4.2	5.0
50-54	100.0	11.0		41.7	1.2	3.7	2.5
55-59	100.0	22.4		59.2		3.9	2.6
60-64	100.0	26.1		65.2		4.3	
65+		42.9		57.1			

3-42 续表 1 continued

单位：% (%)

年 龄 Age	信息传输、计算机服务和软件业 Information Transmission, Computer Service and Software	批发和零售业 Wholesale and Retail Trades	住宿和餐饮业 Hotel and Restaurants	金融业 Financial Intermediation	房地产业 Real Estate	租赁和商务服务业 Leasing and Business Services	科学研究、技术服务和地质勘查业 Scientific Research, Technical Services,and Geological Prospecting
总计 Total	**1.0**	**18.9**	**6.1**	**1.0**	**0.9**	**1.4**	**0.5**
16-19	2.9	20.4	16.5	1.0		1.9	
20-24	2.6	27.5	12.4	0.8	0.4	2.0	
25-29	2.0	26.7	7.4	1.1	1.0	1.8	0.6
30-34	0.7	22.4	6.3	1.4	1.5	1.3	0.9
35-39	0.8	18.5	6.9	1.3	0.8	1.6	0.3
40-44	0.4	17.4	5.7	0.8	1.2	1.0	0.4
45-49	0.2	15.3	2.3	0.8	1.1	1.5	0.8
50-54	1.0	12.2	3.6	1.4	0.5	1.4	0.5
55-59	1.1	9.1	3.3		0.4	0.7	0.7
60-64	3.2	1.6					
65+		8.7					
男 Male	**1.4**	**15.5**	**4.9**	**1.1**	**1.2**	**1.1**	**0.5**
16-19	5.7	18.9	9.4			1.9	
20-24	3.1	23.1	9.6	0.4	0.4	0.9	
25-29	4.4	17.0	7.7	2.2	1.8	1.1	0.7
30-34	1.0	17.6	5.2	2.2	2.7	1.5	0.2
35-39	0.9	14.4	5.9	1.3	0.9	0.9	0.2
40-44	0.2	16.4	4.4	0.4	1.0	0.2	0.8
45-49	0.2	13.3	2.7	1.1	0.9	1.6	0.7
50-54	1.4	13.9	2.4	1.0	0.7	1.7	
55-59	1.5	10.9	4.5		0.5	1.0	1.0
60-64	5.1	2.6					
65+		12.5					
女 Female	**0.7**	**22.2**	**7.2**	**1.0**	**0.7**	**1.7**	**0.6**
16-19		20.8	25.0	2.1		2.1	
20-24	2.6	30.7	14.6	1.1	0.4	2.9	
25-29	0.5	32.8	7.2	0.5	0.7	2.5	0.5
30-34	0.5	26.0	7.1	0.9	0.5	1.3	1.5
35-39	0.8	21.4	7.7	1.3	0.6	2.0	0.3
40-44	0.3	18.2	6.8	1.1	1.3	1.7	0.2
45-49	0.5	17.9	1.8	0.5	1.1	1.1	0.8
50-54		8.0	6.7	2.5		0.6	1.8
55-59		3.9					
60-64							
65+							

3-42 续表 2 continued

单位：% (%)

年 龄 Age	水利、环境和公共设施管理业 Management of Water Conservancy, Environment and Public Facilities	居民服务和其他服务业 Services to Households and Other Services	教 育 Education	卫生、社会保障和社会福利业 Health, Social Securities and Social Welfare	文化、体育和娱乐业 Culture, Sports and Entertainment	公共管理和社会组织 Public Management and Social Organization	国际组织 International Organizations
总计 Total	**0.4**	**4.7**	**0.9**	**0.7**	**0.8**	**1.7**	
16-19		9.7		1.0			
20-24	0.4	4.0	1.0	0.2	4.4	3.0	
25-29		3.4	1.0	0.4	1.1	2.4	0.3
30-34	0.2	6.2	1.4	1.2	0.2	1.4	
35-39	0.4	4.7	0.7	0.4	0.5	1.2	
40-44	0.6	4.3	1.1	0.8	0.3	2.1	
45-49	0.5	4.0	0.6	0.5	0.4	1.2	
50-54	0.7	6.0	0.5	1.0	0.7	2.1	
55-59	0.4	4.0	1.1	1.1	0.4	0.7	
60-64		1.6				1.6	
65+							
男 Male	**0.4**	**3.8**	**0.6**	**0.6**	**0.8**	**2.3**	
16-19		17.0		1.9			
20-24	0.9	2.6	0.9	0.4	6.6	6.1	
25-29		3.0	0.4		0.7	2.6	
30-34	0.5	5.0	0.7	1.0		3.0	
35-39	0.2	5.2	0.4	0.4	0.4	1.3	
40-44	0.6	2.8	1.0	0.2	0.4	2.4	
45-49		3.2	0.5	0.2	0.2	2.0	
50-54	0.7	3.3	0.2	1.0		1.9	
55-59	0.5	3.5	1.5	1.5	0.5	1.0	
60-64						2.6	
65+							
女 Female	**0.3**	**5.5**	**1.2**	**0.7**	**0.8**	**1.1**	**0.1**
16-19		2.1					
20-24		5.1	1.5		2.6	0.4	
25-29		3.7	1.4	0.7	1.4	2.1	0.5
30-34		7.1	1.8	1.3	0.4	0.2	
35-39	0.5	4.4	0.9	0.2	0.5	1.1	
40-44	0.6	5.4	1.1	1.3	0.3	1.9	
45-49	0.8	5.3	0.8	0.8	0.5	0.5	
50-54	0.6	12.9	1.2	1.2	1.8	2.5	
55-59		6.6				1.3	
60-64		4.3					
65+							

3-43 按受教育程度、性别分的城镇失业人员失业前的行业构成
Sector of Urban Unemployed Persons (Prior to Unemployment) by Educational Attainment and Sex

单位：% (%)

受教育程度	Educational Attainment	城镇失业人员 Urban Unemployed Persons	农、林、牧、渔业 Agriculture, Forestry, Animal Husbandry and Fishery	采矿业 Mining	制造业 Manu-facturing	电力、燃气及水的生产和供应业 Production and Distribution of Electricity, Gas and Water	建筑业 Construction	交通运输、仓储和邮政业 Transport, Storage and Post
总　计	**Total**	**100.0**	**6.7**	**1.6**	**40.3**	**0.8**	**5.8**	**5.7**
未上过学	No Schooling	100.0	35.2		22.2		14.8	5.6
小　学	Primary School	100.0	16.8	1.2	36.2	0.3	7.1	5.6
初　中	Junior Secondary School	100.0	7.7	1.9	42.3	0.6	6.2	6.1
高　中	Senior Secondary School	100.0	3.1	1.4	41.1	1.1	4.9	5.9
大学专科	College	100.0	1.3	1.1	33.0	1.1	5.1	3.5
大学本科	University	100.0	2.2		30.1	2.2	4.3	3.2
研究生及以上	Graduate and Higher Level	100.0			66.7			
男	**Male**	**100.0**	**6.0**	**1.7**	**40.6**	**0.6**	**8.5**	**8.5**
未上过学	No Schooling	100.0	23.8		33.3		14.3	4.8
小　学	Primary School	100.0	16.0	2.0	34.3	0.7	12.0	8.7
初　中	Junior Secondary School	100.0	6.7	2.1	42.0	0.3	9.2	9.2
高　中	Senior Secondary School	100.0	3.3	1.3	43.0	0.6	7.2	8.6
大学专科	College	100.0	1.8	1.4	32.4	0.9	5.0	5.0
大学本科	University	100.0			36.7	4.1	8.2	4.1
研究生及以上	Graduate and Higher Level	100.0						
女	**Female**	**100.0**	**7.3**	**1.4**	**40.0**	**1.0**	**3.3**	**3.1**
未上过学	No Schooling	100.0	42.4		15.2		15.2	6.1
小　学	Primary School	100.0	17.7	0.3	38.5		1.7	2.8
初　中	Junior Secondary School	100.0	8.6	1.6	42.6	0.8	3.5	3.4
高　中	Senior Secondary School	100.0	3.0	1.5	39.4	1.6	2.6	3.1
大学专科	College	100.0	1.3	0.9	33.3	1.3	5.1	2.6
大学本科	University	100.0	4.4		22.2		2.2	2.2
研究生及以上	Graduate and Higher Level	100.0			100.0			

3-43 续表 1 continued

单位：% (%)

受教育程度	Educational Attainment	信息传输、计算机服务和软件业 Information Transmission, Computer Service and Software	批发和零售业 Wholesale and Retail Trades	住宿和餐饮业 Hotel and Restaurants	金融业 Financial Intermediation	房地产业 Real Estate	租赁和商务服务业 Leasing and Business Services	科学研究、技术服务和地质勘查业 Scientific Research, Technical Services,and Geological Prospecting
总　计	**Total**	**1.0**	**18.9**	**6.1**	**1.0**	**0.9**	**1.4**	**0.5**
未上过学	No Schooling		3.7	1.9				
小　学	Primary School	0.5	14.8	5.9	0.3	0.3	0.5	0.2
初　中	Junior Secondary School	0.4	17.1	6.2	0.4	0.7	1.3	0.5
高　中	Senior Secondary School	1.3	22.6	6.3	0.9	1.5	1.4	0.5
大学专科	College	3.3	21.8	5.7	4.8	0.9	3.3	1.1
大学本科	University	7.5	16.1	2.2	8.6	2.2	3.2	1.1
研究生及以上	Graduate and Higher Level							
男	**Male**	**1.4**	**15.5**	**4.9**	**1.1**	**1.2**	**1.1**	**0.5**
未上过学	No Schooling		4.8					
小　学	Primary School	0.7	11.3	5.0		0.3	0.7	0.3
初　中	Junior Secondary School	0.7	13.6	5.0	0.8	0.9	1.0	0.5
高　中	Senior Secondary School	1.3	18.1	5.0	0.8	1.7	1.2	0.4
大学专科	College	5.4	20.3	5.0	4.1	0.9	1.8	0.9
大学本科	University	8.2	20.4	4.1	6.1			
研究生及以上	Graduate and Higher Level							
女	**Female**	**0.7**	**22.2**	**7.2**	**1.0**	**0.7**	**1.7**	**0.6**
未上过学	No Schooling		3.0	3.0				
小　学	Primary School	0.3	18.1	6.9	0.7	0.3	0.3	
初　中	Junior Secondary School	0.1	20.3	7.4	0.1	0.5	1.6	0.6
高　中	Senior Secondary School	1.2	27.0	7.8	0.9	1.2	1.6	0.6
大学专科	College	0.9	23.1	6.4	5.6	0.9	4.7	0.9
大学本科	University	6.7	13.3		8.9	2.2	6.7	2.2
研究生及以上	Graduate and Higher Level							

3-43 续表 2 continued

单位：% (%)

受教育程度	Educational Attainment	水利、环境和公共设施管理业 Management of Water Conservancy, Environment and Public Facilities	居民服务和其他服务业 Services to Households and Other Services	教育 Education	卫生、社会保障和社会福利业 Health, Social Securities and Social Welfare	文化、体育和娱乐业 Culture, Sports and Entertainment	公共管理和社会组织 Public Management and Social Organization	国际组织 International Organizations
总　计	**Total**	**0.4**	**4.7**	**0.9**	**0.7**	**0.8**	**1.7**	
未上过学	No Schooling		14.8				1.9	
小　学	Primary School	0.2	8.0	0.7	0.2	0.3	0.8	
初　中	Junior Secondary School	0.4	5.3	0.7	0.5	0.7	1.0	
高　中	Senior Secondary School	0.3	3.5	0.6	0.7	0.8	2.3	
大学专科	College	0.9	2.6	3.1	1.3	1.8	4.2	
大学本科	University			4.3	4.3	2.2	4.3	2.2
研究生及以上	Graduate and Higher Level				33.3			
男	**Male**	**0.4**	**3.8**	**0.6**	**0.6**	**0.8**	**2.3**	
未上过学	No Schooling		14.3				4.8	
小　学	Primary School	0.3	5.3	0.7	0.3	0.3	1.0	
初　中	Junior Secondary School	0.3	4.6	0.6	0.2	0.7	1.7	
高　中	Senior Secondary School	0.4	2.8	0.3	0.8	0.7	2.5	
大学专科	College	1.4	1.4	1.8	0.9	2.7	7.2	
大学本科	University				4.1	2.0	2.0	
研究生及以上	Graduate and Higher Level				100.0			
女	**Female**	**0.3**	**5.5**	**1.2**	**0.7**	**0.8**	**1.1**	**0.1**
未上过学	No Schooling		15.2					
小　学	Primary School		10.4	0.7		0.3	0.7	
初　中	Junior Secondary School	0.5	5.8	0.9	0.6	0.7	0.5	
高　中	Senior Secondary School	0.2	4.1	0.8	0.6	0.8	2.0	
大学专科	College	0.9	3.8	4.3	2.1	0.9	1.3	
大学本科	University			8.9	4.4	4.4	6.7	4.4
研究生及以上	Graduate and Higher Level							

3-44 按年龄、性别分的城镇失业人员失业前的职业构成

Occupation of Urban Unemployed Persons (Prior to Unemployment) by Age and Sex

单位：% (%)

年龄 Age	城镇失业人员 Urban Unemployed Persons	单位负责人 Unit Head	专业技术人员 Technical Personnel	办事人员和有关人员 Clerk and Related Workers	商业、服务业人员 Business Service Personnel	农林牧渔水利业生产人员 Producers in the Sectors of Agriculture, Forestry, Animal Husbandry, Fishery and Water Conservancy	生产运输设备操作人员及有关人员 Production, Transport Equipment Operators and Related Workers	其他 Others
总计 Total	**100.0**	**1.4**	**9.7**	**6.2**	**34.2**	**6.4**	**32.4**	**9.8**
16-19	100.0		2.9	5.8	40.4	11.5	31.7	7.7
20-24	100.0	0.8	7.1	8.7	47.6	6.3	21.8	7.5
25-29	100.0	1.6	8.8	6.4	41.4	6.6	25.1	10.1
30-34	100.0	0.6	11.8	4.7	37.2	6.1	30.0	9.6
35-39	100.0	1.7	9.0	5.3	35.4	5.5	34.7	8.3
40-44	100.0	0.7	10.5	6.0	33.1	6.1	34.7	8.8
45-49	100.0	1.9	10.6	6.2	26.8	4.1	37.7	12.7
50-54	100.0	2.8	9.0	7.6	27.5	7.3	36.1	9.8
55-59	100.0	2.5	11.6	6.9	23.6	8.7	34.8	12.0
60-64	100.0		6.5	8.1	6.5	19.4	45.2	14.5
65+	100.0			8.7		34.8	17.4	39.1
男 Male	**100.0**	**2.0**	**8.0**	**8.3**	**28.1**	**5.9**	**35.3**	**12.3**
16-19	100.0		1.8	10.7	30.4	17.9	26.8	12.5
20-24	100.0	1.3	7.0	10.4	39.6	5.7	25.2	10.9
25-29	100.0	1.5	7.0	8.9	35.2	6.7	23.7	17.0
30-34	100.0	0.2	8.2	7.2	31.3	4.0	34.2	14.9
35-39	100.0	2.8	8.1	7.4	27.1	4.8	39.1	10.7
40-44	100.0	1.2	9.4	6.8	26.9	6.2	39.8	9.8
45-49	100.0	3.4	7.2	8.8	22.7	4.3	39.6	14.2
50-54	100.0	3.4	7.0	8.9	26.9	6.2	37.2	10.6
55-59	100.0	3.5	13.4	8.5	26.4	6.5	33.3	8.5
60-64	100.0		7.7	12.8	5.1	20.5	38.5	15.4
65+	100.0			12.5		31.3	12.5	43.8
女 Female	**100.0**	**0.8**	**11.3**	**4.3**	**39.8**	**6.8**	**29.7**	**7.4**
16-19	100.0		4.0	2.0	50.0	4.0	38.0	2.0
20-24	100.0	0.7	7.3	6.9	54.4	6.9	19.0	4.7
25-29	100.0	1.6	9.8	4.9	45.6	6.5	25.8	5.8
30-34	100.0	1.1	14.6	2.7	41.3	7.7	27.0	5.6
35-39	100.0	0.8	9.8	3.8	41.4	6.0	31.7	6.6
40-44	100.0	0.5	11.4	5.5	37.9	6.0	30.6	8.1
45-49	100.0	0.5	14.6	3.2	31.5	4.0	35.4	10.8
50-54	100.0	1.2	14.2	4.9	29.0	9.9	32.7	8.0
55-59	100.0		6.8	2.7	16.4	15.1	38.4	20.5
60-64	100.0		4.3		8.7	17.4	56.5	13.0
65+						42.9	28.6	28.6

3-45 按受教育程度、性别分的城镇失业人员失业前的职业构成
Occupation of Urban Unemployed Persons (Prior to Unemployment) by Educational Attainment and Sex

单位：% (%)

受教育程度	Educational Attainment	城镇失业人员 Urban Unemployed Persons	单位负责人 Unit Head	专业技术人员 Technical Personnel	办事人员和有关人员 Clerk and Related Workers	商业、服务业人员 Business Service Personnel	农林牧渔水利业生产人员 Producers in the Sectors of Agriculture, Forestry, Animal Husbandry, Fishery and Water Conservancy	生产运输设备操作人员及有关人员 Production, Transport Equipment Operators and Related Workers	其他 Others
总　计	**Total**	**100.0**	**1.4**	**9.7**	**6.2**	**34.2**	**6.4**	**32.4**	**9.8**
未上过学	No Schooling	100.0		1.9	3.8	22.6	35.8	26.4	9.4
小　学	Primary School	100.0	1.0	5.4	4.4	30.0	15.3	33.4	10.5
初　中	Junior Secondary School	100.0	1.0	7.1	4.7	33.4	7.3	35.4	11.0
高　中	Senior Secondary School	100.0	1.8	10.0	6.7	37.1	3.0	32.1	9.3
大学专科	College	100.0	1.8	26.4	14.9	33.0	2.0	17.6	4.4
大学本科	University	100.0	6.5	32.3	12.9	26.9	2.2	16.1	3.2
研究生及以上	Graduate and Higher Level	100.0		33.3		66.7			
男	**Male**	**100.0**	**2.0**	**8.0**	**8.3**	**28.1**	**5.9**	**35.3**	**12.3**
未上过学	No Schooling	100.0			9.5	19.0	23.8	38.1	9.5
小　学	Primary School	100.0	1.3	7.0	6.3	22.6	14.0	34.2	14.6
初　中	Junior Secondary School	100.0	1.5	6.5	7.3	27.3	6.5	37.2	13.8
高　中	Senior Secondary School	100.0	2.6	7.7	8.7	29.5	3.4	36.9	11.2
大学专科	College	100.0	1.4	18.2	16.4	33.6	2.3	20.0	8.2
大学本科	University	100.0	12.0	20.0	6.0	36.0	4.0	20.0	2.0
研究生及以上	Graduate and Higher Level	100.0		100.0					
女	**Female**	**100.0**	**0.8**	**11.3**	**4.3**	**39.8**	**6.8**	**29.7**	**7.4**
未上过学	No Schooling	100.0		2.9		26.5	41.2	17.6	11.8
小　学	Primary School	100.0	0.7	3.8	2.4	37.7	17.0	32.2	6.2
初　中	Junior Secondary School	100.0	0.5	7.8	2.5	38.9	8.0	33.9	8.5
高　中	Senior Secondary School	100.0	1.0	12.2	4.8	44.6	2.6	27.3	7.4
大学专科	College	100.0	2.1	33.9	13.6	32.2	1.7	15.3	1.3
大学本科	University	100.0		46.5	20.9	16.3		11.6	4.7
研究生及以上	Graduate and Higher Level	100.0				100.0			

第四部分
Chapter Four

2006年全国户籍统计人口数据

Data from Household Registration in 2006

4-1 各地区总户数、总人口

Households and Population by Region

地 区	Region	总户数 (户) Number of Households (household)	总人口 (人) Total Population (person)	男 Male	女 Female	平均每户人数 (人/户) Average Family Size (person/household)	性别比 (女=100) Sex Ratio (Female=100)
全 国	**National Total**	**387372225**	**1293153104**	**665922572**	**627230532**	**3.34**	**106.17**
北 京	Beijing	4636497	11999644	6054697	5944947	2.59	101.85
天 津	Tianjin	3284875	9522793	4800442	4722351	2.90	101.65
河 北	Hebei	20154244	69391195	35343313	34047882	3.44	103.80
山 西	Shanxi	10514920	33398833	17233359	16165474	3.18	106.61
内蒙古	Inner Mongolia	7573997	23823190	12227205	11595985	3.15	105.44
辽 宁	Liaoning	14191703	42103533	21324798	20778735	2.97	102.63
吉 林	Jilin	8638770	26795123	13590897	13204226	3.10	102.93
黑龙江	Heilongjiang	12697489	37918076	19255308	18662768	2.99	103.17
上 海	Shanghai	4995406	13680827	6866605	6814222	2.74	100.77
江 苏	Jiangsu	23901796	73177234	37152404	36024830	3.06	103.13
浙 江	Zhejiang	15565301	46294293	23649736	22644557	2.97	104.44
安 徽	Anhui	18992312	65934505	34294481	31640024	3.47	108.39
福 建	Fujian	9565261	34091491	17558419	16533072	3.56	106.20
江 西	Jiangxi	12760913	44570876	23357731	21213145	3.49	110.11
山 东	Shandong	28349285	92823490	47070029	45753461	3.27	102.88
河 南	Henan	27896271	101791037	52597797	49193240	3.65	106.92
湖 北	Hubei	18628356	60383824	31297196	29086628	3.24	107.60
湖 南	Hunan	20768614	68013371	35434241	32579130	3.27	108.76
广 东	Guangdong	21398904	80487106	41540318	38946788	3.76	106.66
广 西	Guangxi	13740893	49742291	26185670	23556621	3.62	111.16
海 南	Hainan	2155664	8334358	4355868	3978490	3.87	109.49
重 庆	Chongqing	10306568	31988692	16627706	15360986	3.10	108.25
四 川	Sichuan	27264957	87225224	45203052	42022172	3.20	107.57
贵 州	Guizhou	10273791	39219102	20423195	18795907	3.82	108.66
云 南	Yunnan	11834469	43157489	22285575	20871914	3.65	106.77
西 藏	Tibet	596779	2685806	1345119	1340687	4.50	100.33
陕 西	Shaanxi	10818762	37385759	19402724	17983035	3.46	107.89
甘 肃	Gansu	6972419	26132473	13534089	12598384	3.75	107.43
青 海	Qinghai	1383542	5103464	2611084	2492380	3.69	104.76
宁 夏	Ningxia	1740738	6007671	3075395	2932276	3.45	104.88
新 疆	Xinjiang	5768729	19970334	10224119	9746215	3.46	104.90

4-2 各地区市总户数、总人口

Households and Population in Cities by Region

地 区	Region	总户数 (户) Number of Households (household)	总人口 (人) Total Population (person)	男 Male	女 Female	平均每户人数 (人/户) Average Family Size (person/household)	性别比 (女=100) Sex Ratio (Female=100)
全 国	**National Total**	**192388554**	**611936748**	**312741436**	**299195312**	**3.18**	**104.53**
北 京	Beijing	4322089	11292106	5697713	5594393	2.61	101.85
天 津	Tianjin	2745969	7811007	3928900	3882107	2.84	101.21
河 北	Hebei	7501899	25427940	12876744	12551196	3.39	102.59
山 西	Shanxi	4187493	13169164	6775693	6393471	3.14	105.98
内蒙古	Inner Mongolia	2788542	8446957	4280698	4166259	3.03	102.75
辽 宁	Liaoning	10278502	29775338	15004094	14771244	2.90	101.58
吉 林	Jilin	5976211	18208646	9194760	9013886	3.05	102.01
黑龙江	Heilongjiang	7837862	22708222	11478014	11230208	2.90	102.21
上 海	Shanghai	4705878	12981025	6521262	6459763	2.76	100.95
江 苏	Jiangsu	16579446	49271355	24873706	24397649	2.97	101.95
浙 江	Zhejiang	10564450	31116002	15785830	15330172	2.95	102.97
安 徽	Anhui	6543396	21630252	11177079	10453173	3.31	106.93
福 建	Fujian	4937696	17358533	8883335	8475198	3.52	104.82
江 西	Jiangxi	4404020	14987640	7855623	7132017	3.40	110.15
山 东	Shandong	16628037	52816832	26730315	26086517	3.18	102.47
河 南	Henan	9848292	34546991	17708737	16838254	3.51	105.17
湖 北	Hubei	12204850	39034186	20151964	18882222	3.20	106.72
湖 南	Hunan	7349123	23139084	11970833	11168251	3.15	107.19
广 东	Guangdong	14927518	54460088	28073029	26387059	3.65	106.39
广 西	Guangxi	5003830	17496031	9188208	8307823	3.50	110.60
海 南	Hainan	1347415	5131067	2658320	2472747	3.81	107.50
重 庆	Chongqing	5181367	15109865	7765626	7344239	2.92	105.74
四 川	Sichuan	10669733	32532069	16689219	15842850	3.05	105.34
贵 州	Guizhou	2718325	9958227	5129594	4828633	3.66	106.23
云 南	Yunnan	3034915	9970757	5111836	4858921	3.29	105.21
西 藏	Tibet	82518	277006	136849	140157	3.36	97.64
陕 西	Shaanxi	3818983	13045661	6703949	6341712	3.42	105.71
甘 肃	Gansu	2457359	8420723	4347997	4072726	3.43	106.76
青 海	Qinghai	313054	1005747	505015	500732	3.21	100.86
宁 夏	Ningxia	919207	2957895	1506762	1451133	3.22	103.83
新 疆	Xinjiang	2510575	7850332	4029732	3820600	3.13	105.47

4-3 各地区县总户数、总人口

Households and Population in Counties by Region

地 区	Region	总户数 (户) Number of Households (household)	总人口 (人) Total Population (person)	男 Male	女 Female	平均每户人数 (人/户) Average Family Size (person/household)	性别比 (女=100) Sex Ratio (Female=100)
全 国	**National Total**	**194983671**	**681216356**	**353181136**	**328035220**	**3.49**	**107.67**
北 京	Beijing	314408	707538	356984	350554	2.25	101.83
天 津	Tianjin	538906	1711786	871542	840244	3.18	103.72
河 北	Hebei	12652345	43963255	22466569	21496686	3.47	104.51
山 西	Shanxi	6327427	20229669	10457666	9772003	3.20	107.02
内蒙古	Inner Mongolia	4785455	15376233	7946507	7429726	3.21	106.96
辽 宁	Liaoning	3913201	12328195	6320704	6007491	3.15	105.21
吉 林	Jilin	2662559	8586477	4396137	4190340	3.22	104.91
黑龙江	Heilongjiang	4859627	15209854	7777294	7432560	3.13	104.64
上 海	Shanghai	289528	699802	345343	354459	2.42	97.43
江 苏	Jiangsu	7322350	23905879	12278698	11627181	3.26	105.60
浙 江	Zhejiang	5000851	15178291	7863906	7314385	3.04	107.51
安 徽	Anhui	12448916	44304253	23117402	21186851	3.56	109.11
福 建	Fujian	4627565	16732958	8675084	8057874	3.62	107.66
江 西	Jiangxi	8356893	29583236	15502108	14081128	3.54	110.09
山 东	Shandong	11721248	40006658	20339714	19666944	3.41	103.42
河 南	Henan	18047979	67244046	34889060	32354986	3.73	107.83
湖 北	Hubei	6423506	21349638	11145232	10204406	3.32	109.22
湖 南	Hunan	13419491	44874287	23463408	21410879	3.34	109.59
广 东	Guangdong	6471386	26027018	13467289	12559729	4.02	107.23
广 西	Guangxi	8737063	32246260	16997462	15248798	3.69	111.47
海 南	Hainan	808249	3203291	1697548	1505743	3.96	112.74
重 庆	Chongqing	5125201	16878827	8862080	8016747	3.29	110.54
四 川	Sichuan	16595224	54693155	28513833	26179322	3.30	108.92
贵 州	Guizhou	7555466	29260875	15293601	13967274	3.87	109.50
云 南	Yunnan	8799554	33186732	17173739	16012993	3.77	107.25
西 藏	Tibet	514261	2408800	1208270	1200530	4.68	100.64
陕 西	Shaanxi	6999779	24340098	12698775	11641323	3.48	109.08
甘 肃	Gansu	4515060	17711750	9186092	8525658	3.92	107.75
青 海	Qinghai	1070488	4097717	2106069	1991648	3.83	105.75
宁 夏	Ningxia	821531	3049776	1568633	1481143	3.71	105.91
新 疆	Xinjiang	3258154	12120002	6194387	5925615	3.72	104.54

4-4 各地区非农业、农业人口

Non-agricultural and Agricultural Population by Region

单位：人 (person)

地 区	Region	总人口 Total Population	非农业人口 Non-agricultural		农业人口 Agricultural	
			人口数 Population	比重(%) Proportion	人口数 Population	比重(%) Proportion
全 国	**National Total**	**1293153104**	**420710739**	**32.53**	**872442365**	**67.47**
北 京	Beijing	11999644	9071247	75.60	2928397	24.40
天 津	Tianjin	9522793	5722106	60.09	3800687	39.91
河 北	Hebei	69391195	21085375	30.39	48305820	69.61
山 西	Shanxi	33398833	10471499	31.35	22927334	68.65
内蒙古	Inner Mongolia	23823190	9526728	39.99	14296462	60.01
辽 宁	Liaoning	42103533	20567693	48.85	21535840	51.15
吉 林	Jilin	26795123	12087788	45.11	14707335	54.89
黑龙江	Heilongjiang	37918076	18303552	48.27	19614524	51.73
上 海	Shanghai	13680827	11732999	85.76	1947828	14.24
江 苏	Jiangsu	73177234	32513853	44.43	40663381	55.57
浙 江	Zhejiang	46294293	13121653	28.34	33172640	71.66
安 徽	Anhui	65934505	14332211	21.74	51602294	78.26
福 建	Fujian	34091491	10927501	32.05	23163990	67.95
江 西	Jiangxi	44570876	11787535	26.45	32783341	73.55
山 东	Shandong	92823490	32277326	34.77	60546164	65.23
河 南	Henan	101791037	21687626	21.31	80103411	78.69
湖 北	Hubei	60383824	23399866	38.75	36983958	61.25
湖 南	Hunan	68013371	15768407	23.18	52244964	76.82
广 东	Guangdong	80487106	41494202	51.55	38992904	48.45
广 西	Guangxi	49742291	9892493	19.89	39849798	80.11
海 南	Hainan	8334358	3213611	38.56	5120747	61.44
重 庆	Chongqing	31988692	8454251	26.43	23534441	73.57
四 川	Sichuan	87225224	20707826	23.74	66517398	76.26
贵 州	Guizhou	39219102	6268277	15.98	32950825	84.02
云 南	Yunnan	43157489	7152616	16.57	36004873	83.43
西 藏	Tibet	2685806	440073	16.39	2245733	83.61
陕 西	Shaanxi	37385759	10107815	27.04	27277944	72.96
甘 肃	Gansu	26132473	6219734	23.80	19912739	76.20
青 海	Qinghai	5103464	1527231	29.93	3576233	70.07
宁 夏	Ningxia	6007671	2187338	36.41	3820333	63.59
新 疆	Xinjiang	19970334	8660307	43.37	11310027	56.63

4-5 各地区市非农业、农业人口

Non-agricultural and Agricultural Population in Cities by Region

单位:人 (person)

地区	Region	总人口 Total Population	非农业人口 Non-agricultural		农业人口 Agricultural	
			人口数 Population	比重(%) Proportion	人口数 Population	比重(%) Proportion
全 国	**National Total**	**611936748**	**308803236**	**50.46**	**303133512**	**49.54**
北 京	Beijing	11292106	8810284	78.02	2481822	21.98
天 津	Tianjin	7811007	5411907	69.29	2399100	30.71
河 北	Hebei	25427940	13260047	52.15	12167893	47.85
山 西	Shanxi	13169164	7275420	55.25	5893744	44.75
内蒙古	Inner Mongolia	8446957	5865418	69.44	2581539	30.56
辽 宁	Liaoning	29775338	18044389	60.60	11730949	39.40
吉 林	Jilin	18208646	9656054	53.03	8552592	46.97
黑龙江	Heilongjiang	22708222	13540101	59.63	9168121	40.37
上 海	Shanghai	12981025	11511877	88.68	1469148	11.32
江 苏	Jiangsu	49271355	25766902	52.30	23504453	47.70
浙 江	Zhejiang	31116002	10183477	32.73	20932525	67.27
安 徽	Anhui	21630252	9072963	41.95	12557289	58.05
福 建	Fujian	17358533	7394915	42.60	9963618	57.40
江 西	Jiangxi	14987640	6300819	42.04	8686821	57.96
山 东	Shandong	52816832	26018528	49.26	26798304	50.74
河 南	Henan	34546991	13927868	40.32	20619123	59.68
湖 北	Hubei	39034186	19089245	48.90	19944941	51.10
湖 南	Hunan	23139084	9724710	42.03	13414374	57.97
广 东	Guangdong	54460088	35845918	65.82	18614170	34.18
广 西	Guangxi	17496031	5496930	31.42	11999101	68.58
海 南	Hainan	5131067	2154808	42.00	2976259	58.00
重 庆	Chongqing	15109865	5966863	39.49	9143002	60.51
四 川	Sichuan	32532069	12261027	37.69	20271042	62.31
贵 州	Guizhou	9958227	3666457	36.82	6291770	63.18
云 南	Yunnan	9970757	3791536	38.03	6179221	61.97
西 藏	Tibet	277006	197408	71.26	79598	28.74
陕 西	Shaanxi	13045661	6525373	50.02	6520288	49.98
甘 肃	Gansu	8420723	4208782	49.98	4211941	50.02
青 海	Qinghai	1005747	839451	83.47	166296	16.53
宁 夏	Ningxia	2957895	1654637	55.94	1303258	44.06
新 疆	Xinjiang	7850332	5339122	68.01	2511210	31.99

4-6 各地区县非农业、农业人口

Non-agricultural and Agricultural Population in Counties by Region

单位:人 (person)

地 区	Region	总人口 Total Population	非农业人口 Non-agricultural 人口数 Population	非农业人口 Non-agricultural 比重(%) Proportion	农业人口 Agricultural 人口数 Population	农业人口 Agricultural 比重(%) Proportion
全 国	**National Total**	**681216356**	**111907503**	**16.43**	**569308853**	**83.57**
北 京	Beijing	707538	260963	36.88	446575	63.12
天 津	Tianjin	1711786	310199	18.12	1401587	81.88
河 北	Hebei	43963255	7825328	17.80	36137927	82.20
山 西	Shanxi	20229669	3196079	15.80	17033590	84.20
内蒙古	Inner Mongolia	15376233	3661310	23.81	11714923	76.19
辽 宁	Liaoning	12328195	2523304	20.47	9804891	79.53
吉 林	Jilin	8586477	2431734	28.32	6154743	71.68
黑龙江	Heilongjiang	15209854	4763451	31.32	10446403	68.68
上 海	Shanghai	699802	221122	31.60	478680	68.40
江 苏	Jiangsu	23905879	6746951	28.22	17158928	71.78
浙 江	Zhejiang	15178291	2938176	19.36	12240115	80.64
安 徽	Anhui	44304253	5259248	11.87	39045005	88.13
福 建	Fujian	16732958	3532586	21.11	13200372	78.89
江 西	Jiangxi	29583236	5486716	18.55	24096520	81.45
山 东	Shandong	40006658	6258798	15.64	33747860	84.36
河 南	Henan	67244046	7759758	11.54	59484288	88.46
湖 北	Hubei	21349638	4310621	20.19	17039017	79.81
湖 南	Hunan	44874287	6043697	13.47	38830590	86.53
广 东	Guangdong	26027018	5648284	21.70	20378734	78.30
广 西	Guangxi	32246260	4395563	13.63	27850697	86.37
海 南	Hainan	3203291	1058803	33.05	2144488	66.95
重 庆	Chongqing	16878827	2487388	14.74	14391439	85.26
四 川	Sichuan	54693155	8446799	15.44	46246356	84.56
贵 州	Guizhou	29260875	2601820	8.89	26659055	91.11
云 南	Yunnan	33186732	3361080	10.13	29825652	89.87
西 藏	Tibet	2408800	242665	10.07	2166135	89.93
陕 西	Shaanxi	24340098	3582442	14.72	20757656	85.28
甘 肃	Gansu	17711750	2010952	11.35	15700798	88.65
青 海	Qinghai	4097717	687780	16.78	3409937	83.22
宁 夏	Ningxia	3049776	532701	17.47	2517075	82.53
新 疆	Xinjiang	12120002	3321185	27.40	8798817	72.60

第五部分
Chapter Five

2006年全国计划生育统计人口数据

Data from Family Planning Statistics in 2006

5-1 各地区分孩次计划生育率与上年同期比较

Family Planning Rate Compared with That of Last Year by Birth Order and Region

单位：% (%)

地 区	Region	计生率 Family Planning Rate	与上年对比 Compared with That of Last Year	一孩计生率 Family Planning Rate of First Birth	与上年对比 Compared with That of Last Year	二孩计生率 Family Planning Rate of Second Birth	与上年对比 Compared with That of Last Year	多孩计生率 Family Planning Rate of Third Birth & Over	与上年对比 Compared with That of Last Year
全 国	**National**	**92.66**	**-1.28**	**98.74**	**-0.24**	**80.19**	**-3.64**	**42.78**	**-4.82**
北 京	Beijing	96.65	-0.27	99.29	-0.23	78.50	-0.03	22.74	-0.18
天 津	Tianjin	98.95	-0.08	100.00		95.26	-0.28		-16.67
河 北	Hebei	93.72	0.74	99.41	0.19	83.07	-0.17	45.61	6.24
山 西	Shanxi	88.58	0.95	99.57	-0.13	62.52	3.34	24.51	12.49
内蒙古	Inner Mongolia	99.22	-0.23	99.88	-0.05	97.28	-0.93	90.29	-0.50
辽 宁	Liaoning	99.16	3.29	99.87	0.23	97.67	8.79	61.38	38.33
吉 林	Jilin	94.00	-1.97	96.53	-2.20	90.07	-2.00	18.70	-4.16
黑龙江	Heilongjiang	95.46	-0.44	97.46	-0.17	90.46	-0.98	24.04	-6.06
上 海	Shanghai	96.37	-0.42	98.39	-0.38	88.51	2.82	51.30	1.40
江 苏	Jiangsu	98.23	0.21	99.56	0.02	88.10	1.90	84.02	9.08
浙 江	Zhejiang	95.22	-0.73	98.86	0.02	86.50	-2.19	42.61	-3.79
安 徽	Anhui	91.22	-0.17	97.02	-0.38	81.07	-1.00		
福 建	Fujian	93.97	-0.08	98.42	0.07	83.20	-0.85	34.04	1.36
江 西	Jiangxi	86.96	2.36	99.02	-0.01	64.33	-3.18	20.73	10.84
山 东	Shandong	98.98	0.32	99.95	0.05	97.04	0.72		
河 南	Henan	96.91	-0.69	99.70	-0.23	86.86	-1.73	97.07	2.39
湖 北	Hubei	96.36	1.12	99.44	1.78	87.79	-1.50	57.00	1.46
湖 南	Hunan	95.23	-0.19	99.32	-0.03	86.60	-1.27	0.55	0.18
广 东	Guangdong	89.52	2.24	98.45	1.00	68.82	3.26	14.03	4.55
广 西	Guangxi	72.51	-19.54	92.64	-6.80	50.86	-29.71	1.91	-8.00
海 南	Hainan	96.51	-0.17	99.28	-0.14	97.49	-0.04	49.08	-9.74
重 庆	Chongqing	90.93	-1.65	99.45	-0.10	75.44	-4.55	24.50	-5.38
四 川	Sichuan	83.91	-9.03	98.71	-0.68	51.08	-22.03	49.28	-23.60
贵 州	Guizhou	92.97	-1.51	98.87	-0.29	88.13	-2.38	13.34	-2.70
云 南	Yunnan	95.88	1.34	98.45	0.46	94.85	1.16	23.67	6.09
西 藏	Tibet	-	-	-	-	-	-	-	-
陕 西	Shaanxi	97.99	0.14	99.16	0.05	94.66	0.17	42.07	-16.19
甘 肃	Gansu	88.57	1.23	99.20	0.02	69.75	2.70	41.94	1.94
青 海	Qinghai	92.96	0.45	98.41	-0.09	87.29	0.69	65.55	2.46
宁 夏	Ningxia	89.61	1.10	99.69	-0.02	79.21	2.96	48.92	1.25
新 疆	Xinjiang	99.68	0.03	99.97		99.61	0.08	98.57	0.06

5-2 各地区已婚育龄妇女领证情况及避孕率与上年同期比较
Married Women at Childbearing Ages with One-child Certificates and Their Contraception Rate Compared with That of Last Year by Region

单位：人、%　　(person,%)

地区	Region	已婚育龄妇女人数 Married Women at Childbearing Age	与上年对比 Compared with That of Last Year	领证人数 Number of Women with Certificates	与上年对比 Compared with That of Last Year	领证率 Proportion	与上年对比 Compared with That of Last Year	已婚育龄妇女避孕率 Contraception Rate of Married Women of Childbearing Ages	与上年对比 Compared with That of Last Year
全　国	**National**	**258926000**	**1324959**	**57562863**	**434765**	**22.23**	**0.05**	**89.85**	**-0.25**
北　京	Beijing	2476389	-21928	967556	-67790	39.07	-2.37	88.72	0.66
天　津	Tianjin	1893698	72432	618361	78757	32.65	3.03	85.47	-5.03
河　北	Hebei	13614168	80592	2185961	73526	16.06	0.45	90.36	0.18
山　西	Shanxi	6485976	22549	943006	-123546	14.54	-1.96	89.54	0.36
内蒙古	Inner Mongolia	4727317	13203	754005	-89910	15.95	-1.95	92.77	-0.18
辽　宁	Liaoning	8320159	-112403	3050252	38066	36.66	0.94	89.72	-0.12
吉　林	Jilin	5724181	-9647	1757543	-96960	30.70	-1.64	91.46	-0.42
黑龙江	Heilongjiang	7900083	-31724	3209196	84784	40.62	1.23	93.14	0.09
上　海	Shanghai	3262685	130261	808407	-27006	24.78	-1.89	87.08	-0.14
江　苏	Jiangsu	15605112	90765	5036816	23607	32.28	-0.04	90.73	-0.61
浙　江	Zhejiang	10195279	-51685	2696932	266430	26.45	2.73	90.16	0.26
安　徽	Anhui	13482714	276248	1895538	108131	14.06	0.52	91.67	0.05
福　建	Fujian	7497085	-140245	1692758	-24660	22.58	0.09	84.74	2.08
江　西	Jiangxi	9020703	192026	1589306	204863	17.62	1.94	93.53	1.42
山　东	Shandong	18869347	-37109	7382650	70575	39.13	0.45	90.10	0.10
河　南	Henan	20321651	163575	2885064	-9963	14.20	-0.16	91.23	0.43
湖　北	Hubei	11460209	137045	1699901	83971	14.83	0.56	89.55	-0.20
湖　南	Hunan	13536893	15528	1663573	93420	12.29	0.68	91.80	0.07
广　东	Guangdong	16677447	279796	2115534	-22859	12.68	-0.36	88.01	-0.26
广　西	Guangxi	9099203	128851	683979	13894	7.52	0.05	85.43	-3.53
海　南	Hainan	1511614	18706	60856	-690	4.03	-0.10	83.72	-0.06
重　庆	Chongqing	6267334	77642	2032254	-91421	32.43	-1.88	91.38	-0.66
四　川	Sichuan	17263064	-244757	7152049	-445641	41.43	-1.97	89.61	-2.10
贵　州	Guizhou	6971805	99692	641092	64752	9.20	0.81	90.80	-0.66
云　南	Yunnan	8247172	62779	1326605	144461	16.09	1.64	88.30	0.30
西　藏	Tibet	688334	11506	24528	4884	3.56	0.66	74.89	2.74
陕　西	Shaanxi	6658530	42860	1182793	37502	17.76	0.45	90.76	-0.61
甘　肃	Gansu	5230028	-10775	636851	20078	12.18	0.41	89.68	-0.54
青　海	Qinghai	1109184	9913	110120	-2698	9.93	-0.33	87.98	0.44
宁　夏	Ningxia	1155239	-18287	114095	-13475	9.88	-0.99	90.53	-0.33
新　疆	Xinjiang	3653397	77550	645282	39683	17.66	0.73	79.88	-1.29

5-3 各地区采用各种节育措施人数

Contraception User by Method and Region

单位：人 (person)

地 区	Region	合 计 Total	男性绝育 Male Sterilization	女性绝育 Female Sterilization	宫内节育器 IUD	皮下埋植 Implant	口服及注射避孕药 Pill/Injection	避孕套 Condom	外用药 Diaphragm	其 他 Other
全 国	**National**	**232656521**	**15272279**	**77104508**	**119468570**	**819532**	**3235457**	**15812037**	**506890**	**437248**
北 京	Beijing	2197067	6523	103939	1047068	4865	105775	909685	6749	12463
天 津	Tianjin	1618576	3458	175067	890735	3546	42220	492037	6145	5368
河 北	Hebei	12301130	720910	5003283	5611703	13890	135423	784053	13161	18707
山 西	Shanxi	5807317	37477	2784391	2840898	14103	57207	55846	8085	9310
内蒙古	Inner Mongolia	4385461	8298	1304837	2672761	19458	49830	326885	1453	1939
辽 宁	Liaoning	7464463	2656	717366	5867178	22773	87206	751892	12170	3222
吉 林	Jilin	5235575	419	946593	3665923	48688	89103	478276	4899	1674
黑龙江	Heilongjiang	7358089	3757	1467104	5362669	23012	69298	419316	6758	6175
上 海	Shanghai	2841044	7088	73981	1980032	3761	106559	585673	17255	66695
江 苏	Jiangsu	14158794	378602	2455000	9873029	23574	315452	1060749	47369	5019
浙 江	Zhejiang	9192487	50651	2852487	4888659	15489	162401	1191365	21740	9695
安 徽	Anhui	12359377	431084	5923403	5481419	35491	146355	306910	3224	31491
福 建	Fujian	6352700	432661	3039732	2378381	17639	105980	348044	18326	11937
江 西	Jiangxi	8437319	34007	4770529	3066798	11595	68135	446615	19379	20261
山 东	Shandong	17001799	1952141	3805662	9439972	63362	43311	1675606	13765	7980
河 南	Henan	18540411	2512028	8229475	6828111	77562	89767	756783	28496	18189
湖 北	Hubei	10262665	477763	4006776	4991283	29094	233573	512647	11529	
湖 南	Hunan	12426795	648558	5483544	5342996	39041	43823	837209	29195	2429
广 东	Guangdong	14677915	1681970	6824889	4747188	7169	89800	1282850	19881	24168
广 西	Guangxi	7773656	947494	2993342	3217801	7818	172549	363211	63577	7864
海 南	Hainan	1265573	17313	738272	444947	928	5538	52325	3693	2557
重 庆	Chongqing	5727256	911232	225345	4219342	21354	82435	257349	9608	591
四 川	Sichuan	15468989	2389378	639775	11274998	102685	207888	708505	25523	120237
贵 州	Guizhou	6330715	1078018	3062315	1981154	26188	29248	136682	7801	9309
云 南	Yunnan	7282179	330244	2167378	4355333	19600	167144	214013	17871	10596
西 藏	Tibet	515522	185	74860	121750	67587	206213	26514	12194	6219
陕 西	Shaanxi	6043262	180506	3085900	2395826	35925	103888	215252	23773	2192
甘 肃	Gansu	4690540	6274	3085724	1419189	37143	38274	91763	10372	1801
青 海	Qinghai	975867	1430	411133	431052	4812	76078	43077	6071	2214
宁 夏	Ningxia	1045821	384	379853	514874	6772	37233	103482	2113	1110
新 疆	Xinjiang	2918157	19770	272553	2115501	14608	67751	377423	34715	15836

5-4 各地区采用各种节育措施人数与上年同期比较
Contraception User Compared with That of Last Year by Method and Region

单位：人 (person)

地区	Region	合计 Total	男性绝育 Male Sterilization	女性绝育 Female Sterilization	宫内节育器 IUD	皮下埋植 Implant	口服及注射避孕药 Pill/Injection	避孕套 Condom	外用药 Diaphragm	其他 Other
全国	**National**	**551366**	**-937688**	**-1430353**	**2093550**	**4323**	**-333941**	**1157221**	**-42242**	**40496**
北京	Beijing	-2998	274	-11134	-72279	-608	-9705	97599	-3111	-4034
天津	Tianjin	-29643	-311	-10929	-19672	-344	-8857	13555	-3105	20
河北	Hebei	97741	-31756	-216572	361353	335	-18118	2111	-2569	2957
山西	Shanxi	43678	-2994	-91063	167675	-3626	-18089	-4477	-87	-3661
内蒙古	Inner Mongolia	3795	-594	-81303	73592	-870	-5965	19225	-227	-63
辽宁	Liaoning	-111261	-564	-97966	-22843	-3542	-12181	26778	-744	-199
吉林	Jilin	-32723	35	-64465	-25182	9436	537	48592	-825	-851
黑龙江	Heilongjiang	-22795	315	-91133	70739	-2373	-13081	16137	-4068	669
上海	Shanghai	109163	-912	9097	21350	-472	11995	71949	978	-4822
江苏	Jiangsu	-12631	-30577	-157708	34539	568	-22565	161755	282	1075
浙江	Zhejiang	-19531	-6693	-162972	63834	-180	-26788	114217	-464	-485
安徽	Anhui	259920	-33192	46285	185096	2036	-5077	62519	-773	3026
福建	Fujian	39979	-10957	-52616	84963	-617	-1939	19893	806	446
江西	Jiangxi	304902	-1148	68013	151701	-1266	5122	99551	-2283	-14788
山东	Shandong	-13654	-158006	-200005	261546	-3898	-8682	95578	-2761	2574
河南	Henan	235463	-3150	204330	19467	17888	-21562	16410	986	1094
湖北	Hubei	100558	-17214	-62801	162996	485	-13510	32611	-2009	
湖南	Hunan	24310	-67989	-69120	189132	33	-13947	-12093	-1609	-97
广东	Guangdong	203438	-25407	-145336	164856	1553	-9480	237187	-5777	-14158
广西	Guangxi	-206376	-61382	-101850	-51013	-717	-18399	26507	-914	1392
海南	Hainan	14713	-564	7633	1985	-75	-732	6580	209	-323
重庆	Chongqing	29867	-88636	-20328	136155	-26	-8671	11652	-648	369
四川	Sichuan	-586924	-377850	-75838	-114446	-11923	-17164	-48012	-4800	63109
贵州	Guizhou	45487	-17379	18333	81394	-4681	-44981	7646	-1476	6631
云南	Yunnan	79657	3708	46628	22726	-419	-9256	14860	-509	1919
西藏	Tibet	27172	52	4275	12245	7354	-1877	5707	82	-666
陕西	Shaanxi	-1286	-4324	-66169	89358	4181	-15901	-6372	-446	-1613
甘肃	Gansu	-37752	-146	-33181	1467	-1129	-3637	489	-1202	-413
青海	Qinghai	13613	-109	-2049	10605	107	-4012	6489	1903	679
宁夏	Ningxia	-20470	-30	-11464	-6905	-2072	-6911	7743	-806	-25
新疆	Xinjiang	15954	-188	-8945	37116	-815	-10508	4835	-6275	734

5-5 各地区采取各种避孕措施分布

Distribution of Each Method by Region

单位：%　　　　(%)

地　区	Region	男性绝育 Male Sterilization	女性绝育 Female Sterilization	宫内节育器 IUD	皮下埋植 Implant	口服及注射避孕药 Pill/Injection	避孕套 Condom	外用药 Diaphragm	其　他 Other
全　国	**National**	**6.56**	**33.14**	**51.35**	**0.35**	**1.39**	**6.80**	**0.22**	**0.19**
北　京	Beijing	0.30	4.73	47.66	0.22	4.81	41.40	0.31	0.57
天　津	Tianjin	0.21	10.82	55.03	0.22	2.61	30.40	0.38	0.33
河　北	Hebei	5.86	40.67	45.62	0.11	1.10	6.37	0.11	0.15
山　西	Shanxi	0.65	47.95	48.92	0.24	0.99	0.96	0.14	0.16
内蒙古	Inner Mongolia	0.19	29.75	60.95	0.44	1.14	7.45	0.03	0.04
辽　宁	Liaoning	0.04	9.61	78.60	0.31	1.17	10.07	0.16	0.04
吉　林	Jilin	0.01	18.08	70.02	0.93	1.70	9.14	0.09	0.03
黑龙江	Heilongjiang	0.05	19.94	72.88	0.31	0.94	5.70	0.09	0.08
上　海	Shanghai	0.25	2.60	69.69	0.13	3.75	20.61	0.61	2.35
江　苏	Jiangsu	2.67	17.34	69.73	0.17	2.23	7.49	0.33	0.04
浙　江	Zhejiang	0.55	31.03	53.18	0.17	1.77	12.96	0.24	0.11
安　徽	Anhui	3.49	47.93	44.35	0.29	1.18	2.48	0.03	0.25
福　建	Fujian	6.81	47.85	37.44	0.28	1.67	5.48	0.29	0.19
江　西	Jiangxi	0.40	56.54	36.35	0.14	0.81	5.29	0.23	0.24
山　东	Shandong	11.48	22.38	55.52	0.37	0.25	9.86	0.08	0.05
河　南	Henan	13.55	44.39	36.83	0.42	0.48	4.08	0.15	0.10
湖　北	Hubei	4.66	39.04	48.64	0.28	2.28	5.00	0.11	
湖　南	Hunan	5.22	44.13	43.00	0.31	0.35	6.74	0.23	0.02
广　东	Guangdong	11.46	46.50	32.34	0.05	0.61	8.74	0.14	0.16
广　西	Guangxi	12.19	38.51	41.39	0.10	2.22	4.67	0.82	0.10
海　南	Hainan	1.37	58.33	35.16	0.07	0.44	4.13	0.29	0.20
重　庆	Chongqing	15.91	3.93	73.67	0.37	1.44	4.49	0.17	0.01
四　川	Sichuan	15.45	4.14	72.89	0.66	1.34	4.58	0.16	0.78
贵　州	Guizhou	17.03	48.37	31.29	0.41	0.46	2.16	0.12	0.15
云　南	Yunnan	4.53	29.76	59.81	0.27	2.30	2.94	0.25	0.15
西　藏	Tibet	0.04	14.52	23.62	13.11	40.00	5.14	2.37	1.21
陕　西	Shaanxi	2.99	51.06	39.64	0.59	1.72	3.56	0.39	0.04
甘　肃	Gansu	0.13	65.79	30.26	0.79	0.82	1.96	0.22	0.04
青　海	Qinghai	0.15	42.13	44.17	0.49	7.80	4.41	0.62	0.23
宁　夏	Ningxia	0.04	36.32	49.23	0.65	3.56	9.89	0.20	0.11
新　疆	Xinjiang	0.68	9.34	72.49	0.50	2.32	12.93	1.19	0.54

5-6 各地区采取各种避孕措施分布与上年同期对比
Distribution of Each Method Compared with That of Last Year by Region

单位: % (%)

地 区	Region	男性绝育 Male Sterilization	女性绝育 Female Sterilization	宫内节育器 IUD	皮下埋植 Implant	口服及注射避孕药 Pill/Injection	避孕套 Condom	外用药 Diaphragm	其 他 Other
全 国	**National**	**-0.42**	**-0.69**	**0.78**		**-0.15**	**0.48**	**-0.02**	**0.02**
北 京	Beijing	0.01	-0.50	-3.22	-0.03	-0.43	4.49	-0.14	-0.18
天 津	Tianjin	-0.02	-0.47	-0.20	-0.02	-0.49	1.37	-0.18	0.01
河 北	Hebei	-0.31	-2.10	2.60		-0.16	-0.03	-0.02	0.02
山 西	Shanxi	-0.06	-1.94	2.54	-0.06	-0.32	-0.08		-0.06
内蒙古	Inner Mongolia	-0.01	-1.88	1.63	-0.02	-0.14	0.43	-0.01	
辽 宁	Liaoning	-0.01	-1.15	0.85	-0.04	-0.14	0.50	-0.01	
吉 林	Jilin		-1.11	-0.04	0.18	0.02	0.98	-0.02	-0.02
黑龙江	Heilongjiang		-1.17	1.18	-0.03	-0.17	0.24	-0.05	0.01
上 海	Shanghai	-0.04	0.23	-2.00	-0.02	0.29	1.81	0.01	-0.27
江 苏	Jiangsu	-0.21	-1.10	0.31		-0.16	1.15		0.01
浙 江	Zhejiang	-0.07	-1.70	0.81		-0.29	1.27		-0.01
安 徽	Anhui	-0.35	-0.65	0.58	0.01	-0.07	0.46	-0.01	0.02
福 建	Fujian	-0.22	-1.14	1.11	-0.01	-0.04	0.28	0.01	0.01
江 西	Jiangxi	-0.03	-1.28	0.50	-0.02	0.03	1.03	-0.04	-0.19
山 东	Shandong	-0.92	-1.16	1.58	-0.02	-0.05	0.57	-0.02	0.02
河 南	Henan	-0.19	0.55	-0.37	0.09	-0.12	0.04		
湖 北	Hubei	-0.22	-1.00	1.12		-0.16	0.27	-0.02	
湖 南	Hunan	-0.56	-0.64	1.44		-0.11	-0.11	-0.01	
广 东	Guangdong	-0.34	-1.66	0.68	0.01	-0.07	1.52	-0.04	-0.10
广 西	Guangxi	-0.45	-0.28	0.43	-0.01	-0.17	0.45	0.01	0.02
海 南	Hainan	-0.06	-0.08	-0.25	-0.01	-0.06	0.48	0.01	-0.03
重 庆	Chongqing	-1.64	-0.38	2.00		-0.16	0.18	-0.01	0.01
四 川	Sichuan	-1.79	-0.32	1.95	-0.05	-0.06	-0.13	-0.02	0.42
贵 州	Guizhou	-0.40	-0.06	1.07	-0.08	-0.72	0.11	-0.02	0.10
云 南	Yunnan		0.32	-0.35	-0.01	-0.15	0.17	-0.01	0.03
西 藏	Tibet	0.01	0.07	1.19	0.78	-2.61	0.88	-0.11	-0.20
陕 西	Shaanxi	-0.07	-1.08	1.49	0.07	-0.26	-0.10	-0.01	-0.03
甘 肃	Gansu		-0.18	0.27	-0.02	-0.07	0.03	-0.02	-0.01
青 海	Qinghai	-0.01	-0.81	0.48		-0.53	0.61	0.19	0.07
宁 夏	Ningxia		-0.38	0.30	-0.18	-0.58	0.92	-0.07	
新 疆	Xinjiang	-0.01	-0.36	0.88	-0.03	-0.37	0.10	-0.22	0.02

5-7 各地区实施各种节育手术的例数

Number of Birth Control Operations by Region

单位：例 (case)

地 区	Region	合 计 Total	男性绝育 Male Sterilization	女性绝育 Female Sterilization	放置宫内节育器 Place IUD	取出宫内节育器 Take Out IUD	人工流产 Induced	皮下埋植 Implant
全 国	**National**	**15973654**	**244455**	**2001456**	**9828581**	**2254908**	**1532034**	**112220**
北 京	Beijing	52179	70	634	16001	17275	17839	360
天 津	Tianjin	65303	2	997	31035	15225	18005	39
河 北	Hebei	1081041	14231	100975	734849	117313	111678	1995
山 西	Shanxi	364949	663	56335	273712	26083	7988	168
内蒙古	Inner Mongolia	284975	73	9589	204357	54864	13858	2234
辽 宁	Liaoning	379951	8	821	213401	105922	56376	3423
吉 林	Jilin	257923	14	4557	179168	40940	30750	2494
黑龙江	Heilongjiang	226185	7	2611	174610	34459	13296	1202
上 海	Shanghai	301813		2551	75578	133509	89423	752
江 苏	Jiangsu	985170	1108	16058	539823	258409	167977	1795
浙 江	Zhejiang	639411	364	47124	368360	126110	95391	2062
安 徽	Anhui	936383	6145	211539	531358	74067	106166	7108
福 建	Fujian	479185	9097	74813	288462	62233	44117	463
江 西	Jiangxi	588508	263	143090	350684	42996	50505	970
山 东	Shandong	1094556	28311	76981	726767	193556	63641	5300
河 南	Henan	992687	30286	174825	649070	64953	65442	8111
湖 北	Hubei	691739	6408	84068	477063	60958	55179	8063
湖 南	Hunan	1003835	4413	199188	596354	98200	99911	5769
广 东	Guangdong	1201044	52622	232089	692962	126474	95800	1097
广 西	Guangxi	657391	26301	109383	393339	83737	44172	459
海 南	Hainan	73444	260	33765	31985	3626	3776	32
重 庆	Chongqing	296912	2606	1466	247834	12888	31299	819
四 川	Sichuan	817353	10273	18091	595716	86953	94948	11372
贵 州	Guizhou	536648	34023	131602	304788	33385	29310	3540
云 南	Yunnan	743084	16111	90012	444336	132714	56496	3415
西 藏	Tibet	29349	3	2189	7839	1908	2912	14498
陕 西	Shaanxi	360623	672	59156	222840	59844	5724	12387
甘 肃	Gansu	296998	85	80480	143529	52397	11825	8682
青 海	Qinghai	56467	11	11653	34628	7027	2683	465
宁 夏	Ningxia	105081	3	19745	54198	24765	5456	914
新 疆	Xinjiang	373467	22	5069	223935	102118	40091	2232

5-8 各地区实施各种节育手术例数与上年同期对比
Number of Birth Control Operations Compared with That of Last Year by Region

单位：例 (case)

地　区	Region	合　计 Total	男性绝育 Male Sterilization	女性绝育 Female Sterilization	放置宫内节育器 Place IUD	取出宫内节育器 Take Out IUD	人工流产 Induced	皮下埋植 Implant
全　国	**National**	**-326760**	**-46489**	**-162240**	**9320**	**-105869**	**-8402**	**-13080**
北　京	Beijing	-16340	-10359	-9890	1850	3445	1987	-3373
天　津	Tianjin	-2642	-11	-504	-912	-1784	611	-42
河　北	Hebei	50769	-2484	-21919	65177	-8012	17123	884
山　西	Shanxi	-14200	-125	-14547	9123	-6712	-1940	1
内蒙古	Inner Mongolia	-3422	16	-943	5183	-1853	-5604	-221
辽　宁	Liaoning	-5819	-3	-967	-4799	428	-1216	738
吉　林	Jilin	-15063	2	101	-10816	-1521	-2898	69
黑龙江	Heilongjiang	-15047	-10	-139	-12607	-3129	556	282
上　海	Shanghai	16452	-1	604	-3368	962	18302	-47
江　苏	Jiangsu	-99075	-137	-3581	-45720	-50418	1567	-786
浙　江	Zhejiang	53101	91	3058	35359	5277	9161	155
安　徽	Anhui	22146	-1270	-15665	20010	-2360	20742	689
福　建	Fujian	-7719	-2208	-1734	1704	-6542	2924	-1863
江　西	Jiangxi	68716	61	5742	47864	-2706	17808	-53
山　东	Shandong	-140655	-11674	-42303	-73222	10476	-12787	-11145
河　南	Henan	-97875	-179	-14475	-66021	-7493	-6879	-2828
湖　北	Hubei	61135	768	14954	40093	4819	-4929	5430
湖　南	Hunan	66686	358	4358	68026	-13365	6185	1124
广　东	Guangdong	25669	-1654	-9009	46850	-4194	-6474	150
广　西	Guangxi	-45528	-2257	-8715	-30886	-6613	3013	-70
海　南	Hainan	-6488	-189	-3064	-1294	-1272	-642	-27
重　庆	Chongqing	-1028	-1236	-519	11432	-2927	-7415	-363
四　川	Sichuan	-108217	-2580	-3842	-49883	-18986	-30015	-2911
贵　州	Guizhou	-45724	-3783	-19686	-6275	-5689	-9696	-595
云　南	Yunnan	-72893	-7595	-19675	-32591	-7763	-4717	-552
西　藏	Tibet	2072	2	-182	-228	-333	173	2640
陕　西	Shaanxi	20114	-32	3423	10238	5240	-3738	4983
甘　肃	Gansu	-7456	31	65	-14083	13101	-1696	-4874
青　海	Qinghai	-2443	-7	-1372	-927	287	-239	-185
宁　夏	Ningxia	-4232	-6	-1178	-316	-2195	-452	-85
新　疆	Xinjiang	-1754	-18	-636	359	5963	-7217	-205

第六部分
Chapter Six

世界部分国家及地区人口和就业统计数据

Population and Employment Data of Selected Countries and Territories of the World

一、世界部分国家人口和就业统计数据

I. Population and Employment Data of Selected Countries of the World

6-1 年中人口数
Population (Mid-year)

单位：百万 (millions)

国家	Country	2002	2003	2004	2005	2006
世界总计	**Total**	**6134.1**	**6211.1**	**6377.6**	**6464.7**	**6540.3**
亚洲	**Asia**					
中国	China	1294.4	1304.2	1313.3	1315.8	1323.6
阿富汗	Afghanistan	23.3	23.9	24.9	29.9	31.1
孟加拉国	Bangladeshi	143.4	146.7	149.7	141.8	144.4
缅甸	Burma	49.0	49.5	50.1	50.5	51.0
柬埔寨	Cambodia	13.8	14.1	14.6	14.1	14.4
印度	India	1041.1	1065.5	1081.2	1103.4	1119.5
印度尼西亚	Indonesia	217.5	219.9	222.6	222.8	225.5
伊朗	Iran	72.4	68.9	69.8	69.5	70.3
伊拉克	Iraq	24.2	25.2	25.9	28.8	29.6
日本	Japan	127.5	127.7	127.8	128.1	128.2
约旦	Jordan	5.2	5.5	5.6	5.7	5.8
朝鲜	Korea D.P.Rep.	22.6	22.7	22.8	22.5	22.6
韩国	Korea Rep.	47.4	47.7	48.0	47.8	48.0
科威特	Koweit	2.0	2.5	2.6	2.7	2.8
老挝	Laos	5.5	5.7	5.8	5.9	6.1
黎巴嫩	Lebanon	3.6	3.7	3.7	3.6	3.6
马来西亚	Malaysia	23.0	24.4	24.9	25.3	25.8
蒙古	Mongolia	2.6	2.6	2.6	2.6	2.7
尼泊尔	Nepal	24.2	25.2	25.7	27.1	27.7
巴基斯坦	Pakistan	148.7	153.6	157.3	157.9	161.2
菲律宾	Philippines	78.6	80.0	81.4	83.1	84.5
沙特阿拉伯	Saudi Arabia	21.7	24.2	24.9	24.6	25.2
新加坡	Singapore	4.2	4.3	4.3	4.3	4.4
斯里兰卡	Sri Lanka	19.3	19.1	19.2	20.7	20.9
叙利亚	Syria	17.0	17.8	18.2	19.0	19.5
泰国	Thailand	64.3	62.8	63.5	64.2	64.8
土耳其	turkey	68.6	71.3	72.3	73.2	74.2
越南	Viet Nam	80.2	81.4	82.5	84.2	85.3
也门	Yemen	19.9	20.0	20.7	21.0	21.6
欧洲	**Europe**					
阿尔巴尼亚	Albania	3.2	3.2	3.2	3.1	3.1
奥地利	Austria	8.1	8.1	8.1	8.2	8.2
保加利亚	Bulgaria	7.8	7.9	7.8	7.7	7.7
捷克共和国	Czech Rep.	10.3	10.2	10.2	10.2	10.2
丹麦	Danmark	5.3	5.4	5.4	5.4	5.4
芬兰	Finland	5.2	5.2	5.2	5.2	5.3
法国	France	59.7	60.1	60.4	60.5	60.7
德国	Germany	82.0	82.5	82.5	82.7	82.7
希腊	Greece	10.6	11.0	11.0	11.1	11.1
匈牙利	Hungary	9.9	9.9	9.8	10.1	10.1
意大利	Italy	57.4	60.1	57.3	58.1	58.1
荷兰	Holand	16.0	16.1	16.2	16.3	16.4
挪威	Norway	4.5	4.5	4.6	4.6	4.6
波兰	poland	38.5	38.6	38.6	38.5	38.5
葡萄牙	Portugal	10.0	10.1	10.1	10.5	10.5
罗马尼亚	Roumania	22.3	22.3	22.3	21.7	21.6
西班牙	Spain	39.9	41.1	41.1	43.1	43.4
瑞士	Switzerland	7.2	7.2	7.2	7.3	7.3
英国	Great Britain	59.7	59.3	59.4	59.7	59.8
俄罗斯	Russia	143.8	143.2	142.4	143.2	142.5

资料来源：《世界人口状况》(2002-2006)联合国人口基金编。

Sources: UNFPA, State of World Population 2002-2006.

6-1 续表 continued

单位：百万 (millions)

国 家	Country	2002	2003	2004	2005	2006
非 洲	**Africa**					
阿尔及利亚	Algeria	31.4	31.8	32.3	32.9	33.4
安哥拉	Angola	13.9	13.6	14.1	15.9	16.4
布隆迪	Burundi	6.7	6.8	7.1	7.5	7.8
中非共和国	Central African Rep.	3.8	3.9	3.9	4.0	4.1
刚果共和国	Congo. Republic of	3.2	3.7	3.8	4.0	4.1
埃 及	Egypt	70.3	71.9	73.4	74.0	75.4
埃塞俄比亚	Ethiopia	66.0	70.7	72.4	77.4	79.3
加 蓬	Gabon	1.3	1.3	1.4	1.4	1.4
加 纳	Ghana	20.2	20.9	21.4	22.1	22.6
几内亚	Guinea	8.4	8.5	8.6	9.4	9.6
肯尼亚	Kenya	31.9	32.0	32.4	34.3	35.1
利比亚	Libya	5.5	5.6	5.7	5.9	6.0
利比里亚	Liberia	3.3	3.4	3.5	3.3	3.4
马达加斯加	Madagascar	16.9	17.4	17.9	18.6	19.1
马 里	Mali	12.0	13.0	13.4	13.5	13.9
毛里塔尼亚	Mauritania	2.8	2.9	3.0	3.1	3.2
摩洛哥	Morocco	31.0	30.6	31.1	31.5	31.9
莫桑比克	Mozambique	19.0	18.9	19.2	19.8	20.2
尼日利亚	Nigeria	120.0	124.0	127.1	131.5	134.4
卢旺达	Rwanda	8.1	8.4	8.5	9.0	9.2
索马里	Somalia	9.6	9.9	10.3	8.2	8.5
南 非	South Africa	44.2	45.0	45.2	47.4	47.6
苏 丹	Sudan	32.6	33.6	34.3	36.2	37.0
突尼斯	Tunisia	9.7	9.8	9.9	10.1	10.2
乌干达	Uganda	24.8	25.8	26.7	28.8	29.9
喀麦隆	Cameroon	15.5	16.0	16.3	16.3	16.6
坦桑尼亚	Tanzania	36.8	37.0	37.7	38.3	39.0
赞比亚	Zambia	10.9	10.8	10.9	13.0	11.9
大洋州	**Oceania**					
澳大利亚	Australia	19.3	19.7	19.9	20.2	20.4
新西兰	New Zealand	3.8	3.9	3.9	4.0	4.1
北美洲	**North America**					
加拿大	Canada	31.3	31.5	31.7	32.3	32.6
美 国	United States	288.5	294.0	297.0	298.2	301.0
拉丁美洲	**Latin America**					
阿根廷	Argentina	37.9	38.4	38.9	38.7	39.1
玻利维亚	Bolivia	8.7	8.8	9.0	9.2	9.4
巴 西	Brazil	174.7	178.5	180.7	186.4	188.9
智 利	Chile	15.6	15.8	16.0	16.3	16.5
哥伦比亚	Colombia	43.5	44.2	44.9	45.6	46.3
古 巴	Cuba	11.3	11.3	11.3	11.3	11.3
多米尼加共和国	Dominican Republic	8.6	8.7	8.9	8.9	9.0
厄瓜多尔	Ecuador	13.1	13.0	13.2	13.2	13.4
危地马拉	Guatemala	12.0	12.3	12.7	12.6	12.9
墨西哥	Mexico	101.8	103.5	104.9	107.0	108.3
巴拿马	Panama	2.9	3.1	3.2	3.2	3.3
巴拉圭	Paraguay	5.8	5.9	6.0	6.2	6.3
秘 鲁	Peru	26.5	27.2	27.6	28.0	28.4
波多黎各	Porto rico	4.0	3.9	3.9	4.0	4.0
乌拉圭	Uruguay	3.4	3.4	3.4	3.5	3.5
委内瑞拉	Venezuela	25.1	25.7	26.2	26.7	27.2

6-2 人口出生率、死亡率、自然增长率

Crude Birth Rate, Crude Death Rate and Rate of Natural Increase

国 家	Country	出生率 Crude Birth Rate (‰)	死亡率 Crude Death Rate (‰)	自然增长率 Rate of Natural Increase (%)
美 国	United States	14	8	0.6
日 本	Japan	9	8	0.0
德 国	Germany	8	10	-0.2
英 国	United Kingdom	12	10	0.2
法 国	France	13	9	0.4
意大利	Italy	10	10	-0.0
加拿大	Canada	11	7	0.3
澳大利亚	Australia	13	6	0.6
波 兰	Poland	10	10	-0.0
匈牙利	Hungary	10	13	-0.3
罗马尼亚	Romania	10	12	-0.2
保加利亚	Bulgaria	9	15	-0.5
印 度	India	24	8	1.7
印度尼西亚	Indonesia	20	6	1.4
巴基斯坦	Pakistan	33	9	2.4
泰 国	Thailand	14	7	0.7
菲律宾	Philippines	27	5	2.1
马来西亚	Malaysia	20	4	1.6
韩 国	Koreas. South	9	5	0.4
新加坡	Singapore	10	4	0.6
伊 朗	Iran	18	6	1.2
土耳其	Turkey	19	6	1.3
尼日利亚	Nigeria	43	19	2.4
埃 及	Egypt	27	6	2.1
埃塞俄比亚	Ethiopia	39	15	2.4
坦桑尼亚	Tanzania	42	17	2.5
肯尼亚	Kenya	40	15	2.5
巴 西	Brazil	21	6	1.4
墨西哥	Mexico	22	5	1.7
阿根廷	Argentina	18	8	1.1
哥伦比亚	Colombia	20	5	1.5

资料来源：《2006年世界人口数据表》美国人口咨询局编。
Sources: Population Reference Bureau of United States, 2006 World Population Data Sheet.

6-3 人口年龄构成

Population by Age

单位：% (%)

国家	Country	0-14岁 Aged 0-14	15-64岁 Aged 15-64	65岁及以上 Aged 65 and Over
美国	United States	20	68	12
日本	Japan	14	66	20
德国	Germany	14	67	19
英国	United Kingdom	18	66	16
法国	France	18	66	16
意大利	Italy	14	67	19
加拿大	Canada	18	69	13
澳大利亚	Australia	20	67	13
波兰	Poland	17	70	13
匈牙利	Hungary	16	68	16
罗马尼亚	Romania	16	70	14
保加利亚	Bulgaria	14	69	17
印度	India	36	60	4
印度尼西亚	Indonesia	29	66	5
巴基斯坦	Pakistan	41	55	4
泰国	Thailand	23	70	7
菲律宾	Philippines	35	61	4
马来西亚	Malaysia	33	63	4
韩国	Koreas. South	19	71	10
新加坡	Singapore	20	72	8
伊朗	Iran	29	66	5
土耳其	Turkey	29	65	6
尼日利亚	Nigeria	43	54	3
埃及	Egypt	35	60	5
埃塞俄比亚	Ethiopia	44	53	3
坦桑尼亚	Tanzania	44	52	4
肯尼亚	Kenya	43	55	2
巴西	Brazil	28	66	6
墨西哥	Mexico	32	63	5
阿根廷	Argentina	27	63	10
哥伦比亚	Colombia	31	64	5

资料来源：《2006年世界人口数据表》美国人口咨询局编。
Sources: Population Reference Bureau of United States,2006 World Population Data Sheet.

6-4 人口、社会和经济指标

国家	Country	婴儿死亡率 Infant Mortality (‰)	预期寿命(岁) Life Expectancy (years) 男 Male	女 Female	五岁以下儿童死亡率（‰） Under 5 Mortality 男 Male	女 Female	总和生育率 Total Fertility Rate (2006)
美国	United States	7	75.0	80.4	8	8	2.04
日本	Japan	3	78.9	86.1	5	4	1.35
德国	Germany	4	76.2	81.9	5	5	1.33
英国	United Kingdom	5	76.5	81.1	6	6	1.66
法国	France	4	76.4	83.3	6	5	1.86
意大利	Italy	5	77.3	83.4	6	6	1.35
加拿大	Canada	5	78.0	82.9	6	6	1.48
澳大利亚	Australia	5	78.3	83.3	6	5	1.75
波兰	Poland	8	70.9	78.9	10	9	1.22
匈牙利	Hungary	8	69.4	77.5	11	9	1.28
罗马尼亚	Romania	17	68.4	75.5	23	17	1.25
印度	India	62	62.7	66.1	84	88	2.85
印度尼西亚	Indonesia	36	66.2	69.9	46	37	2.25
巴基斯坦	Pakistan	73	64.0	64.3	95	106	3.87
泰国	Thailand	18	67.7	74.6	26	16	1.89
菲律宾	Philippines	25	69.1	73.4	33	22	2.94
马来西亚	Malaysia	9	71.6	76.2	12	10	2.71
韩国	Koreas Rep.	3	74.2	81.5	5	5	1.19
新加坡	Singapore	3	77.3	81.1	4	4	1.30
土耳其	Turkey	38	67.1	71.7	47	37	2.35
尼日利亚	Nigeria	110	43.6	43.8	193	185	5.49
埃及	Egypt	32	68.5	73.0	38	31	3.08
埃塞俄比亚	Ethiopia	94	47.2	49.1	164	149	5.56
坦桑尼亚	Tanzania	104	45.8	46.4	169	153	4.63
肯尼亚	Kenya	65	49.7	47.7	115	99	5.00
巴西	Brazil	24	67.7	75.3	34	26	2.27
墨西哥	Mexico	18	73.4	78.3	22	18	2.21
阿根廷	Argentina	14	71.3	78.8	17	14	2.27
哥伦比亚	Colombia	23	70.1	76.0	30	26	2.51

资料来源：《世界人口状况-2006》联合国人口基金编。
Sources: UNFPA, State of World Population 2006.

Demographic,Social and Economic Indicators

文盲率(15岁以上) % Illiterate (> 15 years)		平均人口增长率 Avg. Pop. Growth Rate (%) (2005-2010)	城市人口增长率(%) Urban Growth Rate % (2005-2010)	城市人口比重(%) % Urban (2005)	人口/每公顷耕地 Pop./Ha. Arable and Perm. Crop Land	人均国民生产总值 GNI per capita ppp$ (2004)
男 Male	女 Female					
		0.9	1.3	81	0.0	39710
		0.1	0.4	66	0.9	30040
		0.0	0.1	75	0.2	27950
		0.3	0.4	90	0.2	31460
		0.3	0.6	77	0.1	29320
1	2	0.0	0.3	68	0.2	27860
		0.9	1.0	80	0.0	30660
		1.0	1.2	88	0.0	29200
		-0.1	0.2	62	0.5	12640
		-0.3	0.3	66	0.2	15620
2	4	-0.4	0.0	54	0.3	8190
27	52	1.4	2.4	29	3.3	3100
6	13	1.1	3.3	48	2.7	3460
37	64	2.1	3.3	35	3.7	2160
5	9	0.8	1.8	32	1.7	8020
7	7	1.6	2.8	63	2.8	4890
8	15	1.7	3.0	67	0.5	9630
		0.3	0.6	81	1.9	20400
3	11	1.2	1.2	100	2.6	26590
5	20	1.3	2.0	67	0.8	7680
		2.1	3.7	48	1.2	930
17	41	1.8	2.3	43	7.2	4120
		2.3	4.0	16	5.1	810
22	38	1.8	3.5	24	5.6	660
22	30	2.6	3.9	21	4.7	1050
12	11	1.3	1.8	84	0.4	8020
8	10	1.1	1.5	76	0.8	9590
3	3	1.0	1.2	90	0.1	12460
7	7	1.4	1.8	73	2.2	6820

6-5 全部就业人数

Employed Persons

单位:千人 (1000 persons)

国家	Country	1998	1999	2000	2001	2002	2003	2004	2005
阿根廷	Argentina	8278.6	8285.2	8261.7	8143.4	8016.1	8956.2	9415.0	9638.7
澳大利亚	Australia	8572.3	8720.2	8951.3	9063.0	9248.0	9459.2	9636.3	9957.3
巴西	Brasil	69963.0	71676.0		75458.0	78958.9	80163.5	84596.3	
加拿大	Canada	14046.2	14389.8	14758.6	14946.7	15307.9	15665.1	15949.7	16169.7
埃及	Egypt	16183.0	16750.2	17203.3	17556.7	17856.2	18118.6		
法国	France	22478.5	22672.1	23261.5	23759.0	23942.0	24690.8	24784.0	24919.4
德国	Germany	35860.0	36402.0	36604.0	36816.0	36536.0	36172.0	35659.0	36566.0
匈牙利	Hungary	3697.7	3811.5	3849.1	3859.5	3870.6	3921.9	3900.4	3901.5
印度	India	340595.8		368966.1					
印度尼西亚	Indonesia	87673.6	88816.9	89837.7	90807.4	91647.2	90784.9	93722.0	94948.1
意大利	Italie	20618.0	20864.0	21225.0	21634.0	21922.0	22133.0	22404.0	22563.0
日本	Japan	65140.0	64620.0	64460.0	64120.0	63300.0	63160.0	63290.0	63560.0
韩国	Korea, Rep	19994.0	20281.0	21156.0	21572.0	22169.0	22139.0	22557.0	22856.0
马来西亚	Malaysia	8599.6	8837.8	9321.7	9357.0	9542.6	9869.7	9986.6	
墨西哥	Mexico	37090.9	37600.3	38202.6	38254.8	39173.5	39499.9	40975.5	40791.8
荷兰	Netherlands	7398.0	7601.0	7733.0	7830.0	7867.0	7830.0	7782.0	7784.0
新西兰	New Zealand	1725.0	1750.3	1779.0	1823.4	1876.8	1921.0	2017.1	2072.9
挪威	Norway	2248.0	2259.0	2269.0	2278.0	2286.0	2269.0	2276.0	2289.0
巴基斯坦	Pakistan	36419.0	37296.0	36847.0	37481.0	38882.0	39852.0	42009.0	42916.0
菲律宾	Philippines	28262.0	27762.0	27775.0	30085.0	30251.0	31553.0	31741.0	32875.0
葡萄牙	Portugal	4857.0	4921.6	5032.9	5121.7	5145.6	5127.7	5127.5	5122.6
罗马尼亚	Romania	10844.9	10775.7	10763.8	10696.9	9234.2	9222.5	9157.6	9146.6
俄罗斯	Russian Fed.	58464.0	62945.0	65070.0	65123.0	66659.0	66432.0	67275.0	68169.0
新加坡	Singapore	1869.7	1885.9		2046.7	2017.4	2034.0	2066.9	
瑞典	Sweden	3979.0	4068.0	4159.0	4239.0	4244.0	4234.0	4213.0	4263.0
泰国	Thailand	32138.0	32087.1	33001.0	33483.7	34262.9	34677.1	35711.6	36302.4
英国	United Kingdom	27115.6	27442.3	27792.5	28225.4	28414.5	27820.8	28008.4	28165.6
美国	United States	131463.0	133488.0	135208.0	135073.0	136485.0	137736.0	139252.0	141730.0

资料来源:《2005年国际劳工统计年鉴》(下表同)。
Sources:ILO 2005 Yearbook of Labour Statistics. The same applies to the tables following.

6-6 全部女性就业人数

Female Employed Persons

单位:千人　　　　(1000 persons)

国　家	Country	1998	1999	2000	2001	2002	2003	2004	2005
阿根廷	Argentina	3221.6	3313.8	3319.8	3310.9	3362.5	3805.3	3968.0	4081.4
澳大利亚	Australia	3725.5	3802.6	3945.3	4027.9	4113.4	4232.0	4298.3	4470.9
巴　西	Brasil	27650.0	28864.0		30711.0	32624.6	33228.4	35354.3	
加拿大	Canada	6433.4	6596.3	6788.6	6911.5	7126.4	7320.7	7470.1	7575.0
埃　及	Egypt	2996.0	3139.2	3244.8	3195.6	3305.5	3466.9		
法　国	France	9982.3	10121.9	10417.9	10654.0	10839.0	11182.2	11304.4	11423.7
德　国	Germany	15351.0	15743.0	15924.0	16187.0	16200.0	16176.0	15978.0	16432.0
匈牙利	Hungary	1656.0	1708.4	1726.7	1728.9	1758.1	1795.4	1783.1	1785.4
印　度	India	80890.1		106481.9					
印度尼西亚	Indonesia	33773.1	33908.3	34398.6	33676.0	33064.0	30876.0	33140.5	34209.5
意大利	Italie	7345.0	7533.0	7764.0	8060.0	8236.0	8365.0	8783.0	8825.0
日　本	Japan	26560.0	26320.0	26300.0	26290.0	25940.0	25970.0	26160.0	26330.0
韩　国	Korea, Rep	8084.0	8303.0	8769.0	8991.0	9225.0	9108.0	9364.0	9526.0
马来西亚	Malaysia	2880.7	2986.6	3235.5	3301.1	3400.8	3546.1	3588.7	3340.9
墨西哥	Mexico	12522.6	12659.6	13086.9	13068.5	13591.9	13576.5	14557.2	14938.7
荷　兰	Netherlands	3109.0	3241.0	3322.0	3395.0	3434.0	3460.0	3477.0	3514.0
新西兰	New Zealand	777.5	793.7	806.3	829.5	851.7	875.9	922.3	954.5
挪　威	Norway	1037.0	1050.0	1057.0	1064.0	1076.0	1071.0	1074.0	1078.0
巴基斯坦	Pakistan	5075.0	5197.0	5159.0	5248.0	5693.0	5835.0	7106.0	7243.0
菲律宾	Philippines	10608.0	10631.0	10516.0	11751.0	11811.0	12055.0	11905.0	12670.0
葡萄牙	Portugal	2149.4	2201.1	2255.7	2302.0	2320.9	2330.9	2338.6	2357.2
罗马尼亚	Romania	4959.8	4976.6	4991.6	4977.6	4202.6	4165.8	4177.6	4135.4
俄罗斯	Russian Fed.	27851.0	30375.0	31496.0	31619.0	32645.0	32605.0	33094.0	33620.0
新加坡	Singapore	780.1	798.6		898.0	880.3	911.1	929.2	
瑞　典	Sweden	1901.0	1946.0	1992.0	2036.0	2047.0	2043.0	2027.0	2038.0
泰　国	Thailand	14471.1	14365.9	14836.1	15012.7	15390.8	15595.6	16012.8	16832.1
英　国	United Kingdom	12117.0	12303.9	12456.6	12662.9	12810.1	12847.4	12970.7	13104.2
美　国	United States	60771.0	62042.0	62915.0	62992.0	63582.0	64404.0	64728.0	65757.0

6-7 第一产业就业人数
Employed Persons in Primary Industry

单位:千人 (1000 persons)

国 家	Country	1998	1999	2000	2001	2002	2003	2004	2005
阿根廷	Argentina	63.1	61.7	55.4	67.6	78.3	124.2	108.9	107.2
澳大利亚	Australia	421.4	433.0	443.5	437.5	411.9	372.7	362.9	362.9
巴 西	Brasil	16338.0	17372.0		15534.0	16276.5	16568.2	17733.8	
加拿大	Canada	538.0	517.8	489.4	423.2	424.7	431.4	422.5	439.6
埃 及	Egypt	4822.7	4807.0	5097.2	5010.6	4913.8	5411.3		
法 国	France						1070.2	996.5	953.1
德 国	Germany	1024.0	1026.0	988.0	942.0	923.0	895.0	832.0	868.0
匈牙利	Hungary	278.8	270.4	251.7	239.4	240.9	215.2	204.9	194.0
印度尼西亚	Indonesia	39414.8	38378.1	40545.9	39743.9	40633.6	42001.4	40608.0	41814.2
意大利	Italie	1201.0	1134.0	1120.0	1126.0	1096.0	1075.0	990.0	947.0
日 本	Japan	3430.0	3350.0	3260.0	3130.0	2960.0	2930.0	2860.0	2820.0
韩 国	Korea, Rep	2481.0	2349.0	2243.0	2148.0	2069.0	1950.0	1825.0	1815.3
马来西亚	Malaysia	1616.5	1623.7	1711.8	1415.9	1424.5	1408.2	1476.4	
墨西哥	Mexico	6959.1	7300.1	6705.0	6742.3	6877.0	6494.4	6606.5	6059.9
荷 兰	Netherlands	236.0	230.0	239.0	223.0	230.0	214.0	236.0	234.0
新西兰	New Zealand	146.2	164.2	154.2	165.4	164.9	156.7	151.6	148.0
挪 威	Norway	104.0	102.0	93.0	89.0	86.0	83.0	79.0	75.0
巴基斯坦	Pakistan	17209.0	17623.0	17841.0	18148.0	16366.0	16774.0	18084.0	18431.0
菲律宾	Philippines	11272.0	10503.0	10401.0	11253.0	11311.0	11741.0	11785.0	12171.0
葡萄牙	Portugal	651.8	621.9	635.3	652.6	636.9	642.1	618.1	606.2
罗马尼亚	Romania	4342.2	4499.3	4606.6	4526.8	3361.4	3292.4	2896.2	2939.3
俄罗斯	Russian Fed.	6833.0	9446.0	9431.0	7844.0	7557.0	7230.0	6832.0	6935.0
新加坡	Singapore	4.3	5.5		6.3	6.1	5.0	5.8	
瑞 典	Sweden	102.0	103.0	98.0	96.0	91.0	89.0	90.0	86.0
泰 国	Thailand	16471.7	15563.5	16095.5	15409.0	15799.3	15561.5	15115.4	15448.6
英 国	United Kingdom	465.1	424.6	425.9	391.3	392.6	348.2	356.2	383.7
美 国	United States	3509.0	3416.0	3457.0	3277.0	3479.0	2275.0	2232.0	2197.0

6-8 第二产业就业人数

Employed Persons in Secondary Industry

单位:千人 (1000 persons)

国家	Country	1998	1999	2000	2001	2002	2003	2004	2005
阿根廷	Argentina	2053.4	1955.5	1873.4	1786.9	1616.4	1939.3	2169.3	2262.5
澳大利亚	Australia	1865.3	1858.1	1946.1	1893.9	1940.9	1988.4	2044.0	2100.4
巴西	Brasil	14072.0	13805.0		15066.0	16862.3	16742.6	17757.1	
加拿大	Canada	3114.9	3227.6	3329.5	3352.7	3449.6	3491.5	3561.7	3555.8
埃及	Egypt	3601.7	3782.2	3663.4	3733.1	3672.1	3578.6		
法国	France						6157.4	6094.7	6064.6
德国	Germany	12131.0	12150.0	12102.0	11934.0	11656.0	11265.0	10986.0	10870.0
匈牙利	Hungary	1264.3	1296.1	1298.4	1321.0	1319.9	1305.9	1280.5	1264.0
印度尼西亚	Indonesia	14277.8	15845.2	15720.9	15923.7	17194.0	15919.3	16876.2	17065.1
意大利	Italie	6730.0	6749.0	6767.0	6840.0	6932.0	7019.0	6869.0	6941.0
日本	Japan	20870.0	20460.0	20130.0	19550.0	18790.0	18480.0	17960.0	17750.0
韩国	Korea, Rep	5558.0	5563.0	5954.0	5928.0	6057.0	6114.0	6198.0	6136.9
马来西亚	Malaysia	2732.1	2801.5	3000.1	3097.9	3052.1	3160.6	3007.3	
墨西哥	Mexico	9235.1	9657.2	10287.9	9930.9	9752.0	9851.6	10179.5	10473.1
荷兰	Netherlands	1613.0	1628.0	1612.0	1636.0	1589.0	1535.0	1563.0	1556.0
新西兰	New Zealand	414.8	400.8	412.2	414.8	425.0	429.1	457.8	456.2
挪威	Norway	520.0	496.0	490.0	492.0	495.0	486.0	473.0	475.0
巴基斯坦	Pakistan	6232.0	6382.0	6644.0	6758.0	8072.0	8274.0	8529.0	8693.0
菲律宾	Philippines	4442.0	4501.0	4444.0	4682.0	4669.0	4948.0	4880.0	4883.0
葡萄牙	Portugal	1701.0	1689.1	1733.7	1728.8	1727.7	1652.8	1595.9	1566.7
罗马尼亚	Romania	3184.1	2971.7	2816.2	2803.7	2723.6	2750.3	2856.1	2775.8
俄罗斯	Russian Fed.	17031.0	17724.0	18487.0	19147.0	19688.0	20189.0	20014.0	20304.0
新加坡	Singapore	545.4	536.6		519.9	496.7	490.3	481.6	
瑞典	Sweden	1023.0	1022.0	1021.0	1008.0	981.0	962.0	954.0	939.0
泰国	Thailand	5687.5	5890.1	6276.2	6300.2	6791.6	6845.2	7325.3	7350.0
英国	United Kingdom	7198.0	7103.5	7036.5	6993.5	6834.0	6467.0	6208.1	6203.8
美国	United States	31367.0	31090.0	31341.0	30526.0	29800.0	28758.0	28959.0	29250.0

6-9 第三产业就业人数

Employed Persons in Tertiary Industry

单位:千人 (1000 persons)

国 家	Country	1998	1999	2000	2001	2002	2003	2004	2005
阿根廷	Argentina	6162.2	6267.9	6333.0	6288.9	6321.4	6892.7	7136.7	7269.0
澳大利亚	Australia	6285.7	6429.3	6561.6	6731.7	6895.2	7098.2	7229.4	7494.1
巴 西	Brasil	39553.0	40498.0		44858.0	45820.1	46852.7	49205.4	
加拿大	Canada	10393.3	10644.3	10939.7	11170.8	11433.6	11741.9	11964.2	12174.3
埃 及	Egypt	7758.9	8160.9	8442.5	8813.0	9270.3	9128.7		
法 国	France						17463.2	17692.6	17901.7
德 国	Germany	22705.0	23226.0	23514.0	23940.0	23957.0	24014.0	23840.0	24825.0
匈牙利	Hungary	2154.6	2245.0	2299.0	2299.1	2309.8	2400.8	2415.0	2443.5
印度尼西亚	Indonesia	33979.9	34593.6	33557.3	35139.8	33819.5	32864.1	36237.8	36068.8
意大利	Italie	12686.0	12980.0	13339.0	13665.0	13894.0	14039.0	14546.0	14674.0
日 本	Japan	40830.0	40810.0	41070.0	41440.0	41570.0	41730.0	42430.0	42970.0
韩 国	Korea, Rep	11955.0	12368.0	12958.0	13497.0	14044.0	14075.0	14534.0	14903.8
马来西亚	Malaysia	4251.0	4412.6	4609.9	4843.4	5066.2	5301.0	5502.9	
墨西哥	Mexico	20896.8	20643.2	21209.5	21581.5	22544.4	23153.7	24189.4	24260.5
荷 兰	Netherlands	5545.0	5742.0	5882.0	5971.0	6047.0	6083.0	5983.0	5995.0
新西兰	New Zealand	1164.1	1185.4	1212.8	1243.5	1286.9	1335.3	1407.7	1468.8
挪 威	Norway	1624.0	1659.0	1684.0	1696.0	1704.0	1699.0	1722.0	1739.0
巴基斯坦	Pakistan	12978.0	13291.0	12362.0	12575.0	14444.0	14804.0	15396.0	15692.0
菲律宾	Philippines	12547.0	12758.0	12929.0	14151.0	14271.0	14865.0	15076.0	15820.0
葡萄牙	Portugal	2501.6	2606.3	2661.4	2738.7	2779.7	2830.9	2913.3	2949.8
罗马尼亚	Romania	3318.6	3304.7	3340.9	3366.4	3149.2	3179.9	3405.3	3427.4
俄罗斯	Russian Fed.	34601.0	35775.0	37154.0	38133.0	39412.0	39012.0	40430.0	40927.0
新加坡	Singapore	1319.9	1343.8		1520.5	1514.9	1538.6	1579.3	
瑞 典	Sweden	2853.0	2941.0	3040.0	3135.0	3170.0	3183.0	3168.0	3239.0
泰 国	Thailand	9978.4	10633.0	10627.7	11774.6	11672.0	12270.4	13270.9	13503.5
英 国	United Kingdom	19452.6	19914.2	20330.2	20840.6	21188.0	21006.1	21444.2	21578.2
美 国	United States	96587.0	98983.0	100411.0	101270.0	103205.0	106704.0	108061.0	110281.0

6-10 失业人数
Unemployed Persons

单位:千人　　(1000 persons)

国　家	Country	1998	1999	2000	2001	2002	2003	2004	2005
阿根廷	Argentina	1203.1	1359.6	1460.9	1709.8	1955.8	1633.0	1361.6	1141.5
澳大利亚	Australia	728.1	654.9	607.5	667.1	636.9	607.4	570.6	535.0
巴　西	Brasil	6922.6	7639.1		7853.4	7958.5	8640.0	8263.8	
加拿大	Canada	1277.6	1185.2	1083.5	1164.1	1272.2	1288.9	1233.7	1172.8
埃　及	Egypt	1447.5	1480.5	1698.0	1783.0	2020.6	2240.7		
法　国	France	3006.6	3014.3	2604.0	2305.0	2407.0	2682.0	2734.0	2717.0
德　国	Germany	3849.0	3503.0	3127.0	3150.0	3486.0	4023.0	4388.0	4583.0
匈牙利	Hungary	313.0	284.7	262.5	232.9	238.8	244.5	252.9	303.9
印　度	India	12541.7		16634.0					
印度尼西亚	Indonesia	5062.5	6030.3	5813.2	8005.0	9132.1	9531.1	10251.4	10854.3
意大利	Italie	2745.0	2669.0	2495.0	2267.0	2163.0	2096.0	1960.0	1889.0
日　本	Japan	2790.0	3170.0	3190.0	3400.0	3590.0	3500.0	3130.0	2940.0
韩　国	Korea, Rep	1461.0	1353.0	979.0	899.0	752.0	818.0	860.0	887.0
马来西亚	Malaysia	284.0	313.7	286.9	342.4	343.6	369.8		
墨西哥	Mexico	1381.7	962.9	1003.0	1001.0	1152.4	1204.1	1555.5	1482.5
荷　兰	Netherlands	337.0	277.0	231.0	221.0	259.0	357.0	419.0	430.0
新西兰	New Zealand	139.1	127.8	113.4	102.3	102.5	93.9	82.0	79.3
挪　威	Norway	74.0	75.0	81.0	84.0	92.0	107.0	106.0	111.0
巴基斯坦	Pakistan	2279.0	2334.0	3127.0	3181.0	3506.0	3594.0	3499.0	3566.0
菲律宾	Philippines	3016.0	2931.0	3133.0	3269.0	3423.0	3567.0	3888.0	2619.0
葡萄牙	Portugal	251.9	225.8	3.0	213.5	270.5	342.3	365.0	422.3
罗马尼亚	Romania	732.4	789.9	821.2	750.0	845.3	691.8	799.5	704.5
俄罗斯	Russian Fed.	8876.0	9323.0	7138.0	6303.0	6153.0	5716.0	5775.0	
新加坡	Singapore	35.5	51.4		41.7	65.0	65.6	64.6	
瑞　典	Sweden	276.0	241.0	203.0	175.0	176.0	217.0	246.0	270.0
泰　国	Thailand	1137.9	985.7	812.6	896.3	616.3	543.7	548.9	495.8
英　国	United Kingdom	1776.4	1751.7	1619.1	1412.9	1519.4	1414.0	1361.0	1351.6
美　国	United States	6210.0	5880.0	5655.0	6742.0	8378.0	8774.0	8149.0	7591.0

6-11 制造业平均工资
Average Wage in Manufacturing

国 家	Country	单 位	unit	1999	2000	2001	2002	2003	2004	2005
阿根廷	Argentina (A)	比索/小时	P./h.	4.16	4.23	4.29				
澳大利亚	Australia (B)	澳元/小时	$A/h.		18.16		20.45		22.77	
巴 西	Brasil (B)	里亚尔/月	R./m.	752.21	763.11	844.61	901.85			
加拿大	Canada (A)	元/小时	C$/h.	17.82	18.29	18.59	19.1	19.7	20.24	20.61
	(B)	元/周	C$/w.	782.43	796.89	808.1	830.14	842.4	859.04	
埃 及	Egypt (A)1	镑/周	P/w.	121	125	136	147	150		
法 国	France (B)	欧元/月	Euros/m.	1459.4	1477	1506.9	1562.7			
德 国	Germany (A)	欧元/小时	Euros/h.	27.53	27.78	14.42	14.72	15.09	15.4	15.6
匈牙利	Hungary (B)	福林/月	F./m.	76099	88551	101700	114297	124770	136992	146232
印 度	India (A)	卢比/月	R./m.	1548.5	1280.8	1893.2	1158.6	1066		
印度尼西亚	Indonesia (A)	1000卢比/周	R./w.	75.3	98	129.2				
意大利	Italy (A)	小时工资率	R.T./h.	110.9	113.1	101.4	104.2	106.9	110	113
	(C)		R.T./h.	112.1	114.4	101.6	104.5	107.2	110.7	113.5
日 本	Japan (B)	日元/月	Yen/m.	291100	293100	297500	296400	296500		
韩 国	Korea,Rep (B)	1000元/月	Won/m.	1475.5	1601.5	1702.4	1907	2074	2279.724	2458.022
马来西亚	Malaysia (B)	林吉特/月	M$/m.		1387.76	1530.73				
墨西哥	Mexico (B)	比索/小时	Mex$/h.	12.30	15.27	17.75	17.98	19.38		
荷 兰	Netherlands (B)	欧元/小时	Euros/h.	33.32	34.42	16.52	17.14	17.78	18.24	18.5
新西兰	New Zealand (B)	新元/小时	NZ$/h.		16.99	17.39	18	18.82	19.29	19.58
挪 威	Norway (A)	克郎/月	NKr/m.	22441	23388	24426	25991	26944	27920	28922
巴基斯坦	Pakistan (B)	卢比/月	PRs/m.	2865.76	2980.97	3002.23	4113.74			
菲律宾	Philippines (B)	日工资率	P/d.			230.74	234.33	237.72	236.65	252.77
葡萄牙	Portugal (B)	欧元/月	Euros/m.		126923	133939	705	775	806	837
罗马尼亚	Romania (B)	列伊/月	Lei/m.	1712748	2535223	3734701	4632583	5804147	7196971	829
新加坡	Singapore (B)	元/月	S$/m.	2803	3036	3117	3154	3265	3350	3495
瑞 典	Sweden (A)	克朗/小时	SKr/h.	106.9	111.3	114.9	118.2	122	126.1	129.9
泰 国	Thailand (B)	铢/月	B/m.			6064.6	6795.3	6432.2		
英 国	United Kingdom (B)	英镑/小时	£/h.	9.55	9.96	10.53	11.02	11.43		
美 国	United States (A)	美元/小时	USD/h.	13.9	14.37	14.83	15.3			

注：1)(A) 工人工资。
(B) 全部雇员工资。
(C) 管理人员工资。
2)2001年以前为马克。
3)指数。2000年=100,以前年份以1995年为100。

Note:a)(A) Wage earners.
(B) All employees.
(C) Salaried employees.
b)Prior to 2001:DEM.
c)Indices.Year 2000=100.Before 2000: Year 1995=100.

6-12 消费价格指数
Consumer Price Indices

(2000年=100) (Year of 2000=100)

国 家	Country	1998	1999	2000	2001	2002	2003	2004	2005
阿根廷	Argentina	102.1	100.9	100.0	98.9	124.5	141.3	147.5	161.7
澳大利亚	Australia	94.3	95.7	100.0	104.4	107.6	110.5	113.1	116.1
巴 西	Brasil	89.1	93.4	100.0	106.8	115.9	132.9	141.7	151.4
加拿大	Canada	95.7	97.4	100.0	102.6	104.8	107.8	109.8	112.2
埃 及	Egypt	92.5	97.4	100.0	102.2	105.0	109.5	127.4	133.7
法 国	France	97.8	98.3	100.0	101.7	103.6	105.8	108.0	109.9
德 国	Germany	97.6	98.1	100.0	102.0	103.4	104.5	106.2	108.3
匈牙利	Hungary	82.8	91.1	100.0	109.2	115.0	120.3	128.5	133.1
印 度	India	93.5	99.0	100.0	100.0	102.6	106.8	109.8	113.4
印度尼西亚	Indonesia	80.0	96.4	100.0	111.5	124.7	133.0	141.3	156.0
意大利	Italie	95.9	97.5	100.0	102.8	105.4	108.2	110.5	112.4
日 本	Japan	101.0	100.7	100.0	99.3	98.4	98.1	98.1	97.8
韩 国	Korea, Rep	97.0	97.8	100.0	104.1	106.9	110.7	114.7	117.8
马来西亚	Malaysia	95.9	98.5	100.0	101.4	103.2	104.4	105.9	109.1
墨西哥	Mexico	78.3	91.3	100.0	106.4	111.7	116.8	122.3	127.2
荷 兰	Netherlands	95.4	97.5	100.0	104.2	107.6	109.9	111.2	113.1
新西兰	New Zealand	97.6	97.5	100.0	102.6	105.4	107.2	109.7	113.0
挪 威	Norway	94.8	97.0	100.0	103.0	104.4	106.9	107.4	109.1
巴基斯坦	Pakistan	92.0	95.8	100.0	103.2	107.4	110.5	118.7	129.5
菲律宾	Philippines	89.8	95.9	100.0	106.8	110.1	113.9	120.6	129.8
葡萄牙	Portugal	95.0	97.2	100.0	104.3	108.0	111.6	114.2	116.7
罗马尼亚	Romania	47.1	68.6	100.0	134.5	164.8	189.9	212.5	231.7
俄罗斯	Russian Fed.	44.6	82.8	100.0	121.5	140.6	159.9	177.3	199.7
新加坡	Singapore	98.6	98.7	100.0	101.0	100.6	101.1	102.8	103.2
瑞 典	Sweden	98.7	99.1	100.0	102.4	104.6	106.6	107.0	107.5
泰 国	Thailand	98.2	98.5	100.0	101.6	102.3	104.1	107.0	111.8
英 国	United Kingdom	95.7	97.1	100.0	101.8	103.5	106.5	109.6	112.7
美 国	United States	94.7	96.7	100.0	102.8	104.5	106.9	109.7	113.4

二、香港特别行政区人口和就业统计数据

II. Population and Employment Data of Hong Kong Special Administrative Region of China

6-13 分行业全部就业人数

Employed Persons by Sector

单位:千人 (1000 persons)

行　业	Industry	1999	2000	2001	2002	2003	2004	2005
总　计	**Total**	**3112.1**	**3207.3**	**3251.3**	**3220.3**	**3197.4**	**3276.5**	**3340.8**
农林牧渔业	Agriculture,Hunting,Forestry and Fishing	9.2	9.3	6.9	9.4	7.1	8.4	8.8
制造业	Manufacturing	353.9	333.7	324.1	287.0	268.3	231.2	223.5
电力、天然气及水	Electricity,Gas and Water	17.0	16.6	15.6	16.0	16.1	14.6	15.0
建筑业	Construction	286.8	301.7	288.8	283.1	260.1	262.0	262.9
批发零售和餐饮、旅馆业	Wholesale and Retail Trade and Restaurants and Hotels	935.1	981.7	981.4	978.1	985.0	1063.5	1094.0
交通运输和仓储业	Transport,Storage and Communication	339.4	356.6	352.2	242.4	342.7	354.6	356.4
金融保险、房地产和商业服务	Financing,Insurance,Real Estate and Business Services	437.7	452.7	482.7	477.8	471.7	482.2	505.6
团体、社会和个人服务	Community,Social and Personal Services	732.9	754.7	799.2	826.1	845.9	859.7	874.0
男	**Male**	**1816.5**	**1854.5**	**1846.7**	**1794.8**	**1767.0**	**1801.8**	**1823.6**
农林牧渔业	Agriculture,Hunting,Forestry and Fishing	6.5	6.3	4.9	6.3	4.7	5.8	6.0
制造业	Manufacturing	222.3	213.3	208.6	180.7	175.0	146.8	146.6
电力、天然气及水	Electricity,Gas and Water	15.1	14.7	13.4	13.1	13.6	12.4	12.6
建筑业	Construction	267.9	282.7	268.2	261.5	239.9	242.2	243.9
批发零售和餐饮、旅馆业	Wholesale and Retail Trade and Restaurants and Hotels	493.9	503.5	500.7	492.5	499.7	536.3	547.2
交通运输和仓储业	Transport,Storage and Communication	272.4	284.0	279.1	269.9	267.0	279.3	277.6
金融保险、房地产和商业服务	Financing,Insurance,Real Estate and Business Services	262.2	270.6	284.4	285.4	280.1	285.2	299.7
团体、社会和个人服务	Community,Social and Personal Services	275.9	279.0	287.2	285.1	286.8	293.5	289.6
女	**Female**	**1295.6**	**1352.8**	**1404.6**	**1425.4**	**1430.4**	**1474.7**	**1517.2**
农林牧渔业	Agriculture,Hunting,Forestry and Fishing	2.7	3.0	2.0	3.1	2.5	2.6	2.8
制造业	Manufacturing	131.5	120.4	115.6	106.3	93.4	84.4	77.0
电力、天然气及水	Electricity,Gas and Water	1.9	1.8	2.3	2.9	2.5	2.2	2.4
建筑业	Construction	18.9	19.1	20.6	21.6	20.2	19.8	19.0
批发零售和餐饮、旅馆业	Wholesale and Retail Trade and Restaurants and Hotels	441.3	478.1	480.7	485.6	485.3	527.2	546.8
交通运输和仓储业	Transport,Storage and Communication	67.0	72.6	73.1	72.5	75.7	75.2	78.8
金融保险、房地产和商业服务	Financing,Insurance,Real Estate and Business Services	175.5	182.0	198.3	192.4	191.6	197.0	205.9
团体、社会和个人服务	Community,Social and Personal Services	457.0	475.7	512.0	541.0	559.1	566.3	584.4

6-14 分职业全部就业人数
Employed Persons by Occupation

单位:千人 (1000 persons)

职业	Occupation	1999	2000	2001	2002	2003	2004	2005
总计	**Total**	**3112.1**	**3207.3**	**3251.3**	**3220.3**	**3197.4**	**3276.5**	**3340.8**
立法者高级官员和管理人员	Legislators,Senior Officials and Managers	242.6	233.3	278.4	302.6	273.3	282.4	314.8
专业人员	Professionals	168.5	182.7	198.1	198.0	204.5	212.4	230.2
技术和辅助专业人员	Technicians and Associate Professionals	525.2	549.8	573.7	574.3	586.0	611.9	617.0
职员	Clerks	568.1	588.0	558.4	535.1	527.3	542.3	544.0
服务人员和商店与市场销售人员	Service Workers and Shop and Market Sales Workers	440.6	461.5	474.3	468.7	481.1	513.6	524.9
农渔业技术人员	Skilled Agricultural and Fishery Workers	8.5	8.9	6.5	9.0	7.1	7.9	7.8
手艺人和有关行业工人	Craft and Related Trade Workers	327.8	332.7	306.4	286.4	269.3	265.8	265.4
设备和机械操作工、装配工	Plant and Machine Operators and Assemblers	259.5	263.4	248.8	236.0	232.8	232.9	224.3
简单劳动职业人员	Elementary Occupations	571.3	586.9	606.7	610.1	616.0	607.2	612.4
男	**Male**	**1816.5**	**1854.5**	**1846.7**	**1794.8**	**1767.0**	**1801.8**	**1823.6**
立法者高级官员和管理人员	Legislators,Senior Officials and Managers	189.4	176.8	207.1	225.1	201.9	206.4	230.6
专业人员	Professionals	113.2	123.7	133.5	129.5	134.0	137.2	152.5
技术和辅助专业人员	Technicians and Associate Professionals	315.2	330.5	341.5	335.8	345.6	355.4	354.6
职员	Clerks	158.0	162.0	152.1	138.2	132.8	144.9	144.2
服务人员和商店与市场销售人员	Service Workers and Shop and Market Sales Workers	249.2	256.4	254.2	243.8	250.3	256.7	255.2
农渔业技术人员	Skilled Agricultural and Fishery Workers	6.4	6.2	4.7	6.2	4.7	5.7	5.3
手艺人和有关行业工人	Craft and Related Trade Workers	315.8	323.0	296.6	274.8	258.9	254.0	255.4
设备和机械操作工、装配工	Plant and Machine Operators and Assemblers	218.6	226.6	214.4	206.0	204.2	206.6	201.1
简单劳动职业人员	Elementary Occupations	250.6	249.4	242.6	235.4	234.5	234.8	224.8
女	**Female**	**1295.6**	**1352.8**	**1404.6**	**1425.4**	**1430.4**	**1474.7**	**1517.2**
立法者高级官员和管理人员	Legislators,Senior Officials and Managers	53.2	56.5	71.4	77.4	71.4	76.0	84.3
专业人员	Professionals	55.3	59.0	64.6	68.6	70.5	75.2	77.7
技术和辅助专业人员	Technicians and Associate Professionals	210.0	219.3	232.2	238.5	240.4	256.4	262.5
职员	Clerks	410.0	426.0	406.3	397.0	394.5	397.4	399.8
服务人员和商店与市场销售人员	Service Workers and Shop and Market Sales Workers	191.4	205.1	220.1	224.9	230.8	256.9	269.7
农渔业技术人员	Skilled Agricultural and Fishery Workers	2.1	2.7	1.8	2.8	2.4	2.2	2.5
手艺人和有关行业工人	Craft and Related Trade Workers	12.0	9.8	9.8	11.6	10.4	11.8	10.0
设备和机械操作工、装配工	Plant and Machine Operators and Assemblers	40.9	36.9	34.3	29.9	28.6	26.3	23.2
简单劳动职业人员	Elementary Occupations	320.7	337.6	364.1	374.7	381.5	372.4	387.6

6-15 按年龄分组的失业人数

Unemployed Persons by Age Group

单位：千人 (1000 persons)

年龄组 Age Group	1997	1998	1999	2000	2001	2002	2003	2004	2005
总计 Total	**71.2**	**154.1**	**207.5**	**166.9**	**174.6**	**253.8**	**275.1**	**239.4**	**197.3**
15-19	8.8	18.2	22.9	18.3	16.7	22.6	20.9	17.7	13.7
20-24	13.9	28.4	35.6	27.4	29.1	36.7	37.5	30.4	28.5
25-29	9.3	19.1	26.8	20.6	20.9	27.7	29.6	22.4	19.2
30-34	8.4	17.6	21.7	16.9	17.6	26.2	28.8	22.3	17.5
35-39	8.4	16.8	23.0	16.8	19.0	29.6	31.6	25.5	19.0
40-44	7.1	17.7	24.4	19.6	23.0	34.1	37.5	32.2	25.8
45-49	6.7	15.4	21.2	18.7	20.8	31.3	36.8	35.3	29.3
50-54	4.8	11.4	17.9	16.2	16.2	25.5	29.8	28.6	24.1
55-59	2.7	6.6	9.9	8.9	7.9	14.1	17.6	18.4	15.8
60-64	1.0	2.4	3.2	3.0	2.6	4.4	4.1	5.3	3.8
65+	0.2	0.4	0.9	0.4	0.6	1.5	0.9	1.3	0.6
男 Male	**45.2**	**101.2**	**140.6**	**109.6**	**118.2**	**163.7**	**179.9**	**151.6**	**127.1**
15-19	4.6	9.7	13.2	10.1	9.8	13.8	12.3	10.5	8.4
20-24	8.3	17.0	21.2	15.1	17.1	22.0	23.8	19.2	17.6
25-29	5.6	11.6	17.6	12.2	13.5	17.7	19.3	14.4	12.1
30-34	4.9	11.6	13.9	10.2	11.1	15.5	17.3	12.9	10.7
35-39	5.3	11.4	16.1	10.9	12.7	18.6	18.7	14.8	11.0
40-44	4.7	12.1	17.2	14.0	16.1	21.6	23.8	18.4	14.7
45-49	4.6	10.9	15.4	12.8	15.6	20.3	24.2	22.5	19.9
50-54	3.8	8.7	13.6	13.0	12.7	17.9	21.7	18.9	17.0
55-59	2.4	5.7	8.6	8.0	6.9	11.4	14.4	14.2	11.9
60-64	0.9	2.1	2.9	2.7	2.4	3.6	3.6	4.7	3.3
65+	0.2	0.4	0.8	0.4		1.3	0.9	1.2	0.6
女 Female	**26.0**	**52.9**	**66.9**	**57.3**	**56.4**	**90.0**	**95.2**	**887.8**	**70.2**
15-19	4.2	8.5	9.7	8.2	7.1	9.0	8.6	7.1	5.3
20-24	5.6	11.4	14.4	12.2	11.9	14.7	13.7	11.2	10.8
25-29	3.7	7.6	9.1	8.4	7.4	10.0	10.3	8.1	7.1
30-34	3.5	6.0	7.8	6.7	6.5	10.7	11.4	9.5	6.8
35-39	3.1	5.4	6.9	5.9	6.4	11.1	12.8	10.7	8.0
40-44	2.4	5.6	7.2	5.6	6.9	12.6	13.7	13.9	11.2
45-49	2.1	4.6	5.8	5.9	5.2	11.0	12.7	12.8	9.3
50-54	1.0	2.7	4.3	3.3	3.5	7.6	8.1	9.8	7.1
55-59	0.3	1.1	1.3	0.9	1.1	2.7	3.3	4.2	4.0
60-64	0.1	0.3	0.3	0.3		0.5	0.5	0.6	0.5

6-16 按失业前行业分的失业人数

Unemployed Persons by Sector (Prior to Unemployment)

单位: 千人 (1000 persons)

行业	Sector	1998	1999	2000	2001	2002	2003	2004	2005
总计	**Total**	**154.1**	**207.5**	**166.9**	**174.6**	**253.8**	**275.1**	**239.4**	**197.3**
农林牧渔业	Agriculture,Hunting,Forestry and Fishing	0.2	0.4	0.3		0.5			
制造业	Manufacturing	22.0	27.1	19.0	18.1	22.6	22.3	17.5	15.0
电力、天然气及水	Electricity,Gas and Water	0.2	0.2	0.2					
建筑业	Construction	28.2	41.1	34.3	35.0	53.2	61.0	49.9	39.0
批发零售和餐饮、旅馆业	Wholesale and Retail Trade and Restaurants and Hotels	49.3	64.3	54.5	57.0	83.0	88.1	75.6	63.3
交通运输和仓储业	Transport,Storage and Communication	13.3	19.0	14.8	16.0	19.6	24.0	19.6	17.9
金融保险、房地产和商业服务	Financing,Insurance,Real Estate and Business Services	12.1	15.0	12.1	15.1	23.2	25.7	22.8	18.3
团体、社会和个人服务	Community,Social and Personal Services	12.0	16.3	14.0	16.8	26.9	30.2	29.7	23.2
初次失业	Unemployed for the First Time	16.7	23.9	17.6	16.1	24.6	23.2	23.5	20.0
男	**Male**	**101.2**	**140.6**	**109.6**	**118.2**	**163.7**	**179.9**	**151.6**	**127.1**
农林牧渔业	Agriculture,Hunting,Forestry and Fishing	0.2	0.3	0.3					
制造业	Manufacturing	14.2	18.5	12.8	12.3	14.0	14.5	10.9	9.4
电力、天然气及水	Electricity,Gas and Water	0.2	0.2	0.1					
建筑业	Construction	27.1	39.9	33.3	34.0	51.7	58.6	47.4	37.7
批发零售和餐饮、旅馆业	Wholesale and Retail Trade and Restaurants and Hotels	26.6	34.9	28.4	30.9	43.4	45.4	37.6	33.5
交通运输和仓储业	Transport,Storage and Communication	11.3	16.0	12.5	13.9	16.2	20.4	16.9	15.2
金融保险、房地产和商业服务	Financing,Insurance,Real Estate and Business Services	7.0	10.0	7.4	10.0	15.3	16.9	15.6	12.6
团体、社会和个人服务	Community,Social and Personal Services	6.5	9.0	6.7	8.6	12.3	13.6	13.2	9.3
初次失业	Unemployed for the First Time	8.0	11.7	8.2	8.3	10.4	10.0	9.6	9.1
女	**Female**	**52.9**	**66.9**	**57.3**	**56.4**	**90.0**	**95.2**	**87.8**	**70.2**
农林牧渔业	Agriculture,Hunting,Forestry and Fishing		0.1						
制造业	Manufacturing	7.8	8.6	6.3	5.9	8.6	7.8	6.6	5.5
建筑业	Construction	1.1	1.2	1.0	1.1	1.6	2.5	2.5	1.3
批发零售和餐饮、旅馆业	Wholesale and Retail Trade and Restaurants and Hotels	22.6	29.4	26.2	26.1	39.5	42.7	38.0	29.9
交通运输和仓储业	Transport,Storage and Communication	2.0	3.0	2.3	2.1	3.4	3.6	2.7	2.7
金融保险、房地产和商业服务	Financing,Insurance,Real Estate and Business Services	5.1	5.0	4.7	5.1	7.9	8.7	7.3	5.7
团体、社会和个人服务	Community,Social and Personal Services	5.5	7.3	7.3	8.2	14.6	16.6	16.5	14.0
初次失业	Unemployed for the First Time	8.7	12.2	9.4	7.8	14.3	13.2	13.9	11.0

6-17 按失业前职业分的失业人数

Unemployed Persons by Occupation (Prior to Unemployment)

单位:千人 (1000 persons)

职 业	Occupation	1999	2000	2001	2002	2003	2004	2005
总 计	**Total**	**207.5**	**166.9**	**174.6**	**253.8**	**275.1**	**239.4**	**197.3**
立法者高级官员和管理人员	Legislators,Senior Officials and Managers	5.7	3.9	5.2	8.3	6.7	5.3	6.1
专业人员	Professionals	2.6	2.1	3.8	4.8	5.0	4.6	4.1
技术和辅助专业人员	Technicians and Associate Professionals	18.7	13.4	17.1	25.7	26.6	22.3	18.0
职 员	Clerks	25.7	21.3	21.4	30.0	30.0	25.5	22.5
服务人员和商店与市场销售人员	Service Workers and Shop and Market Sales Workers	36.6	34.1	33.3	47.3	55.5	47.0	38.9
农渔业技术人员	Skilled Agricultural and Fishery Workers	0.3	0.3					
手艺人和有关行业工人	Craft and Related Trade Workers	40.2	32.5	46.8	51.6	41.0	31.7	27.4
设备和机械操作工、装配工	Plant and Machine Operators and Assemblers	16.5	11.5	12.1	14.9	17.6	15.2	11.7
简单劳动职业人员	Elementary Occupations	37.2	30.3	33.7	51.0	58.6	54.7	43.8
初次失业	Unemployed for the First Time	23.9	17.6	16.1	24.6	23.2	23.5	20.0
男	**Male**	**140.6**	**109.6**	**118.2**	**163.7**	**179.9**	**151.6**	**127.1**
立法者高级官员和管理人员	Legislators,Senior Officials and Managers	4.9	3.1	4.3	6.7	5.0	4.2	4.9
专业人员	Professionals	1.8	1.5	2.7	3.5	3.6	3.1	2.9
技术和辅助专业人员	Technicians and Associate Professionals	13.1	9.0	11.4	18.0	18.5	15.2	12.0
职 员	Clerks	8.5	6.6	7.1	9.0	8.7	8.4	7.2
服务人员和商店与市场销售人员	Service Workers and Shop and Market Sales Workers	19.7	17.2	16.9	22.8	28.2	22.4	20.1
农渔业技术人员	Skilled Agricultural and Fishery Workers	0.3	0.2					
手艺人和有关行业工人	Craft and Related Trade Workers	38.8	31.5	31.2	45.8	50.7	39.9	31.1
设备和机械操作工、装配工	Plant and Machine Operators and Assemblers	13.2	9.2	9.6	11.3	14.1	12.2	9.3
简单劳动职业人员	Elementary Occupations	28.6	23.1	26.6	35.9	40.9	36.5	30.3
初次失业	Unemployed for the First Time	11.7	8.2	8.3	10.4	10.0	9.6	9.1
女	**Female**	**66.9**	**57.3**	**56.4**	**90.0**	**95.2**	**87.8**	**70.2**
立法者高级官员和管理人员	Legislators,Senior Officials and Managers	0.9	0.8	0.9	1.6	1.8	1.2	1.3
专业人员	Professionals	0.8	0.6	1.0	1.3	1.4	1.5	1.2
技术和辅助专业人员	Technicians and Associate Professionals	5.5	4.4	5.7	7.7	8.1	7.0	6.0
职 员	Clerks	17.2	14.7	14.3	21.0	21.4	17.1	15.2
服务人员和商店与市场销售人员	Service Workers and Shop and Market Sales Workers	16.9	16.9	16.4	24.5	27.3	24.7	18.8
农渔业技术人员	Skilled Agricultural and Fishery Workers	0.1						
手艺人和有关行业工人	Craft and Related Trade Workers	1.3	1.0	0.6	1.0	0.9	1.1	0.6
设备和机械操作工、装配工	Plant and Machine Operators and Assemblers	3.4	2.3	2.5	3.6	3.5	3.0	2.4
简单劳动职业人员	Elementary Occupations	8.6	7.2	7.1	15.1	17.6	18.2	13.4
初次失业	Unemployed for the First Time	12.2	9.4	7.8	14.3	13.2	13.9	11.0

6-18 非农行业工人日工资率

Daily Wages of Workers in Non-agricultural Sectors

单位: 元/日 (dollars/per day)

分组	Group	1999	2000	2001	2002	2003	2004	2005
总计	**Total**	**403.3**	**397.5**	**412.5**	**401.3**	**408.5**	**398.6**	**370.0**
制造业	Manufacturing	334.7	335.4	342.6	326.1	322.2	324.3	279.0
交通运输和仓储业	Transport,Storage and Communication	526.0	504.9	507.7	508.6	496.5	491.3	503.7
金融保险、房地产和商业服务	Financing,Insurance,Real Estate and Business Services	418.5	437.3	455.1	432.8	426.0	417.6	417.1
团体、社会和个人服务	Community,Social and Personal Services	532.7	531.4	549.9	524.6	518.4	525.8	500.4
男	**Male**	**480.2**	**475.5**	**480.8**	**476.0**	**469.2**	**451.4**	**397.3**
制造业	Manufacturing	422.6	428.8	428.5	419.2	406.1	380.4	282.4
交通运输和仓储业	Transport,Storage and Communication	529.1	507.5	511.1	510.5	497.4	491.9	504.4
金融保险、房地产和商业服务	Financing,Insurance,Real Estate and Business Services	418.5	437.1	462.7	432.8	426.1	417.7	417.1
团体、社会和个人服务	Community,Social and Personal Services	532.7	531.4	549.9	524.6	518.4	525.8	500.4
女	**Female**	**275.0**	**283.2**	**291.0**	**277.8**	**274.4**	**289.8**	**287.0**
制造业	Manufacturing	268.9	278.1	280.6	268.2	262.7	280.0	273.8

6-19 非农行业管理人员月工资率

Monthly Wages of Managers in Non-agricultural Sectors

单位: 元/月 (dollars/per month)

分组	Group	1999	2000	2001	2002	2003	2004	2005
总计	**Total**	**11560.9**	**11573.7**	**11449.0**	**11069.8**	**10854.3**	**10534.6**	**10671.1**
制造业	Manufacturing	11853.0	11869.7	12133.1	11950.7	11508.8	11498.1	11622.0
批发零售和餐饮、旅馆业	Wholesale and Retail Trade and Restaurants and Hotels	11802.2	11959.3	12046.4	11745.0	11580.8	11385.1	11704.9
交通运输和仓储业	Transport,Storage and Communication	13322.0	12799.8	13191.6	13381.7	13037.2	12711.3	13303.6
金融保险、房地产和商业服务	Financing,Insurance,Real Estate and Business Services	11697.4	11429.4	11311.8	10571.8	10645.4	9830.9	9815.3
团体、社会和个人服务	Community,Social and Personal Services	6659.0	6749.6	6405.7	6179.2	5972.9	6053.4	5934.3
男	**Male**	**12141.0**	**12105.3**	**11905.0**	**11619.0**	**11269.8**	**11025.0**	**11016.0**
制造业	Manufacturing	12893.2	12697.1	12929.7	12810.2	12082.7	11880.7	12248.6
批发零售和餐饮、旅馆业	Wholesale and Retail Trade and Restaurants and Hotels	12784.6	12938.5	13076.3	12867.8	12526.3	12299.3	12599.4
交通运输和仓储业	Transport,Storage and Communication	14340.9	13509.9	13768.4	14296.0	14056.1	13586.5	14032.0
金融保险、房地产和商业服务	Financing,Insurance,Real Estate and Business Services	10702.4	10547.5	10438.2	9606.4	9703.1	9110.3	8988.4
团体、社会和个人服务	Community,Social and Personal Services	7773.2	7649.5	7162.9	6993.0	6479.7	6536.4	6444.1
女	**Female**	**10952.1**	**11011.9**	**10969.3**	**10518.2**	**10445.8**	**10052.4**	**10319.5**
制造业	Manufacturing	10846.7	11101.4	11395.0	11123.2	11021.1	11139.3	11015.0
批发零售和餐饮、旅馆业	Wholesale and Retail Trade and Restaurants and Hotels	10941.7	11115.0	11204.5	10852.0	10836.7	10640.6	10998.1
交通运输和仓储业	Transport,Storage and Communication	11707.5	11634.8	12274.2	12059.8	11657.0	11538.6	12212.3
金融保险、房地产和商业服务	Financing,Insurance,Real Estate and Business Services	13390.2	13107.7	13054.8	12554.1	12319.7	11320.0	11579.2
团体、社会和个人服务	Community,Social and Personal Services	5843.5	6061.8	5886.2	5688.7	5617.7	5791.8	5576.3

6-20 非农行业周工作小时

Weekly Working Hours in Non-agricultural Sectors

单位:小时／周 (hours/per week)

行 业	Industry	1999	2000	2001	2002	2003	2004	2005
总 计	**Total**	**46.0**	**46.6**	**46.5**	**46.9**	**46.7**	**47.1**	**47.0**
采掘业	Mining and Quarrying	39.8	48.2	48.2	48.9	53.4	50.9	56.3
制造业	Manufacturing	45.0	45.3	45.4	45.6	45.4	46.5	46.4
电力、天然气及水	Electricity,Gas and Water	41.7	43.3	42.5	42.5	42.3	42.6	42.5
建筑业	Construction	41.9	41.9	41.9	41.5	41.4	42.6	42.6
批发零售和餐饮、旅馆业	Wholesale and Retail Trade and Restaurants and Hotels	47.8	48.2	48.0	48.6	48.5	48.7	48.3
交通运输和仓储业	Transport,Storage and Communication	46.4	47.1	46.9	47.5	47.1	48.0	47.6
金融保险、房地产和商业服务	Financing,Insurance,Real Estate and Business Services	45.2	46.4	46.0	46.8	46.7	47.0	47.1
团体、社会和个人服务	Community,Social and Personal Services	46.2	47.0	47.2	47.1	46.5	46.4	46.9
男	**Male**	**46.7**	**47.2**	**47.1**	**47.5**	**47.4**	**48.0**	**47.8**
采掘业	Mining and Quarrying	40.1	48.4	48.2	54.9	51.7	50.9	57.7
制造业	Manufacturing	46.7	46.8	47.1	47.4	47.1	48.3	48.1
电力、天然气及水	Electricity,Gas and Water	42.2	43.7	42.7	42.7	42.9	42.9	42.7
建筑业	Construction	41.9	41.9	41.8	41.4	41.3	42.6	42.6
批发零售和餐饮、旅馆业	Wholesale and Retail Trade and Restaurants and Hotels	49.8	50.2	50.0	50.9	50.8	51.0	50.6
交通运输和仓储业	Transport,Storage and Communication	47.6	48.3	48.2	48.9	48.5	49.4	49.2
金融保险、房地产和商业服务	Financing,Insurance,Real Estate and Business Services	47.3	48.4	48.2	49.1	49.0	49.1	49.1
团体、社会和个人服务	Community,Social and Personal Services	44.8	45.6	45.1	44.7	44.4	44.5	44.4
女	**Female**	**44.9**	**45.7**	**45.8**	**46.1**	**45.8**	**46.0**	**46.0**
采掘业	Mining and Quarrying	36.0	45.0		35.0	60.0		46.0
制造业	Manufacturing	42.0	42.4	42.3	42.6	42.3	43.5	43.1
电力、天然气及水	Electricity,Gas and Water	37.3	40.0	41.2	41.5	39.6	41.1	41.2
建筑业	Construction	41.4	41.8	42.4	42.3	41.5	42.1	42.4
批发零售和餐饮、旅馆业	Wholesale and Retail Trade and Restaurants and Hotels	45.5	46.0	45.9	46.4	46.2	46.4	46.1
交通运输和仓储业	Transport,Storage and Communication	41.4	42.4	41.7	42.2	41.9	42.7	42.1
金融保险、房地产和商业服务	Financing,Insurance,Real Estate and Business Services	42.0	43.5	42.8	43.4	43.5	43.9	44.2
团体、社会和个人服务	Community,Social and Personal Services	47.1	47.7	48.4	48.3	47.6	47.3	47.5

6-21 分行业职业伤害情况
Occupational Injuries by Sector

项　目	Item	1998	1999	2000	2001	2002	2003	2004
一、伤亡人数(人)	**Total（fatal and non fatal, person)**	**63526**	**58841**	**58092**	**53719**	**47023**	**42022**	**44025**
农林牧渔业	Agriculture,Hunting,Forestry and Fishing	100	107	90	145	158	155	166
采掘业	Mining and Quarrying	15	14	8	11	7	1	2
制造业	Manufacturing	7689	6792	6985	5979	5104	4004	4258
电力、天然气及水	Electricity,Gas and Water	93	61	70	70	43	59	54
建筑业	Construction	19674	14174	12038	9324	6369	4546	3918
批发零售和餐饮、旅馆业	Wholesale and Retail Trade and Restaurants and Hotels	16855	17272	17642	16934	14762	13059	14224
交通运输和仓储业	Transport,Storage and Communication	5587	5694	5620	5114	4712	4119	4640
金融保险、房地产和商业服务	Financing,Insurance,Real Estate and Business Services	3496	3933	4339	4522	4353	4494	5129
团体、社会和个人服务	Community,Social and Personal Services	9901	10708	11247	11596	11489	11565	11604
其　他	Activities not Adepuately Defined	116	86	53	24	26	20	30
1、受伤人数	**Non fatal**	**63286**	**58606**	**57893**	**53543**	**46813**	**41851**	**43838**
农林牧渔业	Agriculture,Hunting,Forestry and Fishing	98	106	90	145	157	155	164
采掘业	Mining and Quarrying	14	14	7	11	7	1	2
制造业	Manufacturing	7659	6752	6950	5953	5088	3985	4229
电力、天然气及水	Electricity,Gas and Water	92	61	70	68	43	58	53
建筑业	Construction	19604	14110	11991	9282	6322	4513	3896
批发零售和餐饮、旅馆业	Wholesale and Retail Trade and Restaurants and Hotels	16838	17263	17626	16922	14743	13049	14205
交通运输和仓储业	Transport,Storage and Communication	5554	5653	5595	5077	4675	4093	4613
金融保险、房地产和商业服务	Financing,Insurance,Real Estate and Business Services	3449	3891	4296	4484	4298	4454	5080
团体、社会和个人服务	Community,Social and Personal Services	9862	10670	11215	11577	11454	11523	11566
其　他	Activities not Adepuately Defined	116	86	53	24	26	20	30
2、死亡人数	**Fatal**	**240**	**235**	**199**	**176**	**210**	**171**	**187**
农林牧渔业	Agriculture,Hunting,Forestry and Fishing	2	1			1		2
采掘业	Mining and Quarrying	1		1				
制造业	Manufacturing	30	40	35	26	16	19	29
电力、天然气及水	Electricity,Gas and Water	1			2		1	1
建筑业	Construction	70	64	47	42	47	33	22
批发零售和餐饮、旅馆业	Wholesale and Retail Trade and Restaurants and Hotels	17	9	16	12	19	10	19
交通运输和仓储业	Transport,Storage and Communication	33	41	25	37	37	26	27
金融保险、房地产和商业服务	Financing,Insurance,Real Estate and Business Services	47	42	43	38	55	40	49
团体、社会和个人服务	Community,Social and Personal Services	39	38	32	19	35	42	38

6-21 续表 continued

项　目	Item	1998	1999	2000	2001	2002	2003	2004
二、每10万人死亡率	**Rates of Fatal Injuries per 100,000 employees**	**10.1**	**9.7**	**8.0**	**7.1**	**8.6**	**7.2**	**7.7**
采掘业	Mining and Quarrying	237.5		429.2				
制造业	Manufacturing	11.4	16.1	15.1	12.7	8.3	11.0	17.3
电力、天然气及水	Electricity,Gas and Water	10.9			24.3		12.0	12.2
建筑业	Construction	88.6	90.2	59.0	52.3	64.2	51.5	34.6
批发零售和餐饮、旅馆业	Wholesale and Retail Trade and Restaurants and Hotels	1.8	0.9	1.6	1.2	1.9	1.0	1.9
交通运输和仓储业	Transport,Storage and Communication	19.3	23.5	14.0	20.2	20.5	15.1	15.1
金融保险、房地产和商业服务	Financing,Insurance,Real Estate and Business Services	11.9	10.3	10.0	8.7	12.8	9.5	11.2
团体、社会和个人服务	Community,Social and Personal Services	7.7	7.2	6.0	3.4	6.2	7.3	6.5
三、损失工日数(日)	**Days Lost (day)**	**561636**	**540454**	**530250**	**535225**	**490849**	**411677**	**420929**
农林牧渔业	Agriculture,Hunting,Forestry and Fishing	1077	1214	1032	1166	2087	2218	2339
采掘业	Mining and Quarrying	127	259	97	69	91	13	5
制造业	Manufacturing	66506	64291	64853	66794	62070	45889	45841
电力、天然气及水	Electricity,Gas and Water	856	337	580	281	628	548	423
建筑业	Construction	214361	175510	152240	137632	105439	72946	58987
批发零售和餐饮、旅馆业	Wholesale and Retail Trade and Restaurants and Hotels	127633	132412	135024	141612	131085	110248	122486
交通运输和仓储业	Transport,Storage and Communication	52224	54141	56710	56851	55822	49546	50574
金融保险、房地产和商业服务	Financing,Insurance,Real Estate and Business Services	30157	33197	38666	42077	41633	42942	47872
团体、社会和个人服务	Community,Social and Personal Services	68688	79096	81050	88745	91995	87329	92405
其　他	Activities not Adepuately Defined	7						

6-22 消费价格指数
Consumer Prices Indices

2000年=100 (year of 2000=100)

项　目	Item	1997	1998	1999	2000	2001	2002	2003	2004	2005
总指数	General Indices	105.1	108.1	103.8	100.0	98.4	95.4	93.0	92.6	93.6
总指数(不含住房)1	General Indices (excl. shelter)	163.4	166.8	161.2	100.0	99.0	97.1	95.5	96.8	98.0
食品指数	Food Indices	102.1	104.1	102.2	100.0	99.2	97.1	95.7	96.7	98.4
用电及燃料指数1	Fuel and Light Indices	142.4	144.7	144.1	100.0	98.0	91.3	92.5	103.1	107.3
服装指数1	Clothing Indices	178.7	177.4	140.9	100.0	95.4	96.1	93.6	99.6	101.5
租金指数	Rent Indices	224.1	234.9	221.9	100.0	97.0	91.4	87.0	82.5	82.5

注：2000年以前数字以1990年为100。
Note: Data before 2000: year of 1990=100.

三、澳门特别行政区人口和就业统计数据

III. Population and Employment Data of Macao Special Administrative Region of China

6-23 分行业全部就业人数
Employed Persons by Sector

单位:千人 (1000 persons)

行　业	Sector	2002	2003	2004	2005
总　计	**Total**	**204.9**	**205.4**	**219.1**	**237.5**
农林牧渔业	Agriculture,Huntung,Forestry and Fishing	0.3	0.3	0.7	0.3
采矿业	Mining anf Quarrying	0.1			
制造业	Manufacturing	42.0	37.7	36.1	35.3
电力、煤气及水的供应业	Electricity, Gas, and Water Supply	1.2	1.3	1.1	1.2
建筑业	Construction	15.3	16.4	18.1	22.9
批发零售及修理业	Wholesale and Retail Trade; Repair of Motor Vehicles, Motorcycles and Personal and Household Goods	31.4	33.2	35.2	35.3
旅馆及餐饮业	Hotels and Restaurants	23.6	22.4	24.1	24.9
运输、仓储及通信业	Transport,Storageand Communications	13.1	14.4	15.0	14.8
金融保险业	Financial Intermediation	6.3	6.3	6.2	6.6
房地产业	Real Estate, Renting and Business Activities	11.0	12.0	12.6	14.3
公共管理与防务、义务社会保障业	Public Administration and Defence;Compulsory socialSecurity	17.4	18.1	18.1	18.8
教　育	Education	10.2	9.8	10.6	10.3
卫生与社会工作	Health and Social Work	4.3	4.7	5.0	5.3
其他社区、社会和个人服务工作	Other Community, Social and Personal Service Activities	23.5	23.9	31.3	40.8
家庭服务业	Private Households with Employed Persons	4.8	4.3	5.0	6.2
享有治外法权的组织机构	Extra-territorial Organizations and Bodies	0.1	0.1	0.1	0.2
其　他	Other	0.3	0.2	0.1	0.1
男	**Male**	**106.4**	**108.3**	**115.2**	**124.3**
农林牧渔业	Agriculture,Huntung,Forestry and Fishing	0.2	0.4	0.4	0.2
采矿业	Mining anf Quarrying	0.1			
制造业	Manufacturing	12.9	11.8	11.4	11.8
电力、煤气及水的供应业	Electricity, Gas, and Water Supply	1.0	1.0	0.9	1.0
建筑业	Construction	14.0	14.8	16.1	20.5
批发零售及修理业	Wholesale and Retail Trade; Repair of Motor Vehicles, Motorcycles and Personal and Household Goods	17.2	17.4	18.6	18.5
旅馆及餐饮业	Hotels and Restaurants	11.4	11.8	11.9	11.5
运输、仓储及通信业	Transport,Storageand Communications	9.5	10.6	11.2	11.0
金融保险业	Financial Intermediation	2.9	2.6	2.6	2.8
房地产业	Real Estate, Renting and Business Activities	7.4	7.7	8.1	9.0
公共管理与防务、义务社会保障业	Public Administration and Defence;Compulsory socialSecurity	12.2	12.5	12.6	12.6
教　育	Education	3.1	3.1	3.3	3.0
卫生与社会工作	Health and Social Work	1.4	1.5	1.5	1.4
其他社区、社会和个人服务工作	Other Community, Social and Personal Service Activities	12.5	12.8	16.3	20.5
家庭服务业	Private Households with Employed Persons	0.3	0.2	0.4	0.3
享有治外法权的组织机构	Extra-territorial Organizations and Bodies		0.1		0.1
其　他	Other	0.2	0.1		0.1
女	**Female**	**98.5**	**97.1**	**103.9**	**113.2**
农林牧渔业	Agriculture,Huntung,Forestry and Fishing	0.2	0.1	0.2	0.2
制造业	Manufacturing	29.1	25.9	24.7	23.5
电力、煤气及水的供应业	Electricity, Gas, and Water Supply	0.2	0.3	0.2	0.2
建筑业	Construction	1.3	1.6	2.0	2.5
批发零售及修理业	Wholesale and Retail Trade; Repair of Motor Vehicles, Motorcycles and Personal and Household Goods	14.2	15.7	16.7	16.8
旅馆及餐饮业	Hotels and Restaurants	12.2	10.7	12.2	13.4
运输、仓储及通信业	Transport,Storageand Communications	3.6	3.9	3.8	3.8
金融保险业	Financial Intermediation	3.5	3.7	3.6	3.8
房地产业	Real Estate, Renting and Business Activities	3.6	4.3	4.5	5.3
公共管理与防务、义务社会保障业	Public Administration and Defence;Compulsory socialSecurity	5.1	5.6	5.5	6.2
教　育	Education				
卫生与社会工作	Health and Social Work	2.9	3.2	3.6	3.9
其他社区、社会和个人服务工作	Other Community, Social and Personal Service Activities	11.0	11.1	15.0	20.2
家庭服务业	Private Households with Employed Persons	4.5	4.1	4.6	5.9
享有治外法权的组织机构	Extra-territorial Organizations and Bodies	0.1			0.1
其　他	Other	0.1	0.1	0.1	

6-24 分职业全部就业人数

Employed Persons by Occupation

单位:千人 (1000 persons)

职 业	Occupation	2000	2001	2002	2003	2004	2005
总 计	**Total**	**195.3**	**205.0**	**204.9**	**205.4**	**219.1**	**237.5**
立法者高级官员和管理人员	Legislators,Senior Officials and Managers	12.0	10.7	12.2	12.2	13.5	15.8
专业人员	Professionals	6.1	6.2	6.9	7.8	7.8	7.5
技术和辅助专业人员	Technicians and Associate Professionals	16.8	17.4	18.9	19.3	20.4	21.4
职 员	Clerks	37.4	37.3	36.2	39.0	44.7	51.1
服务人员和商店与市场销售人员	Service Workers and Shop and Market Sales Workers	39.4	40.7	43.4	40.8	45.3	48.5
农渔业技术人员	Skilled Agricultural and Fishery Workers	1.3	1.3	1.3	1.9	1.9	1.2
手艺人和有关行业工人	Craft and Related Trade Workers	24.0	25.1	23.0	22.7	23.0	24.8
设备和机械操作工、装配工	Plant and Machine Operators and Assemblers	24.9	30.0	27.7	25.3	25.8	26.7
简单劳动职业人员	Elementary Occupations	33.3	36.3	35.3	36.4	36.8	40.4
男	**Male**	**103.2**	**108.0**	**106.4**	**108.3**	**115.2**	**124.3**
立法者高级官员和管理人员	Legislators,Senior Officials and Managers	9.7	8.5	9.4	9.5	10.6	11.8
专业人员	Professionals	3.5	3.6	4.0	4.5	4.4	4.2
技术和辅助专业人员	Technicians and Associate Professionals	9.1	9.3	10.1	10.1	10.3	10.6
职 员	Clerks	12.7	14.1	12.6	13.3	15.2	19.1
服务人员和商店与市场销售人员	Service Workers and Shop and Market Sales Workers	21.9	22.6	24.4	22.5	25.0	25.8
农渔业技术人员	Skilled Agricultural and Fishery Workers	1.0	1.1	1.0	1.6	1.5	1.0
手艺人和有关行业工人	Craft and Related Trade Workers	19.9	20.5	18.5	18.8	19.8	21.4
设备和机械操作工、装配工	Plant and Machine Operators and Assemblers	10.7	11.2	10.3	10.6	11.5	12.6
简单劳动职业人员	Elementary Occupations	14.8	17.4	16.0	17.5	16.9	17.8
女	**Female**	**92.1**	**96.9**	**98.5**	**97.1**	**103.9**	**113.2**
立法者高级官员和管理人员	Legislators,Senior Officials and Managers	2.3	2.2	2.8	2.7	2.9	4.2
专业人员	Professionals	2.6	2.6	2.9	3.2	3.4	3.3
技术和辅助专业人员	Technicians and Associate Professionals	7.8	8.2	8.8	9.2	10.2	10.8
职 员	Clerks	24.6	23.3	23.5	25.8	29.6	32.0
服务人员和商店与市场销售人员	Service Workers and Shop and Market Sales Workers	17.6	18.1	19.0	18.4	20.3	22.7
农渔业技术人员	Skilled Agricultural and Fishery Workers	0.3	0.2	0.3	0.3	0.4	0.2
手艺人和有关行业工人	Craft and Related Trade Workers	4.1	4.7	4.5	3.8	3.2	3.4
设备和机械操作工、装配工	Plant and Machine Operators and Assemblers	14.2	18.9	17.5	14.8	14.2	14.1
简单劳动职业人员	Elementary Occupations	18.5	18.9	19.3	18.9	19.9	22.6

6-25 按年龄分组的失业人数
Unemployed Persons by Age Group

单位：千人 (1000 persons)

年龄组 Age Group	1997	1998	1999	2000	2001	2002	2003	2004	2005
总计 Total	**6.5**	**9.5**	**13.2**	**14.2**	**14.0**	**13.7**	**13.1**	**11.2**	**10.3**
14-19	0.7	1.1	1.4	1.1	1.1	1.2	1.1	1.0	1.1
20-24	1.4	1.5	1.8	1.7	1.6	1.6	1.9	1.8	1.5
25-29	0.6	1.0	1.3	1.3	1.4	1.2	1.2	1.1	1.0
30-34	0.8	1.2	1.5	1.6	1.3	1.2	1.1	1.0	0.7
35-39	0.8	1.4	2.0	2.4	2.1	1.9	1.4	1.2	1.1
40-44	0.9	1.3	2.4	2.9	2.9	2.6	2.2	1.6	1.4
45-49	0.6	0.8	1.4	1.8	2.1	2.1	2.3	1.7	1.7
50-54	0.4	0.7	0.8	1.1	1.0	1.0	1.3	1.1	1.1
55-59	0.1	0.3	0.4	0.3	0.4	0.6	0.6	0.6	0.6
60-64	0.1	0.1	0.2	0.1	0.1	0.2	0.1	0.1	0.2
65+			0.1	0.1					
男 Male	**4.1**	**6.4**	**9.1**	**9.8**	**9.5**	**9.1**	**8.3**	**6.8**	**5.8**
14-19	0.4	0.7	0.9	0.7	0.7	0.8	0.7	0.7	0.6
20-24	0.8	0.9	1.1	1.0	1.0	0.9	1.2	1.0	0.9
25-29	0.4	0.6	0.7	0.8	0.9	0.8	0.8	0.7	0.5
30-34	0.4	0.8	1.0	0.9	0.8	0.7	0.6	0.6	0.5
35-39	0.6	1.0	1.3	1.6	1.2	1.1	0.6	0.6	0.4
40-44	0.6	0.9	1.8	2.2	1.9	1.9	1.4	1.1	0.6
45-49	0.4	0.6	1.1	1.3	1.7	1.5	1.5	1.0	0.9
50-54	0.3	0.5	0.7	0.9	0.9	0.7	0.9	0.7	0.7
55-59	0.1	0.2	0.3	0.2	0.3	0.4	0.5	0.4	0.4
60-64	0.1	0.1	0.1	0.1	0.1	0.2	0.1	0.1	0.1
65+			0.1	0.1					
女 Female	**2.4**	**3.1**	**4.2**	**4.4**	**4.5**	**4.6**	**4.8**	**4.4**	**4.5**
14-19	0.3	0.4	0.5	0.4	0.4	0.4	0.4	0.3	0.4
20-24	0.6	0.6	0.7	0.7	0.6	0.7	0.7	0.8	0.6
25-29	0.2	0.4	0.6	0.5	0.5	0.4	0.5	0.5	0.4
30-34	0.4	0.4	0.5	0.7	0.5	0.5	0.5	0.4	0.2
35-39	0.2	0.4	0.7	0.8	1.0	0.8	0.7	0.6	0.6
40-44	0.3	0.4	0.6	0.7	0.9	0.8	0.8	0.5	0.9
45-49	0.2	0.2	0.3	0.5	0.4	0.6	0.8	0.7	0.8
50-54	0.1	0.2	0.1	0.2	0.1	0.3	0.3	0.4	0.4
55-59		0.1	0.1	0.1	0.1	0.1	0.1	0.2	0.1
60-64			0.1						0.1

6-26 按失业前行业分的失业人数

Unemployed Persons by Sector (Prior to Unemployment)

单位：千人 (1000 persons)

行业	Sector	2002	2003	2004	2005
总计	**Total**	**13.7**	**13.1**	**11.2**	**10.3**
农林牧渔业	Agriculture,Huntung,Forestry and Fishing				0.1
制造业	Manufacturing	2.6	2.4	2.0	1.9
建筑业	Construction	2.7	2.2	1.3	1.2
批发零售及修理业	Wholesale and Retail Trade; Repair of Motor Vehicles, Motorcycles and Personal and Household Goods	2.1	2.0	1.9	1.5
旅馆及餐饮业	Hotels and Restaurants	2.4	2.4	2.1	1.4
运输、仓储及通信业	Transport,Storageand Communications	0.7	0.6	0.5	0.5
金融保险业	Financial Intermediation	0.2	0.1	0.1	
房地产业	Real Estate, Renting and Business Activities	0.5	0.7	0.4	0.5
公共管理与防务、义务社会保障业	Public Administration and Defence;Compulsory socialSecurity		0.2		0.1
教育	Education	0.1	0.2	0.2	0.2
卫生与社会工作	Health and Social Work		0.1	0.1	0.2
其他社区、社会和个人服务工作	Other Community, Social and Personal Service Activities	1.0	1.0	1.1	1.2
家庭服务业	Private Households with Employed Persons	0.2	0.2	0.1	0.2
初次失业	Uemployed Persons without Previous Work Experience	1.1	1.1	1.2	1.3
男	**Male**	**9.1**	**8.3**	**6.8**	**5.8**
制造业	Manufacturing	1.3	1.0	0.9	0.6
建筑业	Construction	2.6	2.1	1.3	1.1
批发零售及修理业	Wholesale and Retail Trade; Repair of Motor Vehicles, Motorcycles and Personal and Household Goods	1.1	1.0	0.9	0.8
旅馆及餐饮业	Hotels and Restaurants	1.5	1.7	1.4	0.8
运输、仓储及通信业	Transport,Storageand Communications	0.5	0.5	0.4	0.4
金融保险业	Financial Intermediation	0.1		0.1	
房地产业	Real Estate, Renting and Business Activities	0.3	0.5	0.4	0.4
公共管理与防务、义务社会保障业	Public Administration and Defence;Compulsory socialSecurity		0.1		
教育	Education	0.1	0.1		0.1
家庭服务业	Private Households with Employed Persons	0.6	0.5	0.6	0.8
初次失业	Uemployed Persons without Previous Work Experience	0.8	0.7	0.8	0.7
女	**Female**	**4.6**	**4.8**	**4.4**	**4.5**
制造业	Manufacturing	1.4	1.4	1.1	1.3
建筑业	Construction	0.1	0.1		0.1
批发零售及修理业	Wholesale and Retail Trade; Repair of Motor Vehicles, Motorcycles and Personal and Household Goods	0.9	0.9	1.0	0.7
旅馆及餐饮业	Hotels and Restaurants	0.9	0.7	0.7	0.7
运输、仓储及通信业	Transport,Storageand Communications	0.1	0.1	0.1	0.1
金融保险业	Financial Intermediation	0.1	0.1		
房地产业	Real Estate, Renting and Business Activities	0.2	0.2	0.1	0.1
教育	Education		0.1	0.1	0.1
卫生与社会工作	Health and Social Work		0.1	0.1	0.2
其他社区、社会和个人服务工作	Other Community, Social and Personal Service Activities	0.4	0.5	0.5	0.5
家庭服务业	Private Households with Employed Persons	0.1	0.2	0.1	0.1
初次失业	Uemployed Persons without Previous Work Experience	0.4	0.4	0.5	0.6

6-27 按失业前职业分的失业人数

Unemployed Persons by Occupation (Prior to Unemployment)

单位:千人 (1000 persons)

职　业	Occupation	1999	2000	2001	2002	2003	2004	2005
总　计	**Total**	**13.2**	**14.2**	**14.0**	**13.7**	**13.1**	**11.2**	**10.3**
立法者高级官员和管理人员	Legislators,Senior Officials and Managers	0.4	0.3	0.3	0.4	0.4	0.3	0.4
专业人员	Professionals	0.1	0.1	0.1			0.1	0.1
技术和辅助专业人员	Technicians and Associate Professionals	0.5	0.5	0.4	0.5	0.3	0.5	0.2
职　员	Clerks	1.6	1.5	1.8	1.5	1.7	1.4	1.3
服务人员和商店与市场销售人员	Service Workers and Shop and Market Sales Workers	2.3	2.7	3.0	3.0	3.0	3.2	2.4
农渔业技术人员	Skilled Agricultural and Fishery Workers					0.1		0.1
手艺人和有关行业工人	Craft and Related Trade Workers	3.4	4.1	3.3	3.0	2.2	1.3	1.2
设备和机械操作工、装配工	Plant and Machine Operators and Assemblers	1.2	1.1	1.4	1.6	1.2	1.1	1.2
简单劳动职业人员	Elementary Occupations	2.6	2.8	2.8	2.5	3.0	2.1	2.1
初次失业	Unemployed for the First Time	1.3	1.0	1.0	1.1	1.1	1.2	1.3
男	**Male**	**9.1**	**9.8**	**9.5**	**9.1**	**8.3**	**6.8**	**5.8**
立法者高级官员和管理人员	Legislators,Senior Officials and Managers	0.3	0.2	0.2	0.4	0.3	0.2	0.3
专业人员	Professionals		0.1	0.1				
技术和辅助专业人员	Technicians and Associate Professionals	0.4	0.3	0.3	0.3	0.2	0.3	0.2
职　员	Clerks	0.5	0.5	0.7	0.6	0.7	0.5	0.5
服务人员和商店与市场销售人员	Service Workers and Shop and Market Sales Workers	1.4	1.6	1.7	1.5	1.7	1.9	1.3
农渔业技术人员	Skilled Agricultural and Fishery Workers							0.1
手艺人和有关行业工人	Craft and Related Trade Workers	3.2	3.9	3.1	2.8	2.0	1.0	0.9
设备和机械操作工、装配工	Plant and Machine Operators and Assemblers	0.8	0.7	0.8	0.9	0.5	0.6	0.5
简单劳动职业人员	Elementary Occupations	1.7	1.8	1.9	1.7	2.1	1.5	1.2
初次失业	Unemployed for the First Time	0.7	0.6	0.6	0.8	0.7	0.8	0.7
女	**Female**	**4.2**	**4.4**	**4.5**	**4.6**	**4.8**	**4.4**	**4.5**
立法者高级官员和管理人员	Legislators,Senior Officials and Managers					0.1		0.1
专业人员	Professionals						0.1	
技术和辅助专业人员	Technicians and Associate Professionals	0.1	0.2	0.1	0.1	0.1	0.2	0.1
职　员	Clerks	1.0	1.0	1.1	0.9	1.0	0.8	0.8
服务人员和商店与市场销售人员	Service Workers and Shop and Market Sales Workers	0.9	1.2	1.3	1.4	1.3	1.3	1.1
手艺人和有关行业工人	Craft and Related Trade Workers	0.2	0.2	0.2	0.2	0.2	0.3	0.2
设备和机械操作工、装配工	Plant and Machine Operators and Assemblers	0.4	0.4	0.6	0.7	0.7	0.6	0.7
简单劳动职业人员	Elementary Occupations	0.8	1.0	0.8	0.8	0.9	0.6	0.9
初次失业	Unemployed for the First Time	0.6	0.4	0.3	0.4	0.4	0.5	0.6

6-28 非农行业平均工资

Average Wages by Non-agricultural Sectors

单位：澳元/月 (Patacas/month)

行　业	Sector	2002	2003	2004	2005
总　计	**Total**	**4672**	**4803**	**5056**	**5346**
采矿业	Mining and Quarrying	8020	25046	11751	6251
制造业	Manufacturing	2766	2840	2992	3118
电力、煤气及水的供应业	Electricity, Gas, and Water Supply	12827	11526	11773	12940
建筑业	Construction	4142	4589	4965	5920
批发零售及修理业	Wholesale and Retail Trade; Repair of Motor Vehicles, Motorcycles and Personal and Household Goods	4430	4354	4550	4889
旅馆及餐饮业	Hotels and Restaurants	4050	4075	4276	4471
运输、仓储及通信业	Transport,Storageand Communications	5850	5798	5955	6444
金融保险业	Financial Intermediation	7941	8652	8203	8748
房地产业	Real Estate, Renting and Business Activities	3720	3682	3692	4156
公共管理与防务、义务社会保障业	Public Administration and Defence;Compulsory socialSecurity	13749	14075	13909	14543
教　育	Education	8713	9150	9054	9515
卫生与社会工作	Health and Social Work	7747	7905	9661	9704
其他社区、社会和个人服务工作	Other Community, Social and Personal Service Activities	5974	6481	7090	7816
家庭服务业	Private Households with Employed Persons	2813	2755	2675	2615
男	**Male**	**5278**	**5308**	**5482**	**6751**
采矿业	Mining and Quarrying	8020	25046	11751	6251
制造业	Manufacturing	4479	4380	4846	4781
电力、煤气及水的供应业	Electricity, Gas, and Water Supply	12942	10795	11744	14221
建筑业	Construction	4107	4566	4968	5993
批发零售及修理业	Wholesale and Retail Trade; Repair of Motor Vehicles, Motorcycles and Personal and Household Goods	4824	4807	4900	5724
旅馆及餐饮业	Hotels and Restaurants	5022	4891	5109	5648
运输、仓储及通信业	Transport,Storageand Communications	5789	5843	5898	6547
金融保险业	Financial Intermediation	9578	9742	8819	9686
房地产业	Real Estate, Renting and Business Activities	3743	3759	3716	4237
公共管理与防务、义务社会保障业	Public Administration and Defence;Compulsory socialSecurity	13495	13731	13667	13925
教　育	Education	9504	9678	9760	9959
卫生与社会工作	Health and Social Work	8848	8963	11800	11161
其他社区、社会和个人服务工作	Other Community, Social and Personal Service Activities	6659	6663	7244	7912
家庭服务业	Private Households with Employed Persons	4251	3523	3658	4834
女	**Female**	**3770**	**3889**	**4211**	**4566**
制造业	Manufacturing	2435	2544	2656	2800
电力、煤气及水的供应业	Electricity, Gas, and Water Supply	9023	11920	13653	8234
建筑业	Construction	4418	4899	4947	5390
批发零售及修理业	Wholesale and Retail Trade; Repair of Motor Vehicles, Motorcycles and Personal and Household Goods	3856	3806	3926	4321
旅馆及餐饮业	Hotels and Restaurants	3569	3570	3731	3918
运输、仓储及通信业	Transport,Storageand Communications	6186	5681	6416	5913
金融保险业	Financial Intermediation	7594	7686	7790	8065
房地产业	Real Estate, Renting and Business Activities	3664	3494	3635	3997
公共管理与防务、义务社会保障业	Public Administration and Defence;Compulsory socialSecurity	15479	15391	14843	15980
教　育	Education	8612	8900	8652	8798
卫生与社会工作	Health and Social Work	6639	7062	8439	8910
其他社区、社会和个人服务工作	Other Community, Social and Personal Service Activities	5568	5961	6888	7707
家庭服务业	Private Households with Employed Persons	2772	2738	2647	2588

6-29 非农行业周工作小时

Weekly Working Hours in Non-agricultural Sectors

单位：小时/周 (hours/per week)

行业	Sector	2002	2003	2004	2005
总 计	**Total**	**47.9**	**47.3**	**48.0**	**47.5**
采矿业	Mining and Quarrying	44.7	47.0	56.5	52.0
制造业	Manufacturing	47.8	47.2	47.4	47.5
电力、煤气及水的供应业	Electricity, Gas, and Water Supply	43.4	41.7	41.9	42.4
建筑业	Construction	44.6	45.2	46.2	46.6
批发零售及修理业	Wholesale and Retail Trade; Repair of Motor Vehicles, Motorcycles and Personal and Household Goods	52.9	52.1	54.2	49.4
旅馆及餐饮业	Hotels and Restaurants	55.5	53.0	54.1	51.5
运输、仓储及通信业	Transport,Storageand Communications	47.0	47.1	47.6	47.3
金融保险业	Financial Intermediation	43.9	43.0	44.2	43.3
房地产业	Real Estate, Renting and Business Activities	54.3	52.0	52.7	48.8
公共管理与防务、义务社会保障业	Public Administration and Defence;Compulsory socialSecurity	39.1	39.0	39.6	39.2
教　育	Education	41.4	40.6	41.3	42.2
卫生与社会工作	Health and Social Work	43.4	43.4	44.5	43.3
其他社区、社会和个人服务工作	Other Community, Social and Personal Service Activities	54.0	52.3	53.4	49.1
家庭服务业	Private Households with Employed Persons	55.2	56.1	58.5	48.9
男	**Male**	**47.9**	**47.5**	**48.3**	**47.7**
采矿业	Mining and Quarrying	44.7	47.0	56.5	52.0
制造业	Manufacturing	48.1	47.4	47.8	48.0
电力、煤气及水的供应业	Electricity, Gas, and Water Supply	43.7	42.2	42.1	42.5
建筑业	Construction	44.8	45.2	46.3	46.6
批发零售及修理业	Wholesale and Retail Trade; Repair of Motor Vehicles, Motorcycles and Personal and Household Goods	53.6	53.5	55.1	50.2
旅馆及餐饮业	Hotels and Restaurants	57.2	53.0	54.5	51.8
运输、仓储及通信业	Transport,Storageand Communications	47.5	47.7	48.3	48.1
金融保险业	Financial Intermediation	43.9	43.0	44.2	43.6
房地产业	Real Estate, Renting and Business Activities	61.2	60.2	60.6	54.1
公共管理与防务、义务社会保障业	Public Administration and Defence;Compulsory socialSecurity	40.0	39.7	40.4	40.2
教　育	Education	40.9	40.6	41.0	41.8
卫生与社会工作	Health and Social Work	42.8	44.5	45.3	42.8
其他社区、社会和个人服务工作	Other Community, Social and Personal Service Activities	53.3	52.8	54.5	49.2
家庭服务业	Private Households with Employed Persons	56.9	56.5	64.6	56.0
女	**Female**	**47.8**	**47.1**	**47.7**	**47.3**
制造业	Manufacturing	47.7	47.1	47.3	47.2
电力、煤气及水的供应业	Electricity, Gas, and Water Supply	39.6	40.3	40.8	42.2
建筑业	Construction	42.6	45.2	45.3	46.4
批发零售及修理业	Wholesale and Retail Trade; Repair of Motor Vehicles, Motorcycles and Personal and Household Goods	52.2	50.8	52.9	48.9
旅馆及餐饮业	Hotels and Restaurants	54.2	53.0	53.7	51.3
运输、仓储及通信业	Transport,Storageand Communications	46.0	45.6	45.9	45.6
金融保险业	Financial Intermediation	43.9	43.0	44.3	43.1
房地产业	Real Estate, Renting and Business Activities	47.2	46.8	47.0	46.9
公共管理与防务、义务社会保障业	Public Administration and Defence;Compulsory socialSecurity	37.8	37.8	38.2	38.0
教　育	Education	41.5	40.6	41.4	42.4
卫生与社会工作	Health and Social Work	43.7	43.0	44.1	43.5
其他社区、社会和个人服务工作	Other Community, Social and Personal Service Activities	54.5	51.8	52.0	49.0
家庭服务业	Private Households with Employed Persons	54.9	56.0	56.9	48.8

6-30　分行业职业伤害情况

Occupational Injuries by Sector

项　目	Item	2002	2003	2004	2005
一、伤亡人数(人)	**Total (fatal and non fatal, person)**	**3855**	**4102**	**4605**	**4956**
农林牧渔业	Agriculture,Huntung,Forestry and Fishing		7	2	4
制造业	Manufacturing	792	793	753	650
电力、煤气及水的供应业	Electricity, Gas, and Water Supply	15	15	26	8
建筑业	Construction	305	518	741	861
批发零售及修理业	Wholesale and Retail Trade; Repair of Motor Vehicles, Motorcycles and Personal and Household Goods	498	488	539	594
旅馆及餐饮业	Hotels and Restaurants	853	872	900	1005
运输、仓储及通信业	Transport,Storageand Communications	302	253	307	343
金融保险业	Financial Intermediation	29	34	34	34
房地产业	Real Estate, Renting and Business Activities	133	189	234	273
公共管理与防务、义务社会保障业	Public Administration and Defence;Compulsory Social Security	61	84	88	105
教　育	Education	114	135	168	159
卫生与社会工作	Health and Social Work	28	28	43	62
其他社区、社会和个人服务工作	Other Community, Social and Personal Service Activities	704	658	749	811
家庭服务业	Private Households with Employed Persons	21	28	21	47
1、受伤人数	**Non fatal**	**3847**	**4093**	**4603**	**4941**
农林牧渔业	Agriculture,Huntung,Forestry and Fishing		7	2	4
制造业	Manufacturing	791	792	753	649
电力、煤气及水的供应业	Electricity, Gas, and Water Supply	14	15	26	8
建筑业	Construction	301	512	739	849
批发零售及修理业	Wholesale and Retail Trade; Repair of Motor Vehicles, Motorcycles and Personal and Household Goods	498	488	539	594
旅馆及餐饮业	Hotels and Restaurants	852	872	900	1005
运输、仓储及通信业	Transport,Storageand Communications	302	251	307	343
金融保险业	Financial Intermediation	29	34	34	34
房地产业	Real Estate, Renting and Business Activities	132	189	234	273
公共管理与防务、义务社会保障业	Public Administration and Defence;Compulsory Social Security	61	84	88	105
教　育	Education	114	135	168	159
卫生与社会工作	Health and Social Work	28	28	43	62
其他社区、社会和个人服务工作	Other Community, Social and Personal Service Activities	704	658	749	809
家庭服务业	Private Households with Employed Persons	21	28	21	47

6-30 续表 continued

项 目	Item	2002	2003	2004	2005
2、死亡人数	**Fatal**	**8**	**9**	**2**	**15**
制造业	Manufacturing	1	1		1
电力、煤气及水的供应业	Electricity, Gas, and Water Supply	1			
建筑业	Construction	4	6	2	12
旅馆及餐饮业	Hotels and Restaurants	1			
运输、仓储及通信业	Transport,Storageand Communications		2		
房地产业	Real Estate, Renting and Business Activities	1			
其他社区、社会和个人服务工作	Other Community, Social and Personal Service Activities				2
二、损失工日数(日)	**Days lost (day)**	**18145**	**17262**	**24686**	**26477**
农林牧渔业	Agriculture,Huntung,Forestry and Fishing	6		64	
制造业	Manufacturing	3081	3132	4055	3941
电力、煤气及水的供应业	Electricity, Gas, and Water Supply	48	42	12	20
建筑业	Construction	4260	3622	6886	6703
批发零售及修理业	Wholesale and Retail Trade; Repair of Motor Vehicles, Motorcycles and Personal and Household Goods	2457	2154	2604	3067
旅馆及餐饮业	Hotels and Restaurants	3797	3808	4349	5015
运输、仓储及通信业	Transport,Storageand Communications	982	1133	1219	1510
金融保险业	Financial Intermediation	19	198	66	43
房地产业	Real Estate, Renting and Business Activities	1195	1043	1553	1078
公共管理与防务、义务社会保障业	Public Administration and Defence;Compulsory Social Security	110	151	85	113
教 育	Education	398	233	346	631
卫生与社会工作	Health and Social Work	114	104	252	164
其他社区、社会和个人服务工作	Other Community, Social and Personal Service Activities	1644	1630	3063	4182
家庭服务业	Private Households with Employed Persons	34	12	132	10

6-31 消费价格指数

Consumer Price Indices

(2000年=100) (year of 2000=100)

项 目	Item	1996	1997	1998	1999	2000	2001	2002	2003	2004	2005
总指数	General Indices	152.3	157.6	157.9	101.6	100.0	98.0	95.4	93.9	94.9	99.0
总指数(不含住房)	General Indices (excl. shelter)	152.3	157.6	157.9	152.8						
食品指数	Food Indices	101.9	105.5	106.2	101.5	100.0	98.6	96.5	95.2	97.4	101.3
用电及燃料指数	Fuel and Light Indices	91.3	98.0	97.4	95.3	100.0	100.6	95.0	98.5	99.9	110.9
服装指数	Clothing Indices	105.3	107.0	108.1	105.8	100.0	95.3	85.5	74.9	77.4	76.7
租金指数	Rent Indices			106.6	103.1	100.0	97.4	94.8	92.7	92.1	98.1

第七部分

Chapter Seven

2006年人口变动和劳动力调查制度说明及主要统计指标解释

Explanatory Notes on Main Statistical Indicators

一、总说明

(一)调查目的

为了准确、及时地掌握全国和各省（自治区、直辖市）人口变动以及人口计划执行情况，准确地反映城乡劳动力资源、就业和失业人口的总量和结构情况，为国家和省级人民政府制定国民经济和社会发展计划，掌握人口增长情况提供可靠的人口数据，及时为政府准确判断就业形势，制定和调整就业政策，改进宏观调控提供依据，根据国办发[1992]57号文件和国办发[2004]72号文件的要求，特进行人口变动情况调查，并同时进行2006年第4季度劳动力调查。

(二)调查对象和登记原则

本次调查对象为抽中调查小区内具有中华人民共和国国籍的人口。调查以户为单位进行，既调查家庭户，也调查集体户。应在抽中调查小区内各户登记的人包括：①2006年10月31日晚居住在本户的人；②户口在本户，2006年10月31日晚未居住在本户的人。

应在本户登记的人分成以下几种类型：

1.本户常住人口

（1）住本户,户口在本乡、镇、街道的人（含户口在本户，外出不满半年的人）;

（2）住本户半年以上，户口在外乡、镇、街道的人；

（3）住本户不满半年，户口在外乡、镇、街道，离开户口登记地半年以上的人；

（4）住本户，户口待定的人。

2. 本户户籍外出人口

户口在本户，离开本乡、镇、街道半年以上的人。

3. 本户暂住人口

暂住本户，户口在外乡、镇、街道，离开户口登记地不满半年的人。

不同类型的人，分别在《人口变动和劳动力调查表》中不同的部分进行登记。

抽中调查小区内的2005年11月1日至2006年10月31日死亡的人口要登记《死亡人口调查表》。

(三)调查项目

《人口变动和劳动力调查表》

1. 按户填报的项目有:

户编号、户别、应在本户登记的人数、本户常住人口数、本户户籍人口中外出半年以上人数、暂住本户，户口在外乡、镇、街道，离开户口登记地不满半年的人数、本户2005年11月1日至2006年10月31日出生人口、本户2005年11月1日至2006年10月31日死亡人口8个项目。

2. 按人填报的项目有:

本户常住人口情况：姓名、与户主的关系、性别、出生年月、民族、户口登记地状况、离开户口登记地原因、户口性质、一年前常住地、是否识字、受教育程度、学业完成情况、婚姻状况、2005年11月1

日至 2006 年 10 月 31 日生育情况、是否工作、工作单位类型、就业身份、签订劳动合同情况、未工作原因、是否寻找工作、当前能否工作、未找工作或不能工作的原因、行业、职业、参加社会保险情况、目前的主要生活来源 26 个项目；

本户户籍外出人口情况：姓名、性别、出生年月、外出地状况、外出时间；

本户暂住人口情况：姓名、性别、出生年月、户口登记地。

《死亡人口调查表》

填报的项目有户编号、姓名、性别、出生年月、死亡月份。

（四）调查标准时间

本次调查的标准时间为 2006 年 11 月 1 日 0 时。

（五）抽样方法

本次调查的样本设计，以全国为总体，各省（自治区、直辖市）为子总体，按照多阶段、分层、整群、概率比例的抽样方法抽取主样本，建立样本轮换框，按照人口变动和劳动力调查样本按比例轮换的要求选取本次调查的样本。人口变动调查的样本量全国约为 120 万人，其中城镇约 40 万人、乡村约 80 万人，各省调查的样本量为 3-4 万人；第 4 季度劳动力调查样本点与人口变动调查的样本点相同。调查小区为最终样本单位，规模掌握在 30 户（常住人口 100 人）左右。全国约抽取 12000 个调查小区。

全国统一组织各省（自治区、直辖市）调查样本的抽取工作。

（六）调查的组织实施

1. 组织方式。2006 年第 4 季度的劳动力调查与 2006 年人口变动调查结合进行，采用《人口变动和劳动力调查表》同时收集人口变动和劳动力调查的信息。

2. 组织领导。本次调查在当地政府的领导下，以统计部门为主组织实施，并在基层组织的协助下，派人到抽中的调查小区，进行入户调查。各级统计部门要积极争取有关部门的支持和配合，确保调查数据质量。

3. 调查指导员、调查员的选聘、培训与管理。调查指导员、调查员的选调工作由县级统计机构负责。调查员主要从政府统计系统和基层组织人员中选调，也可从社会招聘。各级统计机构要加强对调查员的培训，应尽可能减少培训层次，以提高培训效果。各级统计机构要加强对调查员工作的监督检查。

4. 调查的宣传工作。为使调查工作顺利进行，各级统计部门和调查工作人员要向调查样本点所在地政府领导做好宣传工作，讲明抽样调查的意义，特别要讲清抽样调查数据对本地、县、乡、村没有代表性，不作为考核本地、县、乡、村人口、就业计划完成情况和政绩的依据，以取得他们的理解和支持。同时还要做好群众的宣传工作，使他们解除思想顾虑，如实反映情况。

5. 调查摸底、入户登记与复查工作。在充分做好调查摸底工作的基础上，进行入户登记工作。入户登记完毕后，要采取议查和个别访问的方法认真进行复查。

6. 调查表编码。调查表编码分专项编码和非专项编码两部分，非专项编码由调查员在登记、复查、逻辑审核无误后进行，专项编码由县级统计机构组织经过培训的专项编码员集中进行。

7. 调查表的报送。调查员在完成登记、复查、编码工作后，要将调查表以调查小区为单位收集，将填写好的调查小区封面放在本小区《人口变动和劳动力调查表》前面，《死亡人口调查表》放在最后，一起装入包装袋后，统一报县级统计机构。县级统计机构调查表报送方式由各省（自治区、直辖市）统计局根据需要确定。

（七）事后质量抽查

为了准确地掌握全国人口变动调查和劳动力调查的调查误差，各省（自治区、直辖市）在基层调查登记工作结束后，要按照调查制度的规定，立即进行事后质量抽查工作。事后质量抽查结果只用于评估全国调查的质量。

（八）数据处理与资料管理

1．国家统计局人口和就业统计司负责数据录入程序和汇总程序的编制和下发。

2．调查数据的录入工作由各省（自治区、直辖市）统计局人口（社科）处按照规定的格式和要求，组织实施。

3．各省（自治区、直辖市）统计局人口（社科）处要在规定的时间内，做好有关资料的报送工作：

(1)摸底数据。2006年11月2日前，将调查摸底数据（常住人口、出生人口、死亡人口、妇女待产人数）报国家统计局人口和就业统计司专项调查处。

(2)调查原始数据。2006年12月10日前，以电子邮件方式报国家统计局人口和就业统计司专项调查处。

(3)事后质量抽查表。2006年11月25日前，将审核无误的事后质量抽查表寄送到国家统计局人口和就业统计司专项调查处。

4．全国数据由国家统计局人口和就业统计司负责汇总，各省（自治区、直辖市）的数据要按照国家统一的部署和安排进行汇总。调查数据需经国家统计局审定后方可使用。

5．数据处理完成后，调查表和原始数据由各省（自治区、直辖市）统计局人口（社科）处负责管理。

（九）调查工作要求

1．为了保证调查工作的顺利进行，各级统计机构要切实加强对调查工作的管理。要建立调查工作的质量责任制，明确各项工作要求，对整个调查工作的全过程进行质量监督。

2．为了保证全国调查数据的范围、分类和计算方法的统一性，各地区必须严格执行调查制度的规定，遇到特殊情况要向上级有关部门请示，不得按照个人的理解擅自处理。

3．调查员要对其所负责的调查小区的数据质量负责，如果发现调查数据有不实的情况，必须返工重做。

4．调查员、调查指导员以及各级统计机构及其工作人员都要按照《统计法》的规定，对调查结果、特别是被调查户的情况保守秘密，不得向调查机构以外的任何单位和个人泄漏。

5．各省（自治区、直辖市）统计局人口（社科）处要在2007年3月1日前，将本次调查的工作总结报国家统计局人口和就业统计司。

二、调查表式

(一)人口变动和劳动力调查表

(2006 年)

根据《中华人民共和国统计法》的规定，公民有义务提供国家统计调查所需的情况；我们对您提供的信息负有保密义务。

表　　号：R　1　0　1　表
制表机关：国　家　统　计　局
文　　号：国统字(2006) 185 号
有效期至：2 0 0 7　年　6　月

应在本户登记的人：

（一）2006 年 10 月 31 日晚居住在本户的人；

（二）户口在本户，2006 年 10 月 31 日晚未居住在本户的人。

包括：

● **本户常住人口**

1. 住本户，户口在本乡、镇、街道的人；
2. 住本户半年以上，户口在外乡、镇、街道的人；
3. 住本户不满半年，户口在外乡、镇、街道，离开户口登记地半年以上的人；
4. 住本户，户口待定的人。

● **本户户籍外出人口**

户口在本户，离开本乡、镇、街道半年以上的人。

● **本户暂住人口**

暂住本户，户口在外乡、镇、街道，离开户口登记地不满半年的人。

本户地址：________县（市、区）________乡（镇、街道）________ 村（居）委会_______调查小区

本户基本情况

H1. 户编号	H2. 户别	H3. 应在本户登记的人数	H4. 本户常住人口数
□□□	1. 家庭户 2. 集体户 □	_______ 人 □□	_______ 人 □□
H5. 本户户籍人口中外出半年以上人数	**H6. 暂住本户，户口在外乡镇街道，离开户口登记地不满半年的人数**	**H7. 本户 2005 年 11 月 1 日至 2006 年 10 月 31 日出生人口**	**H8. 本户 2005 年 11 月 1 日至 2006 年 10 月 31 日死亡人口**
_____ 人 □□	_____ 人 □□	男 ___ 人　女 ___ 人 □　□	男 ___ 人　女 ___ 人 □　□

申报人（签字）：　　　　调查员（签字）：　　　　填报日期：2006 年 11 月　　日

本户常住人口情况

本户第__人

每个人都填报					
R1. 姓名	**R2. 与户主关系**	**R3. 性别**	**R4. 出生年月**	**R5. 民族**	**R6. 户口登记地状况**
	0. 户主 1. 配偶 2. 子女 3. 父母 4. 岳父母或公婆 5. 祖父母 6. 媳婿 7. 孙子女 8. 兄弟姐妹 9. 其他	1. 男 2. 女	______年 ______月	______族	1. 本户、户口在本乡镇街道→R8 2. 住本户半年以上，户口在外乡镇街道 3. 住本户不满半年，户口在外乡镇街道，离开户口登记地半年以上 （2、3→）1.本县（市）其他乡 2.本县（市）其他镇 3.本县（市）其他街道 4.本市区其他乡 5.本市区其他镇 6.本市区其他街道 7.本地市其他县市区 8.本省其他地市 9.省外 ______省 4. 住本户，户口待定→R9

每个人都填报		2005年11月前出生者填报	2000年11月前出生者填报	
R7.离开户口登记地原因	**R8. 户口性质**	**R9. 一年前常住地**	**R10. 是否识字**	**R11. 受教育程度**
1. 务工经商 2. 工作调动 3. 分配录用 4. 学习培训 5. 拆迁搬家 6. 婚姻嫁娶 7. 随迁家属 8. 投亲靠友 9. 其他	1.农业户口 2.非农业户口	1. 本县（市、区）其他乡镇街道 2. 本地（市）其他县（市、区） 3. 本省其他地市 4. 省外：______省	1. 是 2. 否	1. 未上过学→R13 2. 小学 3. 初中 4. 高中 5. 大学专科 6. 大学本科 7. 研究生

2000年11月前出生者填报	1991年11月前出生者填报	1956年11月至1991年11月前出生的妇女填报	
R12. 学业完成情况	**R13. 婚姻状况**	**R14. 2005年11月1日至2006年10月31日生育情况**	
1. 在校 2. 毕业 3. 肄业 4. 辍学 5. 其他	1. 未婚 →本页结束 2. 初婚有配偶 3. 再婚有配偶 4. 离婚 5. 丧偶	1. 未生育 2. 有生育 生育月份：____月 婴儿性别：1. 男 2. 女 属于第____胎	（12个月内生育两个以上孩子的第二个孩子的状况） 生育月份：____月 婴儿性别：1. 男 2. 女

1990年11月前出生者填报			
R15. 您10月25日至10月31日是否为取得收入而劳动了1小时以上?	**R16. 您目前的工作单位或经营活动属于以下哪种类型?**	**R17. 您目前的就业身份属于以下哪一类?**	**R18. 您是否与用人单位或雇主签订了劳动合同?**
1. 是 上周工作时间 ______小时 2. 在职正休假、学习、临时停工或季节性歇业 3. 未做任何工作→R19	1. 土地承包者→R23 2. 机关团体事业单位 3. 国有及国有控股企业 4. 集体企业 (2–4 →R18) 5. 个体工商户 6. 私营企业 7. 外商、港澳台投资企业 8. 其他类型单位 9. 其他	1. 雇员 2. 雇主 3. 自营劳动者 4. 家庭帮工 (2–4 →R23)	1. 是，已签有固定期限合同 期限_____个月 2. 是，已签无固定期限（长期）合同 3. 否 (1–3 →R23)

R19. 您10月25日至10月31日未工作是什么原因?	**R20. 在过去的三个月内您采取过哪种方式寻找工作**	**R21. 如有满意工作您能在两周内去上班吗?**	**R22. 您不能在两周内工作或未找工作是什么原因?**
1. 在校学习 →结束 2. 丧失劳动能力 →R25 3. 毕业后未工作 4. 因单位原因失去原工作 5. 因本人原因失去原工作 6. 承包土地被征用 7. 离退休 8. 料理家务 9. 其他	1. 在职业介绍机构登记 2. 委托亲友找工作 3. 应答或刊登广告 4. 参加招聘会 5. 为自己经营做准备 6. 其他 7. 未找过工作→R22	1. 能 连续未工作时间 _______月→R23 2. 不能	1. 照顾家庭 2. 身体不好 3. 正在参加培训 4. 没有适合的工作 5. 不想工作 6. 刚失去工作还未找 7. 刚毕业还未找 8. 其他 (1–8 →R25)

R23. 您10月25日至10月31日或失去工作前在什么单位工作?（行业）	**R24. 您10月25日至10月31日或失去工作前所做的工作属于下面哪一类?（职业）**	**R25. 您参加了下列几项社会保险吗?**			**R26. 您目前主要靠什么生活?**
		基本养老保险	失业保险	基本医疗保险	
1. 详细单位名称 ______________ 单位的主要产品或从事的主要业务 ______________ 2. 从未工作	1. 单位负责人 2. 专业技术人员 3. 办事人员和有关人员 4. 商业服务业人员 5. 农林牧渔水利业生产人员 6. 生产运输设备操作人员及有关人员 7. 其他 8.从未工作	1. 参加 2. 未参加	1. 参加 2. 未参加	1. 参加 2. 未参加	1. 劳动收入 2. 离退休金、养老金 3. 失业保险金 4. 最低生活保障金 5. 下岗生活费 6. 内退生活费 7. 原有积蓄 8. 出租房屋 9. 家庭其他成员供养 10. 其他

本户户籍外出人口情况

（户口在本户，离开本乡镇街道半年以上的人登记）

W1．姓名	W2．性别	W3．出生年月	W4．外出地状况	W5．外出时间
	1．男 2．女	______年 ______月	1．本县（市、区）其他乡镇街道 2．本地（市）其他县（市、区） 3．本省其他地市 4．省外：______省	1．半年以上不满一年 2．一年以上
	1．男 2．女	______年 ______月	1．本县（市、区）其他乡镇街道 2．本地（市）其他县（市、区） 3．本省其他地市 4．省外：______省	1．半年以上不满一年 2．一年以上
	1．男 2．女	______年 ______月	1．本县（市、区）其他乡镇街道 2．本地（市）其他县（市、区） 3．本省其他地市 4．省外：______省	1．半年以上不满一年 2．一年以上

本户暂住人口情况

（暂住本户，户口在外乡镇街道，离开户口登记地不满半年的人登记）

Z1．姓名	Z2．性别	Z3．出生年月	Z4．户口登记地
	1．男 2．女	______年 ______月	1．本县（市、区）其他乡镇街道 2．本地（市）其他县（市、区） 3．本省其他地市 4．省外：______省
	1．男 2．女	______年 ______月	1．本县（市、区）其他乡镇街道 2．本地（市）其他县（市、区） 3．本省其他地市 4．省外：______省
	1．男 2．女	______年 ______月	1．本县（市、区）其他乡镇街道 2．本地（市）其他县（市、区） 3．本省其他地市 4．省外：______省

（不够填写时另加附页，粘贴在此页后）

(二)死亡人口调查表

(2005 年 11 月 1 日至 2006 年 10 月 31 日死亡的人登记)

表　　号: R 1 0 2 表
制表机关: 国 家 统 计 局
文　　号: 国统字[2006] 185 号
有效期至: 2 0 0 7 年 6 月

地址: ________县(市、区)________乡(镇、街道)________村(居)委会________调查小区

S1. 户编号	S2. 姓名	S3. 性别	S4. 出生年月	S5. 死亡月份
□□□	□□	1. 男 2. 女 □	______年 ______月 □□□□ □□	______月 □□
□□□	□□	1. 男 2. 女 □	______年 ______月 □□□□ □□	______月 □□
□□□	□□	1. 男 2. 女 □	______年 ______月 □□□□ □□	______月 □□
□□□	□□	1. 男 2. 女 □	______年 ______月 □□□□ □□	______月 □□
□□□	□□	1. 男 2. 女 □	______年 ______月 □□□□ □□	______月 □□
□□□	□□	1. 男 2. 女 □	______年 ______月 □□□□ □□	______月 □□

调查员(签字):

三、主要统计指标解释

人口数 指一定时点、一定地区范围内有生命的个人总和。年度统计的年末人口数指每年12月31日24时的人口数。年度统计的全国人口总数内未包括香港、澳门特别行政区和台湾省以及海外华侨人数。

城镇人口和乡村人口 城镇人口是指居住在城镇范围内的全部常住人口；乡村人口是除上述人口以外的全部人口。

出生率(又称粗出生率) 指在一定时期内(通常为一年)一定地区的出生人数与同期内平均人数(或期中人数)之比，用千分率表示。本资料中的出生率指年出生率，其计算公式为：

$$出生率=\frac{年出生人数}{年平均人口}\times 1000‰$$

式中：出生人数指活产婴儿，即胎儿脱离母体时(不管怀孕月数)，有过呼吸或其他生命现象。年平均人数指年初、年底人口数的平均数，也可用年中人口数代替。

死亡率(又称粗死亡率) 指在一定时期内(通常为一年)一定地区的死亡人数与同期内平均人数(或期中人数)之比，用千分率表示。本资料中的死亡率指年死亡率，其计算公式为：

$$死亡率=\frac{年死亡人数}{年平均人口}\times 1000‰$$

人口自然增长率 指在一定时期内(通常为一年)人口自然增加数(出生人数减死亡人数)与该时期内平均人数(或期中人数)之比，用千分率表示。计算公式为：

$$人口自然增长率=\frac{(本年出生人数-本年死亡人数)}{年平均人数}\times 1000‰$$
$$=人口出生率-人口死亡率$$

总抚养比 也称总负担系数。指人口总体中非劳动年龄人口数与劳动年龄人口数之比。通常用百分比表示。说明每100名劳动年龄人口大致要负担多少名非劳动年龄人口。用于从人口角度反映人口与经济发展的基本关系。计算公式为：

$$GDR=\frac{(P_{0-14}+P_{65+})}{P_{15-64}}\times 100\%$$

其中：GDR为总抚养比；

P_{0-14}为0-14岁少年儿童人口数；

P_{65+}为65岁及65岁以上的老年人口数；

P_{15-64} 为15-64岁劳动年龄人口数。

老年人口抚养比 也称老年人口抚养系数。指某一人口中老年人口数与劳动年龄人口数之比。通常用百分比表示。用以表明每100名劳动年龄人口要负担多少名老年人。老年人口抚养比是从经济角度反映人口老化社会后果的指标之一。计算公式为：

$$ODR = \frac{P_{65+}}{P_{15-64}} \times 100\%$$

其中：ODR 为老年人口抚养比；

P_{65+} 为65岁及65岁以上的老年人口数；

P_{15-64} 为15-64岁的劳动年龄人口数。

少年儿童抚养比 也称少年儿童抚养系数。指某一人口中少年儿童人口数与劳动年龄人口数之比。通常用百分比表示。以反映每100名劳动年龄人口要负担多少名少年儿童。计算公式为：

$$CDR = \frac{P_{0-14}}{P_{15-64}} \times 100\%$$

其中：CDR 为少年儿童抚养比；

P_{0-14} 为0-14岁少年儿童人口数；

P_{15-64} 为 15-64 岁劳动年龄人口数。

16 岁以上人口 16 岁以上人口相当于劳动年龄人口。我国《劳动法》规定："禁止招用不足 16 周岁的未成年人参加社会劳动"，即规定了我国劳动年龄人口的下限。参照目前市场经济国家的一些做法，没有设置劳动年龄人口的上限，主要因为不管年龄多大，只要有劳动能力，都有可能对劳动力市场构成影响。由于丧失劳动能力的人口不易界定，且占 16 岁以上人口的比重较小，这部分人口没有扣除。因此，劳动年龄人口一般就指 16 岁以上人口，包括经济活动人口和非经济活动人口。

经济活动人口 即通常意义上的劳动力，指在 16 周岁及以上，有劳动能力，参加或要求参加社会经济活动的人口，包括就业人员和失业人员。

非经济活动人口 指在 16 周岁及以上，未参加且不要求参加社会经济活动的人口。

就业人员 指在 16 周岁及以上，从事一定社会劳动并取得劳动报酬或经营收入的人员。

城镇单位就业人员 指在各级国家机关、政党机关、社会团体及企业、事业单位中工作，取得工资或其他形式劳动报酬的全部人员，包括在岗职工和其他就业人员，不包括离开本单位仍保留劳动关系的职工。

职工 指在国有、城镇集体、联营、股份制、外商和港、澳、台投资、其他单位及其附属机构工作，并由其支付工资的各类人员。不包括下列人员：（1）乡镇企业就业人员；（2）私营企业就业人员；（3）城镇个体劳动者；（4）离休、退休、退职人员；（5）再就业的离、退休人员；（6）民办教师；（7）在城镇单位中工作的外方及港、澳、台人员；（8）其他按有关规定不列入职工统计范围的人员。(1998年以后的数据均为在岗职工数据，其他相关指标如职工工资总额，职工平均工资等指标也从1998年按此口径进行了相应调整)。

在岗职工 指在本单位工作并由单位支付工资的人员，以及有工作岗位，但由于学习、病伤产假等原因暂未工作，仍由单位支付工资的人员。

其他就业人员 各单位其他就业人员是指劳动统计制度规定不作职工统计，但实际参加各单位生产或工作并取得劳动报酬的人员。包括：再就业的离退休人员、民办教师以及在各单位中工作的外方人员和港、澳、台方人员。但不包括在各单位中工作并领取劳动报酬的在校学生。

城镇私营和个体就业人员 城镇私营就业人员指在工商管理部门注册登记，其经营地址设在县城关镇（含县城关镇）以上的私营企业就业人员，包括私营企业投资者和雇工。城镇个体就业人员指在工商管理部门注册登记，并持有城镇户口或在城镇长期居住，经批准从事个体工商经营的就业人员，包括个体经营者和在个体工商户劳动的家庭帮工和雇工。

国有单位 指资产归国家所有的经济组织。包括按《中华人民共和国企业法人登记管理条例》规定登记注册的非公司制的经济组织，以及中央、地方各级国家机关、事业单位和社会团体。

集体单位 指生产资料归集体所有，并按《中华人民共和国企业法人登记管理条例》规定登记注册的经济组织。

其他单位 包括股份合作单位、联营单位、有限责任公司、股份有限公司、港澳台商投资单位以及外商投资单位等其他登记注册类型单位。

三次产业 三产业的划分是世界上较为常用的产业结构分类，但各国的划分不尽一致。我国的三次产业划分是：

第一产业指农、林、牧、渔业。

第二产业指采矿业，制造业，电力、燃气及水的生产和供应业，建筑业。

第三产业指除第一、二产业以外的其他行业。

城镇登记失业人员 是指有非农业户口，在劳动年龄(16周岁至退休年龄)内，有劳动能力，无业而要求就业，并在当地就业服务机构进行求职登记的人员。不包括：(1)正在就读的学生和等待就学的人员；(2)已经达到国家规定的退休年龄或虽未达到国家规定的退休年龄但已经办理了退休(含离休)、退职手续的人员；(3)其他不符合失业定义的人员。

城镇登记失业率 城镇登记失业人员与城镇单位就业人员（扣除使用的农村劳动力、聘用的离退休人员、港澳台及外方人员）、城镇单位中的不在岗职工、城镇私营业主、个体户主、城镇私营企业和个体就业人员、城镇登记失业人员之和的比。计算公式为：

$$城镇登记失业率=\frac{城镇登记失业人数}{(城镇单位就业人员-使用的农村劳动力-聘用的离退休人员-聘用的港澳台及外方人员)+不在岗职工+城镇私营业主+城镇个体户主+城镇私营企业及个体就业人员+城镇登记失业人数}\times100\%$$

劳动报酬 指各单位在一定时期内直接支付给本单位全部就业人员的劳动报酬总额。包括职工工资总额和其他就业人员劳动报酬总额。

工资总额 指各单位在一定时期内直接支付给本单位全部职工的劳动报酬总额。工资总额的计算原则应以直接支付给职工的全部劳动报酬为根据。各单位支付给职工的劳动报酬以及其他根据有关规定支付的工资，不论是计入成本的还是不计入成本的，不论是以货币形式支付的还是以实物形式支付的，均应列入工资总额的计算范围。工资总额包括计时工资、计件工资、奖金、津贴和补贴工资、加班加点工资、特别情况下支付的工资等。

平均工资 指企业、事业、机关单位的职工在一定时期内平均每人所得的货币工资额。它表明一定时期职工工资收入的高低程度，是反映职工工资水平的主要指标。计算公式为：

$$平均工资=\frac{报告期实际支付的全部职工工资总额}{报告期全部职工平均人数}$$

平均工资指数 指报告期职工平均工资与基期职工平均工资的比率，是反映不同时期职工货币工资水平变动情况的相对数，它表明报告期平均工资比基期平均工资提高或降低的程度。计算公式为：

$$平均工资指数=\frac{报告期职工平均工资}{基期职工平均工资}\times100\%$$

平均实际工资指数 职工平均实际工资指扣除物价变动因素后的职工平均工资。职工平均实际工资指数是反映实际工资变动情况的相对数，表明职工实际工资水平提高或降低的程度。计算公式为：

$$平均实际工资指数=\frac{报告期职工平均工资指数}{报告期城镇居民消费价格指数}\times100\%$$

Explanatory Notes on Main Statistical Indicators

Total Population refer to the total number of people alive at a certain point of time within a given area. The annual statistics on total population is taken at midnight, the 3lst of December, not including residents in Hong Kong SAR, Macao SAR, Taiwan Province,and overseas Chinese national residing abroad.

Urban Population and Rural Population Urban population refer to all people residing in cities and towns, while rural population refer to population other than urban population.

Birth Rate (or Crude Birth Rate) refers to the ratio of the number of births to the average population (or mid-period population) during a certain period of time (usually a year), expressed in per thousand. Birth rate in the yearbook refers to annual birth rate. The following formula is used:

$$\text{Birth Rate} = \frac{\text{Number of Births in the year}}{\text{Annual Average Number of Population}} \times 1000‰$$

Where: Number of births refers to live births, i.e. when a baby has breathed or showed any vital phenomena regardless of the length of pregnancy.

Annual average number of population is the average of the number of population at the beginning of the year and that at the end of the year. Sometimes it is substituted by the mid-year population.

Death Rate (or Crude Death Rate) refers to the ratio of the number of deaths to the average population (or mid-period population) during a certain period of time (usually a year), expressed in per thousand. Death rate in the yearbook refers to annual death rate. The following formula is used:

$$\text{Death Rate} = \frac{\text{Number of Deaths in the year}}{\text{Annual Average Number of Population}} \times 1000‰$$

Natural Growth Rate of Population refers to the ratio of natural increase in population (number of births minus number of deaths) in a certain period of time (usually a year) to the average population (or mid-period population) of the same period, expressed in per thousand. The following formula is applied:

$$\text{Natural Growth Rate of Population} = \frac{(\text{Number of Births - Number of Deaths})}{\text{Annual Average Number of Population}} \times 1000‰$$

$$= \text{Birth Rate - Death Rate}$$

Gross Dependency Ratio also called gross dependency coefficient, refers to the ratio of non-working-age population to the working-age population, express in percent. Describing in general the number of non-working-age population that every 100 people at working ages will take care of, this indicator reflects the basic relation between population and economic development from the demographic perspective. The gross dependency ratio is calculated with the following formula:

$$GDR = \frac{P_{0-14} + P_{65+}}{P_{15-64}} \times 100\%$$

Where: GDR is the gross dependency ratio,

P_{0-14} is the population of children aged 0-14,

P_{65+} is the elderly population aged 65 and over,

P_{15-64} is the working-age population aged 15-64.

Old Dependency Ratio also called old dependency coefficient, refers to the ratio of the elderly population to the working-age population, express in percent. It describes the number of the elderly population that every 100 people at working ages will take care of. Old dependency ratio is one of the indicators reflecting the social implication of population aging from the economic perspective. The old dependency ratio is calculated with the following formula:

$$ODR = \frac{P_{65+}}{P_{15-64}} \times 100\%$$

Where: ODR is the old dependency ratio,

P_{65+} is the elderly population aged 65 and over,

P_{15-64} is the working-age population aged 15-64.

Children Dependency Ratio also called children dependency coefficient, refers to the ratio of the children population to the working-age population, express in percent. It describes the number of children population that every 100 people at working ages will take care of. The children dependency ratio is calculated with the following formula:

$$CDR = \frac{P_{0-14}}{P_{15-64}} \times 100\%$$

Where: CDR is the children dependency ratio,

P_{0-14} is the children population aged 0-14,

P_{15-64} is the working-age population aged 15-64.

Population Aged 16 and Over is equal to labor age population. *China Labor Act* prescribes that 'no employer shall be allowed to recruit juveniles under the age of 16', which regulated the lower limit of labor age. Taking into consideration of the experiences in some market economy countries, the Labor Act does not set the upper limit of labor age because a person who has ability to work may affect the labor market no matter how old he/she is.Persons who lost labor ability are not deducted from labor age population because they are not easy to be identified and their proportion to population aged 16 and over is small. So labor age population commonly refers to the population aged 16 and over, including *Economically Active Population* and *Economically Inactive Population.*

Economically Active Population (also know as the labor force) refers to the population aged 16 and over who are capable to work, are participating in or willing to participate in economic activities, including *Employed Persons* and *Unemployed Persons.*

Economically Inactive Population refers to the population aged 16 and over who are not participating in and not willing to participant in economic activities.

Employed Persons refer to persons aged 16 and over who are engaged in gainful employment and thus receive remuneration payment or earn business income.

Urban Unit Employed Persons refer to all persons working in government agencies of various levels, political and party organizations, social organizations, enterprises and institutions, and receiving wages or other forms of payment. They include *Fully Employed Staff and Workers* and *Other Employed Persons*, but exclude staff and workers who have left their working units while keeping their labour contracts (employment relation) unchanged.

Staff and Workers refer to persons working in, and receive payment from units of state ownership, collective ownership, joint ownership, share holding ownership, foreign ownership, and ownership by entrepreneurs from Hong Kong, Macao, and Taiwan, and other types of ownership and their affiliated units. They do not include 1) persons employed in township enterprises, 2) persons employed in private enterprises, 3) urban self-employed persons, 4) retirees, 5) re-employed retirees, 6) non-state-paid teachers, 7) foreigners and persons from Hong Kong, Macao and Taiwan who work in urban units, and 8) other persons not to be included by relevant regulations. (Data since 1998 refer to fully employed staff and workers. Other related statistics indicators, such as total wage bill and average wage are adjusted since 1998 accordingly).

Fully Employed Staff and Workers refer to persons who work in, and receive wages from their working units, including persons who have their work posts but are temporarily absent from work for reasons of study or on sick, injury or maternal leave and still receive wages from their working units.

Other Employed Persons refer to persons who are not counted as Staff and Workers in statistics according to the labor statistical regulation, but actually work in and receive earnings from their working units. They include re-employed retirees,non-state-paid teachers, foreigners and Chinese compatriots from Hong Kong, Macao, and Taiwan working in various units, but exclude enrolled students who work in and receive earnings from various units.

Persons Employed in Private Enterprises and Self-Employed Individuals in Urban Areas Persons employed in private enterprises refer to the persons employed (including investors and employees) in private enterprises which have been registered at the departments of industrial and commercial administration for which the business operation are situated at a county town (i.e. a town where the county government is located), or at urban areas with administrative hierarchy higher than a county town. The self-employed individuals in urban areas refer to persons who hold the certificates of residence in urban areas or have resided in the urban areas for a long time and have been registered at the departments of industrial and commercial administration and approved to be engaged in individual industrial or commercial business, including self-employed persons as well as helpers and hired laborers who work in individual households.

State-owned Units refer to economic units whose assets are owned by the state, including non-corporation units registered according to *Regulation of the People's Republic of China on the Registration of Enterprises and Corporations*, state organs, institutions and social organizations at the central and local levels.

Collective-Owned Units refer to economic units registered according to *Regulation of the People's Republic of China on the Registration of Enterprises and Corporations* where the means of production are collectively owned.

Units of Other Types of Ownership refer to units registered with other types of ownership, including cooperative units, joint ownership units, limited liability companies, share holding corporations, units invested by entrepreneurs from Hong Kong, Macao, and Taiwan, and foreign-invested units.

Three Industries Classification of economic activities into three branches of industries is a common practice in the world, although the grouping varies to some extent from country to country. In China economic activities are categorized into following industries:

Primary Industry refers to agriculture, forestry, animal husbandry and fishery.

Secondary Industry refers to mining and quarrying, manufacturing, production and supply of electricity, water and gas, and construction.

Tertiary Industry refers to all other economic activities not included in primary or secondary industry.

Registered Unemployed Persons in Urban Areas refer to persons with non-agricultural household registration at working ages (16 years old to retirement age), who are capable of work, unemployed and willing to work, and have been registered at the local employment service agencies to apply for a job.Excluded from this category are:1) enrolled students and persons waiting for school enrollment, 2) persons at or above state retirement age or persons under state retirement age who have completed retirement procedures,3) other persons not qualified for the definition of unemployment.

Registered Unemployment Rate in Urban Areas refers to the ratio of the number of the registered unemployed persons to the sum of the number of persons employed in various urban units (minus the employed rural labour force, re-employed retirees, and Hong Kong, Macao, Taiwan or foreign employees), laid-off staff and workers in urban units, owners of private enterprises in urban areas, self-employed individuals in urban areas, employees of private enterprises in urban areas, employees of self-employed individuals in urban areas, and the registered unemployed persons in urban areas. The formula is as follows:

$$\text{Registered Unemployment Rate in Urban Areas} = \frac{\text{number of registered urban unemployed persons}}{\begin{array}{l}\text{(number of persons employed in urban units-}\\ \text{employed rural labor force} - \text{re-employed}\\ \text{retirees} - \text{Hong Kong, Macao, Taiwan or foreign}\\ \text{employees)} + \text{laid-off staff and workers} + \text{owners}\\ \text{of urban private enterprises} + \text{urban}\\ \text{self-employed individuals} + \text{employees of urban}\\ \text{private enterprises} + \text{employees of urban}\\ \text{self-employed individuals} + \text{registered}\\ \text{unemployed persons in urban areas}\end{array}} \times 100\%$$

Earnings refer to total remuneration payment to all employees in various units in urban area during a certain period of time, including total wage bill of staff and workers and earnings of other employed persons.

Total Wage Bill refers to the total remuneration payment to staff and workers in various units during a certain period of time. The calculation of total wage bill is based on the total remuneration payment to the staff and workers. Therefore, all the wages and salaries and other payments to staff and workers are included in the total wage bill regardless of sources, reckoning the cost of production or not, category, listing as items of premium taxation or not, and forms, paying in cash or in kind.

Average Wage refers to the average wage in money terms per person during a certain period of time for staff and workers in enterprises, institutions, and government agencies, which reflects the general level of wage income during a certain period of time and is calculated as follows:

$$\text{Average Wage} = \frac{\text{Total Wage Bill of Staff and Workers at Reference Time}}{\text{Average Number of Staff and Workers at Reference Time}}$$

Average Wage Indices refer to the ratio of average wage of staff and workers in the reporting period to that in the base period, which reflects the change of wage of staff and workers at the different period. It is calculated as follows:

$$\text{Average Wage Indices} = \frac{\text{Average Wage of Staff and Workers at Reference Time}}{\text{Average Wage of Staff and Workers at Base Period}} \times 100\%$$

Average Real Wage Indices Average real wage of staff and workers refers to the average wage of staff and workers after removing the effects of the price changes, and average real wage indices of staff and workers refer to the change of real wage, which reflects the relative increasing or decreasing level of real wage of staff and workers, and is calculated as follows:

$$\text{Average Real Wage Indices} = \frac{\text{Average Wage Indices of Staff and Workers at the Reference Time}}{\text{Urban Consumer Price Indices at Reference Time}} \times 100\%$$